HSK 1타강사 **남미숙 선생님과**
중국어 교육을 선도하는 **다락원이 만든**
HSK 합격을 위한 완벽 솔루션

HSK 단어장

HSK 종합서

HSKK 교재

초밀착 순간 암기 코칭
HSK 1~4급 단어 한권으로 끝내기

★ HSK 1~4급 필수어휘 1200개 빠짐 없이 완벽 대비

빈출 핵심 어휘만 먼저
30DAY별 표제어
800여 개

책 부록·WEB으로
보충 단어 WEB단어장
300여 개

최신 경향 완벽 반영

체계적이고 효율적인 30DAY HSK 단어 집중 케어

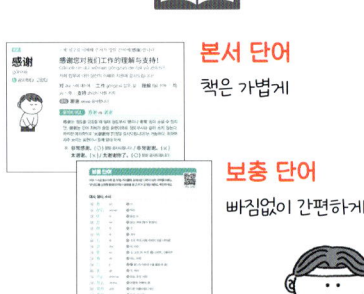

본서 단어
책은 가볍게

보충 단어
빠짐없이 간편하게

데일리 테스트 PDF
공부한 내용 복습하기

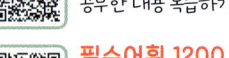

필수어휘 1200 단어장 PDF
전체 어휘 반복 외우기

표제어 리스트 PDF
본서 단어 반복 외우기

선택과 집중 & 다양한 복습 장치

HSK 1~4급 단어 한권으로 끝내기

다락원

💬 저자의 말

단어는 외국어 공부에 있어 가장 기본이 되는 요소이면서, 중국어 수준 향상을 위해서 반드시 넘어야 하는 관문이기도 합니다. 현장에서 20년 이상 중국어 강의를 하는 동안 중국어 공부와 HSK 준비를 하면서 단어의 벽에 부딪혀 어려워하시는 분들을 자주 만날 수 있었습니다.

이번에 출간하는 『HSK 1~4급 단어 한권으로 끝내기』는 단순 암기법의 한계를 쉽고 재미있게 극복하실 수 있도록 HSK 1~4급 어휘를 HSK에 자주 출제되고 실생활에도 자주 사용되는 주제별 테마 단어장으로 풀어냈습니다. 특히 HSK 최신 기출문제를 바탕으로 출제 빈도가 높은 표현을 반영해 모든 예문을 구성함으로써 단어 공부를 하면서 동시에 자연스럽게 HSK 실력도 향상될 수 있도록 구성하였습니다.

HSK 1~4급 빈출 핵심 어휘를 먼저! HSK 기출 표현이 반영된 예문으로 빈출 핵심 어휘를 먼저 공부하고, 추가적인 보충 어휘는 WEB단어장을 통행 예문과 함께 공부할 수 있어요.

체계적이고 효율적인 30DAY 단어장! HSK 빈출 주제별로 구성된 30개 DAY별 학습을 따라가면 자연스럽게 한 달에 HSK 1~4급 단어를 정복하실 수 있어요.

단어가 저절로 외워지는 암기 코칭 제공! 암기 코칭은 단어의 특성에 따라 위트 있는 암기 팁을 제시할 때도 있고, 단어가 사용되는 맥락이나 활용 형식에 대한 정보를 알려드릴 때도 있어요.

이 단어장을 통해 중국어 학습자와 HSK 수험생 여러분이 보다 쉽고 재미있게 HSK 1~4급을 정복하시길 기대합니다. 이 책을 펴내는 데 도움을 주신 남미숙 중국어연구소의 민순미 선생님, 조신양 선생님, 시인혜 선생님 그리고 김동준 님께 감사드립니다.

저자 **남미숙**

목차 및 학습 플래너

단어는 반복 학습! 단어를 꼼꼼하게 암기한 후, 총 2번 이상 복습해 보세요.
3번 이상 반복하면 기억이 2배, 3배 더 오래 유지됩니다.

저자의 말 3
목차 및 학습 플래너 4
이 책의 활용법 6
HSK 출제 경향 8

DAY	주제	페이지	학습일	복습 1회차	복습 2회차	복습 3회차
01	인사, 호칭	10				
02	기상 및 외출 준비	20				
03	시간	30				
04	교통 수단 이용하기	38				
05	목적지 찾아가기	48				
★단어 FAQ 유의어 비교하기 我们 VS 咱们		56				
06	요리 및 식사하기	58				
07	데이트하기	68				
08	장보기	78				
09	숫자, 가격 물어보기	88				
10	집안일 하기	100				
★단어 FAQ 유의어 비교하기 说 VS 说话		110				
11	집 구하고 꾸미기	112				
12	건강 관리하기	122				
13	수업하기	134				
14	공부하기	144				
15	소개하기	156				
★단어 FAQ 접속사 如果A就B / 只要A就B		168				

DAY	주제	페이지	학습일	복습 1회차	복습 2회차	복습 3회차
16	감정 표현하기	170				
17	성격대로 표현하기	182				
18	의견 교류하기	192				
19	취업 도전하기	204				
20	회사 업무 파악하기	218				
★단어 FAQ 유의어 비교하기 以为 VS 认为		232				
21	회사 업무 처리하기	234				
22	업무 미팅 진행하기	244				
23	취미 활동 하기	256				
24	레저 활동 하기	266				
25	대중매체 이용하기	278				
★단어 FAQ 유의어 비교하기 受到 VS 收到		288				
26	시사 논하기	290				
27	외모 묘사하기	300				
28	여행 준비하기	308				
29	여행지 적응하기	320				
30	자연환경 지키기	330				
★단어 FAQ 접속사 无论A，都/也B		340				

데일리 테스트 정답 ······ 344
보충 단어 ······ 348
HSK 3급, 4급 필수 짝꿍 표현 ······ 360

이 책의 활용법

- QR코드로 음원 바로 듣기
- HSK 3급, 4급 시험 빈출 테마 & 시험 경향 정보 습득하기
- 주제별 주요 단어를 그림으로 미리보기
- 주제별 주요 단어를 영상으로 암기하기 
- 테마별로 선별된 빈출 핵심 어휘 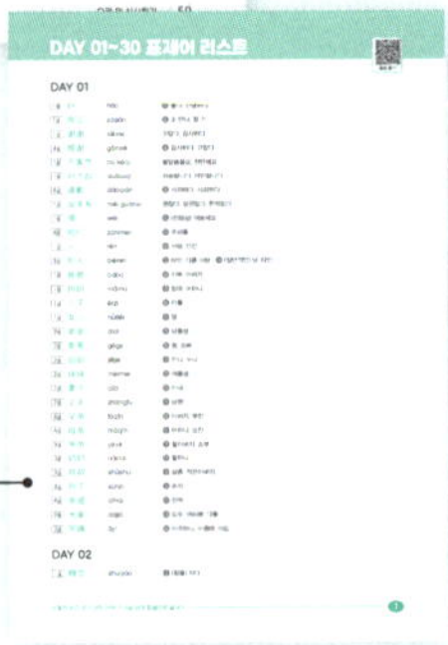
- 표제어 리스트 PDF로 간편하게 예습, 복습하세요.

단어, 발음, 품사, 뜻, 급수

4급
感谢
gǎnxiè
동 감사하다, 고맙다

▶ 제 실수를 이해해 주셔서 정말 간씨에(感谢)합니다.

感谢您对我们工作的理解与支持!
Gǎnxiè nín duì wǒmen gōngzuò de lǐjiě yǔ zhīchí!
저희 업무에 대한 당신의 이해와 지원에 감사드립니다.

对 duì ~에 대하여 | 工作 gōngzuò 업무, 일 | 理解 lǐjiě 이해 | 与 yǔ ~와 | 支持 zhīchí 지원, 지지

유의 谢谢 xièxie 감사합니다

유의어 비교 感谢 vs 谢谢

感谢는 정도를 강조할 때 앞에 정도부사 很이나 非常 등이 쓰일 수 있지만, 谢谢는 단어 자체가 중첩 표현이므로 정도부사와 같이 쓰지 않는다. 하지만 예외적으로 '太谢谢你了(정말 감사드립니다)'는 가능하다. 회화에 자주 쓰이는 표현이니 함께 알아 두자.

예 非常感谢. (○) 정말 감사드립니다. / 非常谢谢. (×)
   太谢谢. (×) / 太谢谢你了. (○) 정말 감사드립니다.

- 순간 암기 코칭
  단어의 특성에 따라
  - 위트 있는 암기 팁
  - 사용 환경
  - 활용 형식
- 유의어, 반의어, 참고
- 시험 꿀팁
  - 유의어 비교
  - 출제 포인트
  - 배경지식

플러스 단어, 데일리 테스트

▶ 고득점 합격을 위한다면 플러스 단어까지 암기해 보세요.
▶ 데일리 테스트(PDF)를 통해 공부한 내용을 복습해 보세요.

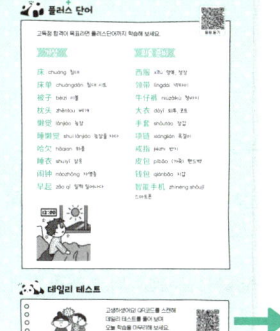

 QR코드를 스캔하면 데일리 테스트를 다운로드 받을 수 있어요.
데일리 테스트 정답: p344

HSK 1-4급 단어장

HSK 1~4급 필수어휘 1200개를 발음 순서로 정리했어요.

WEB 단어장

HSK 1~4급 단어 1200개 중 30일 커리큘럼 표제어로 다루지 않은 단어들을 품사별로 따로 정리했어요.

본서 부록(p.348~)   WEB단어장

7

🧭 HSK 출제 경향

HSK 수험생들이 공통적으로 어려워하는 것 중 하나가 시험에 나오는 어휘입니다. 그러나 HSK 기출 문제들을 분석해 보면 자주 출제되는 어휘들이 정해져 있는 것을 알 수 있습니다. 이를 위해 본 교재는 HSK 3, 4급 기출 문제를 철저히 분석하여 수험생들이 단어의 벽을 쉽게 넘을 수 있게 도와주고자 합니다.

HSK 3급 파트별 최신 출제 경향

❶ 듣기 영역

일상생활에서 접할 수 있는 다양한 장소에서 이루어지는 대화들이 출제됩니다.

1부분	남녀의 대화를 듣고, 내용과 일치하는 사진을 고르는 문제입니다. 사진을 먼저 확인하고 관련된 어휘를 체크하면 쉽게 정답을 찾을 수 있습니다.
2부분	녹음으로 들려주는 내용과 제시된 문장의 일치 여부를 판단하는 문제입니다. 녹음과 반대되는 문장의 일치 여부나 녹음에서 언급되지 않은 내용을 제시하는 경우도 있습니다.
3·4부분	남녀의 짧은 대화나 긴 대화를 듣고 질문에 맞는 답을 고르는 문제입니다. 인물의 행동, 의견, 정보 등을 묻는 문제가 출제되고 있습니다.

❷ 독해 영역

독해 1, 2부분에서는 일상의 대화가 주로 출제되고, 독해 3부분에서는 간단한 정보 전달, 교훈, 상식 관련 내용 등이 출제됩니다.

1부분	제시된 문장과 짝이 되는 문장을 보기에서 고르는 문제입니다. 한 사람이 말하는 문장의 짝을 찾는 문제, 대화형식의 문제가 출제되고 있습니다.
2부분	문장의 괄호 안에 들어갈 단어를 보기에서 고르는 문제입니다. 3급 동사, 형용사, 명사 문제가 대부분 출제되며, 양사와 부사도 종종 출제되고 있습니다.
3부분	문장을 읽고 질문에 맞는 답을 고르는 문제입니다. 문장의 주제, 의미, 태도, 어기, 구체적 사실, 평가, 관계 등을 묻는 질문이 꾸준히 출제되고 있습니다.

❸ 쓰기 영역

기초적인 중국어 문장을 파악하고 있으면 풀 수 있는 동사 술어문과 형용사 술어문이 많이 출제됩니다. 연동문과 把자문, 被자문 등도 많이 출제됩니다. 겸어문, 비교문 등도 종종 출제되고 있습니다.

1부분	순서가 뒤섞인 단어를 완전한 문장으로 배열하는 문제입니다. 동사술어문, 형용사술어문이 많이 출제되며, 把자문, 被자문도 반복해서 출제되고 있습니다.
2부분	문장의 괄호 안에 제시된 한어병음에 해당하는 한자를 적는 문제입니다. 명사, 양사, 개사 등이 골고루 출제되고 있습니다.

HSK 4급 파트별 최신 출제 경향

❶ 듣기 영역
일상에서 흔히 접하는 상황을 바탕으로 행동 및 대화의 의미를 묻는 문제와 정보 및 상식을 묻는 문제들이 주로 출제됩니다.

1부분	녹음으로 들려주는 내용과 제시된 문장의 일치 여부를 판단하는 문제로, 제시문을 미리 보고 일치 여부를 판단하는 것이 중요합니다.
2부분	남녀의 짧은 대화를 듣고 질문에 맞는 답을 고르는 문제입니다. 장소, 행동, 감정 관련 문제들이 골고루 출제되고 있습니다.
3부분	남녀의 긴 대화를 듣고 질문에 맞는 답을 고르거나 단문을 듣고 질문에 맞는 답을 고르는 문제입니다. 질문 유형의 경우 2부분과 비슷한 난이도로 출제되고 단문 유형의 경우 문장의 의미와 정보를 묻는 문제가 출제되고 있습니다.

❷ 독해 영역
일상에서 흔히 일어나는 상황을 바탕으로 일반 상식을 묻는 문제들이 주로 출제됩니다.

1부분	문장이나 대화의 괄호 안에 들어갈 단어를 보기에서 고르는 문제로, 보통 4급 동사, 명사, 형용사, 양사, 접속사, 부사가 골고루 출제되고 있습니다.
2부분	제시된 3개의 구를 의미와 어순에 맞게 배열하는 문제입니다. 대체적으로 의미를 파악해서 푸는 문제가 출제되지만, 접속사를 활용한 문제도 많이 출제되고 있습니다.
3부분	제시된 문장을 읽고 질문에 맞는 답을 고르는 문제입니다. 정해진 시간 안에 지문을 읽고 질문에 대한 대답을 찾아야 하므로, 키워드를 빨리 파악하는 것이 가장 중요합니다.

❸ 쓰기 영역
기본적인 중국어 문장을 넘어 把자문, 被자문, 존현문, 연동문, 정도보어 구문, 비교문, 겸어문 등의 문장이 자주 출제됩니다.

1부분	순서가 뒤섞인 단어를 완전한 문장으로 배열하는 문제입니다. 여전히 把자문, 被자문이 많이 출제되고 있으며, 정도보어, 연동문, 비교문도 번갈아 가며 꾸준히 출제되고 있습니다.
2부분	사진과 함께 제시된 단어를 이용해서 관련된 내용의 문장을 작문하는 문제입니다. 제시 단어는 4급 동사, 명사, 형용사, 양사 순으로 출제되고 있으며, 부사 문제도 종종 출제되고 있습니다.

DAY 01

인사, 호칭

HSK 3급, 4급 30일 합격 프로젝트

★ HSK 시험에 이렇게 나와요.
일상생활 속 간단한 인사말들이 3급과 4급 듣기 대화 파트 단골 출제 유형이랍니다. 이때 상대방을 부르는 호칭이 정답을 찾는 키포인트가 되니, 호칭어도 잘 기억해 두세요!

음원 듣기

哥哥 꺼거
妹妹 메이메이
爸爸 빠바
妈妈 마마
弟弟 띠디

암기 영상

哥哥	妹妹	爸爸	妈妈	弟弟
gēge	mèimei	bàba	māma	dìdi
명 형, 오빠	명 여동생	명 아빠, 아버지	명 엄마, 어머니	명 남동생

1급

好
hǎo

형 좋다, 안녕하다

▶ 넌 나의 가장 하오(好)한 친구야.

你好! 안녕하세요!
Nǐ hǎo!

1급

再见
zàijiàn

동 또 만나, 잘 가

▶ 중국에서는 헤어질 때 짜이찌엔(再见)이라고 인사해.

10月前我回来，再见。
Shí yuè qián wǒ huílái, zàijiàn.
10월 전에 저는 돌아와요. 또 만나요.

月 yuè 월, 달 | 前 qián 전, 이전 | 回来 huílái 돌아오다

1급

谢谢
xièxie

고맙다, 감사하다

▶ 정말 씨에씨에(谢谢)합니다. 덕분에 식사를 맛있게 했어요.

老师，太谢谢您了。 선생님, 매우 감사드립니다.
Lǎoshī, tài xièxie nín le.

老师 lǎoshī 선생님

유의 感谢 gǎnxiè 감사합니다

4급

感谢
gǎnxiè

동 감사하다, 고맙다

▶ 제 실수를 이해해 주셔서 정말 간씨에(感谢)합니다.

感谢您对我们工作的理解与支持！
Gǎnxiè nín duì wǒmen gōngzuò de lǐjiě yǔ zhīchí!
저희 업무에 대한 당신의 이해와 지원에 감사드립니다!

对 duì ~에 대하여 | 工作 gōngzuò 업무, 일 | 理解 lǐjiě 이해 | 与 yǔ ~와 | 支持 zhīchí 지원, 지지

유의 谢谢 xièxie 감사합니다

> **유의어 비교** 感谢 vs 谢谢
>
> 感谢는 정도를 강조할 때 앞에 정도부사 很이나 非常 등이 쓰일 수 있지만, 谢谢는 단어 자체가 중첩 표현이므로 정도부사와 같이 쓰지 않는다. 하지만 예외적으로 '太谢谢你了(정말 감사드립니다)'는 가능하다. 회화에 자주 쓰이는 표현이니 함께 알아 두자.
>
> 예 **非常感谢。**(○) 정말 감사드립니다. / **非常谢谢。**(×)
> **太谢谢。**(×) / **太谢谢你了。**(○) 정말 감사드립니다.

1급
不客气
bú kèqi
별말씀을요, 천만에요

▶ 부커치(不客气), 당연히 해야 할 일을 한 것뿐이에요.

不客气，这是我的小意思。
Bú kèqi, zhè shì wǒ de xiǎo yìsi.
별말씀을요, 이것은 저의 작은 성의예요.

是 shì ~이다 | 小意思 xiǎo yìsi 작은 성의

1급
对不起
duìbuqǐ
죄송합니다, 미안합니다

▶ 상대방에게 실수를 했을 때는 뚜이부치(对不起)라고 사과해야지.

对不起，我明天不能去了。
Duìbuqǐ, wǒ míngtiān bù néng qù le.
죄송합니다. 저는 내일 가지 못하게 되었습니다.

明天 míngtiān 내일 | 能 néng ~할 수 있다 | 去 qù 가다

> **배경 지식** 가벼운 사과를 나타낼 때는 **不好意思**
>
> 1966년부터 1976년까지 10년간의 중국 문화대혁명 시기에는 자신의 잘못을 인정하면 불이익을 당하는 경우가 많았다. 이 영향으로 자신의 잘못을 인정하고 사과하는 对不起보다 좋지 않은 일이 발생했을 때 가볍게 안타까움을 나타내는 '不好意思 bù hǎoyìsi'를 더 많이 쓰게 되었다. 기본적으로 전달하는 내용은 같지만, 느낌의 정도가 조금 다르다는 것을 체크하자.

4급
道歉
dàoqiàn
동 사과하다, 사죄하다

▶ 제 아이의 잘못을 대신해서 따오치엔(道歉)합니다.

做错事要及时道歉。
Zuòcuò shì yào jíshí dàoqiàn.
일을 잘못하면 곧바로 사과해야 한다.

做 zuò 하다 | 错 cuò 잘못하다, 틀리다 | 事 shì 일 | 要 yào ~해야 한다 | 及时 jíshí 곧바로, 즉시

유의 抱歉 bàoqiàn 미안해하다

> **유의어 비교** 道歉 vs 抱歉
>
> 道歉은 '사과하는 행위'를 가리키며, 주로 [向 + 대상 + 道歉] 패턴으로 쓰여 '~에게 사과하다'라는 뜻을 나타낸다. 抱歉은 '죄송합니다'라는 뜻으로 어른이나 어려운 상대방에게 미안함을 전할 때 쓰며, 很이나 真 등의 정도부사와 같이 쓰일 수 있다.

1급
没关系
méi guānxi
괜찮다, 상관없다, 문제없다

▶ 그런 일로 미안하다고 하지 말아요. 전 메이꽌시(没关系)해요!

没关系，我坐公共汽车。
Méi guānxi, wǒ zuò gōnggòngqìchē.
괜찮아요. 저는 버스를 탈게요.

坐 zuò (교통 수단을) 타다 | 公共汽车 gōnggòngqìchē 버스

유의 没事 méi shì 괜찮다, 상관없다

1급
喂
wéi
감 (전화상) 여보세요

▶ 웨이(喂), 동준이 집이죠?

喂，你在做什么呢?
Wéi, nǐ zài zuò shénme ne?
여보세요, 너는 무엇을 하고 있니?

在 zài ~하고 있다 | 做 zuò 하다 | 什么 shénme 무엇

4급
咱们
zánmen
대 우리들

▶ 잔먼(咱们)은 '우리'라는 뜻으로 나와 상대방을 모두 포함하지.

我想在咱们学校周围租个房子。
Wǒ xiǎng zài zánmen xuéxiào zhōuwéi zū ge fángzi.
저는 우리 학교 주변에서 집을 하나 빌리고 싶습니다.

想 xiǎng ~하고 싶다 | 学校 xuéxiào 학교 | 周围 zhōuwéi 주변, 주위 | 租 zū 임차하다, 세내다 | 个 gè 개 | 房子 fángzi 집, 건물

유의 我们 wǒmen 우리

1급
人

rén
명 사람, 인간

▶ 이 세상에는 얼마나 많은 런(人)이 살고 있을까?

她后面有几个人?
Tā hòumiàn yǒu jǐ ge rén?
그녀 뒤에 몇 사람이 있어요?

后面 hòumiàn 뒤 | 有 yǒu 있다(존재)

인사, 호칭

3급
别人
biérén
- 명 타인, 다른 사람
- 대 (일반적인) 남, 타인

▶비에런(別人)이 말할 때는 경청해야지.

别人都说他们应该快点儿结婚。
Biérén dōu shuō tāmen yīnggāi kuài diǎnr jiéhūn.
다른 사람은 모두 그들이 마땅히 빨리 결혼해야 한다고 말한다.

都 dōu 모두, 다 | 说 shuō 말하다 | 应该 yīnggāi (마땅히) ~해야 한다 | 快 kuài 빠르다 | 结婚 jiéhūn 결혼하다

유의 他人 tārén

1급
爸爸
bàba
- 명 아빠, 아버지

▶빠바(爸爸)가 출근하러 나서면 아이가 "빠빠이~".

今天是你爸爸的生日。
Jīntiān shì nǐ bàba de shēngrì.
오늘은 네 아빠의 생신이야.

今天 jīntiān 오늘 | 生日 shēngrì 생일

유의 父亲 fùqīn 아버지

1급
妈妈
māma
- 명 엄마, 어머니

▶아빠와 마마(妈妈)의 결혼기념일이 다가와.

他妈妈是医生。
Tā māma shì yīshēng.
그의 엄마는 의사입니다.

医生 yīshēng 의사

유의 母亲 mǔqīn 어머니

1급
儿子
érzi
- 명 아들

▶우리 집은 딸은 없고 얼즈(儿子)만 둘이야.

你儿子在哪儿工作？
Nǐ érzi zài nǎr gōngzuò?
당신 아들은 어디에서 일합니까?

在 zài ~에서 | 哪儿 nǎr 어디, 어느 곳 | 工作 gōngzuò 일하다

1급

女儿
nǚ'ér
명 딸

▶ 연예인 중에도 뉘얼(女儿)밖에 모르는 딸바보 아빠들이 많아.

你女儿几岁了？
Nǐ nǚ'ér jǐ suì le?
당신 딸은 몇 살이 되었나요?

几 jǐ 몇 ｜ 岁 suì 살, 세

2급

弟弟
dìdi
명 남동생

▶ 뛰뛰빵빵 자동차를 좋아하는 띠디(弟弟)를 여동생은 싫어해.

右边的这个是我弟弟。
Yòubian de zhège shì wǒ dìdi.
오른쪽의 이 사람이 제 남동생이에요.

右边 yòubian 오른쪽 ｜ 这个 zhège 이, 이것

2급

哥哥
gēge
명 형, 오빠

▶ 나보다 두 살 많은 우리 꺼거(哥哥)는 축구를 좋아해.

哥哥在房间里学习呢。
Gēge zài fángjiān li xuéxí ne.
형은 방 안에서 공부하고 있습니다.

房间 fángjiān 방 ｜ 里 li 안, 속 ｜ 学习 xuéxí 공부하다

2급

姐姐
jiějie
명 언니, 누나

▶ 너희 누나도 지에지에(姐姐), 우리 언니도 지에지에(姐姐)~!

她姐姐是我同学。
Tā jiějie shì wǒ tóngxué.
그녀의 언니는 나의 동창입니다.

同学 tóngxué 동창, 학교 친구

2급

妹妹
mèimei
명 여동생

▶ 할머니가 제일 예뻐하는 손녀는 바로 내 메이메이(妹妹)야.

这个东西是送给我妹妹的。
Zhège dōngxi shì sònggěi wǒ mèimei de.
이 물건은 내 여동생에게 선물하는 거예요.

这个 zhège 이, 이것 ｜ 东西 dōngxi 물건 ｜ 送 sòng 선물하다, 주다 ｜ 给 gěi ~에게

2급
妻子
qīzi

명 아내

▶우리 치즈(妻子)는 맛있는 치즈를 좋아해!

我想送妻子一件漂亮的衣服。
Wǒ xiǎng sòng qīzi yí jiàn piàoliang de yīfu.

나는 아내에게 예쁜 옷 한 벌을 선물하고 싶습니다.

想 xiǎng ~하고 싶다 | **件** jiàn 벌, 건(옷·일을 세는 양사) | **漂亮** piàoliang 예쁘다, 아름답다 | **衣服** yīfu 옷

2급
丈夫
zhàngfu

명 남편

▶내 쟝푸(丈夫)는 매일 6시에 퇴근해.

我丈夫会说汉语。
Wǒ zhàngfu huì shuō Hànyǔ.

내 남편은 중국어를 말할 수 있어요.

会 huì ~할 수 있다 | **说** shuō 말하다 | **汉语** Hànyǔ 중국어

4급
父亲
fùqīn

명 아버지, 부친

▶할아버지는 아빠의 푸친(父亲)이셔.

我父亲是警察，受到了很多人的尊重。
Wǒ fùqīn shì jǐngchá, shòudàole hěn duō rén de zūnzhòng.

나의 아버지는 경찰이시고, 많은 사람들의 존중을 받았다.

警察 jǐngchá 경찰 | **受到** shòudào 받다 | **尊重** zūnzhòng 존중

유의 **爸爸** bàba 아빠

4급
母亲
mǔqīn

명 어머니, 모친

▶엄마는 마마, 어머니는 무친(母亲)이라고 하지.

我母亲是钢琴老师，她钢琴弹得特别好。
Wǒ mǔqīn shì gāngqín lǎoshī, tā gāngqín tán de tèbié hǎo.

우리 어머니는 피아노 선생님이시고, 그녀는 피아노를 아주 잘 친다.

钢琴 gāngqín 피아노 | **老师** lǎoshī 선생님 | **弹** tán (악기를) 치다 | **特别** tèbié 아주 | 유의 **妈妈** māma 엄마

> **배경 지식** 父亲节(아버지의 날), 母亲节(어머니의 날)
>
> 한국에 '어버이날'이 있듯이 중국에도 부모님께 감사의 마음을 전하는 날이 있다. 한국에서는 5월 8일 '어버이날' 하루에 아빠, 엄마 모두에게 감사의 마음을 전하는 반면에, 중국에서는 '父亲节(아버지의 날)'와 '母亲节(어머니의 날)'가 따로 지정되어 있다.

3급

爷爷
yéye

명 할아버지, 조부

▶우리 아빠는 예예(爷爷)가 부르시면 '예~예~' 하고 달려가서.

爷爷经常带我去公园玩儿。
Yéye jīngcháng dài wǒ qù gōngyuán wánr.
할아버지는 자주 나를 데리고 공원에 가서 논다.

经常 jīngcháng 자주, 늘 | 带 dài 데리다 | 去 qù 가다 | 公园 gōngyuán 공원 | 玩(儿) wán(r) 놀다

3급

奶奶
nǎinai

명 할머니

▶할머니는 나이가 많아서 나이나이(奶奶)래.

奶奶经常给我讲历史故事。
Nǎinai jīngcháng gěi wǒ jiǎng lìshǐ gùshi.
할머니는 자주 나에게 역사 이야기를 해 주신다.

经常 jīngcháng 자주, 늘 | 给 gěi ~에게 | 讲 jiǎng 이야기하다 | 历史 lìshǐ 역사 | 故事 gùshi 이야기

3급

叔叔
shūshu

명 삼촌, 작은아버지

▶슈슈(叔叔)는 작년에 숙모와 결혼하셨어.

叔叔和叔母第一次来北京。
Shūshu hé shūmǔ dì yī cì lái Běijīng.
삼촌과 숙모는 처음 베이징에 오셨다.

叔母 shūmǔ 숙모 | 第一次 dì yī cì 맨 처음, 최초 | 来 lái 오다 | 北京 Běijīng 베이징

> **출제 포인트** 지나가는 아저씨를 부를 때도 **叔叔**
>
> 叔叔는 자신의 삼촌을 부를 때도 쓰지만, 친척 관계가 아닌 중년 남자를 부를 때도 쓴다. 직업·신분·호칭 관련 어휘는 듣기 영역 문제에 자주 나오니 꼭 익혀 두자!

4급

孙子
sūnzi

명 손자

▶우리 할머니는 손녀보다 쑨즈(孙子)를 더 예뻐하셔.

我孙子给我发短信了。
Wǒ sūnzi gěi wǒ fā duǎnxìn le.
내 손자가 나에게 문자 메시지를 보냈다.

发 fā 보내다 | 短信 duǎnxìn 문자 메시지

인사, 호칭

4급
亲戚
qīnqi
명 친척

▶ 명절 때는 큰집으로 일가 친치(亲戚)들이 다 모이지!

亲戚送了我两张音乐会的门票。
Qīnqi sòngle wǒ liǎng zhāng yīnyuèhuì de ménpiào.
친척이 나에게 음악회 티켓 2장을 선물했다.

送 sòng 선물하다, 주다 | 张 zhāng 장(종이나 가죽 등을 세는 단위) |
音乐会 yīnyuèhuì 음악회 | 门票 ménpiào 입장권, 티켓

2급
大家
dàjiā
대 모두, 여러분, 다들

▶ 따지아(大家), 여기를 집중해 주세요.

大家都准备好了吗？
Dàjiā dōu zhǔnbèi hǎo le ma?
모두 준비 다 되었나요?

准备 zhǔnbèi 준비하다 | 好 hǎo 동사 뒤에 쓰여 동작이 완성되었거나 잘 마무리되었음을 나타냄

3급
阿姨
āyí
명 아주머니, 아줌마, 이모

▶ 옆집 사시는 아이(阿姨)는 아이들을 참 좋아하셔.

王阿姨是不是生气了？
Wáng āyí shì bu shì shēngqì le?
왕 아주머니 화난 것 아니야?

是 shì ~이다 | 不 bù ~ 아니다 | 生气 shēngqì 성나다, 화내다

출제 포인트 중년 여성을 부를 때

중국에서는 친구의 어머니, 옆집의 아주머니 등을 阿姨라고 부르고, 자신의 이모를 부를 때는 큰이모를 大姨, 작은이모를 小姨라고 부른다. 시험에 阿姨라는 호칭이 나왔다면, 알고 지내는 이웃 아주머니일 가능성이 크다.

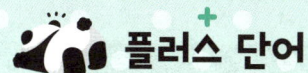 **플러스 단어**

고득점 합격이 목표라면 플러스단어까지 학습해 보세요.

호칭

外公	wàigōng 외할아버지		舅舅	jiùjiu 외삼촌
外婆	wàipó 외할머니		舅母	jiùmǔ 외숙모
岳父	yuèfù 장인		姑母	gūmǔ 고모
岳母	yuèmǔ 장모		侄子	zhízi 조카
女婿	nǚxu 사위		侄女	zhínǚ 조카딸
儿媳妇	érxífu 며느리		嫂嫂	sǎosao 형수
孙女	sūnnǚ 손녀		弟媳	dìxí 제수
伯父	bófù 큰아버지		姐夫	jiěfu 형부
伯母	bómǔ 큰어머니		妹夫	mèifu 매부, 매제
叔母	shūmǔ 숙모		表哥	biǎogē 사촌오빠(형)

데일리 테스트

고생하셨어요! QR코드를 스캔해 데일리 테스트를 풀어 보며 오늘 학습을 마무리해 보세요.

DAY 02

HSK 3급, 4급 30일 합격 프로젝트

★ HSK 시험에 이렇게 나와요.
아침에 일어나고, 외출을 준비하는 상황은 3급과 4급 듣기 영역 단골 등장 테마입니다. 자주 등장하는 동작들만 잘 익혀도 쉽게 정답을 찾을 수 있어요.

기상 및 외출 준비

음원 듣기

帽子 màozi	戴 dài	选择 xuǎnzé	手表 shǒubiǎo	袜子 wàzi
명 모자	동 쓰다, 착용하다, 차다, 끼다, 달다	동 고르다, 선택하다	명 손목시계	명 양말, 스타킹

1급
睡觉
shuìjiào
동 (잠을) 자다

▶ 우리 오빠는 쉐이찌아오(睡觉)할 땐 누가 업어 가도 모를걸?

我每天晚上十点就睡觉。
Wǒ měitiān wǎnshang shí diǎn jiù shuìjiào.
나는 매일 밤 10시에 바로 잠을 잔다.

每天 měitiān 매일 | 晚上 wǎnshang 밤, 저녁 | 点 diǎn 시 | 就 jiù 바로

> **출제 포인트** 이합동사 **睡觉**
>
> 睡觉는 이합동사로 목적어나 보어가 뒤에 올 수 없다. 이합동사와 목적어의 관계는 쓰기 영역에서 많이 틀리는 부분이니 꼭 알아 두자.

2급
起床
qǐchuáng
동 (잠자리에서) 일어나다, 기상하다

▶ 매일 아침 치츄앙(起床) 시간은 나와의 전쟁이야.

你每天几点起床?
Nǐ měitiān jǐ diǎn qǐchuáng?
너는 매일 몇 시에 일어나니?

几 jǐ 몇 | 点 diǎn 시

4급
醒
xǐng
동 잠에서 깨다

▶ 난 매일 아침 6시에 씽(醒)하기 위해 알람을 맞춰 놓고 자.

他醒来的时候，已经八点了。
Tā xǐnglái de shíhou, yǐjīng bā diǎn le.
그가 잠에서 깼을 때, 이미 8시였다.

时候 shíhou ~할 때 | 已经 yǐjīng 이미, 벌써

2급
洗
xǐ
동 씻다, 빨다

▶ 외출하고 돌아왔을 때는 꼭 손을 씨(洗)하렴.

你去洗洗手。
Nǐ qù xǐxi shǒu.
너는 가서 손을 좀 씻어.

去 qù 가다 | 手 shǒu 손

> **출제 포인트** **洗**와 같이 등장하는 짝꿍 표현들
>
> 洗脸 세수하다 / 洗碗 설거지하다 / 洗衣服 옷을 빨다(세탁하다)

3급
洗澡
xǐzǎo
동 샤워하다, 몸을 씻다, 목욕하다

▶ 나는 한여름에는 찬물로 씨자오(洗澡)해.

弟弟总是不洗澡就睡觉。
Dìdi zǒngshì bù xǐzǎo jiù shuìjiào.
남동생은 늘 샤워를 안 하고 바로 잠을 잔다.

弟弟 dìdi 남동생 | 总是 zǒngshì 늘, 줄곧

4급
擦
cā
동 (천, 수건 등으로) 닦다

▶ 안경을 깨끗하게 차(擦)했더니 세상이 달라져 보인다.

我把鞋擦得特别干净。
Wǒ bǎ xié cā de tèbié gānjìng.
나는 신발을 아주 깨끗하게 닦았다.

把 bǎ ~를 | 鞋 xié 신발 | 特别 tèbié 아주 | 干净 gānjìng 깨끗하다

4급
毛巾
máojīn
명 수건, 타월

▶ 머리를 감고 나면 마오진(毛巾)으로 물기를 잘 털어야 해.

快给我拿条毛巾吧。 빨리 나에게 수건 하나 가져다 줘.
Kuài gěi wǒ ná tiáo máojīn ba.

快 kuài 빨리 | 给 gěi ~에게 | 拿 ná (손으로) 가지다 | 条 tiáo 개(가늘고 긴 것, 폭이 좁고 긴 것을 세는 단위)

4급
躺
tǎng
동 눕다, 드러눕다

▶ 나는 침대에 탕(躺)하면 바로 잠들어.

很多人喜欢睡前躺在床上玩儿手机。
Hěn duō rén xǐhuan shuì qián tǎngzài chuáng shang wánr shǒujī.
많은 사람들이 자기 전에 침대 위에 누워서 휴대폰 하는 것을 좋아한다.

喜欢 xǐhuan 좋아하다 | 睡 shuì (잠을) 자다 | 前 qián 전, 이전 | 在 zài ~에서 | 床 chuáng 침대 | 玩(儿) wán(r) (운동 등을) 하다, 놀다 | 手机 shǒujī 휴대폰

출제 포인트 쓰기 영역 빈출 키워드 躺

躺은 4급 쓰기 영역 2부분 문제로 침대에 누워 있는 사진과 함께 많이 출제되었다. 수험생들이 작문 실수를 많이 하는 단어이니 구문 형태로 통째로 외워 두자.

躺在床上 (침대에 눕다) / 在床上躺着(침대에 누워 있다) / 躺下(누워)

2급

穿
chuān

동 (옷, 신발 등을) 입다, 신다

▶유명 연예인이 츄안(穿)했던 옷은 금방 품절돼.

我穿这件衣服怎么样?
Wǒ chuān zhè jiàn yīfu zěnmeyàng?
제가 이 옷을 입으면 어떤가요?

件 jiàn 벌, 건(옷·일을 세는 양사) | 衣服 yīfu 옷, 의복 | 怎么样 zěnmeyàng 어떻다, 어떠하다

반의 脱 tuō (옷을) 벗다

3급

条
tiáo

양 벌(바지·치마를 세는 단위)
양 (가늘고 긴 것을 세는 단위)

▶어제 산 세 티아오(条) 치마 중에 무엇을 입을까?

你这条裙子是不是有点儿短?
Nǐ zhè tiáo qúnzi shì bu shì yǒudiǎnr duǎn?
당신의 이 치마는 조금 짧지 않나요?

爸爸钓了三条鱼。
Bàba diàole sān tiáo yú.
아빠는 물고기를 3마리 잡았다.

有点儿 yǒudiǎnr 조금, 약간 | 短 duǎn 짧다 | 爸爸 bàba 아빠 | 钓 diào 낚다 | 鱼 yú 물고기

> **유의어 비교** 옷을 셀 때 쓰는 **条 vs 件**
>
> 条는 아랫도리(하의), 件은 윗도리(상의)나 외투를 셀 때 쓴다.
> 一条 + 裤子(바지) / 裙子(치마)
> 一件 + 衣服(옷) / 衬衫(셔츠)
>
> 条는 가늘고 긴 것, 폭이 좁고 긴 것을 세는 단위이므로, 길게 생긴 '河(강)'나 '街道(거리)'를 셀 때나 일부 동물, 식물을 셀 때도 条를 쓴다.

1급

衣服
yīfu

명 옷, 의복

▶왜 이푸(衣服)는 맨날 사도 사도 부족한지 정말 미스터리야.

你看见我的衣服了吗? 너는 나의 옷을 보았니?
Nǐ kànjiàn wǒ de yīfu le ma?

看见 kànjiàn 보다 | 的 de ~의

기상 및 외출 준비

3급

裤子
kùzi

명 바지

▶ 요즘엔 다시 나팔 쿠즈(裤子)가 유행이야.

这是最近很流行的裤子。
Zhè shì zuìjìn hěn liúxíng de kùzi.
이것은 최근 유행하는 바지이다.

是 shì ~이다 | 最近 zuìjìn 최근 | 流行 liúxíng 유행하다

3급

双
shuāng

양 짝, 켤레, 쌍
형 두 개의, 쌍의

▶ 양말 한 슈앙(双)에 5위안이면 정말 싼 거야.

我穿哪双鞋好呢? 저는 어떤 신발을 신는 게 좋을까요?
Wǒ chuān nǎ shuāng xié hǎo ne?

这张双人床真舒服，我想再睡一会儿。
Zhè zhāng shuāngrénchuáng zhēn shūfu, wǒ xiǎng zài shuì yíhuìr.
이 2인용 침대는 정말 편해요. 저는 좀 더 자고 싶어요.

穿 chuān (옷, 신발 등을) 입다, 신다 | 哪 nǎ 어떤, 어느 | 鞋 xié 신발 | 好 hǎo 좋다 | 张 zhāng 개(책상이나 탁자 등을 세는 단위) | 双人床 shuāngrénchuáng 2인용 침대 | 真 zhēn 정말 | 舒服 shūfu (몸, 마음이) 편안하다 | 再 zài 더 | 睡 shuì (잠을) 자다 | 一会儿 yíhuìr 잠깐 동안

유의 对 duì 짝, 쌍

4급

袜子
wàzi

명 양말, 스타킹

▶ 남자 패션의 완성은 와즈(袜子)래!

这双袜子是我昨天买的。
Zhè shuāng wàzi shì wǒ zuótiān mǎi de.
이 양말은 내가 어제 산 것이다.

双 shuāng 켤레, 짝 | 昨天 zuótiān 어제 | 买 mǎi 사다

출제 포인트 두 가지 양사와 호응하는 袜子(양말)

双은 켤레를 셀 때 사용하고, 只는 한 켤레 중 한 짝을 셀 때 사용한다. 어떤 양사를 사용하는지에 따라 전달하는 의미가 완전히 달라지니 정확하게 기억해 두자.

3급

帽子
màozi

명 모자

▶ 우리 할아버지는 대머리라서 마오즈(帽子)를 꼭 쓰신다.

这个帽子怎么样?
Zhège màozi zěnmeyàng?

이 모자 어때?

这个 zhège 이, 이것 | 怎么样 zěnmeyàng 어떻다, 어떠하다

4급

戴
dài

동 쓰다, 착용하다, 차다, 끼다, 달다

▶ 요즘 모자 쓰는 게 유행이어서 오늘 나도 모자를 따이(戴)했어.

这种帽子今年很流行。你戴上试试。
Zhè zhǒng màozi jīnnián hěn liúxíng. Nǐ dàishàng shìshi.

이 종류의 모자는 올해에 매우 유행해. 네가 한번 써 봐.

种 zhǒng 종류 | 帽子 màozi 모자 | 今年 jīnnián 올해 | 流行 liúxíng 유행하다 | 试 shì 시험 삼아 해 보다

> **유의어 비교**   穿 vs 戴
>
> 두 단어는 뒤에 오는 목적어가 다르다. 목적어로 구분하여 외우자!
>
> 穿 | 입다, 신다
> + 衣服(옷) / 裙子(치마) / 裤子(바지) / 衬衫(셔츠) / 鞋(신발) / 袜子(양말)
>
> 戴 | 착용하다
> + 帽子(모자) / 眼镜(안경) / 手表(손목시계)

3급

皮鞋
píxié

명 (가죽) 구두

▶ 나는 그의 양복에 잘 어울리는 피시에(皮鞋)를 선물해 줬어.

我的皮鞋怎么少了一只?
Wǒ de píxié zěnme shǎole yì zhī?

나의 (가죽) 구두는 왜 한 짝이 없어졌지?

怎么 zěnme 왜 | 少 shǎo 없어지다, 적다 | 只 zhī 짝, 쪽(쌍으로 이루어진 것 중 하나를 세는 단위)

3급

带 dài

동 (몸에) 휴대하다, 지니다, 데리다, 이끌다

▶ 오후에 비가 온다고 했는데, 우산을 따이(带)하는 걸 깜빡했어.

外面雨下得非常大，你带着伞吧。
Wàimiàn yǔ xià de fēicháng dà, nǐ dàizhe sǎn ba.
밖에 비가 정말 많이 내려. 너 우산 가져가.

外面 wàimiàn 밖, 바깥 | 雨 yǔ 비 | 下 xià (비, 눈이) 내리다 | 非常 fēicháng 매우, 아주 | 大 dà (힘·강도 등이) 세다 | 伞 sǎn 우산

출제 포인트 带+대상+去+장소 (~을 데리고 ~에 가다)

4급 듣기 영역 2, 3부분에서는 일상생활에서 발생하는 다양한 형태의 문제들이 출제된다.

예 我要带孩子去公园。 나는 아이를 데리고 공원에 가려고 한다.

2급

手机 shǒujī

명 휴대폰

▶ 요즘엔 스마트 쇼우지(手机)가 대세야.

你看见我的手机了吗？
Nǐ kànjiàn wǒ de shǒujī le ma?
너 내 휴대폰 봤니?

看见 kànjiàn 보다

2급

手表 shǒubiǎo

명 손목시계

▶ 요즘은 쇼우비아오(手表)를 안 차고 다니는 사람이 많아.

我今天想戴手表，你知道在哪儿吗？
Wǒ jīntiān xiǎng dài shǒubiǎo, nǐ zhīdào zài nǎr ma?
나는 오늘 손목시계를 차고 싶은데, 너 어디에 있는지 아니?

今天 jīntiān 오늘 | 想 xiǎng ~하고 싶다 | 戴 dài 착용하다 | 知道 zhīdào 알다 | 在 zài ~에 있다 | 哪儿 nǎr 어디

3급

刷牙 shuāyá

동 이를 닦다, 양치질하다

▶ 하루에 세 번은 꼭 슈아야(刷牙)해야 해.

你怎么不刷牙就睡觉？
Nǐ zěnme bù shuāyá jiù shuìjiào?
너는 왜 이를 닦지 않고 바로 잠을 자는 거니?

怎么 zěnme 왜, 어째서 | 不 bù ~하지 않다 | 就 jiù 바로 | 睡觉 shuìjiào (잠을) 자다

1급

想
xiǎng

조동 ~하고 싶다,
~하려고 하다
동 생각하다

▶ 이번 주말에 놀이공원에 가고 싶다면 씨앙(想)이라고 말만 해!

我不想起床。 나는 일어나고 싶지 않다.
Wǒ bù xiǎng qǐchuáng.

你想一想今天去哪儿。
Nǐ xiǎng yi xiǎng jīntiān qù nǎr.
너는 오늘 어디에 갈지 한번 생각해 봐.

起床 qǐchuáng 일어나다 | 去 qù 가다

1급

怎么样
zěnmeyàng

대 어떻다, 어떠하다

▶ 오늘 영화 데이트 전머양(怎么样)?

你看看这几条裙子怎么样?
Nǐ kànkan zhè jǐ tiáo qúnzi zěnmeyàng?
네가 보기에 이 치마 몇 벌 어때?

几 jǐ 몇 | 条 tiáo 벌(가늘고 긴 것, 폭이 좁고 긴 것을 세는 단위) | 裙子 qúnzi 치마

3급

选择
xuǎnzé

동 고르다, 선택하다

▶ 네가 쉬엔저(选择)할 수 있는 건 A 아니면 B뿐이야.

帮我选择一下今天穿的衣服吧。
Bāng wǒ xuǎnzé yíxià jīntiān chuān de yīfu ba.
나를 도와 오늘 입을 옷 좀 한번 골라 줘.

帮 bāng 돕다 | 一下 yíxià 동사 뒤에 쓰여 '좀 ~하다'의 뜻을 나타냄 |
今天 jīntiān 오늘 | 穿 chuān (옷을) 입다 | 衣服 yīfu 옷, 의복

4급

合适
héshì

형 어울리다, 적합하다,
알맞다

▶ 너에겐 이 파란색 원피스가 가장 허스(合适)해.

这件衣服对我很合适。
Zhè jiàn yīfu duì wǒ hěn héshì.
이 옷은 나에게 매우 잘 어울린다.

件 jiàn 벌, 건(옷·일을 세는 양사) | 对 duì ~에게
유의 适合 shìhé 어울리다, 적합하다

기상 및 외출 준비

4급

适合
shìhé

동 어울리다, 적합하다, 부합하다

▶ 나에겐 캐주얼 차림이 가장 스허(适合)한 것 같아.

我觉得短发很适合你。
Wǒ juéde duǎnfà hěn shìhé nǐ.

나는 단발머리가 너에게 매우 잘 어울린다고 생각해.

觉得 juéde ~라고 생각하다 | 短发 duǎnfà 단발머리

유의 合适 héshì 어울리다, 적합하다

유의어 비교	合适 vs 适合
合适	형용사로 목적어를 뒤에 쓸 수 없으므로, 개사 对나 跟과 함께 목적어를 앞에 써 줌 예 这件衣服对你合适。 이 옷은 너에게 어울린다. 　　这件衣服合适你。(×)
适合	동사로 뒤에 목적어를 가질 수 있음 예 这件衣服适合你。

2급

红
hóng

형 붉다, 빨갛다

▶ 한국 축구 응원단 이름은 홍(红) 악마야.

这条红色的裤子很漂亮。
Zhè tiáo hóngsè de kùzi hěn piàoliang.

이 붉은색 바지는 매우 예쁘다.

条 tiáo 벌(가늘고 긴 것, 폭이 좁고 긴 것을 세는 단위) | 红色 hóngsè 붉은색 | 裤子 kùzi 바지 | 漂亮 piàoliang 예쁘다

2급

颜色
yánsè

명 색, 색깔

▶ 무지개의 일곱 가지 이엔써(颜色)는 모르는 사람이 없어.

我喜欢这个颜色的衣服。
Wǒ xǐhuan zhège yánsè de yīfu.

나는 이 색깔의 옷을 좋아한다.

喜欢 xǐhuan 좋아하다 | 衣服 yīfu 옷, 의복

28

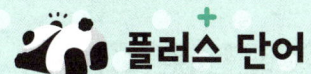 **플러스 단어**

음원 듣기

고득점 합격이 목표라면 플러스단어까지 학습해 보세요.

기상

- 床 chuáng 침대
- 床单 chuángdān 침대 시트
- 被子 bèizi 이불
- 枕头 zhěntou 베개
- 懒觉 lǎnjiào 늦잠
- 睡懒觉 shuì lǎnjiào 늦잠을 자다
- 哈欠 hāqian 하품
- 睡衣 shuìyī 잠옷
- 闹钟 nàozhōng 자명종
- 早起 zǎo qǐ 일찍 일어나다

외출 준비

- 西服 xīfú 양복, 정장
- 领带 lǐngdài 넥타이
- 牛仔裤 niúzǎikù 청바지
- 大衣 dàyī 외투, 코트
- 手套 shǒutào 장갑
- 项链 xiàngliàn 목걸이
- 戒指 jièzhi 반지
- 皮包 píbāo (가죽) 핸드백
- 钱包 qiánbāo 지갑
- 智能手机 zhìnéng shǒujī 스마트폰

데일리 테스트

고생하셨어요! QR코드를 스캔해 데일리 테스트를 풀어 보며 오늘 학습을 마무리해 보세요.

문제 풀기

DAY 03

시간

HSK 3급, 4급 30일 합격 프로젝트

★ HSK 시험에 이렇게 나와요.
시간 표현을 정확히 알고 있어야 풀 수 있는 문제, 간단한 계산이 필요한 문제가 종종 출제됩니다. 급수가 올라갈수록 계산이 필요한 문제가 많아져요. 계산을 하려면 시간을 정확하게 들어야겠죠?

음원 듣기

两 liǎng
㊲ 둘, 두어(불확실한 대략적인 수를 나타냄)

半 bàn
㊲ 절반, 2분의 1

月 yuè
㊅ 월, 달

点 diǎn
㊅ 시

星期 xīngqī
㊅ 요일, 주

早上 zǎoshang
`2급` 명 아침

▶ 나는 매일 자오샹(早上) 6시에 일어나.

你们公司早上几点上班?
Nǐmen gōngsī zǎoshang jǐ diǎn shàngbān?
너희 회사는 아침 몇 시에 출근하니?

公司 gōngsī 회사 | 点 diǎn 시 | 上班 shàngbān 출근하다

晚上 wǎnshang
`2급` 명 저녁, 밤

▶ 주말 완샹(晚上)에는 주로 집에서 TV 예능 프로그램을 봐.

晚上我们去唱歌怎么样?
Wǎnshang wǒmen qù chànggē zěnmeyàng?
저녁에 우리 노래 부르러 가는 거 어때?

唱歌 chànggē 노래 부르다 | 怎么样 zěnmeyàng 어떻다, 어떠하다

现在 xiànzài
`1급` 명 지금, 현재

▶ 과거와 현재, 미래 중 가장 중요한 것은 씨엔짜이(现在)이다.

现在几点了?
Xiànzài jǐ diǎn le?
지금 몇 시입니까?

几 jǐ 몇 | 点 diǎn 시

昨天 zuótiān
`1급` 명 어제

▶ 주어티엔(昨天) 밤에 천둥소리가 너무 커서 깊이 못 잤어.

昨天你看京剧了吗?
Zuótiān nǐ kàn jīngjù le ma?
어제 너 경극 봤어?

看 kàn 보다 | 京剧 jīngjù 경극

今天 jīntiān
`1급` 명 오늘

▶ 진티엔(今天)은 어제 죽은 이가 그토록 갈망하던 내일이다.

今天在哪儿见面?
Jīntiān zài nǎr jiànmiàn?
오늘 어디에서 만날까요?

在 zài ~에서 | 哪儿 nǎr 어디 | 见面 jiànmiàn 만나다

1급
明天
míngtiān
🅟 내일

▶드디어 밍티엔(明天)이 토요일이야! 오늘은 불금!

你明天几点能来?
Nǐ míngtiān jǐ diǎn néng lái?
당신은 내일 몇 시에 올 수 있습니까?

能 néng ~할 수 있다 | 来 lái 오다

> **출제 포인트** 그저께, 어제, 오늘, 내일, 모레
>
> 시험에 잘 나오는 시간의 흐름에 대해서 정리해 보자. '前天(그저께)-昨天(어제)-今天(오늘)-明天(내일)-后天(모레)'이 시험에 자주 나온다. 듣기 문제에 시간이 나왔을 때 순간적으로 헷갈리지 않도록 평소에 잘 익혀 두자.

3급
周末
zhōumò
🅟 주말

▶이번 쩌우모(周末)에 약속 없으면 나랑 영화 보러 가자.

我的几个同事周末想去北京玩儿。
Wǒ de jǐ ge tóngshì zhōumò xiǎng qù Běijīng wánr.
내 동료 몇 명은 주말에 베이징에 가서 놀고 싶어 한다.

个 ge 명, 개 | 同事 tóngshì 동료 | 想 xiǎng ~하고 싶다 | 北京 Běijīng 베이징 | 玩(儿) wán(r) 놀다, 하다

3급
最近
zuìjìn
🅟 요즘, 최근

▶진짜 오랜만이네! 쭈이진(最近) 어떻게 지냈어?

最近你有时间吗?
Zuìjìn nǐ yǒu shíjiān ma?
요즘 너는 시간 있니?

有 yǒu 있다 | 时间 shíjiān 시간

2급
时间
shíjiān
🅟 시간, (시각과 시각 사이의) 동안

▶너무 걱정하지 마. 스지엔(时间)이 지나면 다 해결될 거야.

时间过得真快,我来北京10年了。
Shíjiān guò de zhēn kuài, wǒ lái Běijīng shí nián le.
시간이 정말 빠르게 흘러서, 내가 베이징에 온 지 10년이 되었다.

过 guò 지나가다 | 真 zhēn 정말 | 快 kuài 빠르다 | 来 lái 오다 | 年 nián 년

1급

时候
shíhou

명 때, 시각, 무렵

▶ 내가 열 살이었을 스호우(时候) 내 꿈은 대통령이었다.

你什么时候考试？
Nǐ shénme shíhou kǎoshì?
너 언제 시험 보니?

什么时候 shénme shíhou 언제 | 考试 kǎoshì 시험 보다

출제 포인트   ······的时候(~할 때)

时候는 보통 단독으로 쓰이지 않고, '······的时候'로 자주 쓰인다. 앞에는 그 상황을 나타낼 수 있는 명사나 동사, 문장 등이 제한 없이 쓰일 수 있다. '······的时候'와 '······时'는 같은 뜻으로 쓰인다. 그러나 '······的时'는 틀린 표현이니 4급 쓰기 2 작문할 때 주의하자!

예 春天的时候 봄일 때 / 上课的时候 수업할 때
   我昨天回家的时候 내가 어제 집에 돌아갔을 때
   春天时候 (×) / 上课的时 (×)

1급

点
diǎn

양 시
양 약간, 조금
동 주문하다

▶ 우리 아빠는 저녁 8디엔(点) 뉴스를 가장 즐겨 보신다.

我每天七点起床。 나는 매일 7시에 일어난다.
Wǒ měitiān qī diǎn qǐchuáng.

你多吃点儿吧。 당신 많이 좀 드세요.
Nǐ duō chī diǎnr ba.

我们点两个菜吧。 우리 요리를 2개 주문하자.
Wǒmen diǎn liǎng ge cài ba.

每天 měitiān 매일 | 起床 qǐchuáng 일어나다 | 两 liǎng 둘 | 菜 cài 요리

출제 포인트   듣기, 독해 영역 빈출 어휘 点

点은 세 가지 뜻 모두 시험에 자주 출제된다. '方法有三点(방법이 3가지가 있다)'에서처럼 '가지, 방면'이라는 뜻도 나타낸다.

2급

小时
xiǎoshí

명 시간(시간 단위)

▶ 서울에서 부산까지는 자동차로 대략 네 씨아오스(小时)가 걸린다.

我们半个小时后见吧。
Wǒmen bàn ge xiǎoshí hòu jiàn ba.
우리 30분 후에 만나자.

半 bàn 절반, 2분의 1 | 后 hòu 후, 뒤 | 见 jiàn 만나다

시간 33

3급

分
fēn

양 분

▶한 시간은 60편(分)이고, 1편(分)은 60초야.

你们要八点二十分前到学校。
Nǐmen yào bā diǎn èrshí fēn qián dào xuéxiào.
너희는 8시 20분 전에 학교에 도착해야 한다.

要 yào ~해야 한다 | 前 qián 전, 이전 | 到 dào 도착하다 | 学校 xuéxiào 학교

유의어 비교 分钟 vs 分

分钟은 동작이 일어난 시간의 양을 나타내므로 '小时(시간)'와 함께 쓰이고, 分은 시각을 나타내므로 '点(시)'과 같이 쓰인다.

예 五个小时二十分钟 5시간 20분
    5点20分 5시 20분

3급

半
bàn

수 절반, 2분의 1

▶오후 6시 영화니까 30분 전인 5시 빤(半)에 만나자.

下午三点半见怎么样?
Xiàwǔ sān diǎn bàn jiàn zěnmeyàng?
오후 3시 반에 만나는 거 어때?

下午 xiàwǔ 오후 | 见 jiàn 만나다 | 怎么样 zěnmeyàng 어떠하다

출제 포인트 半은 시간을 나타내는 빈출 어휘

시간에 쓰이는 半은 30분을 뜻하며, 시간의 양과 시각을 모두 나타낸다. 보통 분의 단위 分은 같이 쓰이지 않는다.

예 六点半 6시 30분 / 两个半小时 2시간 30분 / 半个小时 30분

3급

刻
kè

양 15분

▶커(刻)는 '15분'이라는 뜻을 가지고 있어.

你终于来了, 都十点一刻了。
Nǐ zhōngyú lái le, dōu shí diǎn yí kè le.
네가 마침내 왔구나, 이미 10시 15분이 되었어.

终于 zhōngyú 마침내, 결국 | 都 dōu 이미, 벌써

출제 포인트 一刻、三刻

刻가 15분을 뜻하므로 一刻는 15분, 三刻는 45분을 나타낸다. 30분은 半으로 표현하기 때문에, 二刻는 쓰지 않는다.

2급

两 liǎng

- 수 둘
- 수 두어(불확실한 대략적인 수를 나타냄)

▶ 나는 량(两) 명의 언니가 있어!

到我家要两个小时。
Dào wǒ jiā yào liǎng ge xiǎoshí.
우리 집에 도착하려면 두 시간이 걸린다.

到 dào 도착하다, 이르다 | 家 jiā 집 | 要 yào (시간이) 걸리다 | 小时 xiǎoshí 시간

유의어 비교 二 vs 两

二 | 숫자를 말할 때 쓰인다. 十와 쓰이며, 서수(순서)에 쓰인다.
二十 / 十二 / 二万(×) / 二个人(×) / 第二

两 | 개수를 말할 때 쓰인다. 百/千/万 앞과 양사 앞에 쓰인다.
两万 / 两个人 / 第两(×)

*二百와 两百는 모두 맞는 표현이다.

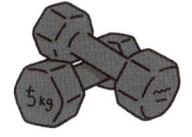

1급

星期 xīngqī

- 명 요일, 주

▶ 수능 날짜는 매년 11월 두 번째 씽치(星期) 목요일이야.

我们星期六去看电影，怎么样？
Wǒmen xīngqīliù qù kàn diànyǐng, zěnmeyàng?
우리 토요일에 영화 보러 가자, 어때?

电影 diànyǐng 영화 | 怎么样 zěnmeyàng 어떻다, 어떠하다

출제 포인트 요일 표현

월요일부터 토요일을 말할 때는 星期 뒤에 1부터 6까지 숫자를 써서 표현하면 된다. 그러나 일요일은 星期七라고 말하지 않고 星期天 또는 星期日라고 한다. 4급 듣기 문제에는 유의어 礼拜天 lǐbàitiān과 周日 zhōurì도 출제되고 있으니 함께 외우도록 하자.

예 星期一 월요일, 星期二 화요일, ……, 星期五 금요일

1급

月 yuè

- 명 월, 달

▶ 5위에(月)의 신부는 정말 아름다울 거야.

他下个月去日本。
Tā xià ge yuè qù Rìběn.
그는 다음 달에 일본에 간다.

去 qù 가다 | 日本 Rìběn 일본

시간 35

1급

年
nián

명 해, 년

▶ 2000니엔(年)부터는 21세기야.

你是哪年来中国的?
Nǐ shì nǎ nián lái Zhōngguó de?

너는 어느 해에 중국에 온 것이니?

是 shì ~이다 | 哪 nǎ 어느 | 来 lái 오다

2급

去年
qùnián

명 작년

▶ 도대체 취니엔(去年) 이맘때 무슨 옷을 입고 살았는지 모르겠어.

去年九月我来过一次。
Qùnián jiǔ yuè wǒ láiguo yí cì.

작년 9월에 저는 한 번 온 적이 있어요.

月 yuè 월, 달 | 过 guo ~한 적이 있다 | 次 cì 번

2급

每
měi

대 매, 마다

▶ 너는 어떻게 메이(每)번 똑같은 실수를 반복하니?

我们每天早上都去跑步吧。
Wǒmen měitiān zǎoshang dōu qù pǎobù ba.

우리 매일 아침에 조깅을 하자.

早上 zǎoshang 아침 | 跑步 pǎobù 달리다, 구보하다

> **출제 포인트** 每+양사+명사+都 ((매) ~마다 모두)
>
> 발생하는 상황의 모든 때를 가리키며, 한 번이 아니고 여러 번 발생하므로, 복수의 범위를 나타내는 都와 같이 쓰일 때가 많다. 4급 쓰기 영역 2부분 문제에서 작문을 할 때, 都를 안 쓰는 학생들이 많은데 감점의 원인이 될 수 있다.

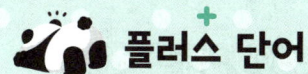
플러스 단어

고득점 합격이 목표라면 플러스단어까지 학습해 보세요.

시간

半天 bàntiān 한참, 반나절
一整天 yì zhěng tiān 하루 종일
傍晚 bàngwǎn 저녁 무렵
夜晚 yèwǎn 밤, 야간
深夜 shēnyè 심야, 한밤
早晨 zǎochen (이른) 아침, 새벽
高峰期 gāofēngqī 러시아워
节假日 jiéjiàrì (법정) 명절과 휴일
黄金周 huángjīnzhōu
황금 주간(음력 설·노동절·건국 기념일의 1주일 연휴 기간을 가리킴)
三天两夜 sān tiān liǎng yè
2박 3일
未来 wèilái 미래

青春期 qīngchūnqī 사춘기
早晚 zǎowǎn 조만간
淡季 dànjì 비수기
旺季 wàngjì 성수기
打折期间 dǎzhé qījiān
세일 기간
考试期间 kǎoshì qījiān
시험 기간
营业时间 yíngyè shíjiān
영업 시간
工作时间 gōngzuò shíjiān
근무 시간
生产日期 shēngchǎn rìqī
생산 날짜

데일리 테스트

고생하셨어요! QR코드를 스캔해 데일리 테스트를 풀어 보며 오늘 학습을 마무리해 보세요.

DAY 04

HSK 3급, 4급 30일 합격 프로젝트

★ HSK 시험에 이렇게 나와요.
목적지로 이동하거나 길을 묻는 상황이 듣기 영역에 자주 등장하며, 이때 교통수단도 함께 언급됩니다. 어떤 교통수단을 이용해야 하는지 상대방에게 묻거나, 목적지로 이동하는 방법을 함께 상의하는 내용으로 자주 출제됩니다.

교통수단 이용하기

음원 듣기

- 公共汽车 꽁꿍치쳐
- 地铁 띠티에
- 自行车 쯔씽쳐
- 出租车 츄주쳐
- 司机 쓰지

암기 영상

公共汽车	地铁	自行车	出租车	司机
gōnggòngqìchē	dìtiě	zìxíngchē	chūzūchē	sījī
명 버스	명 지하철	명 자전거	명 택시	명 기사, 운전사, 기관사

1급

开 kāi
- 동 운전하다
- 동 열다

▶ 너는 차를 카이(开)한 지 얼마나 되었니?

我今天开车回家。
Wǒ jīntiān kāichē huíjiā.
나는 오늘 운전해서 집에 돌아간다.

爸爸开了一家饭馆儿。
Bàba kāile yì jiā fànguǎnr.
아버지가 식당을 열었다.

今天 jīntiān 오늘 | 开车 kāichē 운전하다 | 回家 huíjiā 집으로 돌아가다 | 爸爸 bàba 아빠, 아버지 | 家 jiā 집·상점·회사 등을 세는 단위 | 饭馆(儿) fànguǎn(r) 식당

> **출제 포인트** 여러 의미로 출제되는 开
>
> 开는 '기계를 켜다'라는 의미를 가지고 있다. 주로 '灯(등)', '电脑(컴퓨터)', '空调(에어컨)' 등을 켤 때 쓰인다. [반의어: 关(끄다)] 그 밖에 '车(차)'와 함께 쓰여 '운전하다'라는 뜻으로도 쓰인다. 중국어 문장을 독해할 때는 한 단어가 여러 가지 의미를 가질 수 있다는 것에 유의하자!

1급

坐 zuò
- 동 (교통 수단을) 타다
- 동 앉다

▶ 지하철을 쭈어(坐)하자마자 자리 쟁탈전 시작!

他不想坐火车。
Tā bù xiǎng zuò huǒchē.
그는 기차를 타고 싶어 하지 않는다.

我能坐这儿吗?
Wǒ néng zuò zhèr ma?
제가 여기에 앉을 수 있을까요?

想 xiǎng ~하고 싶다 | 火车 huǒchē 기차, 열차 | 能 néng ~할 수 있다 | 这儿 zhèr 여기, 이곳

유의 乘坐 chéngzuò (자동차·배·비행기 등을) 타다

> **출제 포인트** 坐+교통수단 (~을 타다)
>
> 坐는 그냥 앉는 동작도 나타내지만, 교통 수단을 타는 동작도 나타낸다. 교통수단과 관련된 어휘들은 듣기 영역 문제로 자주 출제된다.
>
> 坐 + 公共汽车(버스) / 出租车(택시) / 地铁(지하철) / 火车(기차) / 飞机 (비행기)

교통수단 이용하기

1급
出租车
chūzūchē
명 택시

▶ 버스가 안 오면 츄주쳐(出租车)가 타고 싶어져.

我们是坐出租车来的。 우리는 택시를 타고 왔습니다.
Wǒmen shì zuò chūzūchē lái de.

是 shì ~이다 | 坐 zuò (교통 수단을) 타다 | 来 lái 오다

유의 出租汽车 chūzūqìchē 택시

2급
公共汽车
gōnggòngqìchē
명 버스

▶ 출근 시간의 공꽁치쳐(公共汽车)는 사람들로 가득해.

我每天坐公共汽车去上班。
Wǒ měitiān zuò gōnggòngqìchē qù shàngbān.
저는 매일 버스를 타고 출근합니다.

每天 měitiān 매일 | 去 qù 가다 | 上班 shàngbān 출근하다

유의 公交车 gōngjiāochē 버스

3급
地铁
dìtiě
명 지하철

▶ 띠티에(地铁)는 시민들의 가장 편리한 교통 수단이야.

我们先坐公共汽车，然后换地铁。
Wǒmen xiān zuò gōnggòngqìchē, ránhòu huàn dìtiě.
우리 먼저 버스를 타고, 그 후에 지하철로 환승하자.

先 xiān 먼저, 우선 | 然后 ránhòu 그런 후에 | 换 huàn 바꾸다

3급
骑
qí
동 (동물이나 자전거 등에) 타다

▶ 난 몽골의 드넓은 초원에서 말을 치(骑)하는 게 소원이야.

我今天没骑车，是打出租车来的。
Wǒ jīntiān méi qí chē, shì dǎ chūzūchē lái de.
저는 오늘 자전거를 안 타고, 택시를 타고 왔습니다.

今天 jīntiān 오늘 | 骑车 qí chē 자전거를 타다 | 打 dǎ (세내어) 타다

> 유의어 비교　坐 vs 骑
>
> 坐는 일반적으로 앉아서 타는 교통 수단에 쓰이며, 骑는 다리를 벌리고 타는 교통 수단에 쓰인다.
>
> 坐 + 公共汽车(버스) / 出租车(택시) / 地铁(지하철)
> 骑 + 自行车(자전거) / 摩托车(오토바이) / 马(말)

3급

自行车
zìxíngchē

명 자전거

▶ 중국 사람들의 주요 교통 수단은 쯔씽쳐(自行车)야.

你每天都骑自行车上下班吗?
Nǐ měitiān dōu qí zìxíngchē shàngxiàbān ma?
당신은 매일 자전거를 타고 출퇴근을 하나요?

每天 měitiān 매일 | 上下班 shàngxiàbān 출퇴근하다

4급

出发
chūfā

동 출발하다, 떠나다

▶ 집에서 츄파(出发)해서 한 시간이면 도착해.

我买了明早8点出发的机票。
Wǒ mǎile míngzǎo bā diǎn chūfā de jīpiào.
저는 내일 오전 8시에 출발하는 항공권을 구입했습니다.

买 mǎi 사다 | 明早 míngzǎo 내일 아침 | 点 diǎn 시 | 机票 jīpiào 비행기표

3급

马上
mǎshàng

부 곧, 즉시, 바로

▶ 조금만 참아. 마샹(马上) 도착하거든.

我在公共汽车上, 马上就到。
Wǒ zài gōnggòngqìchē shang, mǎshàng jiù dào.
저는 버스에 있는데, 곧 도착합니다.

公共汽车 gōnggòngqìchē 버스 | 就 jiù 곧, 즉시 | 到 dào 도착하다

1급

在
zài

동 ~에 있다
개 ~에(서)
부 (마침) ~하고 있다

▶ 나는 지금 베이징에 짜이(在)해!

我在出租车上。 저는 택시 안에 있습니다.
Wǒ zài chūzūchē shang.

我在门外看见了。 저는 문 밖에서 봤습니다.
Wǒ zài mén wài kànjiàn le.

爸爸在看电视。 아빠는 텔레비전을 보고 계셔.
Bàba zài kàn diànshì.

出租车 chūzūchē 택시 | 门 mén 문 | 外 wài 밖 | 看见 kànjiàn 보다 | 看 kàn 보다 | 电视 diànshì 텔레비전

2급
开始 kāishǐ
동 시작하다, 개시하다

▶쉿! 곧 영화가 카이스(开始)해.

汉语课快开始了，我们坐出租车去吧。
Hànyǔ kè kuài kāishǐ le, wǒmen zuò chūzūchē qù ba.
중국어 수업이 곧 시작해. 우리 택시 타고 가자.

汉语 Hànyǔ 중국어 | 课 kè 수업, 강의 | 快 kuài 곧, 머지않아

출제 포인트 开始＋동사(구)

开始는 어떠한 상황 또는 행동이 시작했음을 나타내기 때문에, 명사 목적어가 아니라 동사나 동사구를 목적어로 취한다.
예 从今天开始学汉语。 오늘부터 중국어 공부를 시작한다.

3급
注意 zhùyì
동 조심하다, 주의하다

▶할아버지, 길이 얼어 있으니 걸으실 때 쮸이(注意)하세요.

路上车很多，注意点儿。
Lùshang chē hěn duō, zhùyì diǎnr.
길에 차가 매우 많아요. 조심하세요.

路上 lùshang 길 위 | 车 chē 차 | 点儿 diǎnr 약간, 조금

3급
认为 rènwéi
동 여기다, 생각하다

▶나는 선생님께서 우리 모두를 예뻐하신다고 런웨이(认为)해.

我认为坐地铁去更好。
Wǒ rènwéi zuò dìtiě qù gèng hǎo.
나는 지하철을 타고 가는 것이 더 좋을 것 같아.

坐 zuò (교통 수단을) 타다 | 地铁 dìtiě 지하철 | 更 gèng 더

2급
比 bǐ
개 ~보다, ~에 비해

▶중국은 한국에 비(比)해 인구가 훨씬 많아.

坐飞机比坐火车更快。
Zuò fēijī bǐ zuò huǒchē gèng kuài.
비행기를 타는 것은 기차를 타는 것보다 더 빠르다.

飞机 fēijī 비행기 | 火车 huǒchē 기차 | 快 kuài 빠르다

출제 포인트 A＋比＋B＋형용사술어 (A가 B보다 ~하다)

比는 비교문을 만드는 개사이다. 기본적으로 [A＋比＋B＋형용사술어] 패턴으로 쓰이며, 술어 앞에 정도부사 更과 还를 제외한 다른 정도부사는 쓸 수 없다. 쓰기 영역 작문할 때 실수를 많이 하므로 주의하자!

2급

快 kuài
- 형 빠르다
- 부 곧, 머지않아

▶ 비행기는 내가 아는 가장 콰이(快)한 교통 수단이야.

坐出租车很快。
Zuò chūzūchē hěn kuài.
택시를 타면 매우 빠르다.

快八点了,我要去上班了。
Kuài bā diǎn le, wǒ yào qù shàngbān le.
곧 8시야. 나는 출근해야 해.

出租车 chūzūchē 택시 | 要 yào ~해야 한다 | 上班 shàngbān 출근하다

2급

慢 màn
- 형 천천히 하다, 느리다

▶ 아직 30분이나 남았으니 만(慢)하게 준비하렴.

你路上开慢点儿。
Nǐ lùshang kāi màn diǎnr.
당신은 길에서 운전을 좀 천천히 하세요.

路上 lùshang 길 위 | 开 kāi 운전하다 | 点儿 diǎnr 조금, 약간

3급

站 zhàn
- 명 역, 정류장
- 동 서다

▶ 이 버스의 다음 정차 역은 동대문짠(站)입니다.

您可以选择火车站附近的宾馆。
Nín kěyǐ xuǎnzé huǒchēzhàn fùjìn de bīnguǎn.
당신은 기차역 근처의 호텔을 선택할 수 있습니다.

请坐,别站着。 앉으세요. 서 있지 마세요.
Qǐng zuò, bié zhànzhe.

可以 kěyǐ ~할 수 있다 | 选择 xuǎnzé 선택하다 | 火车站 huǒchēzhàn 기차역 | 附近 fùjìn 근처, 부근 | 宾馆 bīnguǎn 호텔 | 请 qǐng (상대가 어떤 일을 하기 바라는 의미로) ~하세요 | 别 bié ~하지 마라 | 着 zhe ~하고 있다

> **출제 포인트** 듣기 영역 빈출 단어 **站**(정류장)
>
> 站은 명사로 '정류장'을 뜻한다. '车站(정류장)', '公交车站(버스 정류장)', '地铁站(지하철역)', '火车站(기차역)' 등으로 많이 쓰인다. 장소 문제는 3, 4급 듣기 영역에 주로 출제된다.

교통수단 이용하기

4급
堵车
dǔchē

⑧ 차가 막히다,
교통이 꽉 막히다

▶출퇴근 시간에 도로가 두처(堵车)하는 게 가장 짜증 나.

现在路上堵车，坐出租车去恐怕会来不及。
Xiànzài lùshang dǔchē, zuò chūzūchē qù kǒngpà huì láibují.

지금 길에 차가 막혀서, 택시를 타고 가면 아마도 늦을 것 같습니다.

现在 xiànzài 지금 | 恐怕 kǒngpà 아마 ~일 것이다 | 来不及 láibují (시간이 부족하여) 제시간에 댈 수 없다

4급
复杂
fùzá

⑱ 복잡하다

▶이 문제는 너무 푸자(复杂)하니까 혼자 해결하려고 애쓰지 마.

这个城市的交通十分复杂。
Zhège chéngshì de jiāotōng shífēn fùzá.

이 도시의 교통은 매우 복잡하다.

城市 chéngshì 도시 | 交通 jiāotōng 교통 | 十分 shífēn 매우, 아주
[반의] 简单 jiǎndān 간단하다

4급
交通
jiāotōng

⑲ 교통

▶복잡한 도로에는 꼭 지아오통(交通) 경찰이 있어야 해.

公司附近的交通十分方便。
Gōngsī fùjìn de jiāotōng shífēn fāngbiàn.

회사 근처의 교통이 매우 편리하다.

公司 gōngsī 회사 | 附近 fùjìn 부근 | 方便 fāngbiàn 편리하다

4급
趟
tàng

⑳ 번, 차례(왕래한 횟수를 세는 데 쓰임)

▶난 서울에서 베이징까지 한 달에 한 탕(趟)씩 출장을 다녀.

今年寒假我坐飞机去上海玩儿了一趟。
Jīnnián hánjià wǒ zuò fēijī qù Shànghǎi wánrle yí tàng.

올해 겨울방학에 나는 비행기를 타고 상하이에 가서 한번 놀고 왔어.

今年 jīnnián 올해 | 寒假 hánjià 겨울방학 | 飞机 fēijī 비행기 | 上海 Shànghǎi 상하이 | 玩(儿) wán(r) 놀다

4급
高速公路
gāosùgōnglù

명 고속도로

▶ 까오쑤꽁루(高速公路)에서 운전할 때 속도감 장난 아니지.

高速公路上不能随便停车。
Gāosùgōnglù shang bù néng suíbiàn tíngchē.
고속도로에서는 마음대로 주차를 해서는 안 된다.

不能 bù néng ~해서는 안 된다 | **随便** suíbiàn 마음대로 | **停车** tíngchē 차량을 주차하다

4급
速度
sùdù

명 속도

▶ 운전할 때 너무 빨리 쑤뚜(速度) 내지 마.

前面那辆车速度很快。
Qiánmiàn nà liàng chē sùdù hěn kuài.
앞에 그 차는 속도가 매우 빠르다.

前面 qiánmiàn (공간, 위치 상의) 앞 | **辆** liàng 대, 량(차량을 세는 단위) | **快** kuài 빠르다

4급
安全
ānquán

형 안전하다

▶ 공사장에서는 안취엔(安全) 제일! 잊지 마.

晚上开车一定要注意安全。
Wǎnshang kāichē yídìng yào zhùyì ānquán.
저녁에 운전을 할 땐 반드시 안전에 주의해야 한다.

晚上 wǎnshang 저녁, 밤 | **开车** kāichē 운전하다 | **一定** yídìng 반드시 | **要** yào ~해야 한다 | **注意** zhùyì 주의하다
반의 **危险** wēixiǎn 위험하다

4급
发生
fāshēng

동 (원래 없던 현상이) 발생하다, 생기다

▶ 어제부터 수도관에 물이 새는 현상이 파셩(发生)했어.

中国的地铁很少发生问题。
Zhōngguó de dìtiě hěn shǎo fāshēng wèntí.
중국의 지하철은 매우 드물게 문제가 발생한다.

中国 Zhōngguó 중국 | **地铁** dìtiě 지하철 | **少** shǎo 적다 | **问题** wèntí 문제

교통수단 이용하기 45

3급

一定
yídìng

부 반드시, 필히, 꼭

▶ 나는 이번에 이띵(一定) 취직할 거야.

路上开车一定要小心。
Lùshang kāichē yídìng yào xiǎoxīn.
길에서 운전을 할 땐 반드시 조심해야 합니다.

路上 lùshang 길 위 | 小心 xiǎoxīn 조심하다

3급

几乎
jīhū

부 거의, 거의 모두

▶ 이 옷은 얇아도 지후(几乎) 비치지 않으니, 걱정 마세요.

他几乎每天都骑自行车去上班。
Tā jīhū měitiān dōu qí zìxíngchē qù shàngbān.
그는 거의 매일 (모두) 자전거를 타고 출근한다.

每天 měitiān 매일 | 骑 qí (동물이나 자전거 등에) 타다 | 自行车 zìxíngchē 자전거 | 上班 shàngbān 출근하다

3급

司机
sījī

명 (자동차, 기차 등의)
기사, 운전사, 기관사

▶ 택시 쓰지(司机) 분들은 승객과 이야기하는 걸 좋아해.

我让司机开车送你去吧。
Wǒ ràng sījī kāichē sòng nǐ qù ba.
제가 기사님에게 운전해서 당신을 배웅해 드리게 하겠습니다.

让 ràng ~하게 하다 | 开车 kāichē 운전하다 | 送 sòng 배웅하다

4급

师傅
shīfu

명 기사님, 선생님

▶ 스푸(师傅), 저기 보이는 큰 백화점 앞에 세워 주세요!

师傅，麻烦您开快一点儿。
Shīfu, máfan nín kāi kuài yìdiǎnr.
기사님, 실례지만 빨리 좀 가 주세요.

麻烦 máfan 귀찮게 하다, 번거롭게 하다 | 快 kuài 빠르다 | 一点儿 yìdiǎnr 조금, 약간

> **배경 지식** 흔하게 쓰이는 호칭 **师傅**
>
> 师傅는 '사부'라는 뜻으로 무술이 성행했던 과거에 많이 활용된 단어이다. 아무나 가질 수 없는 기술을 갖춘 사람을 호칭하므로, 택시 기사나 요리사 등에도 많이 쓰이던 것이 지금까지도 빈번하게 쓰이고 있다.

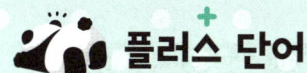 플러스 단어

고득점 합격이 목표라면 플러스단어까지 학습해 보세요.

교통

汽车　qìchē　자동차
摩托车　mótuōchē　오토바이
船　chuán　배
长途汽车　chángtúqìchē　시외버스
换乘　huànchéng　(차를) 갈아타다
售票处　shòupiàochù　매표소
月票　yuèpiào　월 정기권
车票　chēpiào　차표, 승차권
地铁票　dìtiěpiào　지하철표
车费　chēfèi　차비

자동차 브랜드

奔驰　Bēnchí　벤츠
奥迪　Àodí　아우디
宝马　Bǎomǎ　BMW
大众　Dàzhòng　폭스바겐
福特　Fútè　포드
三星　Sānxīng　삼성
现代　Xiàndài　현대
起亚　Qǐyà　기아

데일리 테스트

고생하셨어요! QR코드를 스캔해 데일리 테스트를 풀어 보며 오늘 학습을 마무리해 보세요.

DAY 05

HSK 3급, 4급 30일 합격 프로젝트

★ HSK 시험에 이렇게 나와요.
길을 찾는 상황은 3급과 4급 듣기 문제에 자주 출제되는 대화입니다. 가장 주의 깊게 들어야 하는 부분은 대화에서 언급되는 '장소'이고, 그 다음으로 '찾아가는 방법'까지 잘 들어야 합니다.

목적지 찾아가기

음원 듣기

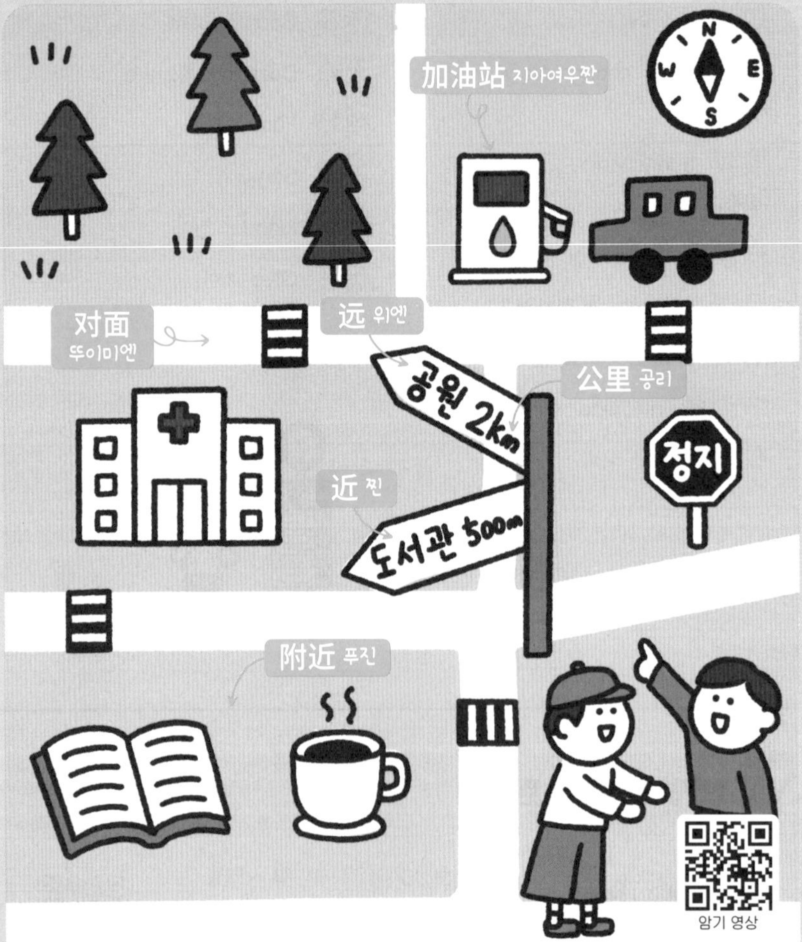

加油站 지아여우짠
对面 뚜이미엔
远 위엔
公里 공리
近 찐
附近 푸진

암기 영상

| 加油站
jiāyóuzhàn
명 주유소 | 对面
duìmiàn
명 맞은편, 건너편, 반대편 | 远
yuǎn
형 멀다 | 近
jìn
형 가깝다 | 公里
gōnglǐ
명 킬로미터 | 附近
fùjìn
명 부근, 근처 |

1급
去
qù
동 가다

▶ 이번 주는 토요일까지 날마다 학교에 취(去)해야 해.

怎么去那个饭店? 그 호텔에 어떻게 갑니까?
Zěnme qù nàge fàndiàn?

那个 nàge 그, 그것, 저, 저것 | 饭店 fàndiàn 호텔
반의 来 lái 오다

2급
走
zǒu
동 걷다, 떠나다

▶ 그와 함께 저우(走)하는 길은 너무 짧게 느껴져.

到了前面再向右走。
Dàole qiánmiàn zài xiàng yòu zǒu.
앞에 도착하면 다시 오른쪽으로 가세요.

到 dào 도착하다 | 前面 qiánmiàn 앞 | 再 zài 다시 | 向 xiàng ~으로 | 右 yòu 오른쪽

유의어 비교 去 vs 走

去 | 동사의 대상이 필요하며, 목적지가 있어야 한다.
예 我们去商店买东西吧。우리 상점에 가서 물건을 사자.
→ '(목적지인 상점을 향해) 가자'는 뜻을 표현

走 | 동사의 대상이 필요하지 않으며, 일반적으로 목적지가 뒤에 오지 않는다.
예 我们走吧。우리 가자.
→ '(현재 있는 장소를 떠나) 가자'는 뜻을 표현

1급
来
lái
동 오다

▶ 반가워. 넌 어디서 라이(来)했니?

你怎么来的? 당신은 어떻게 왔습니까?
Nǐ zěnme lái de?

怎么 zěnme 어떻게 | 반의 去 qù 가다

1급
哪儿
nǎr
대 어느 곳, 어디

▶ 이 옷은 나얼(哪儿)에서 산 거야?

你觉得中国哪儿最好玩儿?
Nǐ juéde Zhōngguó nǎr zuì hǎowánr?
당신은 중국의 어느 곳이 가장 재미있다고 생각하나요?

觉得 juéde ~라고 생각하다 | 中国 Zhōngguó 중국 | 最 zuì 가장, 제일 | 好玩儿 hǎowánr 재미있다, 놀기 좋다

목적지 찾아가기

1급

回
huí
동 돌아가다, 돌아오다

▶ 난 내일 미국에서 한국으로 후이(回)해.

回学校的时候坐什么车？
Huí xuéxiào de shíhou zuò shénme chē?
학교로 돌아갈 때 어떤 차를 타나요?

学校 xuéxiào 학교 | **时候** shíhou ~할 때 | **坐** zuò (교통 수단을) 타다 | **什么** shénme 어떤, 무슨 | **车** chē 차

출제 포인트 작문할 때 장소 목적어의 위치에 주의하기

回는 동사 来, 去와 결합하여 자주 쓰이는데, 이때 장소 목적어의 위치에 주의해야 한다. 장소 목적어는 回와 来/去의 사이에 위치한다.

예 **回北京来** 베이징에 돌아오다 / **回教室去** 교실로 돌아가다

2급

从
cóng
개 ~에서, ~부터
개 ~을

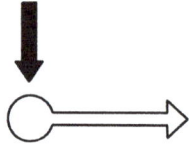

▶ 从(~에서, ~부터) + 这儿(여기) = 여기에서, 여기로부터

从这儿向前走，三分钟就到了。
Cóng zhèr xiàng qián zǒu, sān fēnzhōng jiù dào le.
여기에서 앞으로 걸어가면, 3분이면 바로 도착합니다.

从那儿过去，就能看到邮局。
Cóng nàr guòqù, jiù néng kàndào yóujú.
그곳을 지나가면, 바로 우체국을 볼 수 있다.

这儿 zhèr 여기, 이곳 | **向** xiàng ~으로 | **前** qián 앞 | **走** zǒu 걷다 | **分钟** fēnzhōng 분 | **就** jiù 곧, 즉시 | **到** dào 도착하다 | **过去** guòqù 지나가다 | **能** néng ~할 수 있다 | **邮局** yóujú 우체국

출제 포인트 빈출 구문 **从A到B / 从A开始 / 从A起**

从은 거리, 시간, 장소 등의 시작점을 나타낼 때 쓰인다. 쓰기와 독해 문제에 '从A到B(A에서 B까지)', '从A开始(A에서부터)', '从A起(A에서부터)' 형식으로 많이 출제되므로, 꼭 기억하자!

4급

地址
dìzhǐ
명 주소, 소재지

▶ 택배를 수령하기 위해서는 띠즈(地址)를 정확하게 기입해야 해.

他给我留了电话号码和地址。
Tā gěi wǒ liúle diànhuà hàomǎ hé dìzhǐ.
그는 나에게 전화번호와 주소를 남겨 주었다.

留 liú 남기다 | **号码** hàomǎ 번호

2급

离
lí

개 ~에서, ~로부터, ~까지

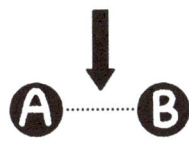

▶ 离(~에서) + 机场(공항) + 近(가깝다) = 공항에서 가깝다

这儿离机场近吗? 이곳은 공항에서 가까운가요?
Zhèr lí jīchǎng jìn ma?

机场 jīchǎng 공항 | 近 jìn 가깝다

> **유의어 비교** 从 vs 离

두 단어 모두 시간과 장소 앞에 쓰여 '~에서'로 해석할 수 있지만, 강조하는 의미가 다르다.

从 | 출발점을 나타낸다.
시간, 거리: [从 A 到 B] A에서 B까지
예 **从我家到火车站要20分钟。**
우리 집에서 기차역까지 20분 걸린다.

离 | 기준점을 나타낸다.
① 거리: [A 离 B(기준점) 远 / 近] A는 B에서 멀다/가깝다
예 **我家离这儿很近。** 우리 집은 여기에서 가깝다.
② 시간, 거리: [A 离 B(기준점) 还有 C]
A는 B로부터 아직 C가 남았다
예 **现在离下课还有15分钟。**
지금부터 수업이 끝나려면 아직 15분 남았다.

4급

对面
duìmiàn

명 맞은편, 건너편, 반대편

▶ 우체국은 은행 뚜이미엔(对面)에 있어.

公司对面那条街上就有一家邮局。
Gōngsī duìmiàn nà tiáo jiē shang jiù yǒu yì jiā yóujú.
회사 맞은편의 그 길에 바로 우체국이 하나 있습니다.

公司 gōngsī 회사 | 条 tiáo 가늘고 긴 것, 폭이 좁고 긴 것을 세는 단위 |
街 jiē 길, 거리 | 就 jiù 바로 | 邮局 yóujú 우체국

2급

远
yuǎn

형 (공간적, 시간적으로) 멀다

▶ 기차 타고 10시간이나 걸리다니, 정말 위엔(远)한걸?

我想去宾馆, 还很远吗?
Wǒ xiǎng qù bīnguǎn, hái hěn yuǎn ma?
저는 호텔에 가고 싶은데, 아직 매우 먼가요?

想 xiǎng ~하고 싶다 | 宾馆 bīnguǎn 호텔 | 还 hái 아직
반의 近 jìn 가깝다

2급

近
jìn
형 가깝다

▶ 비교적 찐(近)한 거리는 걷는 게 건강에도 좋아.

那家旅馆离火车站很近。
Nà jiā lǚguǎn lí huǒchēzhàn hěn jìn.
그 여관은 기차역에서 매우 가깝다.

旅馆 lǚguǎn 여관 | 离 lí ~에서 | 火车站 huǒchēzhàn 기차역
반의 远 yuǎn 멀다

3급

向
xiàng
개 ~(으)로, ~에게, ~을 향하여

▶ 向(~으로) + 南(남) + 走(걷다) = 남쪽으로 가다

从办公楼向南走有图书馆吗?
Cóng bàngōnglóu xiàng nán zǒu yǒu túshūguǎn ma?
사무동에서 남쪽으로 가면 도서관이 있나요?

从 cóng ~에서 | 办公楼 bàngōnglóu 사무(동) | 图书馆 túshūguǎn 도서관

3급

附近
fùjìn
명 부근, 근처

▶ 새로 계약하려는 집 푸진(附近)에는 어떤 편의 시설이 있어?

这儿附近有银行吗?
Zhèr fùjìn yǒu yínháng ma?
이곳 근처에 은행이 있나요?

这儿 zhèr 이곳, 여기 | 银行 yínháng 은행
유의 周围 zhōuwéi 주위

4급

周围
zhōuwéi
명 주변, 주위

▶ 네 쬬우웨이(周围)를 둘러봐. 너 말고 누가 졸고 있니?

请问这儿周围有卫生间吗?
Qǐngwèn zhèr zhōuwéi yǒu wèishēngjiān ma?
말씀 좀 여쭙겠습니다. 이곳 주변에 화장실이 있나요?

请问 qǐngwèn 말씀 좀 여쭙겠습니다 | 卫生间 wèishēngjiān 화장실
유의 附近 fùjìn 부근, 근처

路 lù
2급
명 길, 도로

▶ 낙엽이 떨어지는 가을의 루(路)는 정말 운치 있어.

我们是不是走错路了? 우리 길을 잘못 온 것 아닌가요?
Wǒmen shì bu shì zǒucuò lù le?

走 zǒu 걷다 | 错 cuò 틀리다

经过 jīngguò
3급
동 지나가다, 경유하다, 통과하다
명 (일의) 과정, 경위

▶ 빨간 망토는 숲을 징꾸어(经过)하다가 늑대를 만났대.

这辆车就经过你要去的地方。
Zhè liàng chē jiù jīngguò nǐ yào qù de dìfang.
이 차는 바로 당신이 가려는 곳을 지나갑니다.

请把事情的经过说一下。 사건의 과정을 말해 주세요.
Qǐng bǎ shìqing de jīngguò shuō yíxià.

辆 liàng 대, 량(차량을 세는 단위) | 车 chē 자동차 | 就 jiù 바로 | 要 yào ~하려고 하다 | 地方 dìfang 장소 | 把 bǎ ~을 | 事情 shìqing 사건, 일 | 说 shuō 말하다

停 tíng
4급
동 정지하다, 멎다, 서다, 멈추다

▶ 고속도로에서는 함부로 차를 팅(停)하면 절대 안 돼.

商场附近有停车的地方吗?
Shāngchǎng fùjìn yǒu tíngchē de dìfang ma?
상가 주변에 주차할 곳이 있나요?

商场 shāngchǎng 상가, 쇼핑 센터 | 附近 fùjìn 부근, 근처 | 停车 tíngchē 차량을 주차하다 | 地方 dìfang 장소

公里 gōnglǐ
4급
명 킬로미터

▶ 서울에서 부산까지는 약 400공리(公里)야.

大概再有一公里就到高速公路区了。
Dàgài zài yǒu yì gōnglǐ jiù dào gāosùgōnglù qū le.
대략 1km 더 가면 바로 고속도로 구역에 도착합니다.

大概 dàgài 대략, 아마 | 再 zài 더 | 高速公路 gāosùgōnglù 고속도로 | 区 qū 구역

4급

加油站
jiāyóuzhàn

명 주유소

▶ 지아여우짠(加油站)에 갔는데 글쎄 기름값이 또 올랐어!

我的公司前面有一家加油站。
Wǒ de gōngsī qiánmiàn yǒu yì jiā jiāyóuzhàn.
저희 회사 앞에는 주유소가 한 곳 있습니다.

公司 gōngsī 회사 | 前面 qiánmiàn 앞 | 家 jiā 집·상점·회사 등을 세는 단위

4급

距离
jùlí

동 (~로부터) 떨어지다 (거리)
명 거리, 간격

▶ 서울에서 뉴욕까지 비행해야 하는 쥐리(距离)가 얼마나 되는데?

这儿距离火车站就十几分钟。
Zhèr jùlí huǒchēzhàn jiù shíjǐ fēnzhōng.
이곳은 기차역에서 바로 10여 분 정도 떨어져 있습니다.

从公司到我家的距离很远。
Cóng gōngsī dào wǒ jiā de jùlí hěn yuǎn.
회사에서 우리 집까지 거리는 매우 멀다.

这儿 zhèr 이곳, 여기 | 分钟 fēnzhōng 분 | 从 cóng ~에서 | 公司 gōngsī 회사 | 到 dào ~까지 | 家 jiā 집 | 远 yuǎn 멀다

출제 포인트 A 距离 B 还有 C 米 (A는 B까지 아직 C미터 떨어져 있다)
쓰기 문제에 자주 등장하는 문장으로 离와도 바꿔 쓸 수 있다.

1급

先生
xiānsheng

명 선생, 씨(성인 남자를 부르는 호칭)

▶ 김 시엔셩(先生), 우리가 가는 곳이 베이징 맞습니까?

先生，请问医院在哪儿?
Xiānsheng, qǐngwèn yīyuàn zài nǎr?
선생님, 말씀 좀 여쭐게요, 병원이 어디에 있나요?

请问 qǐngwèn 말씀 좀 여쭙겠습니다 | 医院 yīyuàn 병원 | 在 zài ~에 있다 | 哪儿 nǎr 어디

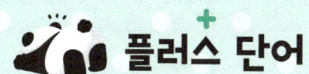 플러스 단어

 음원 듣기

고득점 합격이 목표라면 플러스단어까지 학습해 보세요.

위치

位置 wèizhi 위치
问路 wèn lù 길을 묻다
东边 dōngbian 동쪽
西边 xībian 서쪽
南边 nánbian 남쪽
北边 běibian 북쪽
左侧 zuǒcè 좌측, 왼쪽
右侧 yòucè 우측, 오른쪽
马路 mǎlù 찻길, 대로, 큰길
公路 gōnglù 고속도로, 국도
人行横道 rénxíng héngdào 횡단보도

十字路口 shízì lùkǒu 사거리
平交道 píngjiāodào 건널목
红绿灯 hónglǜdēng 신호등
指南针 zhǐnánzhēn 나침반
天桥 tiānqiáo 육교
拐角 guǎijiǎo 모퉁이
死胡同 sǐhútòng 막다른 골목
导航仪 dǎohángyí 네비게이션
路痴 lùchī 길치

 데일리 테스트

고생하셨어요! QR코드를 스캔해 데일리 테스트를 풀어 보며 오늘 학습을 마무리해 보세요.

 문제 풀기

단어 FAQ

유의어 비교하기
我们 vs 咱们

> 중국어에서 我们과 咱们이 헷갈리는데
> 두 어휘의 차이점이 있어?

네, 我们과 咱们은 모두 한국어로 우리라는 뜻을
가진 어휘로, 뜻은 같으나 약간의 차이점이 있어요.

> 我们과 咱们의 차이점 알려 줄래?

我们은 청자가 포함될 수도 있고 포함되지 않을 수도
있지만 咱们의 경우 화자와 청자가 모두 포함돼요.

> 또 다른 차이점이 있어?

보통 我们은 글이나 회화체에 모두 쓰이지만,
咱们은 주로 회화체로 쓰인다고 보시면 돼요.

HSK 1~4급 시험 대비용으로 정리해 줘.

물론이죠.
간단히 표로 정리하면,

	我们 wǒmen	咱们 zánmen
기본 뜻	우리	우리
포함 범위	청자를 포함할 수도 있고 포함하지 않을 수도 있음	항상 화자와 청자 둘 다 포함함

HSK 4급 빈출 문장으로 예시를 들자면,

我们明天要开会。 우리 내일 회의해.
Wǒmen míngtiān yào kāihuì.
→ 우리: 듣는 사람 포함일 수도, 아닐 수도 있음

咱们一起去吃饭吧! 우리 같이 밥 먹자!
Zánmen yìqǐ qù chī fàn ba!
→ 우리: 나(우리)와 너(너희)

DAY 06

HSK 3급, 4급 30일 합격 프로젝트

★ HSK 시험에 이렇게 나와요.
친구를 집에 초대해서 대접하거나 부부가 같이 요리를 하는 상황, 혹은 식당에서 주문하거나 계산을 하는 상황들이 3급, 4급 듣기·독해, 4급 쓰기 문제에 자주 등장합니다.

음원 듣기

요리 및 식사하기

服务员	客人	饺子	茶	烤鸭
fúwùyuán	kèrén	jiǎozi	chá	kǎoyā
명 종업원	명 손님, 방문객	명 만두, 교자	명 차	명 오리구이

1급

菜
cài

명 요리, 음식, 반찬, 채소

▶ 중국 차이(菜)는 아무래도 기름진 음식이 많아.

我不爱吃这个菜。
Wǒ bú ài chī zhège cài.

저는 이 요리 먹는 것을 좋아하지 않아요.

爱 ài ~하기를 좋아하다 | 吃 chī 먹다

2급

服务员
fúwùyuán

명 종업원

▶ 호텔 데스크에 있는 푸우위엔(服务员)이 엄청 친절하더라구.

服务员，请给我一杯热水。
Fúwùyuán, qǐng gěi wǒ yì bēi rèshuǐ.

종업원, 저에게 따뜻한 물 한 잔 주세요.

杯 bēi 잔, 컵 | 热水 rèshuǐ 따뜻한 물

1급

吃
chī

동 먹다

▶ 천천히 츠(吃)해. 그렇게 급하게 먹다 체하겠다.

你想吃什么? 당신은 무엇을 먹고 싶습니까?
Nǐ xiǎng chī shénme?

想 xiǎng ~하고 싶다, ~하려고 하다 | 什么 shénme 무엇, 무슨

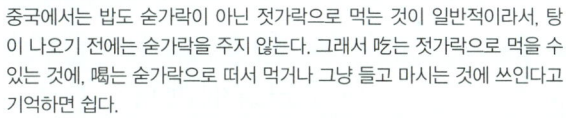

유의어 비교　吃 vs 喝

중국에서는 밥도 숟가락이 아닌 젓가락으로 먹는 것이 일반적이라서, 탕이 나오기 전에는 숟가락을 주지 않는다. 그래서 吃는 젓가락으로 먹을 수 있는 것에, 喝는 숟가락으로 떠서 먹거나 그냥 들고 마시는 것에 쓰인다고 기억하면 쉽다.

예　吃饭 밥을 먹다 / 吃面条 국수를 먹다
　　喝饮料 음료를 마시다 / 喝汤 국을 먹다　吃汤 (×)

1급

喝
hē

동 마시다

▶ 술을 허(喝)할 땐 자신의 주량을 잘 파악해야 해.

你喜欢喝什么茶?
Nǐ xǐhuan hē shénme chá?

당신은 무슨 차 마시는 것을 좋아합니까?

喜欢 xǐhuan 좋아하다 | 什么 shénme 무슨, 무엇 | 茶 chá 차

요리 및 식사하기

2급
好吃
hǎochī
형 (음식이) 맛있다

▶ 와! 정말 너희 엄마 음식은 뭐든 다 하오츠(好吃)하구나.

这家店有什么好吃的菜?
Zhè jiā diàn yǒu shénme hǎochī de cài?
이 식당에는 무슨 맛있는 음식이 있나요?

家 jiā 집·상점·회사 등을 세는 단위 | 店 diàn 가게 | 菜 cài 요리
유의 香 xiāng (음식이) 맛있다

출제 포인트 好+吃 → 好吃(맛있다)

好는 일부 동사 앞에 쓰여 그 동사의 효과가 좋음을 나타내는 새로운 단어를 만든다.
예 好吃 맛있다 / 好看 예쁘다, 보기 좋다 / 好听 듣기 좋다

1급
茶
chá
명 차

▶ 중국인들은 물 대신 따뜻한 차(茶)를 마시는 습관이 있어.

请问,这儿有奶茶吗?
Qǐngwèn, zhèr yǒu nǎichá ma?
말씀 좀 여쭙겠습니다. 이곳에 밀크티가 있습니까?

请问 qǐngwèn 말씀 좀 여쭙겠습니다 | 这儿 zhèr 이곳, 여기 | 奶茶 nǎichá 밀크티

3급
饿
è
형 배고프다

▶ 오늘 5교시까지 밥도 못 먹고 수업을 들었더니 너무 어(饿)해.

你不是说很饿吗? 为什么不吃啊?
Nǐ bú shì shuō hěn è ma? Wèi shénme bù chī a?
당신은 매우 배고프다고 하지 않았나요? 왜 먹지 않나요?

说 shuō 말하다 | 为什么 wèi shénme 왜
반의 饱 bǎo 배부르다

3급
饱
bǎo
형 배부르다

▶ 고기 먹고 밥까지 볶아 먹으니까 너무 바오(饱)해.

吃饱了吗? 我们走吧。
Chībǎo le ma? Wǒmen zǒu ba.
배부르게 먹었어? 우리 가자.

吃饱 chībǎo 배불리 먹다 | 走 zǒu 떠나다
반의 饿 è 배고프다

4급

餐厅
cāntīng

명 식당

▶ 오늘 점심은 구내식당 말고 학교 앞 찬팅(餐厅)에 가서 먹자.

这家餐厅是昨天新开的。
Zhè jiā cāntīng shì zuótiān xīn kāi de.

이 식당은 어제 새로 개업한 곳이다.

昨天 zuótiān 어제 | 新 xīn 새로이 | 开 kāi 열다
유의 饭馆 fànguǎn 식당

3급

客人
kèrén

명 손님, 방문객

▶ 지난달에 비해 우리 매장을 방문한 커런(客人)의 숫자가 증가했어.

客人对我们的服务很满意。
Kèrén duì wǒmen de fúwù hěn mǎnyì.

손님은 우리의 서비스에 대해 매우 만족해 한다.

对 duì ~에 대해 | 服务 fúwù 서비스 | 满意 mǎnyì 만족하다

4급

顾客
gùkè

명 고객, 손님

▶ 친애하는 꾸커(顾客) 여러분, 오늘도 저희 열차를 이용해 주셔서 감사합니다.

早上买包子的顾客很多。
Zǎoshang mǎi bāozi de gùkè hěn duō.

아침에 찐빵을 사는 고객이 매우 많다.

早上 zǎoshang 아침 | 买 mǎi 사다 | 包子 bāozi (소가 든) 찐빵

4급

烤鸭
kǎoyā

명 오리구이

▶ 베이징에서 제일 유명한 요리는 바로 베이징 카오야(烤鸭)야.

这个饭馆的烤鸭最有名。
Zhège fànguǎn de kǎoyā zuì yǒumíng.

이 식당의 오리구이가 가장 유명하다.

饭馆 fànguǎn 식당 | 最 zuì 가장, 제일 | 有名 yǒumíng 유명하다

배경 지식 베이징의 대표 요리 北京烤鸭

중국의 수도 北京의 대표 요리는 단연 烤鸭일 것이다. 베이징 특유의 오리구이는 北京烤鸭 혹은 烤鸭라고도 하는데, 일반적인 오리구이도 烤鸭라고 한다. 중국에서 가장 유명한 베이징 오리구이 식당은 全聚德로, 전 세계의 중국 소개 책자에 늘 소개될 만큼 유명하다.

요리 및 식사하기

2급
羊肉
yángròu
명 양고기

▶ 칭다오 맥주에는 양로우(羊肉) 꼬치가 딱이야!

这儿的羊肉很好吃。
Zhèr de yángròu hěn hǎochī.
이곳의 양고기는 매우 맛있습니다.

好吃 hǎochī 맛있다

1급
米饭
mǐfàn
명 (쌀)밥

▶ 난 배가 고프면 미판(米饭) 두 그릇은 거뜬히 먹어.

我不爱吃米饭。
Wǒ bú ài chī mǐfàn.
저는 쌀밥 먹는 것을 좋아하지 않습니다.

爱 ài ~하기를 좋아하다

4급
汤
tāng
명 국물, 탕, 국

▶ 아버지는 식사를 시작하실 때 꼭 탕(汤)을 한 숟가락 먼저 드셔.

汤的味道怎么样？
Tāng de wèidao zěnmeyàng?
국물의 맛은 어떤가요?

味道 wèidao 맛 | **怎么样** zěnmeyàng 어떻다, 어떠하다

4급
饺子
jiǎozi
명 만두, 교자

▶ 중국 지아오즈(饺子)는 우리나라에서 먹는 만두랑 똑같아.

这家饭店的饺子味道没以前的好了。
Zhè jiā fàndiàn de jiǎozi wèidao méi yǐqián de hǎo le.
이 식당의 만두 맛이 예전만큼 좋지 않다.

家 jiā 집·상점·회사 등을 세는 단위 | **饭店** fàndiàn 식당, 호텔 | **以前** yǐqián 예전

> **배경 지식** 새해 맞이 음식 **饺子**
>
> 중국의 북방 사람들은 춘제(春节) 하루 전인 그믐날 저녁에 식구들끼리 함께 모여 饺子를 빚어 먹으며 새해를 맞이한다. 饺子의 饺는 '교체'를 나타내는 '교(交)'와 발음이 같아 묵은해가 가고 새해가 오는 것을 나타낸다고 한다. 饺子는 쓰기 영역 2부분 문제에 종종 등장하는 단어이므로 꼭 체크하고 넘어가자.

4급

举
jǔ

- 동 들다, 들어올리다

▶ 발표를 하려면 손을 쥐(举)해야 합니다.

来，让我们共同举杯！ 자, 우리 다 같이 잔을 듭시다!
Lái, ràng wǒmen gòngtóng jǔ bēi!

来 lái 어떤 동작을 하다(의미가 구체적인 동사를 대체함) | 让 ràng ~하게 하다 | 共同 gòngtóng 다 같이, 함께 | 杯 bēi 잔, 컵

3급

用
yòng

- 동 쓰다, 사용하다
- 개 ~으로

▶ 제가 매일 용(用)하던 칼을 잃어버려서 요리가 잘 안 되네요.

你筷子用得真好。 너는 젓가락을 정말 잘 쓰는구나.
Nǐ kuàizi yòng de zhēn hǎo.

我喜欢用手机发短信。
Wǒ xǐhuan yòng shǒujī fā duǎnxìn.
나는 휴대폰으로 문자 보내는 것을 좋아한다.

筷子 kuàizi 젓가락 | 真 zhēn 정말 | 好 hǎo 좋다 | 喜欢 xǐhuan 좋아하다 | 手机 shǒujī 휴대폰 | 发 fā 보내다 | 短信 duǎnxìn 문자 메시지
유의 使用 shǐyòng 사용하다, 쓰다

4급

使用
shǐyòng

- 동 사용하다, 쓰다

▶ 이건 비치용이니 스용(使用)하지 말고 눈으로 감상해 주세요.

这家饭馆儿只能使用现金。
Zhè jiā fànguǎnr zhǐ néng shǐyòng xiànjīn.
이 식당은 현금만 사용할 수 있다.

饭馆(儿) fànguǎn(r) 식당 | 只 zhǐ 단지, 오직 | 能 néng ~할 수 있다 | 现金 xiànjīn 현금
유의 用 yòng 쓰다, 사용하다

유의어 비교 使用 vs 利用

使用	목적과 필요에 의해 사용함을 뜻하며, 주로 구체적인 사물에 많이 쓰인다. 예 使用手机 휴대폰을 사용하다 使用外资 외국 자본을 사용하다
利用	사람이나 사물을 이용함을 뜻하며, '이용당하다'라는 뜻의 부정적인 의미로도 쓰인다. 예 利用机会 기회를 이용하다 被坏人利用 나쁜 사람에게 이용당하다

免费 miǎnfèi
4급
- 동 돈을 받지 않다, 무료로 하다

▶오늘 식사는 미엔페이(免费)니까 많이들 드시러 오세요.

那家店的酒和水都免费。
Nà jiā diàn de jiǔ hé shuǐ dōu miǎnfèi.
그 식당의 술과 물은 모두 돈을 받지 않는다.

店 diàn 가게 | 酒 jiǔ 술 | 水 shuǐ 물 | 都 dōu 모두, 다

味道 wèidao
4급
- 명 맛, 냄새

▶양꼬치의 웨이다오(味道)가 어때? 맛있어?

这瓶葡萄酒的味道真不错。
Zhè píng pútáojiǔ de wèidao zhēn búcuò.
이 와인의 맛은 정말 좋다.

瓶 píng 병 | 葡萄酒 pútáojiǔ 와인 | 真 zhēn 정말 | 不错 búcuò 좋다

香 xiāng
4급
- 형 향기롭다
- 형 (음식이) 맛있다

▶탕수육 냄새가 정말 시앙(香)해서 군침이 도네.

好香啊！这碗面条一定很好吃。
Hǎo xiāng a! Zhè wǎn miàntiáo yídìng hěn hǎochī.
냄새가 정말 좋다! 이 국수는 반드시 매우 맛있을 거야.

好 hǎo 일부 동사, 형용사 앞에 쓰여 효과가 좋음을 나타냄 | 碗 wǎn 사발 | 面条 miàntiáo 국수 | 一定 yídìng 반드시 | 好吃 hǎochī 맛있다
유의 好吃 hǎochī (음식이) 맛있다

> **출제 포인트**　용법이 다양한 香
>
> 香은 향수 같은 향기로운 냄새 외에, 맛있는 요리 냄새나 잠을 달콤하게 자는 모습을 비유할 때도 쓰인다. 4급 문제에서는 요리와 잠에 많이 쓰이는데, 특히 쓰기 영역 2부분 제시어로 여러 번 나온 적이 있다.
> 예 饭很香 밥맛이 좋다 / 他睡得很香。그는 잠을 달콤하게 잔다.

苦 kǔ
4급
- 형 (맛이) 쓰다

▶몸에 좋은 약이 입에는 쿠(苦)한 법이야. 어서 먹어.

这是什么茶？苦死了。
Zhè shì shénme chá? Kǔsǐ le.
이것은 무슨 차인가요? 너무 써서 죽겠어요.

什么 shénme 무슨 | 茶 chá 차 | 死 sǐ ~해 죽겠다, 극에 달하다

4급

酸
suān

형 (맛, 냄새 등이)
시다, 시큼하다

▶ 자두가 아직 안 익어서 너무 쑤안(酸)해.

这杯果汁喝起来很酸。
Zhè bēi guǒzhī hē qǐlai hěn suān.
이 과일 주스는 마시기에 매우 시다.

杯 bēi 잔, 컵 | 果汁 guǒzhī 과일 주스 | 喝 hē 마시다 | 起来 qǐlai 동사 뒤에 쓰여, 어림 짐작하거나 어떤 일에 대한 견해를 나타냄

4급

辣
là

형 맵다, 아리다,
얼얼하다

▶ 청양고추 먹어 봤어? 진짜 라(辣)해!

这道四川菜实在太辣了。
Zhè dào Sìchuān cài shízài tài là le.
이 쓰촨 음식은 정말로 너무 맵다.

四川 Sìchuān 쓰촨, 사천 | 实在 shízài 정말, 참으로

3급

甜
tián

형 달다, 달콤하다

▶ 우리 할머니는 초콜릿처럼 티엔(甜)한 걸 좋아하셔.

这道菜又甜又辣，韩国人都很喜欢。
Zhè dào cài yòu tián yòu là, Hánguórén dōu hěn xǐhuan.
이 음식은 달기도 하고 맵기도 해서, 한국인이 모두 좋아한다.

道 dào 음식을 세는 단위 | 菜 cài 요리 | 又 yòu 또한, 한편 | 辣 là 맵다 | 韩国人 Hánguórén 한국인 | 都 dōu 모두, 다

> **배경 지식** 인생을 비유하는 표현, **酸甜苦辣**
>
> 음식의 맛은 인생의 단맛, 쓴맛 등을 비유하는 데도 많이 쓰인다. '酸甜苦辣(시고, 달고, 쓰고, 맵다)'는 '인생의 행복과 고통 등 온갖 상황'을 나타내는 표현으로, 소설과 드라마에서뿐만 아니라 일상생활에서도 많이 사용한다.
>
> 예 **生活中的酸甜苦辣** 생활 중의 온갖 풍파

4급

咸
xián

형 (맛이) 짜다

▶ 국물이 너무 시엔(咸)하니까 물을 더 넣고 끓이자.

杯子里的水，怎么有点儿咸？
Bēizi li de shuǐ, zěnme yǒudiǎnr xián?
컵 안의 물이 왜 조금 짠 거죠?

杯子 bēizi 컵, 잔 | 里 li 안, 속 | 水 shuǐ 물 | 怎么 zěnme 왜, 어째서 | 有点儿 yǒudiǎnr 조금, 약간

3급
包
bāo

- 동 포장하다,
  (종이나 얇은 것으로)
  싸다, 싸매다
- 명 가방

▶이건 선물할 거니까 예쁘게 빠오(包)해 주세요.

菜太多了，帮我包起来。
Cài tài duō le, bāng wǒ bāo qǐlai.
음식이 너무 많아요. 저를 도와 포장해 주세요.

桌子上的包是谁的？
Zhuōzi shang de bāo shì shéi de?
책상 위의 가방은 누구 거예요?

菜 cài 요리 | 帮 bāng 돕다 | 起来 qǐlai 동사나 형용사 뒤에 쓰여 분산에서 집중되는 의미를 나타냄 | 桌子 zhuōzi 책상 | 谁 shéi 누구

3급
位
wèi

- 양 분

▶공원 벤치에는 노신사 한 웨이(位)가 책을 읽고 계셔.

请问，你们几位？
Qǐngwèn, nǐmen jǐ wèi?
말씀 좀 여쭙겠습니다, 몇 분이세요?

请问 qǐngwèn 말씀 좀 여쭙겠습니다 | 几 jǐ 몇

3급
菜单
càidān

- 명 메뉴판, 메뉴, 식단, 차림표

▶주문하려는데 차이딴(菜单) 좀 가져다 주실래요?

请把菜单给我。
Qǐng bǎ càidān gěi wǒ.
메뉴판을 저에게 주세요.

请 qǐng (상대가 어떤 일을 하기 바라는 의미로) ~하세요 | 把 bǎ ~을 | 给 gěi 주다

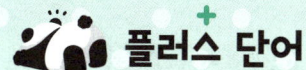 플러스 단어

고득점 합격이 목표라면 플러스단어까지 학습해 보세요.

음식

拌饭	bànfàn 비빔밥	红茶	hóngchá 홍차
盒饭	héfàn 도시락	绿茶	lǜchá 녹차
三明治	sānmíngzhì 샌드위치	星巴克	Xīngbākè 스타벅스
意大利面	yìdàlìmiàn 스파게티	酒吧	jiǔbā 술집, 바
汉堡包	hànbǎobāo 햄버거	酒量	jiǔliàng 주량
羊肉串	yángròuchuàn 양꼬치	醉	zuì 취하다
方便面	fāngbiànmiàn 라면	清淡	qīngdàn 담백하다
快餐	kuàicān 패스트푸드	油腻	yóunì 느끼하다
套餐	tàocān 세트 메뉴	难吃	nánchī 맛없다
叉子	chāzi 포크		
冰淇淋	bīngqílín 아이스크림		

 데일리 테스트

고생하셨어요! QR코드를 스캔해 데일리 테스트를 풀어 보며 오늘 학습을 마무리해 보세요.

DAY 07
데이트하기

HSK 3급, 4급 30일 합격 프로젝트

★ HSK 시험에 이렇게 나와요.
상대방에게 어떤 행동을 제안하는 상황이 3급, 4급 듣기 문제에 종종 등장합니다. 상대방의 대답(승낙, 거절)에 따라 결과가 달라지므로, 대화의 흐름에 주의해야 합니다.

음원 듣기

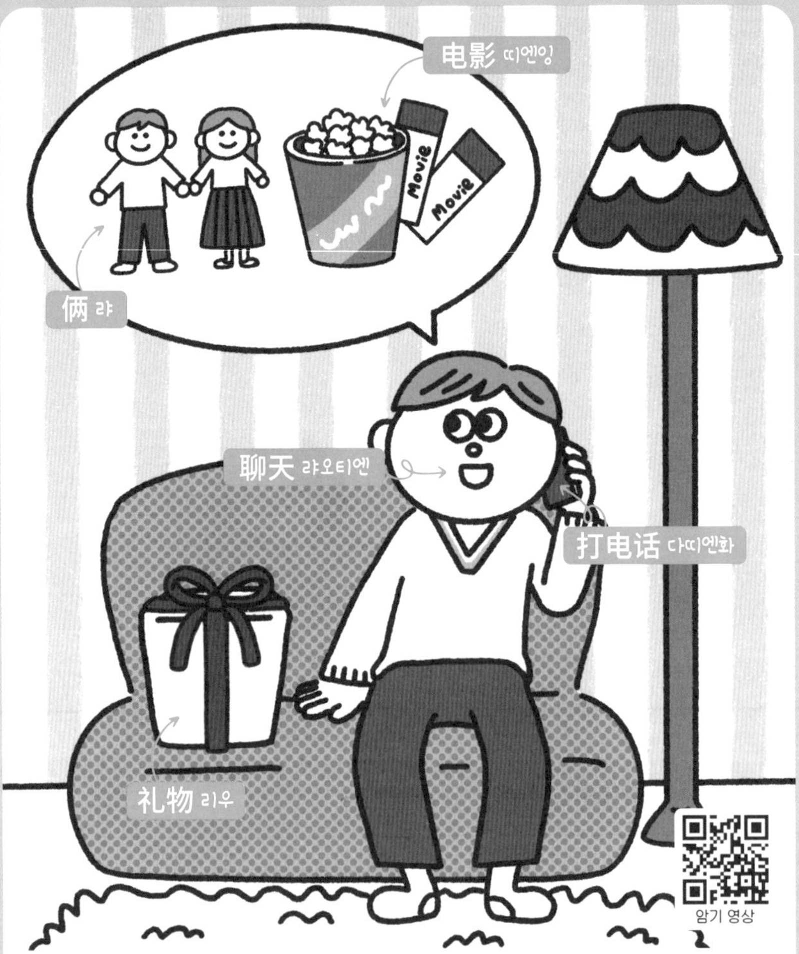

电影 띠엔잉
俩 랴
聊天 랴오티엔
打电话 다띠엔화
礼物 리우

암기 영상

俩 liǎ
㊄ 두 사람

电影 diànyǐng
명 영화

聊天 liáotiān
통 이야기하다, 잡담하다, 채팅하다

打电话 dǎ diànhuà
전화하다

礼物 lǐwù
명 선물, 예물

1급
爱
ài
- 동 ~하기 좋아하다
- 동 사랑하다

▶ 내 조카는 만화 영화 보는 걸 정말 아이(爱)해.

我们都爱看电影。
Wǒmen dōu ài kàn diànyǐng.
우리는 모두 영화 보는 것을 좋아한다.

我爱你。 나는 너를 사랑해.
Wǒ ài nǐ.

都 dōu 모두, 다 | 看 kàn 보다 | 电影 diànyǐng 영화

1급
喜欢
xǐhuan
- 동 좋아하다

▶ 얼굴이 빨개진 걸 보니 너 저 아이를 씨환(喜欢)하는구나?

我喜欢和你一起去散步。
Wǒ xǐhuan hé nǐ yìqǐ qù sànbù.
저는 당신과 함께 산책하는 것을 좋아합니다.

一起 yìqǐ 함께 | 散步 sànbù 산책하다

유의어 비교 爱 vs 喜欢

爱	동사 앞에 쓰여, 어떠한 행동 등을 '즐겨 하다'라는 의미로 쓰인다. 좋아하면서 자주 함을 나타낸다.
	예 爱看电视 TV를 즐겨 본다
喜欢	좋아하는 대상이나 행동을 목적어로 취하며, '좋아한다'는 의미를 나타내지만 '자주 한다'는 의미는 포함하지 않는다.
	예 喜欢看电视 TV 보는 것을 좋아한다

1급
打电话
dǎ diànhuà
전화하다

▶ 난 매일 저녁 남자 친구에게 다 띠엔화(打电话)해.

我现在给她打电话。 나는 지금 그녀에게 전화한다.
Wǒ xiànzài gěi tā dǎ diànhuà.

现在 xiànzài 지금 | 给 gěi ~에게

출제 포인트 전화 관련 표현

전화 관련 표현은 HSK 전 영역에서 두루 출제되고 있다. 듣기 영역에서는 화자가 현재 하고 있는 행동으로 출제되기도 하고, 쓰기 영역 어순 배열 문제로도 종종 출제되고 있다. 고정 패턴 '给 + 대상 + 打电话(~에게 전화하다)'를 반드시 외워 두자.

예 我正在给男朋友打电话。 나는 남자친구에게 전화를 하고 있다.

3급
见面
jiànmiàn
동 만나다, 대면하다

▶ 내일 저녁 7시에 도서관 앞에서 찌엔미엔(见面)하자.

晚上在哪儿见面?
Wǎnshang zài nǎr jiànmiàn?
저녁에 어디에서 만날까요?

晚上 wǎnshang 저녁 | 在 zài ~에서 | 哪儿 nǎr 어디

유의어 비교 见面 vs 见

둘 다 '만나다'라는 의미를 나타내지만, 활용의 형태가 다름에 주의하자.

见面 | 이합동사로 목적어를 취하지 않는다.
　　　예 见面朋友(×) / 跟朋友见面(○) 친구와 만나다

见 | 목적어를 취할 수 있다.
　　예 见朋友 친구를 만나다 / 明天见 내일 보자

1급
电影
diànyǐng
명 영화

▶ 내 남자 친구는 액션 띠엔잉(电影)을 좋아해!

我们什么时候去看电影?
Wǒmen shénme shíhou qù kàn diànyǐng?
우리 언제 영화 보러 갈까?

什么时候 shénme shíhou 언제 | 看 kàn 보다

3급
聊天
liáotiān
동 이야기하다, 잡담하다, 채팅하다

▶ 연인끼리는 언제 만나도 랴오티엔(聊天)할 게 너무 많아.

我们在咖啡厅一边喝咖啡一边聊天儿。
Wǒmen zài kāfēitīng yìbiān hē kāfēi yìbiān liáotiānr.
우리는 카페에서 커피를 마시면서 이야기를 한다.

咖啡厅 kāfēitīng 카페, 커피숍 | 一边 yìbiān ~하면서 ~하다 | 喝 hē 마시다 | 咖啡 kāfēi 커피

1급
说
shuō
동 말하다

▶ 그는 데이트할 때마다 회사 이야기만 슈어(说)해.

他说他喜欢丽丽。
Tā shuō tā xǐhuan Lìli.
그는 그가 리리를 좋아한다고 말한다.

喜欢 xǐhuan 좋아하다

2급

说话
shuōhuà

동 말하다, 이야기하다

▶영화 볼 때는 슈어화(说话)하지 마세요.

不要说话了，电影快要开始了。
Bú yào shuōhuà le, diànyǐng kuàiyào kāishǐ le.

말하지 마, 영화가 곧 시작해.

不要 bú yào ~하지 마라 | **快要** kuàiyào 곧, 머지않아 | **开始** kāishǐ 시작하다

2급

真
zhēn

부 정말, 확실히, 참으로

▶너 정말 쩐(真) 예쁜 것 같아!

你今天真漂亮啊！
Nǐ jīntiān zhēn piàoliang a!

너 오늘 정말 예쁘다!

今天 jīntiān 오늘 | **漂亮** piàoliang 예쁘다, 아름답다

4급

感情
gǎnqíng

명 감정, 애정, 친근감

▶여자 친구를 만나면 만날수록 내 간칭(感情)은 점점 깊어져.

最近你们的感情怎么样？
Zuìjìn nǐmen de gǎnqíng zěnmeyàng?

요즘 너희의 감정은 어때?

最近 zuìjìn 요즘, 최근 | **怎么样** zěnmeyàng 어떻다, 어떠하다

4급

爱情
àiqíng

명 남녀 간의 사랑, 애정

▶남녀 간의 아이칭(爱情) 싸움은 칼로 물 베기다.

我相信我们的爱情。
Wǒ xiāngxìn wǒmen de àiqíng.

나는 우리의 사랑을 믿는다.

相信 xiāngxìn 믿다

3급

迟到
chídào

동 늦게 도착하다, 지각하다

▶약속 시간에 츠따오(迟到)하면 벌금이야!

别担心，我们不会迟到的。
Bié dānxīn, wǒmen bú huì chídào de.

걱정하지 마. 우리는 늦게 도착하지 않을 거야.

别 bié ~하지 마라 | **担心** dānxīn 걱정하다, 염려하다 | **会** huì ~할 것이다

1급
请 qǐng
- 图 초대하다
- 图 (상대가 어떤 일을 하기 바라는 의미로) ~하세요

▶ 당신에게 데이트를 칭(请)합니다.

我请你吃饭吧。 내가 너에게 밥을 사 줄게.
Wǒ qǐng nǐ chī fàn ba.

请您填写一下这张表格。
Qǐng nín tiánxiě yíxià zhè zhāng biǎogé.
이 표를 기입해 주시기 바랍니다.

吃饭 chī fàn 밥을 먹다 | 填写 tiánxiě (일정한 양식에) 기입하다 | 表格 biǎogé 표, 양식

> **출제 포인트**　请+사람+행동 (~해 주세요)
>
> 3급과 4급 문장 배열 문제에 정말 자주 등장하는 문형이다. 이 문형의 가장 중요한 포인트는 请이 문장 맨 앞에 위치한다는 점이니 명심하자.
> 예 **请您帮我一个忙。** 저를 좀 도와주세요.

4급
约会 yuēhuì
- 图 데이트하다, 만날 약속을 하다

▶ 내일 그녀와 위에후이(约会)할 건데 무슨 옷을 입는 게 좋을까?

为了约会，我买了两张电影票。
Wèile yuēhuì, Wǒ mǎile liǎng zhāng diànyǐngpiào.
데이트를 하기 위해 영화표 두 장을 샀습니다.

买 mǎi 사다 | 张 zhāng 장[종이를 세는 양사] | 电影票 diànyǐngpiào 영화표

4급
交 jiāo
- 图 사귀다, 왕래하다

▶ 나는 이성 친구를 지아오(交)하는 게 정말 오랜만이야.

我很想交女朋友。
Wǒ hěn xiǎng jiāo nǚpéngyou.
나는 매우 여자 친구를 사귀고 싶다.

想 xiǎng ~하고 싶다 | 女朋友 nǚpéngyou 여자 친구

2급
等 děng
- 图 기다리다

▶ 데이트할 때는 상대방을 덩(等)하게 하면 안 돼!

等等我，你走得太快了。
Děngdeng wǒ, nǐ zǒu de tài kuài le.
잠깐만 기다려 줘, 너는 걷는 것이 너무 빨라.

走 zǒu 걷다 | 太 tài 너무 | 快 kuài 빠르다

3급
发
fā

동 보내다, 건네주다, 부치다

▶ 와이프에게 문자를 파(发)했는데, 답신이 없네요.

我刚才给他发电子邮件了。
Wǒ gāngcái gěi tā fā diànzǐ yóujiàn le.
나는 방금 그에게 이메일을 보냈어.

刚才 gāngcái 방금, 지금 막 | **给** gěi ~에게 | **电子邮件** diànzǐ yóujiàn 이메일

> **유의어 비교** 发 vs 送
>
> 둘 다 '보내다'라는 의미를 나타내지만, 활용의 형태가 다름에 주의하자.
>
> 发 | 전자기기를 통해 보내는 명사 앞에 자주 쓰인다.
>   예 **发电子邮件** 이메일을 보내다 / **发短信** 문자를 보내다
>
> 送 | 직접 주거나 보내는 사물 앞에 쓰인다.
>   예 **送礼物** 선물을 주다

4급
短信
duǎnxìn

명 문자 메시지, 짧은 편지

▶ 여자 친구가 전화를 안 받길래 두안씬(短信)을 남겨 뒀어.

我今天收到了一条男朋友发的短信。
Wǒ jīntiān shōudàole yì tiáo nánpéngyou fā de duǎnxìn.
나는 오늘 남자 친구가 보낸 문자 한 통을 받았어.

今天 jīntiān 오늘 | **收到** shōudào 받다, 얻다 | **男朋友** nánpéngyou 남자 친구 | **发** fā 보내다

2급
生日
shēngrì

명 생일

▶ 스물두 번째 셩르(生日) 축하해!

昨天是女朋友的生日。
Zuótiān shì nǚpéngyou de shēngrì.
어제는 여자 친구의 생일이었어.

昨天 zuótiān 어제 | **是** shì ~이다 | **女朋友** nǚpéngyou 여자 친구

3급
礼物
lǐwù

명 선물

▶ 크든 작든 사랑하는 사람의 리우(礼物)는 기분을 좋게 만들지.

这个礼物真的是送给我的吗?
Zhège lǐwù zhēn de shì sònggěi wǒ de ma?
이 선물은 정말로 저에게 주는 것인가요?

真的 zhēn de 정말로, 참으로 | **送** sòng 주다, 선물하다

结婚 jiéhūn
[3급]
동 결혼하다

▶우리 누나는 남자 친구랑 내년 봄에 지에훈(结婚)할 생각이래.

姐姐下个月就要结婚了。 누나는 다음 달에 곧 결혼해.
Jiějie xià ge yuè jiùyào jiéhūn le.

下 xià 다음 | 月 yuè 달, 월 | 就要 jiùyào 곧, 머지않아
[참고] 婚礼 hūnlǐ 결혼식, 혼례 [반의] 离婚 líhūn 이혼하다

俩 liǎ
[4급]
수 두 사람

▶결혼은 우리 랴(俩)가 하는 거야. 다른 사람은 신경 쓸 필요 없어.

祝你们俩永远幸福。
Zhù nǐmen liǎ yǒngyuǎn xìngfú.
너희 두 사람이 영원히 행복하길 기원해.

祝 zhù 기원하다, 축하하다 | 永远 yǒngyuǎn 영원히, 항상 | 幸福 xìngfú 행복하다   [유의] 两个人 liǎng ge rén 두 사람

출제 포인트 주로 대사 앞에 쓰이는 俩

俩는 두 사람을 나타내는 两个人의 또 다른 표현으로, 4급 독해 1부분이나 쓰기 2부분에 자주 출제된다. 명사나 대사 앞에 쓰이지 않고, 주로 대사 뒤에 위치하며, 俩의 의미 자체가 '두 사람'을 나타내므로, 뒤에 '个' 또는 기타 양사가 오지 않는다는 점에 주의하자.

예 他们俩 그들 둘 / 我们俩 우리 둘 / 兄弟俩 형제 둘

一般 yìbān
[3급]
형 보통이다, 일반적이다

▶요즘엔 더치페이가 이빤(一般)적이야.

我和男朋友周末一般去看电影。
Wǒ hé nánpéngyou zhōumò yìbān qù kàn diànyǐng.
나와 남자 친구는 주말에 보통 영화를 보러 간다.

周末 zhōumò 주말 | 电影 diànyǐng 영화

逛 guàng
[4급]
동 거닐다, 구경하다

▶나는 친구와 주말에 거리를 꽝(逛)하는 걸 좋아해.

下班后我要跟男朋友去逛街。
Xiàbān hòu wǒ yào gēn nánpéngyou qù guàngjiē.
퇴근 후에 나는 남자 친구와 거리를 거닐며 구경하려고 한다.

下班 xiàbān 퇴근하다 | 后 hòu 후 | 逛街 guàngjiē 거리를 거닐며 구경하다, 아이 쇼핑하다

4급
开玩笑
kāi wánxiào
농담하다, 웃기다, 놀리다

▶ 연인끼리는 자주 카이완씨아오(开玩笑)하면 안 된다.

我的男朋友是一个爱开玩笑的人。
Wǒ de nánpéngyou shì yí ge ài kāi wánxiào de rén.
나의 남자 친구는 (한 명의) 농담하기를 좋아하는 사람이다.

爱 ài ~하기 좋아하다

4급
怀疑
huáiyí
동 의심하다, 의심을 품다

▶ 남자 친구를 자꾸 화이이(怀疑)하게 되면 헤어지는 게 나아!

我从来没怀疑过你对我的爱。
Wǒ cónglái méi huáiyíguo nǐ duì wǒ de ài.
나는 지금까지 나에 대한 너의 사랑을 의심해 본 적이 없다.

从来 cónglái 지금까지, 여태껏 | 过 guo ~한 적이 있다 | 对 duì ~에 대하여 | 爱 ài 사랑
유의 疑心 yíxīn 의심하다

4급
误会
wùhuì
명 오해
동 오해하다

▶ 정말 내가 한 것 아니니까 절대 우후이(误会)하지 마.

这是一个误会，你一定要相信我。
Zhè shì yí ge wùhuì, nǐ yídìng yào xiāngxìn wǒ.
이건 오해야. 너는 반드시 날 믿어야 해.

你误会小李的意思了。
Nǐ wùhuì Xiǎo Lǐ de yìsi le.
네가 샤오리의 뜻을 오해한 거야.

一定 yídìng 반드시 | 要 yào ~해야 한다 | 相信 xiāngxìn 믿다 | 意思 yìsi 뜻, 의미

3급
离开
líkāi
동 떠나다, 헤어지다, 벗어나다

▶ 남자 친구와 리카이(离开)할 때 나는 많이 울었어.

我不想离开你。
나는 너를 떠나고 싶지 않아.
Wǒ bù xiǎng líkāi nǐ.

想 xiǎng ~하고 싶다
반의 回来 huílái 돌아오다

데이트하기

3급
难过
nánguò
- 형 괴롭다, 고통스럽다

▶ 그가 가슴 아픈 사랑 이야기를 하는 바람에 나도 난꾸어(难过)했어.

今天不能和女朋友见面，我很难过。
Jīntiān bù néng hé nǚpéngyou jiànmiàn, wǒ hěn nánguò.
오늘 여자 친구와 만날 수 없어서, 나는 매우 괴롭다.

和 hé ~과, ~와 | 见面 jiànmiàn 만나다
유의 伤心 shāngxīn 상심하다

4급
深
shēn
- 형 깊다

▶ 내 절친의 남자 친구는 나한테 가장 션(深)한 인상을 남겼어.

如果两个人互相理解，感情就会越来越深。
Rúguǒ liǎng ge rén hùxiāng lǐjiě, gǎnqíng jiù huì yuèláiyuè shēn.
만약 두 사람이 서로 이해한다면, 감정은 갈수록 깊어질 것이다.

如果 rúguǒ 만약, 만일 | 互相 hùxiāng 서로, 상호 | 理解 lǐjiě 이해하다 | 感情 gǎnqíng 감정 | 越来越 yuèláiyuè 갈수록, 점점
반의 浅 qiǎn 얕다

4급
抱
bào
- 동 안다, 포옹하다

▶ 이제 곧 작별이니까 마지막으로 빠오(抱)하자.

妹妹抱着男朋友送的礼物回来了。
Mèimei bàozhe nánpéngyou sòng de lǐwù huílái le.
여동생은 남자 친구가 준 선물을 안고 돌아왔다.

妹妹 mèimei 여동생 | 着 zhe ~한 채로 | 送 sòng 선물하다 | 礼物 lǐwù 선물 | 回来 huílái 돌아오다

4급
热闹
rènao
- 형 (광경이나 분위기가) 떠들썩하다, 번화하다

▶ 상하이의 와이탄은 언제나 연인들로 가득해서 러나오(热闹)해.

这个公园晚上有表演，会很热闹的。
Zhège gōngyuán wǎnshang yǒu biǎoyǎn, huì hěn rènao de.
이 공원은 저녁에 공연이 있어서 매우 떠들썩할 거야.

公园 gōngyuán 공원 | 晚上 wǎnshang 저녁, 밤 | 表演 biǎoyǎn 공연

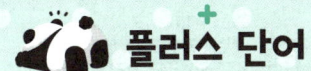 **플러스 단어**

고득점 합격이 목표라면 플러스단어까지 학습해 보세요.

데이트

情侣 qínglǚ 애인, 연인		美女 měinǚ 미녀
谈恋爱 tán liàn'ài 연애하다		帅哥 shuàigē 꽃미남
交往 jiāowǎng 교제하다		拥抱 yōngbào 포옹하다
挽手 wǎn shǒu 팔짱 끼다		吃醋 chīcù 질투하다
享受 xiǎngshòu 누리다, 즐기다		吵架 chǎojià 말다툼하다
情书 qíngshū 연애편지		接吻 jiēwěn 키스하다
暗恋 ànliàn 짝사랑하다		约定 yuēdìng 약속하다
求婚 qiúhūn 프러포즈하다, 구혼하다		变心 biànxīn 변심하다
订婚 dìnghūn 약혼하다		分手 fēnshǒu 헤어지다
离婚 líhūn 이혼하다		甩 shuǎi 차다

 **데일리 테스트**

고생하셨어요! QR코드를 스캔해 데일리 테스트를 풀어 보며 오늘 학습을 마무리해 보세요.

DAY 08

장보기

HSK 3급, 4급 30일 합격 프로젝트

★ HSK 시험에 이렇게 나와요.
급수에 따라 자주 나오는 음식과 과일, 생활용품들이 다릅니다. 마트에서 물건을 고르고 구매하는 내용, 집안에서 나누는 일상적인 대화, 사물에 관련된 역사를 소개하는 내용이 등이 종종 출제됩니다.

음원 듣기

超市 챠오스

售货员 쇼우훠위엔

矿泉水 쾅취엔쉐이

饼干 빙간

塑料袋 쑤랴오따이

암기 영상

超市 chāoshì
명 슈퍼마켓

售货员 shòuhuòyuán
명 판매원

矿泉水 kuàngquánshuǐ
명 생수, 광천수

饼干 bǐnggān
명 과자, 비스킷

塑料袋 sùliàodài
명 비닐봉지

1급
商店
shāngdiàn
명 상점

▶ 집에 오는 길에 샹디엔(商店)에 들러서 달걀 좀 사다 줄래?

下午我想去商店。
Xiàwǔ wǒ xiǎng qù shāngdiàn.
오후에 나는 상점에 가고 싶다.

下午 xiàwǔ 오후 | 想 xiǎng ~하고 싶다 | 去 qù 가다
참고 百货商店 bǎihuò shāngdiàn 백화점

3급
超市
chāoshì
명 슈퍼마켓

▶ 챠오스(超市)에 가서 과자와 음료수 좀 사 오렴.

今天下班以后，我们一起去超市买东西吧。
Jīntiān xiàbān yǐhòu, wǒmen yìqǐ qù chāoshì mǎi dōngxi ba.
오늘 퇴근 후에 우리 같이 슈퍼마켓에 가서 물건을 사자.

今天 jīntiān 오늘 | 下班 xiàbān 퇴근하다 | 以后 yǐhòu 이후 |
一起 yìqǐ 같이, 함께 | 买 mǎi 사다 | 东西 dōngxi 물건

1급
买
mǎi
동 사다, 구입하다

▶ 아빠가 퇴근길에 빵을 잔뜩 마이(买)해 오셨다.

我想买一些水果。
Wǒ xiǎng mǎi yìxiē shuǐguǒ.
나는 과일을 좀 사고 싶다.

一些 yìxiē 약간, 조금 | 水果 shuǐguǒ 과일
반의 卖 mài 팔다, 판매하다

2급
卖
mài
동 팔다, 판매하다

▶ 저 상점보다는 이 상점에서 마이(卖)하는 채소가 더 싱싱해.

这个篮球卖多少钱？
Zhège lánqiú mài duōshao qián?
이 농구공은 얼마에 팔아요?

篮球 lánqiú 농구공 | 多少 duōshao 얼마 | 钱 qián 돈
반의 买 mǎi 사다, 구입하다

출제 포인트 买와 卖

卖는 듣기 문제에 상점과 관련된 내용이 나올 때 종종 출제되는 어휘이다.
시험 볼 때 긴장하면 순간적으로 동사 '买(사다)'와 혼동하는 경우가 많이
생긴다. 성조를 정확히 듣고, 꼭 앞뒤 내용을 함께 파악하는 것이 좋다.

1급
东西
dōngxi

명 (구체적인/추상적인) 물건, 것, 사물

▶ 내가 인터넷에서 주문한 똥시(东西)들이 오늘 배달될 예정이래.

你怎么买了这么多东西啊?
Nǐ zěnme mǎile zhème duō dōngxi a?
너는 왜 이렇게 많은 물건을 샀어?

买 mǎi 사다 | 怎么 zěnme 왜, 어째서 | 这么 zhème 이렇게

> **출제 포인트** dōngxi와 dōngxī
>
> 东西는 주로 'dōngxi'라고 발음하고 '물건'이란 뜻으로 사용되지만, 'dōngxī'라고 하면 '동쪽과 서쪽'이라는 방향을 나타낸다. 따라서 듣기 문제를 들을 때는 말하는 이가 몇 성으로 발음하는지 주의해서 들어야 한다.

4급
购物
gòuwù

동 물품을 구입하다, 물건을 사다

▶ 상점에서 사는 것보다 인터넷에서 꺼우우(购物)하는 게 훨씬 싸다.

今晚我要和丈夫一起去购物。
Jīnwǎn wǒ yào hé zhàngfu yìqǐ qù gòuwù.
오늘 밤 나는 남편과 함께 물건을 사러 가려고 한다.

今晚 jīnwǎn 오늘 밤 | 要 yào ~하려고 하다 | 丈夫 zhàngfu 남편
참고 购物中心 gòuwù zhōngxīn 대형 쇼핑몰

> **유의어 비교** 买 vs 购物 vs 购买
>
> 买 | '사다'라는 의미로 주로 회화에 쓰인다.
>
> 购物 | '물건을 사다'라는 의미의 이합동사로, 목적어를 뒤에 쓸 수 없다.
>
> 购买 | '구매하다'라는 의미로, 주로 서면어에 쓰인다.

4급
售货员
shòuhuòyuán

명 판매원

▶ 역시 쇼우휘위엔(售货员)이 추천해 준 상품이 좋군!

你去问问售货员这条裙子多少钱。
Nǐ qù wènwen shòuhuòyuán zhè tiáo qúnzi duōshao qián.
네가 가서 판매원에게 이 치마가 얼마인지 한번 물어봐.

问 wèn 묻다 | 条 tiáo 벌(가늘고 긴 것, 폭이 좁고 긴 것을 세는 단위) |
裙子 qúnzi 치마 | 多少 duōshao 얼마 | 钱 qián 돈

4급
塑料袋
sùliàodài

명 비닐봉지

▶ 마트에서는 쑤랴오따이(塑料袋)도 돈을 받고 팔아!

请给我两个塑料袋。 저에게 비닐봉지 두 개를 주세요.
Qǐng gěi wǒ liǎng ge sùliàodài.

请 qǐng (상대가 어떤 일을 하기 바라는 의미로) ~하세요 | 给 gěi 주다

참고 纸袋 zhǐdài (종이) 봉투

4급
质量
zhìliàng

명 품질, 질

▶ 비싼 가격만큼 즈량(质量)이 좋긴 하구나.

店里所有的鞋，我们都可以保证质量。
Diàn li suǒyǒu de xié, wǒmen dōu kěyǐ bǎozhèng zhìliàng.
상점 안의 모든 신발은 저희가 모두 품질을 보증할 수 있습니다.

店 diàn 상점 | 里 li 안, 속 | 所有 suǒyǒu 모든, 전부의 | 鞋 xié 신발 |
都 dōu 모두, 다 | 可以 kěyǐ ~할 수 있다 | 保证 bǎozhèng 보증하다

3급
换
huàn

동 교환하다, 바꾸다

▶ 구입하신 물품을 환(换)하실 땐 영수증을 꼭 지참해 주세요.

这件衣服太小了，请给我换一件大的吧。
Zhè jiàn yīfu tài xiǎo le, qǐng gěi wǒ huàn yí jiàn dà de ba.
이 옷은 너무 작아요. 저에게 큰 것으로 교환해 주세요.

件 jiàn 벌, 건(옷·일을 세는 양사) | 衣服 yīfu 옷, 의복 | 小 xiǎo 작다 |
给 gěi ~에게 | 大 dà 크다

3급
需要
xūyào

동 필요하다, 요구되다

▶ 등산할 땐 꼭 물이 쉬야오(需要)해.

请问，您还需要什么？
Qǐngwèn, nín hái xūyào shénme?
말씀 좀 여쭙겠습니다. 당신은 무엇이 더 필요하신가요?

还 hái 더, 또 | 什么 shénme 무엇

> **출제 포인트** 需要+명사/동사

需要는 명사나 동사를 목적어로 취하는 동사로, 어떤 사물이나 행동이 필요함을 나타낸다. 또한 '수요, 요구'라는 뜻의 명사로도 활용된다.

예 **需要时间** 시간이 필요하다
　　需要休息 휴식이 필요하다(→ 쉬어야 한다)
　　满足需要 수요를 만족시키다

3급
新鲜
xīnxiān
형 신선하다, 싱싱하다

▶ 이 백화점의 과일은 씬시엔(新鲜)하고 맛있다.

这儿的水果特别新鲜。
Zhèr de shuǐguǒ tèbié xīnxiān.
이곳의 과일은 특히 신선합니다.

这儿 zhèr 이곳, 여기 | 特别 tèbié 특히

1급
水果
shuǐguǒ
명 과일

▶ 제철 쉐이구어(水果)는 확실히 더 달고 맛있어.

你爱吃什么水果?
Nǐ ài chī shénme shuǐguǒ?
너는 무슨 과일 먹는 것을 좋아하니?

爱 ài ~하기를 좋아하다 | 吃 chī 먹다 | 什么 shénme 무슨, 무엇

배경 지식 중국인들이 선물하지 않는 과일은?

중국에서는 연인 사이에 '배(梨)'를 선물하거나 나누어 먹지 않는다. 왜냐하면 '梨(배)'의 발음이 '离(헤어지다)'와 같고, '分梨(배를 나누다)'의 발음이 '分离(헤어지다)'와 같기 때문이다.

4급
西红柿
xīhóngshì
명 토마토

▶ 우리 엄마는 장을 볼 때마다 시훙스(西红柿)를 빼놓지 않으셔.

西红柿比昨天便宜了两毛。
Xīhóngshì bǐ zuótiān piányile liǎng máo.
토마토는 어제보다 2마오 저렴해졌어요.

比 bǐ ~보다 | 昨天 zuótiān 어제 | 便宜 piányi 저렴하다, 싸다 | 两 liǎng 둘 | 毛 máo 마오

4급
葡萄
pútáo
명 포도

▶ 너 푸타오(葡萄) 먹었지? 입술이 보랏빛으로 변했어.

你买的葡萄太酸了。
Nǐ mǎi de pútáo tài suān le.
네가 산 포도는 너무 셔.

太 tài 너무, 매우 | 酸 suān 시다

3급
米
mǐ
- 명 쌀
- 양 미터(m)

▶ 미(米)는 무거우니 인터넷으로 주문하자.

一斤大米多少钱? 쌀 한 근에 얼마인가요?
Yì jīn dàmǐ duōshao qián?

从我家到学校的距离只有300米左右。
Cóng wǒ jiā dào xuéxiào de jùlí zhǐ yǒu sānbǎi mǐ zuǒyòu.
우리 집에서 학교까지의 거리는 겨우 300미터쯤 된다.

多少 duōshao 얼마 | 钱 qián 돈 | 大米 dàmǐ 쌀 | 学校 xuéxiào 학교 | 距离 jùlí 거리 | 左右 zuǒyòu 쯤, 가량

2급
面条
miàntiáo
- 명 국수

▶ 동양에서 미엔티아오(面条)의 면발은 장수를 의미한대.

这家商店的面条很便宜。
Zhè jiā shāngdiàn de miàntiáo hěn piányi.
이 상점의 국수는 매우 저렴합니다.

家 jiā 집·상점·회사 등을 세는 단위 | 商店 shāngdiàn 상점

2급
鸡蛋
jīdàn
- 명 계란, 달걀

▶ 지딴(鸡蛋)은 찜질방에서 먹는 구운 계란이 최고지!

上午我买了很多鸡蛋。
Shàngwǔ wǒ mǎile hěn duō jīdàn.
오전에 나는 매우 많은 달걀을 샀다.

上午 shàngwǔ 오전

2급
鱼
yú
- 명 생선, 물고기

▶ 내가 제일 좋아하는 위(鱼) 요리는 바로 신선한 회야.

这条鱼不太新鲜。
Zhè tiáo yú bú tài xīnxiān.
이 생선은 그다지 신선하지 않다.

条 tiáo 마리, 개(동물·식물과 관련된 것을 세는 단위) | 不太 bú tài 그다지 ~하지 않다 | 新鲜 xīnxiān 신선하다

4급

包子
bāozi

명 (소가 든) 찐빵, 빠오즈

▶ 추운 겨울에 호호 불며 먹는 빠오즈(包子)는 정말 일품이지.

去超市时，顺便买点儿包子吧。
Qù chāoshì shí, shùnbiàn mǎi diǎnr bāozi ba.

슈퍼마켓에 갈 때, 가는 김에 찐빵을 좀 사자.

超市 chāoshì 슈퍼마켓 | 时 shí ~할 때 | 顺便 shùnbiàn ~하는 김에

배경 지식   饺子와 包子

중국의 만두는 饺子(교자만두)와 包子 두 가지 종류로 나뉜다. 饺子는 우리에게도 익숙한 초승달 모양인데, 包子는 우리나라의 동그란 왕만두랑 비슷하게 생겼다. 이 두 만두는 조리 방법도 다른데, 饺子는 물에 끓이고 包子는 소쿠리에 찌는 방식으로 조리한다. 우리말 '만두'와 비슷한 발음의 '馒头 mántou'는 소가 없는 밀가루 찐빵을 가리킨다.

4급

盐
yán

명 소금

▶ 윽, 누가 이렇게 옌(盐)을 많이 넣은 거야? 너무 짜잖아!

这里的盐有点儿贵，我们去别的超市买吧。
Zhèlǐ de yán yǒudiǎnr guì, wǒmen qù bié de chāoshì mǎi ba.

이곳의 소금은 조금 비싸. 우리 다른 슈퍼마켓에 가서 사자.

这里 zhèlǐ 이곳, 여기 | 有点儿 yǒudiǎnr 조금, 약간 | 贵 guì 비싸다 | 别的 bié de 다른 (것) | 买 mǎi 사다

출제 포인트   盐은 전 영역 빈출 어휘

盐은 4급 전 영역에 자주 등장하는 사물로, 주로 요리를 만드는 상황의 대화에 등장한다. '소금을 넣다'는 放盐과 加盐으로 표현하며, 많이 넣으면 맛이 '咸(짜다)'하다는 것도 함께 연결해서 외워 두자.

4급

糖
táng

명 설탕, 사탕

▶ 음식에 탕(糖)을 너무 많이 넣으면 달아서 먹기 힘들어.

家里没有糖了，你去买点儿吧。
Jiā li méiyǒu táng le, nǐ qù mǎi diǎnr ba.

집에 설탕이 없네. 네가 가서 좀 사 와.

家 jiā 집 | 没有 méiyǒu 없다

3급
蛋糕
dàngāo
- 명 케이크, 카스텔라

▶ 생일 딴까오(蛋糕)에 초를 꽂고 소원을 빌었어.

今天是爸爸的生日，我们买个蛋糕吧。
Jīntiān shì bàba de shēngrì, wǒmen mǎi ge dàngāo ba.
오늘은 아버지의 생신이야. 우리 케이크를 하나 사자.

今天 jīntiān 오늘 | 爸爸 bàba 아빠 | 生日 shēngrì 생일

3급
面包
miànbāo
- 명 빵

▶ 내 동생은 미엔빠오(面包)와 우유를 함께 먹는 걸 참 좋아해.

我们去买那家的面包吧。
Wǒmen qù mǎi nà jiā de miànbāo ba.
우리 그 집의 빵을 사러 가자.

买 mǎi 사다 | 家 jiā 집·상점·회사 등을 세는 단위

4급
饼干
bǐnggān
- 명 과자, 비스킷

▶ 아이에게 빙깐(饼干)을 너무 많이 먹이지 마!

这家商店卖的饼干怎么样？
Zhè jiā shāngdiàn mài de bǐnggān zěnmeyàng?
이 상점에서 파는 과자는 어때?

商店 shāngdiàn 상점 | 卖 mài 팔다 | 怎么样 zěnmeyàng 어떻다, 어떠하다

4급
小吃
xiǎochī
- 명 간식, 간단한 음식

▶ 밥 먹기는 이르니까 일단 시아오츠(小吃)로 요기를 좀 하자.

超市附近有很多小吃，我们去买点儿吧。
Chāoshì fùjìn yǒu hěn duō xiǎochī, wǒmen qù mǎi diǎnr ba.
슈퍼마켓 근처에 매우 많은 간식이 있으니, 우리 가서 좀 사자.

超市 Chāoshì 슈퍼마켓 | 附近 fùjìn 근처, 부근

4급
矿泉水
kuàngquánshuǐ
- 명 생수, 광천수

▶ 회의 시작 전에 테이블에 쾅취엔쉐이(矿泉水)를 준비해 두세요.

我去买一瓶矿泉水。
Wǒ qù mǎi yì píng kuàngquánshuǐ.
나는 생수를 한 병 사러 갈게.

买 mǎi 사다 | 瓶 píng 병

3급
瓶子
píngzi
명 병

▶ 핑즈(瓶子)는 따로 분리배출을 해야 해!

你觉得这个瓶子怎么样?
Nǐ juéde zhège píngzi zěnmeyàng?
너는 이 병이 어떻다고 생각하니?

觉得 juéde ~라고 생각하다 | 这个 zhège 이, 이것 | 怎么样 zěnmeyàng 어떻다, 어떠하다

출제 포인트 수사+瓶+음료 (음료 ~병)

瓶은 '병'이라는 명사보다 물이나 우유처럼 셀 수 없는 사물이 병에 담겨 있는 상태를 세는 양사로 쓰일 때가 더 많다. 보통 '牛奶(우유)', '果汁(과일 주스)', '饮料(음료)', '矿泉水(생수)' 등을 셀 때 쓰인다.

3급
饮料
yǐnliào
명 음료

▶ 자, 인랴오(饮料)로 목 좀 축이고 하자.

这里的饮料买一送一。
Zhèlǐ de yǐnliào mǎi yī sòng yī.
이곳의 음료수는 1+1이다.

这里 zhèlǐ 이곳, 여기 | 买 mǎi 사다 | 送 sòng 주다, 증정하다

4급
果汁
guǒzhī
명 과일 주스, 과일즙

▶ 저는 커피를 좋아하지 않으니, 구어즈(果汁)를 마실래요.

这种果汁味道很好,我们买一瓶吧。
Zhè zhǒng guǒzhī wèidao hěn hǎo, wǒmen mǎi yì píng ba.
이 종류의 과일 주스는 맛이 매우 좋아. 우리 한 병 사자.

种 zhǒng 종류, 종 | 味道 wèidao 맛 | 瓶 píng 병

3급
旧
jiù
형 낡다, 오래되다

▶ 세상에, 이 옷은 얼마나 지우(旧)한 거야? 다 낡았잖아.

这个冰箱太旧了,我们买个新的吧。
Zhège bīngxiāng tài jiù le, wǒmen mǎi ge xīn de ba.
이 냉장고는 너무 낡았어. 우리 새것을 하나 사자.

冰箱 bīngxiāng 냉장고 | 新 xīn 새것의, 사용하지 않은
반의 新 xīn 새롭다

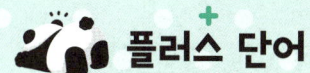 **플러스 단어**

고득점 합격이 목표라면 플러스단어까지 학습해 보세요.

쇼핑

收银台 shōuyíntái 계산대
支付 zhīfù 지불하다
纸币 zhǐbì 지폐, 종이돈
硬币 yìngbì 동전
优惠券 yōuhuìquàn 할인권
推车 tuīchē 쇼핑 카트
交换 jiāohuàn 교환하다
退款 tuìkuǎn 환불하다
退货 tuìhuò 반품하다
发票 fāpiào 영수증
开票 kāipiào 영수증을 발급하다
赠送 zèngsòng 증정하다
送货 sònghuò
(상품을 집까지) 배달하다

会员卡 huìyuánkǎ 멤버십 카드
购物卡 gòuwùkǎ
쇼핑 카드 (백화점, 마트 전용 카드)
积分 jīfēn 마일리지
电视购物 diànshì gòuwù
TV 홈쇼핑
网上购物 wǎngshàng gòuwù
온라인 쇼핑
百货商店 bǎihuò shāngdiàn
백화점
购物中心 gòuwù zhōngxīn
대형 쇼핑센터

데일리 테스트

고생하셨어요! QR코드를 스캔해 데일리 테스트를 풀어 보며 오늘 학습을 마무리해 보세요.

DAY 09

숫자, 가격 물어보기

HSK 3급, 4급 30일 합격 프로젝트

★ HSK 시험에 이렇게 나와요.
가격 문제는 시간 문제와 비슷하게 간단한 계산을 요하는 대화[형] 듣기 문제로 종종 출제됩니다. 이 경우 그 다음 대답에 주의하여 얼마에 사는지, 할인을 얼마나 하는지에 귀를 기울여야 합니다.

打折 dǎzhé	价格 jiàgé	便宜 piányi	贵 guì	比较 bǐjiào
동 세일하다, 가격을 깎다	명 가격, 값	형 (값이) 싸다	형 비싸다, 귀하다	부 비교적, 상대적으로 동 비교하다

1급

多少
duōshao

대 얼마, 몇

▶사과 한 상자에 사과가 뚜어샤오(多少) 개 있나요?

这台电视多少钱?
Zhè tái diànshì duōshao qián?
이 텔레비전은 얼마인가요?

台 tái (기계·차량·설비 등을 세는) 대 | 电视 diànshì 텔레비전 | 钱 qián 돈

1급

钱
qián

명 돈

▶그 유물의 고고학적 가치는 치엔(钱)으로 따질 수 없어.

这个杯子十八块钱。
Zhège bēizi shíbā kuài qián.
이 컵은 18위안입니다.

杯子 bēizi 컵, 잔 | 块 kuài 위안(중국의 화폐 단위)

4급

数字
shùzì

명 숫자
명 디지털

▶어린아이들은 슈즈(数字) 세기도 어려워 해.

你说的价格怎么和上面写的数字不一样?
Nǐ shuō de jiàgé zěnme hé shàngmiàn xiě de shùzì bù yíyàng?
당신이 말한 가격은 왜 위에 쓰여진 숫자와 다른가요?

数字技术的发展改变了我们的生活。
Shùzì jìshù de fāzhǎn gǎibiànle women de shēnghuó.
디지털 기술의 발전은 우리의 생활을 바꾸어 놓았다.

说 shuō 말하다 | 价格 jiàgé 가격, 값 | 怎么 zěnme 왜, 어째서 | 上面 shàngmiàn 위, 위쪽 | 写 xiě 쓰다 | 一样 yíyàng 같다 | 技术 jìshù 기술 | 发展 fāzhǎn 발전(하다) | 改变 gǎibiàn 바꾸다 | 生活 shēnghuó 생활

3급

种
zhǒng

양 종류, 부류, 가지

▶이 나무는 그 종(种)만 열 개가 넘을 거야.

这种手机很便宜。
Zhè zhǒng shǒujī hěn piányi.
이러한 휴대폰은 매우 쌉니다.

手机 shǒujī 휴대폰 | 便宜 piányi (값이) 싸다

1급

多
duō

- 수 ~여, ~ 남짓
- 형 많다, 많이 ~하다

▶ 명절이 되면 엄청 뚜어(多)한 사람들이 고향으로 이동해.

这个才三十多块钱。
Zhège cái sānshí duō kuài qián.
이것은 겨우 30여 위안입니다.

学校里有很多学生。
Xuéxiào li yǒu hěn duō xuésheng.
학교 안에 매우 많은 학생이 있다.

这个 zhège 이것, 이 | 才 cái 겨우, 고작 | 学校 xuéxiào 학교 | 里 li 안, 속 | 学生 xuésheng 학생
반의 少 shǎo 적다

> **출제 포인트** 多의 여러 가지 뜻과 활용

多의 기본 뜻은 '많다'라는 뜻이지만, 쓰인 위치에 따라 그 의미가 달라진다. 시험에도 여러 가지 용법이 다양하게 등장하므로, 3급부터는 多의 의미와 위치를 정확하게 파악해야 한다.

多 + 동사	많이 ~하다 [부사어 역할]
	예 多吃 많이 먹어라
숫자 + 多	~쯤, 남짓 [어림수]
	예 二十多 20 남짓
형용사 + 多了	많이 ~하다 [보어 역할]
	예 好多了 많이 나아졌다

3급

比较
bǐjiào

- 부 비교적, 상대적으로
- 동 비교하다

▶ 식재료는 원산지를 꼼꼼히 비지아오(比较)해서 구입하렴.

去北京的飞机票比较便宜。
Qù Běijīng de fēijīpiào bǐjiào piányi.
베이징 가는 비행기표는 비교적 싸다.

你比较一下哪个更便宜。
Nǐ bǐjiào yíxià nǎ ge gèng piányi.
어떤 것이 더 저렴한지 한번 비교해 보세요.

北京 Běijīng 베이징 | 飞机票 fēijīpiào 비행기표 | 一下 yíxià 동사 뒤에 쓰여 '좀 ~하다'의 뜻을 나타냄 | 哪个 nǎ ge 어느 것, 어떤 것 | 更 gèng 더, 더욱

2급
贵
guì
- 형 비싸다, 귀하다

▶무슨 커피값이 이렇게나 꾸이(贵)한지!

这张桌子有点儿贵。 이 책상은 조금 비싸다.
Zhè zhāng zhuōzi yǒudiǎnr guì.

张 zhāng 개(책상이나 탁자 등을 세는 단위) | 桌子 zhuōzi 책상, 탁자 |
有点儿 yǒudiǎnr 조금, 약간
[반의] 便宜 piányi (값이) 싸다

2급
便宜
piányi
- 형 (값이) 싸다

▶자, 피엔이(便宜)합니다. 양말이 두 켤레에 한국 돈 천 원!

这家商店的东西非常便宜。
Zhè jiā shāngdiàn de dōngxi fēicháng piányi.
이 상점의 물건은 매우 쌉니다.

家 jiā 집·상점·회사 등을 세는 단위 | 商店 shāngdiàn 상점 | 东西 dōngxi 물건 | 非常 fēicháng 매우, 아주
[반의] 贵 guì 비싸다, 귀하다

3급
只
zhǐ
- 부 오직, 단지, 다만

▶그건 인기가 많아서 다 팔리고 즈(只) 하나밖에 안 남았어요.

只买一个也可以便宜点儿吗?
Zhǐ mǎi yí ge yě kěyǐ piányi diǎnr ma?
하나만 사도 좀 싸게 해 줄 수 있나요?

买 mǎi 사다 | 也 yě ~도 | 可以 kěyǐ ~할 수 있다 | 点儿 diǎnr 조금, 약간

2급
找
zhǎo
- 동 거슬러 주다
- 동 찾다

▶대체 뭘 쟈오(找)하길래 여기저기 다 들쑤시는 거야?

这些是找给你的钱。
Zhèxiē shì zhǎogěi nǐ de qián.
이것들은 당신에게 거슬러 주는 돈입니다.

我终于找到工作了。
Wǒ zhōngyú zhǎodào gōngzuò le.
저는 드디어 일자리를 찾았습니다.

这些 zhèxiē 이런 것들 | 给 gěi ~에게 | 钱 qián 돈 | 终于 zhōngyú 마침내, 결국 | 找到 zhǎodào 찾다, 찾아내다 | 工作 gōngzuò 일자리, 직업

4급

正好
zhènghǎo

- 부 마침
- 형 딱 맞다

▶ 내가 편지 부쳐 줄게. 나도 쩡하오(正好) 우체국에 볼일이 있거든.

今天超市正好打折，所以我买了很多东西。
Jīntiān chāoshì zhènghǎo dǎzhé, suǒyǐ wǒ mǎile hěn duō dōngxi.

오늘 슈퍼마켓에서 마침 할인을 해서 나는 매우 많은 물건을 샀다.

这件衣服现在穿正好。
Zhè jiàn yīfu xiànzài chuān zhènghǎo.

이 옷은 지금 입기에 딱이다.

今天 jīntiān 오늘 | 超市 chāoshì 슈퍼마켓 | 打折 dǎzhé 가격을 깎다, 세일하다 | 所以 suǒyǐ 그래서, 그러므로 | 件 jiàn 벌, 건(옷·일을 세는 양사) | 衣服 yīfu 옷 | 现在 xiànzài 지금, 현재 | 穿 chuān 입다

3급

花
huā

- 동 쓰다, 소비하다
- 명 꽃

▶ 뭘 그렇게 많이 샀어? 대체 돈을 얼마나 화(花)한 거야?

你买这条裤子花了多少钱？
Nǐ mǎi zhè tiáo kùzi huāle duōshao qián?

당신은 이 바지를 사는 데 얼마를 썼나요?

春天来了，公园里的花儿都开了。
Chūntiān lái le, gōngyuán li de huār dōu kāi le.

봄이 왔습니다. 공원 안의 꽃이 모두 피었습니다.

条 tiáo 벌(가늘고 긴 것, 폭이 좁고 긴 것을 세는 단위) | 裤子 kùzi 바지 | 春天 chūntiān 봄 | 公园 gōngyuán 공원 | 里 li 안, 속 | 都 dōu 모두, 다 | 开 kāi (꽃이) 피다

2급

可能
kěnéng

- 부 아마, 아마도
- 형 가능하다

▶ 식료품은 커녕(可能) 환불이 되지 않을 거예요.

这里的苹果可能是最便宜的。
Zhèlǐ de píngguǒ kěnéng shì zuì piányi de.

이곳의 사과가 아마 가장 저렴한 것일 거예요.

服务员说不可能再便宜了。
Fúwùyuán shuō bù kěnéng zài piányi le.

종업원이 더 싸게는 안 된다고 말했어요.

这里 zhèlǐ 이곳, 여기 | 苹果 píngguǒ 사과 | 最 zuì 가장, 제일 | 服务员 fúwùyuán 종업원 | 说 shuō 말하다 | 再 zài 더

2급

觉得
juéde

동 ~라고 여기다 (생각하다)

▶ 나는 이건 옳지 못한 결정이라고 쥐에더(觉得)해.

我觉得这个东西太贵了。
Wǒ juéde zhège dōngxi tài guì le.

나는 이 물건이 너무 비싸다고 생각해.

东西 dōngxi 물건 | 贵 guì 비싸다

3급

刚才
gāngcái

명 방금, 막, 지금 막

▶ 깡차이(刚才) 나간 손님이 지갑을 두고 가셨네요.

刚才的那件衣服多少钱？
Gāngcái de nà jiàn yīfu duōshao qián?

방금 그 옷은 얼마입니까?

衣服 yīfu 옷, 의복
유의 刚 gāng 방금, 막

유의어 비교 刚才 vs 刚

두 단어 모두 '방금, 막'이라는 의미를 지니고 있다.

| 刚才 | 시간명사로, 주어 앞이나 뒤에 놓여 명사를 수식할 수 있다. 현재를 기준으로 오래되지 않은 과거를 나타낸다. |

예 **刚才她去百货商店了。** 방금 그녀는 백화점에 갔다.

| 刚 | 시간부사로, 주어 뒤, 술어 앞에 위치한다. 술어 뒤에 시간의 양을 나타내는 一会儿 등을 사용할 수 있다. |

예 **我刚来一会儿。** 나는 이제 막 왔다.

2급

已经
yǐjīng

부 이미, 벌써

▶ 기차는 10분 전에 이징(已经) 출발해 버렸어.

他说这已经是最便宜的了。
Tā shuō zhè yǐjīng shì zuì piányi de le.

그는 이것이 이미 가장 저렴한 것이라고 말했다.

说 shuō 말하다 | 最 zuì 가장

출제 포인트 已经……了 (이미 ~했다)

어떤 '동작'이 이미 실행된 것을 의미하며, 뒤에 조사 了와 함께 쓰일 때가 많다. 또한 已经은 수량사를 직접 수식할 수 있다는 것을 기억하자!

예 **她已经二十岁了。** 그녀는 이미 20살이 되었다.

숫자, 가격 물어보기 93

4급

价格
jiàgé

® 가격, 값

▶ 인터넷 쇼핑몰마다 찌아거(价格)가 조금씩 다르니까 잘 비교해 봐.

那辆车的价格是我们可以接受的。
Nà liàng chē de jiàgé shì wǒmen kěyǐ jiēshòu de.

그 자동차의 가격은 우리가 받아들일 수 있는 것이다.

辆 liàng 대, 량(차량을 세는 단위) | 接受 jiēshòu 받아들이다

유의 价钱 jiàqian 가격, 값

4급

打折
dǎzhé

® 세일하다,
가격을 깎다,
디스카운트하다

▶ 대형 마트들은 마감 시간에 주로 다져(打折)를 많이 해.

那家面包店每晚都有打折活动。
Nà jiā miànbāodiàn měi wǎn dōu yǒu dǎzhé huódòng.

그 제과점은 매일 저녁 할인 행사가 있다.

面包店 miànbāodiàn 제과점 | 每 měi 매 | 晚 wǎn 저녁 | 活动 huódòng 행사, 활동

출제 포인트 打七折(30% 할인하다)

打折는 4급 듣기 문제의 장소, 행동, 직업 유형에서 자주 나오는 어휘 중 하나이다. 打七折를 들으면 '70% 할인'이라고 착각할 수 있지만 실제 의미는 '30% 할인'이라는 점에 주의해야 한다.

4급

付款
fùkuǎn

® 돈을 지불하다

▶ 푸콴(付款)은 현금과 카드 중 어떤 걸로 하실 거예요?

用现金付款的话，能不能便宜点儿？
Yòng xiànjīn fùkuǎn de huà, néng bu néng piányi diǎnr?

현금으로 결제한다면, 좀 싸게 해 줄 수 있나요?

用 yòng ~으로 | 现金 xiànjīn 현금 | 的话 de huà ~한다면 | 能 néng ~할 수 있다

유의 付钱 fùqián 돈을 지불하다

3급

经常
jīngcháng

® 자주, 언제나, 늘

▶ 쟤는 징챵(经常) 거짓말을 해서 이제 아무 말도 못 믿겠어.

我经常来买东西，便宜一点儿吧。
Wǒ jīngcháng lái mǎi dōngxi, piányi yìdiǎnr ba.

저는 자주 물건을 사러 오니, 좀 싸게 해 주세요.

买 mǎi 사다 | 东西 dōngxi 물건 | 点儿 diǎnr 조금, 약간

유의 常常 chángcháng 늘, 자주, 언제나

2급
长 cháng
형 (길이, 시간이) 길다

▶ 나는 짧은 치마보다 챵(长)한 치마가 더 좋아.

这条裤子不短不长，多少钱？
Zhè tiáo kùzi bù duǎn bù cháng, duōshao qián?
이 바지는 짧지도 않고 길지도 않네요. 얼마인가요?

条 tiáo 벌(가늘고 긴 것, 폭이 좁고 긴 것을 세는 단위) | 裤子 kùzi 바지 | 短 duǎn 짧다

3급
短 duǎn
형 (공간적 거리나 시간이) 짧다

▶ 중국에 비해 캐나다는 두안(短)한 역사를 가지고 있어.

我很想买这条短裙，可是太贵了。
Wǒ hěn xiǎng mǎi zhè tiáo duǎnqún, kěshì tài guì le.
나는 이 짧은 치마를 매우 사고 싶지만, 너무 비싸요.

想 xiǎng ~하고 싶다 | 短裙 duǎnqún 짧은 치마 | 可是 kěshì 하지만

2급
别 bié
부 ~하지 마라
대 다른, 그 밖에

▶ 이 티셔츠는 빨간색 말고 비에(别)색이 있나요?

别问了。这儿的东西5块一个。
Bié wèn le. Zhèr de dōngxi wǔ kuài yí ge.
묻지 마세요. 이곳의 물건은 하나에 5위안이에요.

这么贵？还是再看看别的吧。
Zhème guì? Háishi zài kànkan bié de ba.
이렇게 비싸요? 아무래도 다른 것을 더 보는 게 좋겠어요.

问 wèn 묻다 | 这儿 zhèr 이곳, 여기 | 东西 dōngxi 물건 | 这么 zhème 이렇게 | 还是 háishi ~하는 편이 더 좋다 | 再 zài 다시 | 看 kàn 보다

2급
得 de
조 동사나 형용사 뒤에 쓰여 결과나 정도를 나타내는 보어와 연결시킴

▶ 卖(팔다) + 得(정도가) + 便宜(싸다) = 싸게 판다

哪件衣服卖得最便宜？
Nǎ jiàn yīfu mài de zuì piányi?
어느 옷을 가장 싸게 파나요?

哪 nǎ 어느, 어떤 | 件 jiàn 벌, 건(옷·일을 세는 양사) | 衣服 yīfu 옷, 의복 | 卖 mài 팔다, 판매하다

숫자, 가격 물어보기

零 líng
수 0, 영

▶어떤 수든 0을 곱하면 그 수는 링(零)이 돼.

这件衣服两百零五块吗?
Zhè jiàn yīfu liǎngbǎi líng wǔ kuài ma?
이 옷은 205위안입니까?

件 jiàn 벌, 건(옷·일을 세는 양사) | 衣服 yīfu 옷, 의복것 | 两 liǎng 둘

> **출제 포인트** 숫자 0 읽는 법
>
> 연도와 각종 번호에 들어 있는 숫자 0은 零으로 읽는다. 듣기 문제에 숫자가 많이 나오므로 주의해서 듣자.
>
> 예 2030년 **二零三零年** / 405호실 **四零五号房间**

又 yòu
부 또, 다시, 거듭

▶그 영화가 재미있어서 오늘 친구들이랑 여우(又) 보고 왔어.

这个东西怎么又贵了。
Zhège dōngxi zěnme yòu guì le.
이 물건은 왜 또 비싸진 거야.

这个 zhège 이, 이것 | 怎么 zěnme 왜

再 zài
부 다시
부 ~하고 나서, ~한 뒤에

▶우린 아마 내년 여름에나 짜이(再) 만날 수 있을 거야.

这个内容下次再商量吧。
Zhège nèiróng xiàcì zài shāngliang ba.
이 내용은 다음 번에 다시 상의하자.

这台电视有点儿贵，想一想再买吧。
Zhè tái diànshì yǒudiǎnr guì, xiǎng yi xiǎng zài mǎi ba.
이 TV는 조금 비싸네요. 좀 생각해 보고 나서 살게요.

内容 nèiróng 내용 | 下次 xiàcì 다음 번 | 商量 shāngliang 상의하다 | 台 tái (기계·차량·설비 등을 세는) 대 | 电视 diànshì TV, 텔레비전 | 想 xiǎng 생각하다

2급

还
hái

- 튀 또, 더
- 튀 그런대로, 그럭저럭

▶ 이 물건을 하이(还) 사고 싶은데, 더 있나요?

今天买一个茶杯还送一个吗?
Jīntiān mǎi yí ge chábēi hái sòng yí ge ma?
오늘 찻잔을 하나 사면 한 개를 더 주나요?

那家面包店的蛋糕味道还不错。
Nà jiā miànbāodiàn de dàngāo wèidao hái búcuò.
그 제과점의 케이크 맛은 그런대로 괜찮다.

今天 jīntiān 오늘 | 茶杯 chábēi 찻잔 | 送 sòng 주다, 증정하다 | 面包店 miànbāodiàn 제과점 | 蛋糕 dàngāo 케이크 | 味道 wèidao 맛 | 不错 búcuò 괜찮다

유의어 비교 又 vs 再 vs 还

세 단어 모두 '또, 다시'라는 의미를 가지고 있어, 술어 앞에서 동작이나 상황이 반복됨을 의미하지만, 그 쓰임이 조금씩 다르므로 주의하자.

| 又 | 일반적으로 이미 반복된 과거 동작이나 상황에 쓰인다. 그러나 종종 아직 일어나지 않은 일의 반복에 사용되기도 하는데, 이때는 반복에 대한 부정적 어감을 강조한다.
예 你又买了一杯咖啡? 너 또 커피 샀어?

| 再 | 아직 반복되지 않은 미래 동작이나 상황에 쓰이며, 객관적인 동작의 중복을 강조하고, 명령문에 주로 쓰인다.
예 你再买一杯咖啡吧! 네가 다시 커피 사!

| 还 | 동작이 실현되지 않은 '미래'의 반복을 나타내며, 의문문에 주로 쓰인다.
예 他昨天来过,明天还来吗?
그는 어제 왔는데, 내일 또 와요?

1급

xiē

- 양 몇, 약간, 조금

▶ 시에(些)는 '약간'이라는 뜻으로, 확정적이지 않은 적은 수량을 나타내.

这些东西多少钱?
Zhèxiē dōngxi duōshao qián?
이러한 물건들은 얼마인가요?

这些 zhèxiē 이러한 | 东西 dōngxi 물건

2급

要
yào

조동 ~하려 한다,
~해야 한다

동 걸리다, 원하다,
필요하다

▶ 생일 케이크에 초는 몇 개 야오(要)하세요?

我要买三个，多少钱？
Wǒ yào mǎi sān ge, duōshao qián?
저는 세 개를 사려고 합니다. 얼마인가요?

从这儿到商店要十分钟。
Cóng zhèr dào shāngdiàn yào shí fēnzhōng.
이곳에서 상점까지 10분이 걸린다.

买 mǎi 사다 | 从 cóng ~에서 | 这儿 zhèr 이곳, 여기 | 到 dào ~까지 | 商店 shāngdiàn 상점 | 分钟 fēnzhōng 분

> **출제 포인트**　要의 여러 가지 뜻과 활용
>
> 要의 기본적인 동사 뜻은 '원하다, 필요하다, (시간이) 걸리다'로 뒤에 명사 목적어가 쓰인다. 조동사로 쓰일 때는 동사를 도와주는 역할을 하므로 당연히 뒤에 동사(구)가 나온다.
>
> ① **[要 + 사물]** '~이 필요하다' 또는 물건을 살 때 '~을 주세요'의 의미로 쓰인다.
>
> ② **[要 + 시간]** '~ 시간이 걸리다'라는 의미로, 시간이 목적어로 쓰인다.
>
> ③ **[要 + 동사(구)]** '~해야 한다'라는 당위성이나 '~하려고 한다'라는 계획을 나타낸다.

4급

数量
shùliàng

명 수량, 양, 수효

▶ 지난 달보다 판매 수량(数量)이 많이 줄었는걸?

这种手机的数量不多，所以比较贵。
Zhè zhǒng shǒujī de shùliàng bù duō, suǒyǐ bǐjiào guì.
이러한 휴대폰은 수량이 많지 않아요, 그래서 비교적 비싸요.

种 zhǒng 종류 | 手机 shǒujī 휴대폰 | 所以 suǒyǐ 그래서 | 比较 bǐjiào 비교적

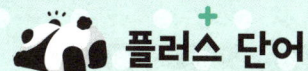 **플러스 단어**

고득점 합격이 목표라면 플러스단어까지 학습해 보세요.

가격

- 价钱 jiàqian 가격
- 结账 jiézhàng 계산하다
- 买单 mǎidān 계산하다, 지불하다
- 计算 jìsuàn 계산하다
- 现价 xiànjià 현재 가격
- 原价 yuánjià 원가
- 批发 pīfā 도매하다
- 零售 língshòu 소매하다
- 首付 shǒufù 계약금을 치르다
- 刷卡 shuākǎ 카드로 결제하다
- 分期付款 fēnqī fùkuǎn 할부
- 挨宰 áizǎi 바가지를 쓰다
- 性价比 xìngjiàbǐ 가성비
- 攒钱 zǎnqián 돈을 모으다
- 赚钱 zhuànqián 이윤을 남기다
- AA制 AA zhì 더치페이하다
- 各付各的 gè fù gè de 각자 계산하다
- 涨价 zhǎngjià 값이 오르다
- 降价 jiàngjià 값이 내려가다
- 讲价 jiǎngjià 값을 흥정하다
- 讨价还价 tǎojià huánjià 값을 흥정하다
- 大手大脚 dàshǒu dàjiǎo 돈을 물 쓰듯 쓰다

 데일리 테스트

 고생하셨어요! QR코드를 스캔해 데일리 테스트를 풀어 보며 오늘 학습을 마무리해 보세요.

DAY 10

집안일 하기

HSK 3급, 4급 30일 합격 프로젝트

★ HSK 시험에 이렇게 나와요.

집안일은 듣기 문제에 자주 나오는 주제입니다. 특히 '打扫房间(방을 청소하다)'은 3급, 4급 시험 단골 출제 표현입니다. 4급에서는 '收拾(정돈하다)'나 '整理(정리하다)'도 많이 출제됩니다.

房间	洗手间	脏	打扫	垃圾桶
fángjiān	xǐshǒujiān	zāng	dǎsǎo	lājītǒng
명 방	명 화장실	형 더럽다, 지저분하다	동 청소하다	명 쓰레기통

1급
做
zuò
- 동 하다
- 동 만들다

▶주부들이 집에서 쭈어(做)하는 일이 얼마나 많은지 아니?

他在做什么?
Tā zài zuò shénme?
그는 무엇을 하고 있습니까?

我平时经常做蛋糕。
Wǒ píngshí jīngcháng zuò dàngāo.
나는 평소에 자주 케이크를 만든다.

在 zài ~하고 있다 | 什么 shénme 무엇 | 平时 píngshí 평소, 평상시 | 经常 jīngcháng 자주, 종종 | 蛋糕 dàngāo 케이크

2급
房间
fángjiān
- 명 방

▶팡지엔(房间)이 좁아도 내 방이 최고야!

妈妈正在打扫房间。
Māma zhèngzài dǎsǎo fángjiān.
엄마는 지금 방을 청소하고 계세요.

妈妈 māma 엄마 | 正在 zhèngzài (지금) ~하고 있다 | 打扫 dǎsǎo 청소하다

4급
客厅
kètīng
- 명 거실, 응접실

▶이 집은 커팅(客厅)의 채광이 참 좋답니다!

你帮我把这张画儿挂在客厅里吧。
Nǐ bāng wǒ bǎ zhè zhāng huàr guàzài kètīng li ba.
저를 도와 이 그림을 거실 안에 걸어 주세요.

帮 bāng 돕다 | 把 bǎ ~을 | 张 zhāng 장(종이나 가죽 등을 세는 단위) | 画 huà 그림 | 挂 guà 걸다 | 在 zài ~에

4급
厨房
chúfáng
- 명 주방, 부엌

▶모든 식당에서 가장 청결해야 하는 곳이 바로 츄팡(厨房)이야.

你顺便把厨房里的垃圾扔了吧。
Nǐ shùnbiàn bǎ chúfáng li de lājī rēng le ba.
네가 하는 김에 주방 안의 쓰레기를 버려 줘.

顺便 shùnbiàn ~하는 김에, 겸사겸사 | 垃圾 lājī 쓰레기 | 扔 rēng 버리다

3급
洗手间
xǐshǒujiān
명 화장실

▶손에 묻은 게 뭐니? 어서 씨쇼우지엔(洗手间)에서 씻고 오렴.

厨房和洗手间我都打扫完了。
Chúfáng hé xǐshǒujiān wǒ dōu dǎsǎo wán le.
주방과 화장실은 제가 모두 청소를 다 했습니다.

厨房 chúfáng 주방, 부엌 | 都 dōu 모두, 다 | 完 wán 끝내다
유의 卫生间 wèishēngjiān 화장실
유의 厕所 cèsuǒ 화장실, 변소

4급
卫生间
wèishēngjiān
명 화장실

▶웨이셩지엔(卫生间)의 바닥이 물 때문에 미끄러우니 조심해.

我把卫生间打扫得很干净。
Wǒ bǎ wèishēngjiān dǎsǎo de hěn gānjìng.
나는 화장실을 매우 깨끗하게 청소했다.

把 bǎ ~을 | 打扫 dǎsǎo 청소하다 | 干净 gānjìng 깨끗하다
유의 洗手间 xǐshǒujiān 화장실
유의 厕所 cèsuǒ 화장실

3급
关
guān
동 끄다, 닫다, 덮다

▶외출 전에는 형광등을 꽌(关)했는지 확인하렴.

你去把空调关了吧。
Nǐ qù bǎ kōngtiáo guān le ba.
네가 가서 에어컨을 꺼 줘.

空调 kōngtiáo 에어컨   반의 开 kāi 켜다

반의어 비교   关(끄다) ↔ 开(켜다)

关의 기본적인 의미는 '닫다'로, '关门(문을 닫다)'에 쓰인다. 이외에 기계를 끄는 동작을 나타낼 때는 '手机(휴대폰)', '电脑(컴퓨터)', '空调(에어컨)' 등을 목적어로 갖는다. 반대 의미인 '켜다'라는 뜻으로는 开가 쓰인다.

예 关空调 에어컨을 끄다 ↔ 开空调 에어컨을 켜다

3급
冰箱
bīngxiāng
명 냉장고

▶한국에는 김치만 보관하는 김치 빙시앙(冰箱)도 있어.

你去冰箱里拿一瓶啤酒吧。
Nǐ qù bīngxiāng li ná yì píng píjiǔ ba.
네가 가서 냉장고 안에서 맥주 한 병 가져다 줘.

拿 ná (손으로) 가지다, 쥐다 | 瓶 píng 병 | 啤酒 píjiǔ 맥주

3급
盘子
pánzi
명 쟁반

▶잠시만요, 음식이 많으니 판즈(盘子)에 담아 드릴게요.

我做饭，你洗盘子和碗。
Wǒ zuòfàn, nǐ xǐ pánzi hé wǎn.
내가 밥을 할 테니, 너는 쟁반과 그릇을 닦아.

做饭 zuòfàn 밥을 하다 | 洗 xǐ 닦다, 씻다 | 碗 wǎn 그릇

4급
窗户
chuānghu
명 창문, 창

▶난 매일 아침 일어나자마자 츄앙후(窗户)를 열어서 방을 환기시켜.

今天阳光真好，空气也不错，快把窗户打开吧。
Jīntiān yángguāng zhēn hǎo, kōngqì yě búcuò, kuài bǎ chuānghu dǎkāi ba.
오늘 햇빛이 정말 좋고, 공기도 괜찮아, 어서 창문을 열자.

今天 jīntiān 오늘 | 阳光 yángguāng 햇빛 | 真 zhēn 정말 | 空气 kōngqì 공기 | 也 yě ~도 | 不错 búcuò 괜찮다, 좋다 | 快 kuài 빨리 | 打开 dǎkāi 열다

4급
垃圾桶
lājītǒng
명 쓰레기통

▶다 쓴 휴지는 라지통(垃圾桶)에 버려 주세요.

这个垃圾桶太脏了，你去洗一下吧。
Zhège lājītǒng tài zāng le, nǐ qù xǐ yíxià ba.
이 쓰레기통은 너무 더러워. 네가 가서 좀 닦아.

这个 zhège 이, 이것 | 脏 zāng 더럽다 | 洗 xǐ 닦다

> **출제 포인트**　扔垃圾(쓰레기를 버리다)
>
> 4급 쓰기 영역 2부분 문제에 주로 쓰레기통에 쓰레기가 버려지는 사진이 출제된다. 보통 인물은 등장하지 않으므로, 주어는 작문하기 편한 대상으로 골라 적으면 된다. 등장인물이 있을 경우엔 그에 맞게 주어를 바꿔 주면 된다. '垃圾(쓰레기)'의 짝꿍 어휘 '扔(버리다)'도 함께 외워 두는 것이 좋다.
>
> 예　**他把垃圾扔进垃圾桶里了。**
> 　　그는 쓰레기를 쓰레기통 안으로 버렸다.

3급

干净
gānjìng

형 깨끗하다, 청결하다

▶ 환경 미화원이 계시기에 거리가 깐징(干净)한 거야.

他终于把房间打扫干净了。
Tā zhōngyú bǎ fángjiān dǎsǎo gānjìng le.
그는 마침내 방을 깨끗이 청소했다.

终于 zhōngyú 마침내, 결국 | 房间 fángjiān 방 | 打扫 dǎsǎo 청소하다
반의 脏 zāng 더럽다, 지저분하다

4급

脏
zāng

형 더럽다, 지저분하다

▶ 아이들은 옷이 깨끗하든 짱(脏)하든 개의치 않고 신나게 논다.

你的房间又脏又乱，怎么还不打扫？
Nǐ de fángjiān yòu zāng yòu luàn, zěnme hái bù dǎsǎo?
네 방은 더럽고 또 어지러워. 왜 아직 청소를 안 하는 거야?

又 yòu 또, 또한 | 乱 luàn 어지럽다, 무질서하다
반의 干净 gānjìng 깨끗하다, 청결하다

출제 포인트 빈출 제시어 脏

脏은 4급 쓰기 2부분 제시어로 자주 출제되고 있는 빈출 어휘이다. 어떤 물건이 '더럽다', '더러워졌다'라는 뜻으로 많이 쓰인다.

예 我的房间太脏了，我要打扫一下。
나의 방은 너무 더러워서, 나는 청소를 좀 해야 한다.

我把衣服弄脏了。 나는 옷을 더럽혔다.

3급

打扫
dǎsǎo

동 청소하다

▶ 어휴, 대체 얼마 동안 다싸오(打扫) 안 했는지 먼지투성이잖아!

我已经打扫了两个多小时了。
Wǒ yǐjīng dǎsǎole liǎng ge duō xiǎoshí le.
나는 이미 두 시간 남짓 청소했다.

已经 yǐjīng 이미, 벌써 | 两 liǎng 둘 | 小时 xiǎoshí 시간

4급

收拾
shōushi

동 정리하다, 정돈하다, 수습하다

▶ 방을 어지럽힌 건 넌데, 왜 항상 쇼우스(收拾)하는 건 나야?

等你回来再收拾房间。
Děng nǐ huílái zài shōushi fángjiān.
네가 돌아오는 것을 기다렸다가 다시 방을 정리할게.

等 děng 기다리다 | 回来 huílái 돌아오다 | 房间 fángjiān 방
유의 整理 zhěnglǐ 정리하다

4급
整理 zhěnglǐ
동 정리하다

▶도서관 책들은 잘 정리(整理)되어 있어서 찾기가 쉬워.

你要学会自己整理房间。
Nǐ yào xuéhuì zìjǐ zhěnglǐ fángjiān.
너는 스스로 방을 정리하는 법을 습득해야 해.

要 yào ~해야 한다 | 学会 xuéhuì 습득하다 | 自己 zìjǐ 스스로 | 房间 fángjiān 방 유의 收拾 shōushi 정리하다

3급
以前 yǐqián
명 예전, 과거, 이전

▶중국에 다녀온 동생은 이치엔(以前)보다 훨씬 키가 컸다.

你做的饭比以前更好吃了。
Nǐ zuò de fàn bǐ yǐqián gèng hǎochī le.
네가 만든 밥은 예전보다 더욱 맛있어졌어.

饭 fàn 밥 | 比 bǐ ~보다 | 更 gèng 더욱, 더 | 好吃 hǎochī 맛있다
반의 以后 yǐhòu 이후

2급
一起 yìqǐ
부 같이, 함께

▶혼자 집에 있는 것보다 가족과 이치(一起) 움직이는 게 더 좋아.

我们一起收拾行李吧。 우리 함께 짐을 정리하자.
Wǒmen yìqǐ shōushi xíngli ba.

收拾 shōushi 정리하다 | 行李 xíngli 짐
유의 一块儿 yíkuàir 함께, 같이
유의 一同 yìtóng 함께, 같이

출제 포인트 A+跟/和+B+一起+동사 (A는 B와 함께 ~하다)

一起는 품사가 부사이지만, 개사구 '跟/和+같이 행동하는 대상'은 一起 앞에 위치해야 한다. 一起 앞의 주어는 복수여야 함을 기억하고, 위의 어순을 통째로 외워 두자.

3급
必须 bìxū
부 반드시 ~해야 한다,
꼭 ~해야 한다

▶이번 시험에는 삐쉬(必须) 합격해야 할 텐데 걱정이야.

你今天必须洗衣服。
Nǐ jīntiān bìxū xǐ yīfu.
너는 오늘 반드시 옷을 빨아야 돼.

今天 jīntiān 오늘 | 洗 xǐ 빨다 | 衣服 yīfu 옷
유의 一定 yídìng 반드시

집안일 하기 105

4급

养成
yǎngchéng

  습관이 되다, 길러지다

▶ 아이에게 좋은 습관을 양청(养成)해 주는 건 정말 중요해.

我从小就养成了整理的习惯。
Wǒ cóngxiǎo jiù yǎngchéngle zhěnglǐ de xíguàn.
나는 어렸을 때부터 바로 정리하는 습관을 길렀다.

从小 cóngxiǎo 어릴 때부터 | 整理 zhěnglǐ 정리하다 | 习惯 xíguàn 습관

2급

让
ràng

동 ~하게 시키다

▶ 让(~하게 시키다) + 我(나) + 做饭(밥 하다) = 나에게 밥을 하게 시키다

爸爸让我做饭。
Bàba ràng wǒ zuòfàn.
아버지는 나에게 밥을 하라고 시키신다.

爸爸 bàba 아빠, 아버지 | 做饭 zuòfàn 밥을 하다
유의 使 shǐ ~하게 하다

출제 포인트 ▶ 주어 + 让 + 대상 + 행동 (~에게 ~하게 시키다)

让자문은 4급 쓰기에 많이 나오는 문제 중 하나이다. 한 문장에 두 개 이상의 동사가 있고 첫 번째 동사의 목적어가 동시에 두 번째 동사의 주어 역할을 겸하는 겸어문을 만든다.

예 姐姐让我帮她买咖啡。
언니는 나에게 그녀를 도와 커피를 사 오라고 시켰다.

3급

张
zhāng

양 장(종이나 가죽 등을 세는 단위)
개 (책상이나 탁자 등을 세는 단위)

▶ 모두 인쇄물을 세 장(张)씩 받아 가세요.

爸，这张照片挂在客厅里怎么样？
Bà, zhè zhāng zhàopiàn guà zài kètīng li zěnmeyàng?
아빠, 이 사진을 거실 안에 걸면 어때요?

教室里有三十张桌子。
Jiàoshì li yǒu sānshí zhāng zhuōzi.
교실 안에 30개의 책상이 있다.

爸 bà 아빠 | 照片 zhàopiàn 사진 | 挂 guà 걸다 | 客厅 kètīng 거실 | 怎么样 zěnmeyàng 어떻다, 어떠하다 | 教室 jiàoshì 교실 | 桌子 zhuōzi 책상

[4급]

因此
yīncǐ

접 그래서, 이로 인하여, 이 때문에

▶ 이미 내뱉은 말은 되돌릴 수 없어. 인츠(因此) 말 조심해야 해.

今天我家要来客人，因此我们收拾了房间。
Jīntiān wǒ jiā yào lái kèrén, yīncǐ wǒmen shōushi le fángjiān.
오늘 우리 집에 손님이 올 예정이다. 그래서 우리는 방을 정리했다.

客人 kèrén 손님 | 收拾 shōushi 정리하다 | 房间 fángjiān 방
유의 所以 suǒyǐ 이로 인하여, 그래서

[4급]

增加
zēngjiā

동 증가하다, 더하다

▶ 수도권 인구가 나날이 쩡지아(增加)해서 문제야.

最近会做饭的男人数量增加了。
Zuìjìn huì zuòfàn de nánrén shùliàng zēngjiā le.
요즘 밥을 할 줄 아는 남자 수가 증가했다.

最近 zuìjìn 요즘 | 会 huì ~할 줄 알다, ~할 수 있다 | 做饭 zuòfàn 밥을 하다 | 男人 nánrén 남자 | 数量 shùliàng 수, 수량

[4급]

日记
rìjì

명 일기, 일지

▶ 내가 제일 싫어하던 방학 숙제는 바로 르지(日记) 쓰기였어.

我把今天做的事都写在日记里了。
Wǒ bǎ jīntiān zuò de shì dōu xiězài rìjì li le.
나는 오늘 한 일을 모두 일기에 썼다.

做 zuò 하다 | 事 shì 일 | 都 dōu 모두, 다 | 写 xiě 글씨를 쓰다 | 日记 rìjì 일기

[1급]

听
tīng

동 듣다

▶ 가장 좋은 대화법은 많이 팅(听)하는 것이다.

弟弟正在一边听音乐一边洗碗。
Dìdi zhèngzài yìbiān tīng yīnyuè yìbiān xǐwǎn.
남동생은 음악을 들으면서 설거지를 하고 있다.

弟弟 dìdi 남동생 | 一边 yìbiān ~하면서 ~하다 | 音乐 yīnyuè 음악 | 洗碗 xǐwǎn 설거지하다

집안일 하기

2급
正在
zhèngzài

부 지금(한창) ~하고 있다(동작이나 행위가 진행 중임을 나타냄)

▶ 사장님은 쩡짜이(正在) 회의 중이라 전화를 받을 수 없습니다.

姐姐正在做中国菜。
Jiějie zhèngzài zuò Zhōngguó cài.
언니는 지금 중국 요리를 만들고 있다.

姐姐 jiějie 누나, 언니 | 做 zuò 만들다 | 中国菜 Zhōngguó cài 중국 요리   유의 在 zài 지금 ~하고 있다

출제 포인트   正在 + 동사 + (목적어) + 呢 (~하고 있는 중이다)

正在는 주로 현재 이루어지고 있는 동작을 나타낼 때 쓰이며, 지속을 나타내는 어기조사 呢와 같이 쓰이기도 한다. 또한, 正과 在를 떼서 한 단어씩만 써도 진행을 나타내는 의미는 같다.

예 我正在学习呢。 나는 공부하고 있는 중이다.
    我正学习。 나는 공부하고 있다. / 我在学习。 나는 공부하고 있다.

3급
把
bǎ

개 ~으로, ~을 (가지고)
양 자루(손잡이·자루가 있는 기구를 셀 때 쓰는 단위)

▶ 把 + 碗(그릇) + 洗(씻다) = 그릇을 설거지하다

你把碗和盘子都洗了吧。
Nǐ bǎ wǎn hé pánzi dōu xǐ le ba.
네가 그릇과 쟁반을 모두 설거지해.

办公室里有两把椅子。
Bàngōngshì li yǒu liǎng bǎ yǐzi.
사무실에 의자 2개가 있다.

碗 wǎn 그릇, 사발 | 盘子 pánzi 쟁반 | 办公室 bàngōngshì 사무실 | 椅子 yǐzi 의자   유의 将 jiāng ~을

3급
被
bèi

개 ~에게 ~를 당하다

▶ 被 + 弟弟(남동생) + 洗(닦다) = 남동생에 의해 닦이다

碗被弟弟洗得很干净。
Wǎn bèi dìdi xǐ de hěn gānjìng.
그릇이 남동생에 의해 매우 깨끗하게 닦였다.

碗 wǎn 그릇 | 洗 xǐ 닦다, 씻다 | 干净 gānjìng 깨끗하다

출제 포인트   주어 + 被 + 목적어(주체자/가해자) + 술어 + 기타 성분

4급 쓰기 문제에 빠지지 않고 나오는 구문 중 하나인 被자문은 개사 被를 사용한 피동문으로, 被 뒤의 목적어 즉 동작의 행위자에 의해 '~을 당하다'라는 의미를 나타낸다.

예 这个词典被弟弟弄坏了。 이 사전은 동생에 의해 망가졌다.

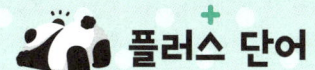 **플러스 단어**

음원 듣기

고득점 합격이 목표라면 플러스단어까지 학습해 보세요.

집안일

家务 jiāwù 가사, 집안일
吸尘器 xīchénqì 진공 청소기
扫帚 sàozhou 빗자루
簸箕 bòji 쓰레받기
抹布 mābù 걸레
拖把 tuōbǎ 밀대, 대걸레
手洗 shǒuxǐ 손세탁
洗衣机 xǐyījī 세탁기
洗衣液 xǐyīyè 액상 세제
洗衣粉 xǐyīfěn 합성 세제(가루)
晒干 shàigān 햇볕에 말리다

晾 liàng (그늘이나 바람에) 말리다
叠 dié (옷·이불·종이 등을) 개다, 접다
干洗 gānxǐ 드라이클리닝하다
灰尘 huīchén 먼지
分类处理 fēnlèi chǔlǐ 분리수거
垃圾袋 lājīdài 쓰레기봉투
可回收垃圾 kěhuíshōu lājī
재활용 쓰레기
废纸 fèizhǐ 폐지
烧 shāo 태우다

데일리 테스트

고생하셨어요! QR코드를 스캔해
데일리 테스트를 풀어 보며
오늘 학습을 마무리해 보세요.

문제 풀기

집안일 하기   109

단어 FAQ

유의어 비교하기
说 vs 说话

친구가 说와 说话가 다르다고 하는데, 둘이 똑같은 거 아니야?

한국어로 뜻은 똑같지만, 그 용법에는
약간의 차이점이 있어요.

그래? 그럼 说와 说话의 차이점 알려 줄래?

说와 说话는 모두 '말하다'라는 뜻을 가진 어휘예요.
说는 뒤에 목적어가 올 수 있으며, 说话는 뒤에
목적어가 올 수 없어요.

또 다른 차이점이 있어?

일반적으로 说는 뒤에 '(전달하려는) 내용'이 와요.
단순히 말하는 '행위'를 나타낼 때는 说话를 써요.

HSK 1~4급 시험 대비용으로 정리해 줘.

물론이죠.
간단히 표로 정리하면,

	说 shuō	说话 shuōhuà
기본 뜻	말하다	말하다
목적어	목적어가 올 수 있음	목적어가 올 수 없음
기타 특징	뒤에 구체적인 내용이 올 수 있음	말하는 행위를 강조함

HSK 4급 빈출 문장으로 예시를 들자면,

老师说今天要交作业。 선생님이 오늘 숙제를 제출하라고 말씀하셨어요.
Lǎoshī shuō jīntiān yào jiāo zuòyè.
→ (선생님이 말하는 내용 강조)

请不要在图书馆里说话。 도서관에서는 떠들지 마세요.
Qǐng bú yào zài túshūguǎn li shuōhuà.
→ (말하는 행위 강조)

DAY 11

HSK 3급, 4급 30일 합격 프로젝트

★ HSK 시험에 이렇게 나와요.
3급과 4급 시험에는 집을 구하는 것부터 이사하고 집을 꾸미는 상황까지 등장합니다. 듣기부터 독해까지 여러 영역에, 특히 물건을 옮기는 상황이 많이 출제됩니다.

집 구하고 꾸미기

음원 듣기

抬 타이
空调 쿵티아오
沙发 샤파
空 콩
乱 롼

암기 영상

抬
tái
동 (두 사람 이상이) 함께 들다

空调
kōngtiáo
명 에어컨

沙发
shāfā
명 소파

空
kōng
형 (속이) 비다

乱
luàn
형 너저분하다

1급

住
zhù

동 살다, 거주하다

▶ 나는 지금 서울에 쮸(住)하고 있어.

你住在哪儿? 당신은 어디에서 살아요?
Nǐ zhùzài nǎr?

在 zài ~에서 | 哪儿 nǎr 어디

3급

搬
bān

동 (무거운 물건을) 옮기다, 운반하다, 이사하다

▶ 새로 빤(搬)한 집은 전통 느낌이 들도록 꾸밀 거야.

明天就可以搬家了。
Míngtiān jiù kěyǐ bānjiā le.
내일 바로 이사를 할 수 있습니다.

明天 míngtiān 내일 | 就 jiù 바로, 곧 | 可以 kěyǐ ~할 수 있다 | 搬家 bānjiā 이사하다

2급

帮助
bāngzhù

동 돕다, 원조하다
명 도움

▶ 나는 오늘 엄마를 빵쥬(帮助)해서 거실의 커튼을 달았어.

你能帮助我们吗? 당신은 저희를 도와줄 수 있습니까?
Nǐ néng bāngzhù wǒmen ma?

我得到了爸爸的帮助。 나는 아빠의 도움을 받았다.
Wǒ dédàole bàba de bāngzhù.

能 néng ~할 수 있다 | 得到 dédào 받다, 얻다 | 爸爸 bàba 아빠

유의 帮忙 bāngmáng 도움을 주다, 일(손)을 돕다

3급

帮忙
bāngmáng

동 도움을 주다, 일(손)을 돕다

▶ 그녀는 자주 주위 사람들을 빵망(帮忙)해.

要不要我帮忙啊? 제가 도와드릴까요?
Yào bu yào wǒ bāngmáng a?

要 yào 원하다, 필요하다
유의 帮助 bāngzhù 돕다, 원조하다

유의어 비교 帮助 vs 帮忙

帮助	일반동사로 뒤에 목적어를 취할 수 있다.
	예 帮助他 그를 돕다
帮忙	이합동사로 뒤에 목적어를 취할 수 없다.
	예 帮他的忙 (○) / 帮忙他 (×)

집 구하고 꾸미기

4급

抬 tái

동 (두 사람 이상이) 함께 들다, 맞들다

▶ 상자가 많이 무거우니까 우리 함께 타이(抬)하자.

你可以帮我抬一下桌子吗?
Nǐ kěyǐ bāng wǒ tái yíxià zhuōzi ma?
너는 나를 도와 책상을 좀 함께 들어 줄 수 있니?

可以 kěyǐ ~할 수 있다 | 帮 bāng 돕다 | 一下 yíxià 좀 ~하다 | 桌子 zhuōzi 책상

3급

空调 kōngtiáo

명 에어컨

▶ 열대야로 인해 콩티아오(空调)를 켜는 날이 잦아졌어.

他们在搬空调。 그들은 에어컨을 옮기고 있습니다.
Tāmen zài bān kōngtiáo.

在 zài ~하고 있다 | 搬 bān (무거운 물건을) 옮기다, 운반하다

4급

重 zhòng

형 무겁다
형 중요하다

▶ 원목으로 만든 탁자는 가벼워 보이지만, 엄청 쭝(重)해.

怎么这么重?我看咱俩肯定抬不动。
Zěnme zhème zhòng? Wǒ kàn zán liǎ kěndìng tái bu dòng.
왜 이렇게 무거워? 내가 보니 우리 둘은 분명 들지 못할 거야.

怎么 zěnme 왜, 어째서 | 这么 zhème 이렇게 | 看 kàn 보다 | 咱 zán 우리 | 俩 liǎ 두 사람 | 肯定 kěndìng 분명히, 확실히 | 抬 tái 함께 들다 | 不动 bu dòng (동사 뒤에 쓰여 동작이 효과에 미치지 못함을 나타내어) ~하지 못하다

반의 轻 qīng 가볍다

3급

坏 huài

동 고장 나다

▶ 멀쩡하던 TV가 갑자기 화이(坏)해서 드라마를 못 봤어.

房间里的空调坏了。 방 안의 에어컨이 고장 났어.
Fángjiān li de kōngtiáo huài le.

房间 fángjiān 방 | 里 li 안, 속 | 空调 kōngtiáo 에어컨

출제 포인트 | 다양한 뜻으로 활용되는 **坏**

坏는 3급 듣기 문제 중 '电梯(엘리베이터)'나 '灯(등)', '空调(에어컨)' 등이 고장 난 상황에 가장 많이 쓰이며, 간혹 음식이 '상했다'는 의미로도 쓰인다. 또한 쓰기 문제에는 好의 반대 의미인 '나쁘다'는 뜻으로 '坏习惯(나쁜 습관)'도 종종 출제된다.

破 pò
4급
동 망가지다, 파손되다, 찢다, 깨다

▶ 이번에 이사하면서 포(破)한 곳들을 전부 수리했어.

这个电视又破又旧。
Zhège diànshì yòu pò yòu jiù.
이 텔레비전은 망가지기도 하고 낡기도 했다.

电视 diànshì 텔레비전 | 又 yòu 또한 | 旧 jiù 낡다

修理 xiūlǐ
4급
동 수리하다, 수선하다

▶ 또 수도꼭지에서 물이 새잖아? 오늘은 꼭 시우리(修理)해야겠어.

我们马上安排师傅上门修理。
Wǒmen mǎshàng ānpái shīfu shàngmén xiūlǐ.
저희가 바로 기사님을 보내서 방문 수리하도록 하겠습니다.

马上 mǎshàng 곧, 즉시 | 安排 ānpái 사람을 보내어 어떤 일을 하게 하다 | 师傅 shīfu 기사님 | 上门 shàngmén 방문하다

方法 fāngfǎ
4급
명 방법, 수단, 방식

▶ 이 큰 액자를 어떻게 걸지 팡파(方法)를 생각 중이야.

这个方法听起来好像不错。
Zhège fāngfǎ tīng qǐlai hǎoxiàng búcuò.
이 방법은 듣기에 괜찮은 것 같다.

起来 qǐlai 동사 뒤에 쓰여, 어림 짐작하거나 어떤 일에 대한 견해를 나타냄 | 好像 hǎoxiàng 마치 ~인 것 같다 | 不错 búcuò 괜찮다, 좋다
유의 办法 bànfǎ 방법

楼 lóu
3급
양 층
명 (2층 이상의) 다층 건물

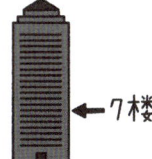

▶ 이 아파트는 총 20층이고 우리 집은 7로우(楼)입니다.

你能把这些书搬到八楼吗?
Nǐ néng bǎ zhèxiē shū bāndào bā lóu ma?
당신은 이 책들을 8층으로 옮겨 줄 수 있어요?

这个大楼真高啊!
Zhège dàlóu zhēn gāo a!
이 빌딩은 정말 높구나!

能 néng ~할 수 있다 | 这些 zhèxiē 이런 것들 | 书 shū 책 | 搬 bān (무거운 물건을) 옮기다, 운반하다 | 到 dào ~까지 | 大楼 dàlóu 빌딩, 고층 건물 | 真 zhēn 정말 | 高 gāo 높다 유의 层 céng 층

집 구하고 꾸미기

4급
挂 guà
동 (고리, 못 따위에) 걸다, 걸리다

▶입고 오신 외투는 저쪽 벽걸이에 꽈(挂)해 주세요.

这张地图很适合挂在客厅里。
Zhè zhāng dìtú hěn shìhé guàzài kètīng li.
이 지도는 거실 안에 걸기에 매우 적합하다.

张 zhāng 장(종이나 가죽 등을 세는 단위) | 地图 dìtú 지도 | 适合 shìhé 적합하다 | 在 zài ~에 | 客厅 kètīng 거실 | 里 li 안, 속

4급
熟悉 shúxī
형 익숙하다, 잘 알다

▶난 여기서 10년을 살아서 이곳 지리에는 아주 슈시(熟悉)해.

我对这儿的环境还不是很熟悉。
Wǒ duì zhèr de huánjìng hái bú shì hěn shúxī.
나는 이곳의 환경에 대해 아직 익숙하지 않다.

对 duì ~에 대해 | 这儿 zhèr 이곳 | 环境 huánjìng 환경 | 还 hái 아직, 여전히

4급
扔 rēng
동 내버리다, 포기하다

▶마당에 함부로 쓰레기를 렁(扔)하지 마라.

搬家的时候我把旧家具都扔了。
Bānjiā de shíhou wǒ bǎ jiù jiājù dōu rēng le.
이사를 할 때 나는 낡은 가구를 모두 버렸다.

搬家 bānjiā 이사하다 | 把 bǎ ~을 | 旧 jiù 낡다, 오래되다 | 家具 jiājù 가구 | 都 dōu 모두, 다

4급
钥匙 yàoshi
명 열쇠

▶또 야오스(钥匙)를 잃어버렸어? 도어락을 설치하는 거 어때?

房东给你钥匙了吗?
Fángdōng gěi nǐ yàoshi le ma?
집주인이 너에게 열쇠를 줬니?

房东 fángdōng 집주인 | 给 gěi 주다

4급

密码
mìmǎ

📖 비밀번호, 암호

▶우리 집 현관 미마(密码)는 부모님 결혼기념일이다.

你应该换一下门的密码。
Nǐ yīnggāi huàn yíxià mén de mìmǎ.
너는 문의 비밀번호를 좀 바꿔야 해.

应该 yīnggāi (마땅히) ~해야 한다 | 换 huàn 바꾸다 | 一下 yíxià 동사 뒤에 쓰여 '좀 ~하다'의 뜻을 나타냄 | 门 mén 문

4급

乱
luàn

📖 너저분하다, 무질서하다, 혼란하다
📖 함부로

▶어제는 이삿짐을 정리 중이어서 집 안이 롼(乱)하기 짝이 없었다.

刚搬家了，所以有点儿乱。
Gāng bānjiā le, suǒyǐ yǒudiǎnr luàn.
방금 이사를 해서, 조금 너저분해.

我不再乱发脾气。
Wǒ bú zài luàn fā píqi.
나는 다시는 함부로 화를 내지 않을 거야.

刚 gāng 방금, 막 | 所以 suǒyǐ 그래서 | 有点儿 yǒudiǎnr 조금, 약간 | 不再 bú zài 다시 ~하지 않다 | 发脾气 fā píqi 화내다

4급

满
mǎn

📖 가득 차다, 가득하다

▶아버지 서재는 온통 역사책으로 만(满)하다.

我的书太多了，书架上都被放满了。
Wǒ de shū tài duō le, shūjià shang dōu bèi fàng mǎn le.
나의 책이 너무 많아. 책장이 모두 꽉 찼어.

书 shū 책 | 书架 shūjià 책장 | 上 shang ~ 위에 | 都 dōu 모두, 다 | 被 bèi ~에게 ~을 당하다 | 放 fàng 놓다
반의 空 kōng (속이) 비다, 텅 비다

4급

互相
hùxiāng

📖 서로, 상호

▶언니는 청소를 잘하고 나는 정리를 잘하니 후시앙(互相) 도와주자.

我整理，你打扫，我们互相帮助吧。
Wǒ zhěnglǐ, nǐ dǎsǎo, wǒmen hùxiāng bāngzhù ba.
내가 정리하고, 너는 청소하면서, 우리 서로 돕자.

整理 zhěnglǐ 정리하다 | 打扫 dǎsǎo 청소하다 | 帮助 bāngzhù 돕다
유의 相互 xiānghù 서로, 상호

집 구하고 꾸미기

4급
租 zū
- 동 세내다, 임차하다
- 동 임대하다, 세를 주다

▶ 나는 대학교 근처에서 방을 쭈(租)해서 자취하고 있어.

新租的房子，你还满意吗？
Xīn zū de fángzi, nǐ hái mǎnyì ma?
새로 임대한 집에, 당신은 그런대로 만족합니까?

新 xīn 새로이 | 房子 fángzi 집 | 还 hái 그런대로 | 满意 mǎnyì 만족하다

4급
房东 fángdōng
- 명 집주인

▶ 아니 글쎄, 우리 팡동(房东)이 또 월세를 올리겠대!

你把钥匙还给房东了吗？
Nǐ bǎ yàoshi huángěi fángdōng le ma?
당신은 열쇠를 집주인에게 돌려주었나요?

钥匙 yàoshi 열쇠 | 还 huán 돌려주다 | 给 gěi ~에게

반의 房客 fángkè 세입자

> **배경 지식 房东, 房客**
> 房东은 옛날에 하인이 주인을 칭하는 호칭으로 쓰였는데, 당시 주인들이 동쪽에 묵는 것에서 유래되었다. 현재는 집주인을 뜻하며, 반대로 세입자는 房客라고 한다.

3급
邻居 línjū
- 명 이웃 사람, 이웃집

▶ 어제 새 린쥐(邻居)가 이사 왔다며 떡을 돌리더라구.

我的邻居能帮我们搬家。
Wǒ de línjū néng bāng wǒmen bānjiā.
나의 이웃이 우리 이사를 도와줄 수 있어.

能 néng ~할 수 있다 | 帮 bāng 돕다 | 搬家 bānjiā 이사하다

4급
家具 jiājù
- 명 가구

▶ 우리 집의 지아쮜(家具)는 대부분 할머니께서 쓰시던 거야.

这几件家具这么重，你是怎么搬上来的？
Zhè jǐ jiàn jiājù zhème zhòng, nǐ shì zěnme bān shànglai de?
이 몇 개의 가구는 이렇게 무거운데, 너는 어떻게 위로 옮긴 거야?

件 jiàn 개, 건 | 这么 zhème 이렇게 | 重 zhòng 무겁다 | 怎么 zěnme 어떻게 | 搬 bān (무거운 물건을) 옮기다, 운반하다 | 上来 shànglai (동사 뒤에 쓰여) 낮은 곳에서 높은 곳으로, 혹은 먼 곳에서 가까운 곳으로 이동하는 것을 나타냄

4급
沙发
shāfā
명 소파

▶ 거실이 좁으니까 2인용 샤파(沙发)를 놓자.

你能帮我抬一下沙发吗？
Nǐ néng bāng wǒ tái yíxià shāfā ma?
당신은 저를 도와 소파를 좀 들어 줄 수 있나요?

能 néng ~할 수 있다 │ 帮 bāng 돕다 │ 抬 tái (두 사람 이상이) 함께 들다, 맞들다

4급
镜子
jìngzi
명 거울

▶ 누나는 매일 전신 찡즈(镜子)를 들여다본다.

你把镜子放得稍微高一点儿。
Nǐ bǎ jìngzi fàng de shāowēi gāo yìdiǎnr.
당신은 거울을 약간 더 높게 놓아 주세요.

放 fàng 놓다 │ 稍微 shāowēi 약간, 조금 │ 高 gāo 높다 │ 一点儿 yìdiǎnr 약간, 조금

> **출제 포인트** 照镜子(거울을 보다)
>
> 镜子는 듣기와 독해 문제에도 등장하지만, 특히 4급 쓰기 2부분 문제에 종종 출제되는 어휘이다. '거울을 보다'라고 작문을 할 때는 동사 看이 아니라 '照(비추다)'를 써야 함에 주의하자.

4급
台
tái
양 대(기계·차량·설비 등을 세는 단위)

▶ 우리 집에는 여러 타이(台)의 가전제품이 있다.

电视坏了，我们买台新的吧。
Diànshì huài le, wǒmen mǎi tái xīn de ba.
텔레비전이 고장 났어. 우리 새것으로 한 대 사자.

电视 diànshì 텔레비전 │ 坏 huài 고장 나다 │ 买 mǎi 사다

3급
电梯
diàntī
명 엘리베이터

▶ 아파트 띠엔티(电梯)가 고장 나서 계단으로 올라가야 해.

桌子太大了，进不去电梯。
Zhuōzi tài dà le, jìn bu qù diàntī.
책상이 너무 커서 엘리베이터에 들어가지 않습니다.

桌子 zhuōzi 책상 │ 大 dà 크다 │ 进 jìn 들어가다

空

4급

kōng 형 (속이) 비다
kòng 명 틈, 짬, 겨를

▶ 아직 액자를 걸지 않아서 거실 벽이 콩(空)해 있다.

这个空箱子怎么放在这儿呢？
Zhège kōng xiāngzi zěnme fàngzài zhèr ne?
이 빈 상자는 왜 여기에 놔둔 거야?

明天你有空儿吗？
Míngtiān nǐ yǒu kòngr ma?
내일 시간 있으세요?

箱子 xiāngzi 상자, 박스 | 怎么 zěnme 왜, 어째서 | 放 fàng 두다 | 在 zài ~에 | 这儿 zhèr 여기, 이곳 | 明天 míngtiān 내일
반의 满 mǎn 가득 차다, 가득하다

盒子

4급

hézi
명 작은 상자, 합, 곽

▶ 나는 액세서리를 작은 허즈(盒子)에 정리해 두었다.

这个盒子比较重，她一个人搬不动。
Zhège hézi bǐjiào zhòng, tā yí ge rén bān bu dòng.
이 상자는 비교적 무거워서, 그녀 혼자서 옮기지 못해.

比较 bǐjiào 비교적, 상대적으로 | 重 zhòng 무겁다 | 不动 bu dòng (동사 뒤에 쓰여 동작이 효과에 미치지 못함을 나타내어) ~하지 못하다

功夫

4급

gōngfu
명 시간
명 무술

▶ 엄마는 요즘 바느질할 공푸(功夫)가 없어서 내 옷도 안 꿰매 주셔.

不到一会儿的功夫，我们就整理完了。
Bú dào yíhuìr de gōngfu, wǒmen jiù zhěnglǐ wán le.
시간이 얼마 되지 않아서, 우리는 바로 정리를 끝냈다.

平时我对中国功夫很感兴趣。
Píngshí wǒ duì Zhōngguó gōngfu hěn gǎn xìngqù.
평소에 나는 중국 무술에 매우 관심이 있다.

不到 bú dào 미치지 못하다 | 一会儿 yíhuìr 짧은 시간 | 就 jiù 바로 | 整理 zhěnglǐ 정리하다 | 完 wán 끝내다 | 平时 píngshí 평소 | 对 duì ~에 대해 | 中国 Zhōngguó 중국 | 感兴趣 gǎn xìngqù 관심이 있다

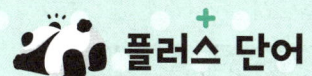 플러스 단어

음원 듣기

고득점 합격이 목표라면 플러스단어까지 학습해 보세요.

집 꾸미기

化妆台 huàzhuāngtái 화장대
电风扇 diànfēngshàn 선풍기
电磁炉 diàncílú 인덕션
烤箱 kǎoxiāng 오븐
咖啡机 kāfēijī 커피메이커
微波炉 wēibōlú 전자레인지
电饭煲 diànfànbāo 전기밥솥
闹钟 nàozhōng 알람 시계
空气净化器 kōngqì jìnghuàqì 공기청정기
智能电视 zhìnéng diànshì 스마트 TV

窗帘 chuānglián 커튼
装修 zhuāngxiū 인테리어하다
吊灯 diàodēng 샹들리에
装饰品 zhuāngshìpǐn 장식품
地毯 dìtǎn 양탄자, 카펫
壁纸 bìzhǐ 벽지
地板 dìbǎn 마루
插座 chāzuò 콘센트
单人床 dānrénchuáng 1인용 침대
双人床 shuāngrénchuáng 2인용 침대

 데일리 테스트

고생하셨어요! QR코드를 스캔해
데일리 테스트를 풀어 보며
오늘 학습을 마무리해 보세요.

문제 풀기

집 구하고 꾸미기

DAY 12

HSK 3급, 4급 30일 합격 프로젝트

★ HSK 시험에 이렇게 나와요.

3, 4급 듣기 문제에 '医院(병원)'에서 '看病(진찰)'하는 상황이 많이 등장합니다. 3급에서는 의사가 '哪儿不舒服?(어디가 불편하세요?)'라고 질문하며 진찰하는 대화가 많이 나옵니다.

건강 관리하기

医院 yīyuàn	医生 yīshēng	感冒 gǎnmào	咳嗽 késou	肚子 dùzi
명 병원	명 의사, 의원	명 감기 / 동 감기에 걸리다	동 기침하다	명 (사람/동물의) 배

1급
医生
yīshēng
- 명 의사, 의원

▶ 아무래도 이성(医生)의 말대로 수술을 하는 게 좋을 것 같아.

他在医院工作，是个医生。
Tā zài yīyuàn gōngzuò, shì ge yīshēng.
그는 병원에서 일해, 의사야.

在 zài ~에서 | 医院 yīyuàn 병원 | 工作 gōngzuò 일하다
유의 大夫 dàifu 의사

1급
医院
yīyuàn
- 명 병원

▶ 응급 환자입니다. 가장 가까운 이위엔(医院)으로 이송해 주세요.

请问，离这儿最近的医院在哪儿？
Qǐngwèn, lí zhèr zuì jìn de yīyuàn zài nǎr?
말씀 좀 여쭙겠습니다. 여기서 가장 가까운 병원이 어디인가요?

请问 qǐngwèn 말씀 좀 여쭙겠습니다 | 离 lí ~에서 | 这儿 zhèr 여기 | 最 zuì 가장 | 近 jìn 가깝다 | 哪儿 nǎr 어디

2급
身体
shēntǐ
- 명 몸, 신체

▶ 무엇보다 네 션티(身体)가 건강해야지.

你现在的身体怎么样？
Nǐ xiànzài de shēntǐ zěnmeyàng?
당신 현재 몸이 어떻습니까?

现在 xiànzài 현재, 지금 | 怎么样 zěnmeyàng 어떻다, 어떠하다

3급
健康
jiànkāng
- 형 건강하다
- 명 건강

▶ 할아버지 할머니, 올해도 지엔캉(健康)하세요!

他的身体很健康。
Tā de shēntǐ hěn jiànkāng.
그의 신체는 매우 건강하다.

健康才是最重要的。
Jiànkāng cái shì zuì zhòngyào de.
건강이야말로 가장 중요한 것이다.

身体 shēntǐ 신체, 몸 | 才 cái ~이야말로 | 最 zuì 가장, 제일 | 重要 zhòngyào 중요하다

건강 관리하기

2급
知道
zhīdào

동 알다, 이해하다

▶너도 이 일을 즈따오(知道)하고 있었어? 나만 몰랐던 거야?

大家都知道生病了要多休息。
Dàjiā dōu zhīdào shēngbìngle yào duō xiūxi.

모두들 병이 나면 많이 쉬어야 한다는 것을 안다.

大家 dàjiā 모두 | 都 dōu 모두, 다 | 生病 shēngbìng 병이 나다 | 要 yào ~해야 한다 | 休息 xiūxi 휴식하다

2급
告诉
gàosu

동 알리다, 말하다

▶약사는 환자에게 약 복용 방법을 까오쑤(告诉)해 줘야 한다.

医生告诉我要多喝水。
Yīshēng gàosu wǒ yào duō hē shuǐ.

의사 선생님은 나에게 물을 많이 마셔야 한다고 알려 주셨다.

医生 yīshēng 의사 | 要 yào ~해야 한다 | 喝 hē 마시다 | 水 shuǐ 물

유의어 비교 告诉 vs 说

두 단어는 뒤에 올 수 있는 목적어가 다르다.

告诉 | 일반적으로 [告诉 + 사람 + 내용] 패턴으로 많이 쓰인다.
예 **我告诉他老板生病了。**
나는 그에게 사장님이 병이 나셨다는 것을 알려 주었다.

说 | [说 + 내용]이나 [对 + 사람 + 说 + 내용] 패턴으로 많이 쓰인다.
예 **你会说几门外语？**
당신은 외국어를 몇 개 하실 수 있어요?
妈妈对儿子说今晚做完作业才能睡。
엄마는 아들에게 오늘 밤 숙제를 다해야 잘 수 있다고 말했다.

4급
正常
zhèngcháng

형 정상적인

▶수술 후 3일 후부터는 쪙챵(正常)적으로 밥을 먹어도 됩니다.

医生说我不用减肥，应该正常吃饭。
Yīshēng shuō wǒ búyòng jiǎnféi, yīnggāi zhèngcháng chīfàn.

의사 선생님께서 나는 다이어트를 할 필요가 없고, 정상적으로 밥을 먹어야 한다고 말씀하셨다.

医生 yīshēng 의사 | 说 shuō 말하다 | 不用 búyòng ~할 필요가 없다 | 减肥 jiǎnféi 살을 빼다 | 应该 yīnggāi (마땅히) ~해야 한다 | 吃饭 chī fàn 밥을 먹다

2급
生病
shēngbìng
- 동 병이 나다, 병에 걸리다

▶ 우리 엄마는 성삥(生病)해도 절대 병원에 안 가시겠대.

你生病了，快去医院吧。
Nǐ shēngbìng le, kuài qù yīyuàn ba.
넌 병이 났어. 어서 병원에 가도록 해.

快 kuài 빨리, 급히 | 医院 yīyuàn 병원

> **출제 포인트** 듣기 빈출 키워드 **生病, 感冒, 发烧**
>
> '질병'과 관련된 내용이 듣기 영역에 자주 출제되고 있다. 특히 '感冒(감기)', '发烧(열이 난다)' 등의 단어는 녹음이나 보기에 잘 등장하니 반드시 기억해 두자.
>
> 예 (녹음) 那个孩子常常生病, 总是得感冒。
> 그 아이는 자주 병이 나. 늘 감기에 걸려.
> → (빈출 질문1) 현재 '那个孩子'의 어떠한 상태인가?
> → (빈출 질문2) 화자의 말이 의미하는 바는 무엇인가?

3급
疼
téng
- 형 아프다

▶ 수술 후 마취가 풀린 그는 너무 텅(疼)해서 소리를 질렀다.

我最近牙疼，不敢再吃甜的东西了。
Wǒ zuìjìn yá téng, bùgǎn zài chī tián de dōngxi le.
나는 요즘 이가 아파. 감히 더 이상 단것을 먹지 못하겠어.

最近 zuìjìn 요즘 | 牙 yá 이 | 不敢 bùgǎn 감히 ~하지 못하다 | 再 zài 더 | 吃 chī 먹다 | 甜 tián 달다 | 东西 dōngxi 물건, 것

3급
感冒
gǎnmào
- 명 감기
- 동 감기에 걸리다

▶ 이렇게 추운데 외투를 안 입으니 당연히 간마오(感冒)에 걸리지!

天气冷，你多穿点儿衣服，小心感冒。
Tiānqì lěng, nǐ duō chuān diǎnr yīfu, xiǎoxīn gǎnmào.
날씨가 추워. 너 옷을 좀 많이 입고, 감기 조심해.

我觉得他好像感冒了。
Wǒ juéde tā hǎoxiàng gǎnmào le.
나는 그가 감기에 걸린 것 같다고 생각한다.

天气 tiānqì 날씨 | 冷 lěng 춥다 | 穿 chuān 입다 | 点儿 diǎnr 조금, 약간 | 衣服 yīfu 옷 | 小心 xiǎoxīn 조심하다 | 觉得 juéde ~라고 생각하다 | 好像 hǎoxiàng 마치 ~인 것 같다

건강 관리하기

3급

舒服
shūfu

형 (몸, 마음이) 편안하다, 쾌적하다

▶ 가장 중요한 것은 슈푸(舒服)하게 쉬는 겁니다.

她只是鼻子有点儿不舒服。
Tā zhǐshì bízi yǒudiǎnr bù shūfu.

그녀는 그저 코가 조금 불편할 뿐이다.

只是 zhǐshì 단지, 다만 | 鼻子 bízi 코 | 有点儿 yǒudiǎnr 조금, 약간

유의어 비교	不舒服 vs 疼
不舒服	'불편하다'는 의미이다. 의자나 소파 등이 불편하다는 의미로도 쓰이지만, '脚(발)' '肚子(배)' 등의 신체 부위가 주어로 쓰이면 '아프다'는 의미로도 쓰인다. 예 这台沙发不舒服。이 소파는 불편하다. 　　身体不舒服。 몸이 아프다.
疼	몸이 '아프다'는 의미이므로 사물이 주어가 될 수 없으며, 정도보어의 수식을 받을 수 있다. 예 头疼 머리 아프다 / 疼得不行 너무 아프다

4급

顺利
shùnlì

형 순조롭다, 일이 잘 되어 가다

▶ 다행히 수술은 슌리(顺利)하게 진행되고 있어요.

医院的检查进行得很顺利。
Yīyuàn de jiǎnchá jìnxíng de hěn shùnlì.

병원의 검사는 매우 순조롭게 진행되었다.

医院 yīyuàn 병원 | 检查 jiǎnchá 검사 | 进行 jìnxíng 진행하다

4급

严重
yánzhòng

형 (상황 등이) 심각하다, 위급하다

▶ 빨리 구급차를 부르세요. 그의 상태가 아주 이엔중(严重)해 보여요.

你咳嗽好像更严重了。
Nǐ késou hǎoxiàng gèng yánzhòng le.

당신은 기침하는 게 더 심각해진 것 같아요.

咳嗽 késou 기침하다 | 好像 hǎoxiàng 마치 ~인 것 같다 | 更 gèng 더, 더욱

4급

作用
zuòyòng

명 효과, 작용, 영향

▶ 새로 들인 수술 기구의 쭈어융(作用)은 어때?

估计是药起作用了。
Gūjì shì yào qǐ zuòyòng le.
추측하건대 약이 효과가 있는 것 같아.

估计 gūjì 추측하다 | 药 yào 약 | 起 qǐ 일으키다

4급

引起
yǐnqǐ

동 야기하다,
주의를 끌다,
불러일으키다

▶ 그의 질문은 많은 사람들의 주의를 인치(引起)했어.

玩儿电脑的时间长了，就会引起各种病。
Wánr diànnǎo de shíjiān cháng le, jiù huì yǐnqǐ gè zhǒng bìng.
컴퓨터를 하는 시간이 길어지면, 각종 병을 일으킬 것이다.

玩(儿) wán(r) (운동 따위 등을) 하다 | 电脑 diànnǎo 컴퓨터 | 时间 shíjiān 시간 | 长 cháng (시간이) 길다 | 就 jiù ~면, ~인 이상 | 会 huì ~할 것이다 | 各种 gè zhǒng 각종의 | 病 bìng 병

출제 포인트　**A是由B引起的**(A는 B로 인해 발생한다)

4급 독해 영역에 자주 나오는 이 패턴은 간혹 문장 배열 문제로도 출제된다. 문장 형식이 어려우므로 통째로 외우는 것이 좋다.

예　他肚子疼是由紧张引起的。
　　그가 배가 아픈 것은 긴장으로 인해 발생한 것이다.

3급

腿
tuǐ

명 다리

▶ 그는 스케이트를 타다가 넘어져 투이(腿)가 부러졌다.

到现在我的腿还在疼。
Dào xiànzài wǒ de tuǐ hái zài téng.
지금까지 나의 다리는 여전히 아프다.

到 dào ~까지 | 现在 xiànzài 지금 | 还 hái 여전히 | 在 zài ~하는 중이다

4급

受不了
shòu bu liǎo

동 견딜 수 없다,
참을 수 없다

▶ 마취 없이 치료를 받는 건 더 이상은 쇼우부랴오(受不了)해요.

很多人一遇到压力就受不了。
Hěn duō rén yí yùdào yālì jiù shòu bu liǎo.
많은 사람들이 스트레스에 직면하자마자 견디지 못한다.

一 yī ~하자마자 ~하다 | 遇到 yùdào 마주치다, 만나다 | 压力 yālì 스트레스 | 就 jiù ~면, ~인 이상

건강 관리하기　127

4급

难受
nánshòu

형 (몸이나 마음이)
불편하다,
참을 수 없다

▶아이들은 주사 맞는 걸 정말 난쇼우(难受)해 합니다.

我哥突然肚子难受，去医院了。
Wǒ gē tūrán dùzi nánshòu, qù yīyuàn le.
나의 오빠는 갑자기 배가 불편해서 병원에 갔다.

哥 gē 형, 오빠 | 突然 tūrán 갑자기, 난데없이 | 肚子 dùzi (사람이나 동물의) 배 | 医院 yīyuàn 병원

유의어 비교	难受 vs 难过
难受	몸과 마음이 견디기 힘든 것을 나타낸다. 예 身体很难受 몸이 견디기 힘들다 / 心里难受 마음이 아프다
难过	생활과 마음이 힘든 상황임을 나타낸다. 예 日子很难过 날이 힘들다 / 心里难过 마음이 아프다

4급

护士
hùshi

명 간호사

▶나이팅게일은 '백의의 천사'라고 불리는 후스(护士)였다.

护士正在给他打针。 간호사가 그에게 주사를 놓고 있다.
Hùshi zhèngzài gěi tā dǎzhēn.

正在 zhèngzài ~하고 있다 | 给 gěi ~에게 | 打针 dǎzhēn 주사를 놓다, 주사를 맞다

4급

打针
dǎzhēn

동 주사를 놓다,
주사를 맞다

▶아이 엉덩이에 다쩐(打针)하자마자 아이는 자지러지게 울었다.

她给病人打针去了。
Tā gěi bìngrén dǎzhēn qù le.
그녀는 환자에게 주사를 놓으러 갔다.

病人 bìngrén 환자 | 去 qù 가다(동사·동사구 뒤에 쓰이면 어떤 일을 하러 감을 나타냄)

4급

咳嗽
késou

동 기침하다

▶사레가 들렸는지 그녀는 계속 커쏘우(咳嗽)했다.

我昨晚发烧了，还一直咳嗽。
Wǒ zuówǎn fāshāo le, hái yìzhí késou.
나는 어제저녁에 열이 났고, 또 계속 기침을 했다.

昨晚 zuówǎn 어제저녁 | 发烧 fāshāo 열이 나다 | 还 hái 또 | 一直 yìzhí 계속, 줄곧

3급
发烧
fāshāo
- 동 열이 나다

▶ 온종일 파샤오(发烧)한 걸 보니, 아무래도 감기에 걸린 것 같아.

我现在有点儿发烧，而且没有力气。
Wǒ xiànzài yǒudiǎnr fāshāo, érqiě méiyǒu lìqi.
나는 지금 열이 조금 나고, 게다가 힘이 없어.

现在 xiànzài 지금 | 有点儿 yǒudiǎnr 조금 | 而且 érqiě 게다가, 뿐만 아니라 | 力气 lìqi 힘

3급
检查
jiǎnchá
- 동 검사하다, 점검하다

▶ 내일은 병원에 지엔챠(检查)하러 가는 날이야.

我想带她去医院再检查一下。
Wǒ xiǎng dài tā qù yīyuàn zài jiǎnchá yíxià.
나는 그녀를 데리고 병원에 가서 다시 검사를 좀 하려고 한다.

想 xiǎng ~하려고 하다 | 带 dài 데리다 | 医院 yīyuàn 병원 | 再 zài 다시 | 一下 yíxià 동사 뒤에 쓰여 '좀 ~하다'의 뜻을 나타냄

> **출제 포인트**　목적어에 따라 여러 가지 의미를 나타내는 **检查**
>
> 检查는 3급 듣기 문제에 많이 등장하며, 목적어에 따라 여러 가지 의미를 나타낸다. '检查身体(신체를 검사하다)'는 병원에서, '检查行李(짐을 검사하다)'는 공항에서 주로 들을 수 있다. 또한 목적어 없이 检查一下와 检查检查처럼 쓰이면 '검사 좀 하다'라는 뜻이 된다.

2급
眼睛
yǎnjing
- 명 눈

▶ 입원해야 한다는 의사의 말에 그녀의 이엔징(眼睛)이 커졌다.

长时间看电脑，对眼睛不好。
Cháng shíjiān kàn diànnǎo, duì yǎnjing bù hǎo.
오랫동안 컴퓨터를 보는 것은 눈에 좋지 않다.

长时间 cháng shíjiān 오랫동안, 장시간 | 看 kàn 보다 | 电脑 diànnǎo 컴퓨터 | 对 duì ~에(대해) | 好 hǎo 좋다

3급
脸
liǎn
- 명 얼굴

▶ 어젯밤에 라면 먹고 잤더니 리엔(脸)이 퉁퉁 부었어.

我看老李的脸色不太好。
Wǒ kàn Lǎo Lǐ de liǎnsè bú tài hǎo.
내가 보니 라오 리의 안색이 그다지 좋지 않다.

脸色 liǎnsè 안색 | 不太 bú tài 그다지 ~하지 않다

2급

药 yào
명 약, 약물

▶ 하루 세 번 식후에 꼭 야오(药)를 챙겨 드셔야 합니다.

这个药一天吃几次呢?
Zhège yào yì tiān chī jǐ cì ne?
이 약은 하루에 몇 번 먹나요?

天 tiān 하루, 일, 날 | 吃 chī 먹다 | 次 cì 번, 차례

> **출제 포인트** 듣기 영역 빈출 키워드 **药**
>
> 药는 3급과 4급 듣기 영역에 많이 등장하며, '医院(병원)'이라는 장소 어휘, '看病(진찰하다)' '打针(주사를 맞다)'이라는 행동 어휘, 인물을 나타내는 '医生(의사)' '护士(간호사)'가 함께 자주 출제된다. 자주 쓰이는 표현으로는 '吃药(약을 먹다)'와 '开药(약을 처방하다)'가 있다.

4급

肚子 dùzi
명 (사람이나 동물의) 배

▶ 어제 먹었던 해산물에 문제가 있었나? 계속 뚜즈(肚子)가 아파.

我肚子特别疼。
Wǒ dùzi tèbié téng.
전 배가 특히 아파요.

特别 tèbié 특히 | 疼 téng 아프다

3급

个子 gèzi
명 (사람의) 키

▶ 나의 꺼즈(个子)는 표준 키보다 10cm 커요.

儿子的个子越来越高了。
Érzi de gèzi yuèláiyuè gāo le.
아들의 키는 갈수록 커진다.

儿子 érzi 아들 | 越来越 yuèláiyuè 갈수록, 점점 | 高 gāo (키가) 크다

4급

胳膊 gēbo
명 팔

▶ 무거운 걸 많이 들면 꺼보(胳膊)에 무리가 와서 아플 텐데?

我的胳膊疼得很厉害。
Wǒ de gēbo téng de hěn lìhai.
나의 팔이 매우 심하게 아프다.

疼 téng 아프다 | 很 hěn 매우, 아주 | 厉害 lìhai 심하다

生活 shēnghuó

[4급]

명 생활
동 살다

▶ 퇴원 후 성후어(生活)에 불편은 없으신가요?

生活变好了，但奶奶的健康越来越差了。
Shēnghuó biànhǎo le, dàn nǎinai de jiànkāng yuèláiyuè chà le.
생활이 좋아졌다. 하지만 할머니의 건강은 갈수록 나빠진다.

我在中国**生活**了五年。
Wǒ zài Zhōngguó shēnghuóle wǔ nián.
나는 중국에서 5년 동안 살았다.

变 biàn 변하다 | 但 dàn 그러나 | 奶奶 nǎinai 할머니 | 健康 jiànkāng 건강 | 差 chà 나쁘다, 좋지 않다 | 越来越 yuèláiyuè 갈수록, 점점 | 在 zài ~에서 | 中国 Zhōngguó 중국 | 年 nián 년, 해

출제 포인트 듣기 빈출 키워드 生活

生活는 3급과 4급 듣기 문제에 자주 나오는데, '生活中(생활에서)'이라는 표현이 자주 쓰인다. 독해 문제에도 종종 등장하는데, 어떠한 장소에서 생활한다고 소개를 할 때는 [生活在 + 장소] 패턴으로 표현한다.

예 学习是生活中的一部分。 공부는 생활의 일부분이다.
　　熊猫生活在森林里。 판다는 숲에서 생활한다.

生命 shēngmìng

[4급]

명 생명, 목숨

▶ 의사는 성밍(生命)을 살리는 고귀한 직업이다.

我们应该尊重每一个**生命**。
Wǒmen yīnggāi zūnzhòng měi yí ge shēngmìng.
우리는 모든 생명을 존중해야 한다.

应该 yīnggāi (마땅히) ~해야 한다 | 尊重 zūnzhòng 존중하다 | 每 měi 매

出生 chūshēng

[4급]

동 태어나다, 출생하다

▶ 나는 1994년 한국병원에서 츄셩(出生)했어.

我儿子是上个礼拜天**出生**的。
Wǒ érzi shì shàng ge lǐbàitiān chūshēng de.
나의 아들이 지난주 일요일에 태어났다.

儿子 érzi 아들 | 上 shàng 먼저의, 앞의 | 礼拜天 lǐbàitiān 일요일

2급

为什么
wèi shénme

왜, 무엇 때문에, 어째서

▶ 제가 웨이션머(为什么) 수술을 받아야만 합니까?

你为什么去医院?
Nǐ wèi shénme qù yīyuàn?

당신은 왜 병원에 가세요?

医院 yīyuàn 병원

유의어 비교	为什么 vs 怎么
为什么	행동의 원인을 물어볼 때 쓰인다. (긍정, 부정에 모두 쓰임) 예 为什么学汉语呢? 왜 중국어 공부해? 为什么不吃饭? 왜 밥 안 먹어?
怎么	원인이나 방법을 묻는다. 원인을 물어볼 때 쓰는 怎么는 추궁의 어기가 있으며, 일반적으로 부정부사(不)와 함께 쓰인다. 예 怎么还不来? 왜 아직 안 오는 거야?

4급

死
sǐ

- 동 죽다, 생명을 잃다
- 형 ~해 죽겠다

▶ 내가 기르던 강아지가 어제 쓰(死)해서 너무 가슴이 아파.

我家的小猫死了。
Wǒ jiā de xiǎomāo sǐ le.

우리 집의 새끼 고양이가 죽었어.

礼拜天都不能睡个好觉,困死了。
Lǐbàitiān dōu bù néng shuì ge hǎo jiào, kùnsǐ le.

일요일에도 잠을 잘 수 없으니, 졸려 죽겠어.

家 jiā 집 | 小猫 xiǎomāo 새끼 고양이 | 礼拜天 lǐbàitiān 일요일 | 都 dōu 모두 | 能 néng ~할 수 있다 | 睡觉 shuìjiào (잠을) 자다 | 困 kùn 졸리다

출제 포인트	형용사+死了 (~해 죽겠다)

死了는 '~해 죽겠다'라는 표현으로, 형용사 뒤에 붙어 극도로 ~한 상태를 나타낼 때 많이 쓰인다.

예 累死了 피곤해 죽겠다 / 困死了 졸려 죽겠다
　　饿死了 배고파 죽겠다 / 烦死了 귀찮아 죽겠다

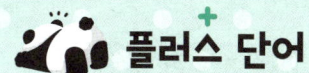 플러스 단어

음원 듣기

고득점 합격이 목표라면 플러스단어까지 학습해 보세요.

건강

虚弱 xūruò (몸이) 허약하다, 쇠약하다

输液 shūyè 링거를 맞다, 수액을 놓다

肿 zhǒng 붓다, 부어오르다

过敏 guòmǐn 알레르기 반응을 보이다

上火 shànghuǒ (염증으로 인해) 열이 나다

炎症 yánzhèng 염증

住院 zhùyuàn 입원하다

动手术 dòng shǒushù 수술하다

癌症 áizhèng 암

鼻炎 bíyán 비염

便秘 biànmì 변비

痔疮 zhìchuāng 치질

体检 tǐjiǎn 신체검사

胃镜 wèijìng 위내시경

绝症 juézhèng 불치병

保健 bǎojiàn 건강을 보호하다

留疤 liúbā 흉터가 남다

肌肉 jīròu 근육

强壮 qiángzhuàng 건장하다

长寿 chángshòu 장수하다, 오래 살다

데일리 테스트

고생하셨어요! QR코드를 스캔해 데일리 테스트를 풀어 보며 오늘 학습을 마무리해 보세요.

문제 풀기

DAY 13 수업하기

HSK 3급, 4급 30일 합격 프로젝트

★ HSK 시험에 이렇게 나와요.
학교와 관련된 내용은 듣기와 독해 전반에 자주 등장합니다. 특히 '考试(시험)'와 관련된 내용이 많이 나오고 있습니다. 인물로는 '校长(교장)'과 '老师(선생님)', '学生(학생)', '同学(학교 친구)' 등이 등장합니다.

教室 jiàoshì	老师 lǎoshī	同学 tóngxué	写 xiě	考试 kǎoshì
명 교실	명 선생님	명 학교 친구, 학우, 동창	동 쓰다, 적다	동 시험을 보다 명 시험

1급

书
shū

명 책

▶ 도서관에서는 1인당 최대 3권의 슈(书)를 빌릴 수 있어.

这是我的书。
Zhè shì wǒ de shū.
이것은 나의 책이다.

1급

读
dú

동 읽다

▶ 그는 책을 두(读)할 땐 아무 소리도 못 들을 만큼 집중해.

这个汉字怎么读?
Zhège Hànzì zěnme dú?
이 한자는 어떻게 읽나요?

汉字 Hànzì 한자 | 怎么 zěnme 어떻게

유의어 비교	读 vs 看
读	기본적으로 '~을 읽다'라는 의미지만, 파생적으로 '공부하다' 및 '학교를 다니다'라는 의미도 나타낸다. 예 在上海读书。 상하이에서 공부한다.
看	'보다'라는 의미를 나타낸다. 예 看书 책을 본다

1급

老师
lǎoshī

명 선생님

▶ 우리 영어 라오스(老师)의 발음은 정말 좋아!

我朋友是老师。
Wǒ péngyou shì lǎoshī.
내 친구는 선생님이다.

朋友 péngyou 친구, 벗
참고 教授 jiàoshòu 교수
学生 xuésheng 학생

1급

同学
tóngxué

명 학교 친구, 학우, 동창

▶ 그 아이는 나랑 같은 반 통쉬에(同学)이자 짝꿍이야.

她是你的同学吗?
Tā shì nǐ de tóngxué ma?
그녀는 네 학교 친구니?

1급
朋友
péngyou
명 친구

▶ 얘, 펑여우(朋友) 좋다는 게 뭐니? 사례할 생각은 하지도 마.

下课后我要和朋友一起去看电影。
Xiàkè hòu wǒ yào hé péngyou yìqǐ qù kàn diànyǐng.
수업이 끝난 후, 나는 친구와 함께 영화를 보러 가려고 한다.

下课 xiàkè 수업이 끝나다 | 要 yào ~하려고 하다 | 一起 yìqǐ 함께, 같이 | 看 kàn 보다 | 电影 diànyǐng 영화

1급
学生
xuésheng
명 학생

▶ 어른들은 항상 쉬에셩(学生) 때가 가장 좋았다고 말씀하신다.

他们三个都是我的学生。
Tāmen sān ge dōu shì wǒ de xuésheng.
그들 세 사람은 모두 나의 학생이다.

都 dōu 모두, 다

2급
考试
kǎoshì
동 시험을 보다
명 시험

▶ 지난 번 봤던 카오스(考试)의 성적표가 오늘 날아왔어.

他们正在考试。
Tāmen zhèngzài kǎoshì.
그들은 지금 시험을 보고 있다.

昨天的考试题太多，我没有做完。
Zuótiān de kǎoshì tí tài duō, wǒ méiyǒu zuòwán.
어제의 시험은 문제가 너무 많아서, 나는 다 풀지 못했다.

正在 zhèngzài (지금) ~하고 있다 | 昨天 zuótiān 어제 | 题 tí 문제 | 做 zuò 하다 | 完 wán 끝내다

3급
解决
jiějué
동 해결하다, 풀다

▶ 어제 발생했던 사건은 잘 지에쥐에(解决)하였으니 걱정 마세요.

上次出现的问题，我已经解决了。
Shàngcì chūxiàn de wèntí, wǒ yǐjīng jiějué le.
저번에 나왔던 문제를 나는 이미 해결했다.

上次 shàngcì 지난번, 저번 | 出现 chūxiàn 출현하다 | 问题 wèntí 문제 | 已经 yǐjīng 이미

2급

虽然
suīrán

접 비록 ~하지만

▶ 내가 쑤이란(虽然) 나이는 어리지만 눈치는 아주 빠르다구.

他虽然很年轻，但是讲课讲得很好。
Tā suīrán hěn niánqīng, dànshì jiǎngkè jiǎng de hěn hǎo.
그는 비록 매우 젊지만, 강의는 매우 잘한다.

年轻 niánqīng 젊다, 어리다 | 但是 dànshì 그러나 | 讲课 jiǎngkè 강의하다 | 讲 jiǎng 말하다 | 好 hǎo 좋다

출제 포인트 전환 관계를 나타내는 **虽然A，但是B**(비록 A하지만, B하다)

虽然은 단독으로 쓰이지 않고 전환을 나타내는 어휘(但是)와 호응하여 쓴다. 虽然은 전환을 나타내는 但是, 可是, 不过 등의 어휘와 함께 두 개의 절을 연결하는 역할을 하므로, 두 번째 절에는 절대 오지 않고, 첫 번째 절에만 쓰인다. 但是는 단독으로도 쓰일 수 있다.

예 **我的老师虽然不年轻，但是很漂亮。**
우리 선생님은 비록 젊지는 않지만, 예쁘셔.

1급

写
xiě

동 쓰다, 적다

▶ HSK 시험 중 작문을 씨에(写)하는 부분이 가장 골치 아파.

这个字怎么写？ 이 글자는 어떻게 써요?
Zhège zì zěnme xiě?

字 zì 글자 | 怎么 zěnme 어떻게

3급

历史
lìshǐ

명 역사

▶ 대한민국은 5000년의 유구한 리스(历史)를 가지고 있어.

这节历史课对我们来说很难。
Zhè jié lìshǐ kè duì wǒmen láishuō hěn nán.
이 역사 수업은 우리에게 매우 어렵다.

课 kè 수업 | 难 nán 어렵다

3급

复习
fùxí

동 복습하다

▶ 매일 그날 배운 것을 푸씨(复习)하는 것이 가장 중요한 공부야.

他明天考试，正在复习呢，别影响他。
Tā míngtiān kǎoshì, zhèngzài fùxí ne, bié yǐngxiǎng tā.
그는 내일 시험을 봐서 지금 복습 중이야. 그에게 영향을 주지 마.

明天 míngtiān 내일 | 考试 kǎoshì 시험을 보다 | 正在 zhèngzài (지금) ~하고 있다 | 别 bié ~하지 마라 | 影响 yǐngxiǎng 영향을 주다
반의 预习 yùxí 예습하다

수업하기

3급

教
jiāo

동 (지식 또는 기술을) 전수하다, 가르치다

▶ 수학 선생님은 우리를 지아오(教)하실 때 매우 엄하셔.

我是一个中学老师，教学生画画儿。
Wǒ shì yí ge zhōngxué lǎoshī, jiāo xuésheng huà huàr.
나는 중고등학교 교사이며, 학생들에게 그림 그리는 것을 가르친다.

中学 zhōngxué 중고등학교 | 老师 lǎoshī 선생님 | 学生 xuésheng 학생 | 画 huà 그림(을 그리다)

출제 포인트 教+사람+가르치는 내용 (~에게 ~을 가르쳐 주다)

教는 3급, 4급 시험에 자주 출제되는 동사로, 가르치는 대상과 가르치는 내용을 모두 목적어로 가질 수 있으며, 두 개의 목적어를 동시에 취할 수도 있다.

예 **教学生** 학생을 가르치다 / **教汉语** 중국어를 가르치다
教学生汉语 학생에게 중국어를 가르치다

또한 教는 문장이나 문맥에 따라 2가지 성조로 발음한다. 1성으로 발음할 때는 동사로 '가르치다'라는 뜻을 나타내며, 4성으로 발음할 때는 다른 어휘와 결합하여 쓰이는 경우가 많다.

예 **爸爸教**(jiāo)**了我很多知识。**
아빠는 나에게 많은 지식을 가르치셨다.
我们的教室(jiàoshì)**在楼。** 우리 교실은 3층에 있다.

4급

教育
jiàoyù

동 교육하다
명 교육

▶ 가장 우선시되어야 하는 찌아오위(教育)는 바로 인성 교육이다.

爸爸教育我要做一个诚实的人。
Bàba jiàoyù wǒ yào zuò yí ge chéngshí de rén.
아빠는 내가 성실한 사람이 되어야 한다고 교육하셨다.

很多学校开始举行各种教育活动。
Hěn duō xuéxiào kāishǐ jǔxíng gè zhǒng jiàoyù huódòng.
많은 학교에서 다양한 교육 행사를 거행하기 시작했다.

诚实 chéngshí 성실하다 | 学校 xuéxiào 학교 | 举行 jǔxíng 거행하다 | 各种 gè zhǒng 각종의, 갖가지의 | 活动 huódòng 행사, 활동

출제 포인트 教育+사람+가르치는 내용 (~에게 ~을 교육해 주다)

教는 동사로서 '교육하다'라는 의미로만 쓰이는 반면 教育는 명사로 쓰여 '教育问题(교육 문제)'라고 표현할 수도 있다.

예 **教育孩子** 아이를 교육하다
教育孩子养成习惯。 아이가 습관을 기르도록 교육하다.

3급
记得
jìde
동 기억하고 있다, 잊지 않고 있다

▶세상에! 10년도 지난 일을 아직도 찌더(记得)하고 있단 말이야?

你记得考试时只能用铅笔。
Nǐ jìde kǎoshì shí zhǐ néng yòng qiānbǐ.
너는 시험을 볼 때 연필만 쓸 수 있다는 것을 기억해야 해.

时 shí 때 | 只 zhǐ 단지, 다만 | 能 néng ~할 수 있다 | 用 yòng 쓰다 | 铅笔 qiānbǐ 연필

1급
学校
xuéxiào
명 학교

▶우리 쉬에씨아오(学校)는 학년마다 8개의 학급이 있어.

明天是星期一，我去学校。
Míngtiān shì xīngqīyī, wǒ qù xuéxiào.
내일은 월요일이어서 나는 학교에 간다.

明天 míngtiān 내일 | 星期一 xīngqīyī 월요일

2급
课
kè
명 수업, 강의

▶넌 이번 학기에 몇 개의 커(课)를 수강해?

我明天上午有课。
Wǒ míngtiān shàngwǔ yǒu kè.
나는 내일 오전에 수업이 있어.

上午 shàngwǔ 오전

4급
专业
zhuānyè
명 전공, 전문

▶지금 네가 대학에서 전공하는 쮸안이에(专业)는 무엇이니?

你决定选哪个专业了吗？
Nǐ juédìng xuǎn nǎ ge zhuānyè le ma?
너는 어떤 전공을 선택할지 결정했니?

决定 juédìng 결정하다 | 选 xuǎn 선택하다 | 哪 nǎ 어떤

4급
学期
xuéqī
명 학기

▶나는 이번 학기에 휴학하고, 다음 쉬에치(学期)에 복학할 계획이야.

这学期的语法课挺难的。
Zhè xuéqī de yǔfǎkè tǐng nán de.
이번 학기의 어법 수업은 매우 어렵다.

语法课 yǔfǎkè 어법 수업 | 挺 tǐng 매우, 꽤 | 难 nán 어렵다

4급
报名
bàomíng
동 신청하다, 등록하다

▶ 동아리 공고 모집 떴던데, 너 빠오밍(报名)했니?

他想报名参加普通话考试。
Tā xiǎng bàomíng cānjiā pǔtōnghuà kǎoshì.
그는 중국어 표준어 시험에 등록하여 참가하고 싶어 한다.

想 xiǎng ~하고 싶다 | 参加 cānjiā 참가하다 | 普通话 pǔtōnghuà 중국 표준어 | 考试 kǎoshì 시험

출제 포인트 | 목적어를 취할 수 없는 **报名**

报名은 목적어를 취할 수 없는 이합동사이다. '报名参加(등록하여 참가하다)'라는 표현은 연동문으로, 한 문장에 2개 이상의 동사가 쓰여 목적이나 동작의 순서를 나타낸다.

3급
结束
jiéshù
동 끝나다, 마치다

▶ 내일이면 방학이 지에슈(结束)하다니, 정말 슬프다.

期末考试已经结束了。
Qīmò kǎoshì yǐjīng jiéshù le.
기말고사가 이미 끝났다.

期末 qīmò 학기말 | 考试 kǎoshì 시험 | 已经 yǐjīng 이미, 벌써
반의 开始 kāishǐ 시작하다

3급
词典
cídiǎn
명 사전

▶ 모르는 단어는 츠디엔(词典)을 찾아보렴.

这个电子词典的作用大不大？
Zhège diànzǐ cídiǎn de zuòyòng dà bu dà?
이 전자사전의 역할은 크니, 안 크니?

电子 diànzǐ 전자 | 作用 zuòyòng 역할 | 大 dà 크다

2급
教室
jiàoshì
명 교실

▶ 일 년 동안 한 찌아오스(教室)에서 공부했더니 정이 많이 들었어.

我已经从教室出来了。
Wǒ yǐjīng cóng jiàoshì chūlái le.
나는 이미 교실에서 나왔다.

已经 yǐjīng 이미, 벌써 | 从 cóng ~에서 | 出来 chūlái 나오다

3급

黑板
hēibǎn

명 칠판

▶ 누가 헤이반(黑板)에 분필로 잔뜩 낙서한 거야?

老师，黑板上的词是什么意思？
Lǎoshī, hēibǎn shang de cí shì shénme yìsi?

선생님, 칠판 위의 단어는 무슨 뜻인가요?

老师 lǎoshī 선생님 | 上 shang ~ 위(에) | 词 cí 단어 | 什么 shénme 무슨, 어떤 | 意思 yìsi 뜻, 의미

4급

橡皮
xiàngpí

명 지우개

▶ 씨앙피(橡皮)는 연필로 쓴 것만 지울 수 있어.

这块儿橡皮擦得特别干净。
Zhè kuàir xiàngpí cā de tèbié gānjìng.

이 지우개는 특히 깨끗하게 지워져.

块 kuài 덩어리, 조각(덩이로 된 물건을 세는 단위) | 擦 cā 닦다 | 特别 tèbié 특히 | 干净 gānjìng 깨끗하다

3급

校长
xiàozhǎng

명 학교장(교장, 학장, 총장)

▶ 우리는 매주 월요일 씨아오장(校长) 선생님의 훈화 말씀을 듣는다.

校长在学校的大会上讲话。
Xiàozhǎng zài xuéxiào de dàhuì shang jiǎnghuà.

교장 선생님께서 학교 조회에서 연설하신다.

学校 xuéxiào 학교 | 大会 dàhuì 전체 회의 | 讲话 jiǎnghuà 연설하다, 발언하다

4급

支持
zhīchí

동 지지하다, 견디다, 지탱하다

▶ 나는 그의 전폭적인 즈츠(支持)를 받고 있다.

学校支持所有符合条件的学生报名参加。
Xuéxiào zhīchí suǒyǒu fúhé tiáojiàn de xuésheng bàomíng cānjiā.

학교는 조건에 부합하는 모든 학생이 등록하고 참가하기를 지지한다.

所有 suǒyǒu 모든, 전부의 | 符合 fúhé 부합하다 | 条件 tiáojiàn 조건 | 报名 bàomíng 신청하다 | 参加 cānjiā 참가하다

3급
水平
shuǐpíng
명 수준

▶네 쉐이핑(水平)을 잘 고려해서 적당한 반을 선택하렴.

她的汉语水平提高得很快。
Tā de Hànyǔ shuǐpíng tígāo de hěn kuài.
그녀의 중국어 수준은 향상되는 게 매우 빠르다.

汉语 Hànyǔ 중국어 | 提高 tígāo (수준 등을) 향상시키다, 제고하다 | 快 kuài 빠르다

3급
提高
tígāo
동 (위치, 수준, 질, 수량 등을) 향상시키다, 제고하다

▶이 책은 네 수학 수준을 티까오(提高)하는 데 큰 도움이 될 거야.

我的成绩比过去提高了。
Wǒ de chéngjì bǐ guòqù tígāo le.
나의 성적은 예전보다 향상되었다.

成绩 chéngjì 성적 | 比 bǐ ~보다 | 过去 guòqù 예전, 과거

3급
作业
zuòyè
명 숙제, 과제

▶알림장에 적힌 쭈어이에(作业)를 확인하렴.

我的作业早就做完了。
Wǒ de zuòyè zǎojiù zuòwán le.
나의 숙제는 일찌감치 다 했다.

早就 zǎojiù 일찌감치, 벌써 | 做 zuò 하다 | 完 wán 끝내다, 완수하다

4급
知识
zhīshi
명 지식

▶그런 전문적인 즈스(知识)는 어려우니 쉽게 설명해 주세요.

他对历史知识非常了解。
Tā duì lìshǐ zhīshi fēicháng liǎojiě.
그는 역사 지식에 대해 매우 자세하게 알고 있다.

对 duì ~에 대해 | 历史 lìshǐ 역사 | 非常 fēicháng 매우, 아주 | 了解 liǎojiě 자세하게 알다

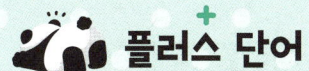 **플러스 단어**

고득점 합격이 목표라면 플러스단어까지 학습해 보세요.

수업

书包 shūbāo 책가방
同桌 tóngzhuō 짝꿍
班长 bānzhǎng 반장
班主任 bānzhǔrèn 담임선생님
点名 diǎnmíng 출석을 부르다
留作业 liú zuòyè 숙제를 내주다
朗读 lǎngdú 낭독하다
听写 tīngxiě 받아쓰기하다
打瞌睡 dǎ kēshuì 졸다
实验 shíyàn 실험

讲台 jiǎngtái 교단, 강단
出席 chūxí 출석하다
缺席 quēxí 결석하다
课程 kèchéng 커리큘럼
作弊 zuòbì 커닝하다
考砸了 kǎozá le 시험을 망쳤다
补习班 bǔxíbān 학원
家教 jiājiào 가정교사
高考 gāokǎo 대학 입학 시험
注意力 zhùyìlì 주의력

 **데일리 테스트**

고생하셨어요! QR코드를 스캔해 데일리 테스트를 풀어 보며 오늘 학습을 마무리해 보세요.

DAY 14 공부하기

HSK 3급, 4급 30일 합격 프로젝트

★ HSK 시험에 이렇게 나와요.
듣기와 독해, 쓰기 분야의 구분 없이 등장하는 내용으로, 특히 '提高水平(수준을 높이다)'과 '积累知识(지식을 축적하다)'는 쓰기 1부분 문장 배열 문제에 자주 나오는 빈출 구문입니다.

图书馆	还	学习	流利	作业
túshūguǎn	huán	xuéxí	liúlì	zuòyè
명 도서관	동 반납하다, 돌아가다, 돌아오다	동 공부하다, 배우다	형 유창하다, 막힘이 없다	명 숙제, 과제

1급

学习
xuéxí

동 공부하다, 배우다

▶ 나는 집보다 카페에서 쉬에시(学习)하는 게 더 공부가 잘 돼.

能来这儿学习汉语，我很高兴。
Néng lái zhèr xuéxí Hànyǔ, wǒ hěn gāoxìng.
이곳에 와서 중국어를 공부할 수 있어서, 저는 매우 기쁩니다.

能 néng ~할 수 있다 | 这儿 zhèr 이곳, 여기 | 汉语 Hànyǔ 중국어 | 高兴 gāoxìng 기쁘다

유의어 비교 学习 vs 学

둘 다 '공부하다', '배우다'라는 뜻으로 일반적으로 뒤에 목적어가 붙는다. 또한 学习는 단독으로 사용할 수 있지만 学는 단독으로 사용할 수 없다.

예 学汉语 = 学习汉语 중국어를 공부하다
　　我在学习。 나는 공부하고 있다. / 我在学。(✕)
　　我在学汉语。(○)

2급

问
wèn

동 묻다, 질문하다

▶ 잘 풀리지 않는 문제는 바로 원(问)하세요.

我问了老师很多问题。
Wǒ wènle lǎoshī hěn duō wèntí.
나는 선생님께 매우 많은 질문을 했다.

老师 lǎoshī 선생님 | 问题 wèntí 문제

2급

问题
wèntí

명 문제

▶ 해답지를 봐도 3번 원티(问题)가 이해가 잘 안 돼.

谁来回答这个问题？
Shéi lái huídá zhège wèntí?
누가 이 문제를 대답해 볼까요?

谁 shéi 누구 | 来 lái 다른 동사 앞에 쓰여 어떤 일을 하려는 것을 나타냄 | 回答 huídá 대답하다 | 这个 zhège 이, 이것

3급

成绩
chéngjì

명 성적, 성과, 수확

▶ 지난 학기에 비해서 청지(成绩)가 많이 올라서 너무 기뻐!

考试成绩不是最重要的。
Kǎoshì chéngjì bú shì zuì zhòngyào de.
시험 성적이 가장 중요한 것은 아니다.

考试 kǎoshì 시험 | 最 zuì 가장, 제일 | 重要 zhòngyào 중요하다

聪明 cōngming
[3급]
- 형 똑똑하다, 총명하다

▶그는 총밍(聪明)하긴 하지만 자만해서 종종 실수를 범해.

我们班的班长非常聪明。
Wǒmen bān de bānzhǎng fēicháng cōngming.
우리 반의 반장은 매우 똑똑하다.

班 bān 반 | 班长 bānzhǎng 반장 | 非常 fēicháng 매우, 아주

练习 liànxí
[3급]
- 명 연습
- 동 연습하다, 익히다

▶무엇이든 실전을 위해서는 많은 리엔씨(练习)가 필요해.

这个练习题我终于做出来了。
Zhège liànxítí wǒ zhōngyú zuò chūlai le.
이 연습 문제를 내가 마침내 풀었다.

你要多练习写汉字。
Nǐ yào duō liànxí xiě Hànzì.
너는 한자 쓰는 연습을 많이 해야 한다.

题 tí 문제 | 终于 zhōngyú 마침내, 결국 | 做 zuò 하다 | 出来 chūlai (동사 뒤에 쓰여) 동작이 완성되거나 실현됨을 표현함 | 要 yào ~해야 한다 | 写 xiě 글씨를 쓰다 | 汉字 Hànzì 한자

优秀 yōuxiù
[4급]
- 형 우수하다, (품행이나 성적 등이) 아주 뛰어나다

▶모든 방면에서 여우씨우(优秀)하므로 이에 표창합니다.

在校时他各方面都十分优秀。
Zàixiào shí tā gè fāngmiàn dōu shífēn yōuxiù.
재학할 때 그는 각 분야에서 모두 매우 우수했다.

在校 zàixiào 재학 중이다 | 时 shí ~할 때 | 各 gè 각, 여러 | 方面 fāngmiàn 분야, 방면, 부분 | 都 dōu 모두, 다 | 十分 shífēn 매우, 아주, 대단히

填空 tiánkòng
[4급]
- 동 괄호를 채우다, 빈칸에 써 넣다

▶잘 읽고 알맞은 정답을 골라 티엔콩(填空)하세요.

你知道这几个填空题的答案吗?
Nǐ zhīdào zhè jǐ ge tiánkòngtí de dá'àn ma?
너는 이 몇 개의 빈칸 채우기 문제의 답을 아니?

知道 zhīdào 알다 | 题 tí 문제 | 答案 dá'àn 답안

`4급`

毕业
bìyè
- 동 졸업하다
- 명 졸업

▶ 나는 대학교를 삐이에(毕业)하기 전에 취업하고 싶어.

我毕业于北京大学。
Wǒ bìyè yú Běijīng Dàxué.
나는 베이징 대학을 졸업했다.

我把毕业论文交给教授了。
Wǒ bǎ bìyè lùnwén jiāogěi jiàoshòu le.
나는 졸업 논문을 교수님께 제출했다.

于 yú ~에서 | **北京** Běijīng 베이징 | **大学** dàxué 대학 | **把** bǎ ~을 | **论文** lùnwén 논문 | **交给** jiāogěi ~에게 제출하다 | **教授** jiàoshòu 교수

> 출제 포인트   **大学毕业**(대학교를 졸업하다)

毕业는 목적어를 취하지 않는 이합동사이다. 졸업한 학교를 표현할 때는 [从+학교+毕业]나 [毕业于+학교] 패턴처럼 개사를 활용하거나, [학교+毕业] 패턴으로 써야 한다. 매년 자주 출제되는 필수 표현이므로 헷갈리지 않도록 반드시 외워 두자.

예 **从首尔大学毕业** 서울대학교를 졸업했다
   毕业于北京大学 베이징 대학을 졸업했다 / **毕业大学** (×)

`4급`

翻译
fānyì
- 명 번역, 통역
- 동 번역하다, 통역하다

▶ 저는 중국어를 할 줄 알기 때문에 판이(翻译)는 필요 없습니다.

小丽读的是翻译专业。
Xiǎo Lì dú de shì fānyì zhuānyè.
샤오리가 공부하는 것은 번역 전공이다.

老师让我把这篇文章翻译成汉语。
Lǎoshī ràng wǒ bǎ zhè piān wénzhāng fānyì chéng Hànyǔ.
선생님은 나에게 이 글을 중국어로 번역하라고 하셨다.

读 dú 공부하다 | **专业** zhuānyè 전공 | **老师** lǎoshī 선생님 | **让** ràng ~하게 하다 | **把** bǎ ~을 | **篇** piān 편, 장(문장을 세는 단위) | **文章** wénzhāng 글, 문장 | **成** chéng ~으로 변하다 | **汉语** Hànyǔ 중국어

> 출제 포인트   **A把B翻译成C**(A가 B를 C로 번역하다)

翻译는 번역하는 행동과 번역하는 사람을 모두 가리킨다. 3, 4급 쓰기 영역 문장 배열 문제에 자주 등장하는 패턴이므로, 반드시 기억하자.

예 **他把这本书翻译成英文了。** 그는 이 책을 영어로 번역했다.

공부하기

4급

流利
liúlì

형 유창하다, 막힘이 없다

▶그는 중국어를 원어민처럼 아주 리우리(流利)하게 한다.

他的汉语说得很流利。
Tā de Hànyǔ shuō de hěn liúlì.
그의 중국어는 말하는 것이 매우 유창하다.

说 shuō 말하다

4급

理解
lǐjiě

동 이해하다, 알다

▶수업 내용을 모두 리지에(理解)했습니다.

这本书对于提高理解能力有一定的帮助。
Zhè běn shū duìyú tígāo lǐjiě nénglì yǒu yídìng de bāngzhù.
이 책은 이해 능력을 향상시키는 데에 어느 정도의 도움이 된다.

本 běn 권 | 书 shū 책 | 对于 duìyú ~에 대해 | 提高 tígāo 향상시키다 | 能力 nénglì 능력 | 一定 yídìng 어느 정도의 | 帮助 bāngzhù 도움

유의 了解 liǎojiě 자세하게 알다, 이해하다

4급

积累
jīlěi

동 (조금씩) 쌓이다, 누적되다

▶모든 건 경험으로 지레이(积累)되었을 테니까 허탈하게 여기지 마.

留学让我积累了不少经验。
Liúxué ràng wǒ jīlěile bùshǎo jīngyàn.
유학은 나에게 적지 않은 경험을 쌓게 했다.

留学 liúxué 유학(하다) | 让 ràng ~하게 하다 | 不少 bùshǎo 적지 않다, 많다 | 经验 jīngyàn 경험

4급

基础
jīchǔ

명 기초, 토대, 밑바탕

▶모든 과목은 지추(基础)가 가장 중요합니다.

每个人都应该学习一些基础的法律知识。
Měi ge rén dōu yīnggāi xuéxí yìxiē jīchǔ de fǎlǜ zhīshi.
모든 사람이 마땅히 몇몇 기초적인 법률 지식을 배워야 한다.

每 měi 매 | 都 dōu 모두, 다 | 应该 yīnggāi (마땅히) ~해야 한다 | 学习 xuéxí 배우다 | 一些 yìxiē 조금, 약간 | 法律 fǎlǜ 법률 | 知识 zhīshi 지식

4급

通过
tōngguò

동 통과하다
개 ~을 통해

▶ 그는 다행히 오늘 쪽지 시험을 통구어(通过)했어.

我考试顺利通过了。
Wǒ kǎoshì shùnlì tōngguò le.
나는 시험을 순조롭게 통과했다.

通过这件事，我才真正认识到自己的缺点。
Tōngguò zhè jiàn shì, wǒ cái zhēnzhèng rènshi dào zìjǐ de quēdiǎn.
이 일을 통해, 나는 비로소 확실히 나 자신의 단점을 알게 되었다.

考试 kǎoshì 시험 | **顺利** shùnlì 순조롭다 | **件** jiàn 건, 벌(일·옷을 세는 양사) | **事** shì 일 | **真正** zhēnzhèng 확실히, 진짜로 | **认识** rènshi 알다, 인식하다 | **到** dào 동사 뒤에 보어로 쓰여 동작이 목적에 도달했거나 결과가 있음을 나타냄 | **自己** zìjǐ 자신, 스스로 | **缺点** quēdiǎn 단점, 결점

유의 **经过** jīngguò 통과하다

유의어 비교) 通过 vs 经过

通过
① 이쪽에서 저쪽으로 통과하는 것을 말한다. 시간은 나타낼 수 없으며, 동의·요구에 부합한 것을 의미한다. [동사 용법]
   예 **我通过了考试。** 나는 시험에 통과했다.
② 어떤 목적을 이루기 위해 어떤 결과를 가져오는 '방법, 방식'을 강조 한다. [개사 용법]
   예 **通过努力，我终于成功了。**
   노력을 통해, 나는 마침내 성공했다.

经过
① 목적지에 가는 도중에 한 지역을 지나가는 것을 말한다. [동사 용법]
   예 **这辆公共汽车经过我家。**
   이 버스는 우리 집을 지나간다.
② 이미 발생한 일의 결과를 얻어내는 과정을 강조하며, 일의 발생부터 끝날 때까지 전체 내용을 나타낸다. [개사 용법]
   예 **经过我的努力，这次考试我取得了好成绩。**
   나의 노력을 거쳐, 이번 시험에 나는 좋은 성적을 얻었다.

4급
证明 zhèngmíng
동 증명하다

▶그의 답이 옳다는 것을 어떻게 쩡밍(证明)할 것인가?

很多研究证明，只有努力学习才能成功。
Hěn duō yánjiū zhèngmíng, zhǐyǒu nǔlì xuéxí cái néng chénggōng.
매우 많은 연구가 증명하길, 열심히 공부해야만 비로소 성공할 수 있다.

研究 yánjiū 연구 | 只有 zhǐyǒu ~해야만 ~이다 | 努力 nǔlì 열심히 하다 | 学习 xuéxí 공부하다 | 才 cái 비로소 | 能 néng ~할 수 있다 | 成功 chénggōng 성공하다

4급
申请 shēnqǐng
동 신청하다

▶나는 이번에 20학점을 선칭(申请)해야 해.

我已经在网上提交留学申请了。
Wǒ yǐjīng zài wǎngshàng tíjiāo liúxué shēnqǐng le.
나는 이미 인터넷에서 유학 신청을 제출했다.

已经 yǐjīng 이미, 벌써 | 在 zài ~에서 | 网上 wǎngshàng 인터넷 | 提交 tíjiāo 제출하다 | 留学 liúxué 유학(하다)

출제 포인트 듣기 영역 빈출 키워드 **申请**

申请은 '신청하다'라는 뜻을 가진 어휘로, 장학금을 신청하거나 비자를 신청한다고 할 때 많이 출제된다. 특히 듣기 문제에 많이 나오며, 직접적인 답은 아니어도 정답과 관련된 내용의 어휘로 많이 나오므로 꼭 알아 두는 것이 좋다.

예 **弟弟向学校申请了奖学金。**
동생은 학교에 장학금을 신청했다.

3급
留学 liúxué
명 유학
동 유학하다

▶조기 리우쉬에(留学)에 대해서 넌 어떻게 생각해?

你的留学申请一定会成功的。
Nǐ de liúxué shēnqǐng yídìng huì chénggōng de.
너의 유학 신청은 반드시 성공할 거야.

我下个月要去欧洲留学。
Wǒ xià ge yuè yào qù Ōuzhōu liúxué.
나는 다음 달에 유럽으로 유학을 가려고 한다.

一定 yídìng 반드시 | 会 huì ~할 것이다 | 成功 chénggōng 성공하다 | 下 xià 다음 | 要 yào ~하려고 한다 | 欧洲 Ōuzhōu 유럽

4급
奖金
jiǎngjīn

명 상금, 상여금, 포상금

▶뜻밖에도 전교 1등을 해서 지앙진(奖金)을 받았다.

老师拿到了奖金，所以请我们吃饭。
Lǎoshī nádàole jiǎngjīn, suǒyǐ qǐng wǒmen chīfàn.
선생님이 상금을 받으셨다. 그래서 우리에게 식사하기를 청하셨다.

老师 lǎoshī 선생님 | 拿到 nádào 받다 | 所以 suǒyǐ 그래서 | 请 qǐng 청하다, ~하세요 | 吃饭 chīfàn 식사하다, 밥을 먹다

4급
解释
jiěshì

동 (원인, 이유 등을) 설명하다, 해석하다, 분석하다

▶이 설명서가 영어로 되어 있는데 좀 지에스(解释)해 주겠니?

这个问题老师向我解释了半天，我还是没听懂。
Zhège wèntí lǎoshī xiàng wǒ jiěshìle bàntiān, wǒ háishi méi tīngdǒng.
이 문제는 선생님이 나에게 한참 동안 설명했는데, 나는 여전히 알아듣지 못했다.

问题 wèntí 문제 | 向 xiàng ~에게 | 半天 bàntiān 한참 | 还是 háishi 여전히 | 听懂 tīngdǒng 알아듣다

> **출제 포인트** 다양한 뜻을 가진 解释
>
> 독해 문제에 종종 출제되는 解释는 다양한 뜻을 가지고 있다. '(어떤 이유에 대해) 해명하다, 변명하다'와 '(어떤 현상에 대해) 설명하다'의 뜻을 둘 다 가지고 있어, 앞뒤 문맥에 따라 그 뜻이 달라지므로 주의해야 한다.
>
> 예 解释误会 오해를 해명하다 / 解释原因 원인을 해명하다
>   难以解释 설명하기 어렵다 / 向……解释 ~에게 설명하다

3급
图书馆
túshūguǎn

명 도서관

▶학교 투슈관(图书馆)에서 책을 빌릴 땐 학생증이 꼭 필요해.

我要去图书馆还书。
Wǒ yào qù túshūguǎn huán shū.
나는 도서관에 가서 책을 반납하려고 한다.

要 yào ~하려고 하다 | 还 huán 반납하다 | 书 shū 책

3급
借
jiè

동 빌리다, 빌려 주다

▶나 대신 도서관에서 중국어 책 좀 찌에(借)해 줄 수 있니?

我从学校图书馆里借了一本书。
Wǒ cóng xuéxiào túshūguǎn li jièle yì běn shū.
나는 학교 도서관에서 책 한 권을 빌렸다.

从 cóng ~에서 | 学校 xuéxiào 학교 | 图书馆 túshūguǎn 도서관 | 里 li 안, 속 | 本 běn 권 반의 还 huán 반납하다, 돌아가다, 돌아오다

3급
还
huán

동 반납하다
동 갚다

▶도서관에서 빌린 책을 환(还)할 때는 기한을 넘기지 않도록 주의해.

我要去还书，今天是最后一天，今天必须还。
Wǒ yào qù huán shū, jīntiān shì zuìhòu yì tiān, jīntiān bìxū huán.
나는 책을 반납하러 가야 해. 오늘이 마지막 날이야. 오늘 반드시 반납해야 해.

要 yào ~해야 한다 | 今天 jīntiān 오늘 | 最后 zuìhòu 최후의, 맨 마지막의 | 必须 bìxū 반드시 ~해야 한다 반의 借 jiè 빌리다, 빌려 주다

출제 포인트 부사 还(hái), 동사 还(huán)

还 (hái)	[부사] '아직, 그럭저럭, 더' 등의 의미를 나타낸다. 예 还年轻 아직 젊다 / 还可以 그럭저럭 괜찮다 还要米饭 밥이 더 필요해
还 (huán)	[동사] '돌려주다, 갚다'의 의미로, 借와 반대의 의미를 갖는다. 돌려주는 대상을 뒤에 써서 '还给他(그에게 돌려주다)'라고도 자주 쓴다. 예 还书 책을 반납하다 / 还钱 돈을 돌려주다 ⇔ 借书 책을 빌리다 / 借钱 돈을 빌리다

4급
预习
yùxí

동 예습하다

▶내일 배울 내용을 미리 위씨(预习)하지 않으면 따라 가기 어려워.

我正在预习明天的数学课。
Wǒ zhèngzài yùxí míngtiān de shùxuékè.
나는 내일의 수학 수업을 예습하고 있다.

正在 zhèngzài (지금) ~하고 있다 | 明天 míngtiān 내일 | 数学课 shùxuékè 수학 수업 참고 复习 fùxí 복습하다

`4급`

猜
cāi

동 알아맞히다, 추측하다

▶자, 이 수수께끼의 정답을 모두 함께 차이(猜)해 보세요.

你猜猜我这次得了多少分。
Nǐ cāicai wǒ zhècì déle duōshao fēn.
내가 이번에 몇 점을 받았는지 알아맞혀 봐.

这次 zhècì 이번 | 得 dé 얻다, 획득하다 | 多少 duōshao 얼마, 몇 | 分 fēn 점

출제 포인트 A让B猜 +추측하는 내용(A가 B에게 ~을 맞히게 하다)

猜는 4급 쓰기 영역 2부분에 종종 출제되는 동사로, 다른 사람이 눈을 가리고 자신은 무언가를 만지고 있는 상황이나 뒤에 무언가를 감추고 추측하게 하는 사진이 주로 제시되었다.

`4급`

语法
yǔfǎ

명 어법

▶언어는 위파(语法)도 중요하지만, 실제로 말하는 것이 더 중요해.

王教授专门研究汉语语法。
Wáng jiàoshòu zhuānmén yánjiū Hànyǔ yǔfǎ.
왕 교수님은 중국어 어법을 전문적으로 연구하신다.

教授 jiàoshòu 교수 | 专门 zhuānmén 전문적으로, 오로지 | 研究 yánjiū 연구하다 | 汉语 Hànyǔ 중국어

`3급`

试
shì

동 시험 삼아 해 보다, 시험하다

▶이번 시험은 부담 갖지 말고 그냥 한번 스(试)해 보렴.

你试一试这个学习的方法吧。
Nǐ shì yi shì zhège xuéxí de fāngfǎ ba.
너는 이 공부하는 방법을 한번 시도해 봐.

学习 xuéxí 공부하다 | 方法 fāngfǎ 방법

출제 포인트 듣기 영역 빈출 키워드 试

试는 3급과 4급 듣기 문제에 종종 등장하는 어휘로, 주로 옷을 구매하는 상황에 나온다. '옷을 입어 보다'라는 의미의 试衣服, 목적어 없이 '试试(좀 입어 보다)', '可以试一下吗?(한번 입어 봐도 되나요?)'의 문장으로도 많이 출제된다.

4급
硕士
shuòshì

명 석사 (학위)

▶ 나는 경영학 슈어스(硕士) 학위를 가지고 있다.

他硕士和博士都是在我们学校读的。
Tā shuòshì hé bóshì dōu shì zài wǒmen xuéxiào dú de.
그의 석사와 박사는 모두 우리 학교에서 공부한 것이다.

博士 bóshì 박사 (학위) | 都 dōu 모두, 다 | 在 zài ~에서 | 学校 xuéxiào 학교 | 读 dú 공부하다

4급
答案
dá'àn

명 답, 답안, 해답

▶ 방금 푼 문제의 다안(答案)은 책 맨 뒤에 나와 있습니다.

这道题的答案好像错了。
Zhè dào tí de dá'àn hǎoxiàng cuò le.
이 문제의 답은 틀린 것 같다.

道 dào 명령이나 문제 등을 세는 단위 | 题 tí 문제 | 好像 hǎoxiàng 마치 ~인 것 같다 | 错 cuò 틀리다

4급
合格
hégé

형 합격하다

▶ 나는 이번에 3개의 면접에 모두 허거(合格)했어!

我考试终于合格了。
Wǒ kǎoshì zhōngyú hégé le.
나는 시험에 마침내 합격했다.

考试 kǎoshì 시험 | 终于 zhōngyú 마침내

> **유의어 비교** 合格 vs 及格
>
> 두 단어 다 '합격하다'의 뜻으로 해석은 같지만, 기준과 쓰임이 달라서 바꿔 쓸 수 없다.
>
> **合格** | '요구하는 기준에 부합하다'는 의미로, 그 기준이 높다.
> 예 **合格**产品 합격 상품 / 质量**合格** 품질이 규격에 맞다
> **合格**的妈妈 자격이 되는 엄마 / 60分**合格** (×)
>
> **及格** | 최소한의 기준을 넘은 것을 나타낸다.
> 예 考试**及格** 시험에 합격하다
> 60分**及格** 60점이 합격이다
> **及格**产品 (×)

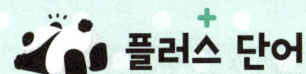 **플러스 단어**

고득점 합격이 목표라면 플러스단어까지 학습해 보세요.

공부

选课	xuǎnkè 수강 신청을 하다	奖学金	jiǎngxuéjīn 장학금
学分	xuéfēn 학점	复读	fùdú 재수하다
满分	mǎnfēn 만점	自习	zìxí 자습하다
用功	yònggōng 열심히 공부하다	打起	dǎqǐ 분발하다
尽力	jìnlì 온 힘을 다하다	报告	bàogào 리포트, 보고서
熬夜	áoyè 밤새다	目标	mùbiāo 목표
刻苦	kèkǔ 노고를 아끼지 않다	背	bèi 암기하다, 외우다
勤奋	qínfèn 부지런하다	课文	kèwén (교과서 중의) 본문
及格	jígé 합격하다	托福	tuōfú 토플
开夜车	kāi yèchē 밤을 새워 공부하다	托业	tuōyè 토익

데일리 테스트

고생하셨어요! QR코드를 스캔해 데일리 테스트를 풀어 보며 오늘 학습을 마무리해 보세요.

DAY 15
소개하기

HSK 3급, 4급 30일 합격 프로젝트

★ HSK 시험에 이렇게 나와요.
누군가를 소개하는 내용은 듣기 문제에 가장 많이 나옵니다. 독해 부분의 옳고 그름을 판단하는 문제에도 종종 등장합니다. 무엇을 소개하고 있는지, 어떤 정보를 말하는지 파악하는 것이 중요합니다.

음원 듣기

名字	年龄	优点	特点	介绍
míngzi	niánlíng	yōudiǎn	tèdiǎn	jièshào
명 이름	명 나이, 연령, 연세	명 장점	명 특징, 특색	동 소개하다

암기 영상

2급
介绍
jièshào

동 소개하다

▶ 새 학기가 시작되면 서로 자기를 찌에샤오(介绍)하지요.

我来介绍一下，这是我丈夫。
Wǒ lái jièshào yíxià, zhè shì wǒ zhàngfu.

제가 소개 좀 하겠습니다. 이 사람은 저의 남편입니다.

来 lái 다른 동사 앞에 쓰여 어떤 일을 하려는 것을 나타냄 | 一下 yíxià 동사 뒤에 쓰여 '좀 ~하다'의 뜻을 나타냄 | 丈夫 zhàngfu 남편

출제 포인트 전 영역 빈출 키워드 **介绍**

介绍는 '소개하다'라는 뜻으로, 3급과 4급 전 영역에 자주 등장하는 단어이다. 문장의 주요 내용에 많이 쓰이므로, 자주 쓰이는 패턴 [给/向A介绍B(A에게 B를 소개하다)]과 [把A介绍给B(A를 B에게 소개하다)]를 익혀 두면 문제 풀이에 많은 도움이 될 것이다.

예 做一个自我介绍 자기 소개를 좀 해 보다

1급
叫
jiào

동 (~라고) 부르다

▶ 너희 집 강아지는 뭐라고 찌아오(叫)하니?

我叫小李。
Wǒ jiào Xiǎo Lǐ.

저는 샤오 리라고 합니다.

1급
名字
míngzi

명 이름

▶ 사원증에는 밍즈(名字)가 적혀 있어.

你叫什么名字？
Nǐ jiào shénme míngzi?

당신은 이름이 무엇입니까?

什么 shénme 무슨

2급
姓
xìng

동 성이 ~이다

▶ 나는 한국에서 가장 보편적인 씽(姓)인 김씨야.

我的老师姓南。
Wǒ de lǎoshī xìng Nán.

저의 선생님은 남씨입니다.

老师 lǎoshī 선생님 | 南 Nán 남(성씨)

1급
是
shì
동 ~이다, ~입니다

▶ 这(이 사람) + 是(~이다) + 哥哥(오빠/형) = 이 사람은 오빠(형)이다.

这是你的哥哥吗?
Zhè shì nǐ de gēge ma?
이 사람이 당신의 오빠예요?

哥哥 gēge 오빠, 형

2급
对
duì
형 맞다, 옳다
개 ~에게, ~에 대하여
양 짝, 쌍

▶ 对(~에게) + 我(나) + 很好(좋다) = 나에게 잘해 준다

他说的答案是对的。
Tā shuō de dá'àn shì duì de.
그가 말한 답이 맞아.

妈妈对我很好。
Māma duì wǒ hěn hǎo.
어머니는 저에게 매우 잘해 줍니다.

桌子上放着一对杯子。
Zhuōzi shang fàngzhe yí duì bēizi.
책상 위에 컵 한 쌍이 놓여 있습니다.

答案 dá'àn 답, 답안 | 妈妈 māma 엄마 | 好 hǎo 좋다 | 桌子 zhuōzi 탁자, 테이블 | 上 shang ~ 위에 | 放 fàng 놓다 | 着 zhe ~해 있다 | 杯子 bēizi 컵

4급
对于
duìyú
개 ~에 대해서, ~에 대하여

▶ 对于(~에 대해서) + ~事情(~하는 일) = ~하는 일에 대해서

对于自己想做的事情，一定要坚持下去。
Duìyú zìjǐ xiǎng zuò de shìqing, yídìng yào jiānchí xiàqu.
자신이 하고 싶어 하는 일에 대해서는 반드시 견지해 나가야 합니다.

自己 zìjǐ 자신 | 想 xiǎng ~하고 싶다 | 做 zuò 하다 | 事情 shìqing 일 | 一定 yídìng 반드시 | 要 yào ~해야 한다 | 坚持 jiānchí 견지하다 | 下去 xiàqu 동사 뒤에 쓰여, 지금부터 계속 지속됨을 나타냄

4급
挺
tǐng
- 부 매우, 꽤, 제법

▶ 그 친구 옷 스타일이 팅(挺) 세련돼 보이더라!

她的男朋友挺帅的。
Tā de nánpéngyou tǐng shuài de.
그녀의 남자친구는 매우 잘생겼다.

男朋友 nánpéngyou 남자친구 | **帅** shuài 잘생기다

1급
岁
suì
- 양 살, 세 (나이를 세는 단위)

▶ 우리 동생은 올해 8쑤이(岁)로 초등학교에 입학해.

你女儿几岁了？
Nǐ nǚ'ér jǐ suì le?
당신의 딸은 몇 살이 되었습니까?

女儿 nǚ'ér 딸

1급
小
xiǎo
- 형 작다
- 형 (나이가) 어리다

▶ 방이 씨아오(小)해도 있을 건 다 있으니 걱정 마.

女儿的房间很小。
Nǚ'ér de fángjiān hěn xiǎo.
딸의 방은 매우 작습니다.

她的年龄很小。
Tā de niánlíng hěn xiǎo.
그녀의 나이는 매우 어리다.

女儿 nǚ'ér 딸 | **房间** fángjiān 방 | **年龄** niánlíng 나이
반의 **大** dà (부피·면적 등이) 크다, 넓다 / (나이가) 많다

유의어 비교   小 vs 少

글자와 발음이 비슷하여 헷갈리지만, 한국어와 쓰임이 달라 주의하지 않으면 잘못 쓸 가능성이 크다. 그 쓰임에 주의하자.

| 小 | ① (부피, 면적, 수량, 역량, 강도 등이) 작다(⇔ 大) |

예 **声音小** 소리가 작다

② (나이가) 어리다

예 **比我小** 나보다 어리다

| 少 | (양이) 적다(⇔ 多) |

예 **我认识的字比妈妈少得多。**
내가 알고 있는 글자는 엄마보다 훨씬 적다

少吃一口 한입 적게 먹다

1급

大
dà

- 형 (부피·면적 등이) 크다, 넓다
- 형 (나이가) 많다

▶ 난 우리 3남매 중 가장 나이가 따(大)해.

我的家很大。 저의 집은 매우 큽니다.
Wǒ de jiā hěn dà.

你孩子多大了？ 당신의 아이는 몇 살이 되었습니까?
Nǐ háizi duō dà le?

家 jiā 집 | 孩子 háizi 아이 | 多 duō 얼마나(의문문에 쓰여 정도를 나타냄)
반의 小 xiǎo 작다 / (나이가) 어리다

유의어 비교	大 vs 多
大	(부피, 면적, 힘 등이) 크다, (나이, 수량, 변화 등이) 많다
	예 下得很大 (비가) 세게 내리다
	比我大 나보다 나이가 많다 / 变化大 변화가 많다
多	(수량이) 많다
	예 钱很多 돈이 많다 / 多吃点儿 많이 좀 먹어

2급

最
zuì

- 부 가장, 제일

▶ 너의 쭈이(最) 친한 친구는 누구니?

我最喜欢踢足球。
Wǒ zuì xǐhuan tī zúqiú.
저는 축구 하는 것을 가장 좋아합니다.

喜欢 xǐhuan 좋아하다 | 踢足球 tī zúqiú 축구 하다

3급

照顾
zhàogù

- 동 보살피다, 돌보다

▶ 같은 반 친구들끼리는 서로 잘 쟈오꾸(照顾)해 주세요.

李老师很照顾她的学生。
Lǐ lǎoshī hěn zhàogù tā de xuésheng.
리 선생님은 그녀의 학생을 매우 잘 보살핀다.

老师 lǎoshī 선생님 | 学生 xuésheng 학생

출제 포인트	듣기 빈출 키워드 照顾

照顾는 듣기 문제에 자주 나오는 어휘로, 누군가를 돌본다는 내용과 함께 꼭 나오는 단어 중 하나이다. 따라서 전체 내용을 파악하기 위해서는 반드시 알아야 한다.

예 你要好好照顾孩子。 당신은 아이를 잘 돌봐 주어야 한다.

孩子 háizi
2급
명 아이

▶ 우리 언니는 결혼해서 3명의 하이즈(孩子)를 낳았어.

我孩子3岁了。
Wǒ háizi sān suì le.
저의 아이는 3살이 되었습니다.

岁 suì 살, 세(연령을 세는 단위)

年轻 niánqīng
3급
형 젊다, 어리다

▶ 그는 축구팀에서 혼자 대학생이야. 가장 니엔칭(年轻)하지.

我要给大家介绍一位年轻的新同事。
Wǒ yào gěi dàjiā jièshào yí wèi niánqīng de xīn tóngshì.
저는 여러분에게 젊은 새로운 동료를 한 분 소개하려고 합니다.

要 yào ~하려고 하다 | 给 gěi ~에게 | 大家 dàjiā 모두, 다들 | 位 wèi 분, 명(공경의 뜻을 내포함) | 新 xīn 새롭다

幸福 xìngfú
4급
명 행복
형 행복하다

▶ 어느 누구도 씽푸(幸福)의 기준을 정할 순 없어.

钱并不是判断幸福的标准。
Qián bìng bú shì pànduàn xìngfú de biāozhǔn.
돈은 결코 행복을 판단하는 기준이 아니다.

我的生活很幸福。 나의 생활은 매우 행복하다.
Wǒ de shēnghuó hěn xìngfú.

钱 qián 돈 | 并 bìng 결코, 전혀 | 判断 pànduàn 판단하다 | 标准 biāozhǔn 기준 | 生活 shēnghuó 생활

来自 láizì
4급
동 ~로부터 오다, ~에서 나오다

▶ 세계 각국에서 라이쯔(来自)한 유학생 여러분 환영합니다!

我来自一个美丽的南方城市。
Wǒ láizì yí ge měilì de nánfāng chéngshì.
저는 아름다운 남방의 도시에서 왔습니다.

美丽 měilì 아름답다 | 南方 nánfāng 남방 | 城市 chéngshì 도시

> **출제 포인트** 来自+장소(~로부터 오다)
>
> '~에서 오다'라는 뜻의 来自는 독해 문제에 주로 많이 출제되는데, 뒤에 지역이 나온다. 또한 4급 쓰기에도 어순 배열 문제로 종종 나오기 때문에 정확한 품사와 위치를 파악해야 한다.

소개하기

3급

相信
xiāngxìn

동 믿다, 신임하다, 신뢰하다

▶그는 우리 팀의 에이스야. 그를 시앙씬(相信)해 봐.

相信你一定会喜欢我给你介绍的男朋友。
Xiāngxìn nǐ yídìng huì xǐhuan wǒ gěi nǐ jièshào de nánpéngyou.

너는 분명 내가 너에게 소개한 남자 친구를 좋아할 거라고 믿어.

一定 yídìng 반드시 | 会 huì ~할 것이다 | 喜欢 xǐhuan 좋아하다 | 给 gěi ~에게 | 介绍 jièshào 소개하다 | 男朋友 nánpéngyou 남자 친구

반의 怀疑 huáiyí 의심하다

3급

像
xiàng

동 닮다, 같다, 비슷하다

▶너희는 자매지만 정말 쌍둥이처럼 씨앙(像)하구나!

我长得很像我的爸爸。
Wǒ zhǎng de hěn xiàng wǒ de bàba.

나는 생김새가 우리 아버지와 매우 닮았다.

长 zhǎng 생기다, 나다 | 爸爸 bàba 아빠

1급

谁
shéi

대 누구

▶자, 다음은 셰이(谁)가 소개할 차례니?

这是谁的房间？
Zhè shì shéi de fángjiān?

이것은 누구의 방이에요?

房间 fángjiān 방

3급

如果
rúguǒ

접 만약, 만일

▶하지만 루구어(如果) 내가 너라면 더 이상 고민하지 않겠어.

如果你有哥哥，给我介绍介绍吧。
Rúguǒ nǐ yǒu gēge, gěi wǒ jièshào jièshào ba.

만약 당신에게 오빠가 있다면, 저에게 한번 소개해 주세요.

有 yǒu 있다 | 哥哥 gēge 오빠 | 给 gěi ~에게

출제 포인트 如果+가정, 就+결과(만약 ~한다면, ~할 것이다)

如果는 가정을 나타내는 접속사로, 문장의 순서를 배열하는 문제에 빈번하게 등장하고 있다.

예 如果下雪，我就不去了。 만약 눈이 온다면, 나는 안 갈 거야.

4급

只要
zhǐyào

[접] ~하기만 하면

▶ 只要(~하기만 하면) + 坚持锻炼(단련을 계속하다) = 단련을 계속하기만 하면

只要坚持锻炼，就会瘦下来。
Zhǐyào jiānchí duànliàn, jiù huì shòu xiàlai.

단련(운동)을 계속하기만 하면, 살이 빠질 것이다.

坚持 jiānchí 어떤 상태나 행위를 계속하다 | 锻炼 duànliàn 단련하다 | 就 jiù ~면, ~이면 | 瘦 shòu 마르다, 여위다 | 下来 xiàlai 형용사 뒤에 쓰여, 어떤 상태가 나타나서 계속 발전되어 감을 나타냄

출제 포인트 只要A就B (A(조건)가 충족되기만 하면, 바로 B(결과)하다)

이때 'B(결과)'는 비교적 실현되기 어려운 것으로, 그 결과를 강조한다.

예 **只要坚持锻炼身体，身体就会更健康。**
　　신체 단련을 계속하기만 하면, 몸이 더 건강해질 것이다.

3급

为
wèi

[개] ~에게, ~을 위해

▶ 为(~에게) + 你(너) + 介绍(소개하다) = 너에게 소개하다

他是我的同事，下次为你介绍吧。
Tā shì wǒ de tóngshì, xiàcì wèi nǐ jièshào ba.

그는 저의 동료입니다, 다음에 당신에게 소개할게요.

同事 tóngshì 동료 | 下次 xiàcì 다음번 | 介绍 jièshào 소개하다

2급

但是
dànshì

[접] 하지만, 그러나

▶ 모두들 자기 소개를 잘했어. 딴스(但是) 나는 너무 긴장해서 잘 못 했어.

我喜欢踢足球，但是弟弟不喜欢。
Wǒ xǐhuan tī zúqiú, dànshì dìdi bù xǐhuan.

저는 축구 하는 것을 좋아합니다. 하지만 남동생은 좋아하지 않습니다.

踢足球 tī zúqiú 축구를 하다 | 弟弟 dìdi 남동생

출제 포인트 집중해야 하는 키워드 但是

但是는 '역접', '전환'의 의미를 나타내는 접속사이다. 듣기 영역에서 이 단어가 들리면 뒤에 중요한 핵심 내용이 나온다는 걸 알아채야 한다. 뒤의 내용을 더 주의해서 들으면 앞쪽 내용을 놓쳤더라도 답을 찾는 데 도움이 된다.

예 **虽然学汉语有点儿难，但是很有意思。**
　　비록 중국어 공부하는 것이 조금 어렵지만, 그러나 매우 재미있다.

4급

可是
kěshì

접 하지만, 그러나, 그렇지만

▶ 프레젠테이션은 정말 긴장돼. 커스(可是) 피할 수 없어.

这是我姐姐，可是我们长得一点儿也不像。
Zhè shì wǒ jiějie, kěshì wǒmen zhǎng de yìdiǎnr yě bú xiàng.
이 사람은 저의 누나예요. 하지만 우리는 생긴 것이 조금도 닮지 않았어요.

姐姐 jiějie 누나, 언니 | 长 zhǎng 생기다 | 一点儿 yìdiǎnr 조금, 약간 | 像 xiàng 닮다

4급

于是
yúshì

접 그래서, 이리하여

▶ 새학기에는 서로들 잘 모르잖아. 위스(于是) 소개가 필요해.

我喜欢教别人，于是当了老师。
Wǒ xǐhuan jiāo biéren, yúshì dāngle lǎoshī.
저는 다른 사람을 가르치는 것을 좋아합니다. 그래서 선생님이 되었습니다.

喜欢 xǐhuan 좋아하다 | 教 jiāo 가르치다, 전수하다 | 别人 biéren 남, 타인 | 当 dāng ~가 되다 | 老师 lǎoshī 선생님

> **유의어 비교** 于是 vs 所以
>
> 두 단어 모두 '그래서'라고 해석하지만, 서로 바꿔 쓸 수는 없다.
>
> **于是** 앞뒤 행동이 밀접하게 발생하는 문장에서 앞의 상황으로 인해 일어나는 일을 나타내므로, 앞절에는 절대 쓰이지 않는다.
>
> 예 **会议提前到三点开始，于是我只好打车去公司。**
> 회의가 3시로 앞당겨 시작한다고 해서, 나는 어쩔 수 없이 택시를 타고 회사에 갔다.
>
> **所以** 앞절의 원인에 대한 결과를 나타내고, 자주 因为나 由于와 호응하여 쓰인다. 도치하여 문장 맨 앞에 쓰일 수도 있다.
>
> 예 **因为我不喜欢这条裤子，所以从来没穿过。**
> 나는 이 바지를 좋아하지 않기 때문에, 그래서 여태껏 입어 본 적이 없다.
>
> [之所以A(결과), 是因为B(원인)]
>
> 예 **他的身体之所以很健康，是因为经常运动。**
> 그의 몸이 건강한 것은 자주 운동을 하기 때문이다.

4급

内容
nèiróng

명 내용

▶ 그 책의 주요 네이롱(内容)을 알려 주겠니?

这本书的内容很有趣，你可以看看。
Zhè běn shū de nèiróng hěn yǒuqù, nǐ kěyǐ kànkan.
이 책의 내용은 매우 재미있어요. 한번 보세요.

本 běn 권 | 书 shū 책 | 有趣 yǒuqù 재미있다 | 可以 kěyǐ ~할 수 있다 | 看 kàn 보다

4급

特点
tèdiǎn

명 특징, 특색

▶ 저 친구의 터디엔(特点)은 뭐야?

说一下你的性格特点。
Shuō yíxià nǐ de xìnggé tèdiǎn.
당신 성격의 특징을 좀 말해 보세요.

说 shuō 말하다 | 一下 yíxià 동사 뒤에 쓰여 '좀 ~하다'의 뜻을 나타냄 | 性格 xìnggé 성격

4급

重新
chóngxīn

부 다시, 재차

▶ 전학생이 왔으니 모두 충신(重新) 자기 소개를 하자.

我要重新考虑一下结婚的事。
Wǒ yào chóngxīn kǎolǜ yíxià jiéhūn de shì.
나는 결혼하는 일을 다시 좀 생각해 보려고 한다.

要 yào ~하려고 하다 | 考虑 kǎolǜ 고려하다 | 结婚 jiéhūn 결혼하다 | 事 shì 일

4급

继续
jìxù

동 계속하다, 끊임없이 하다

▶ 누가 뭐라 하든지 나는 지쒸(继续) 내 길을 가겠어.

我打算大学毕业后，继续读研究生。
Wǒ dǎsuàn dàxué bìyè hòu, jìxù dú yánjiūshēng.
나는 대학 졸업 후, 계속해서 석사 과정을 공부할 계획이다.

打算 dǎsuàn ~하려고 하다 | 大学 dàxué 대학 | 毕业 bìyè 졸업하다 | 后 hòu 후, 뒤 | 读 dú 공부하다 | 研究生 yánjiūshēng 대학원생

소개하기

4급
年龄
niánlíng

명 나이, 연령, 연세

▶ 내가 중학생 때 동생이 태어났어. 니엔링(年龄) 차이가 제법 크지.

我和那个男人的年龄差不多。
Wǒ hé nàge nánrén de niánlíng chàbuduō.
저는 그 남자의 나이와 비슷합니다.

男人 nánrén 남자 | 差不多 chàbuduō 비슷하다

4급
优点
yōudiǎn

명 장점

▶ 자기 소개서에 네 여우디엔(优点)을 잘 살려서 적어 보렴.

请你谈谈自己的优点和工作经历吧。
Qǐng nǐ tántan zìjǐ de yōudiǎn hé gōngzuò jīnglì ba.
자신의 장점과 업무 경험을 이야기해 보세요.

请 qǐng (상대가 어떤 일을 하기 바라는 의미로) ~하세요 | 谈 tán 이야기 하다 | 自己 zìjǐ 자신 | 工作 gōngzuò 업무 | 经历 jīnglì 경험
반의 缺点 quēdiǎn 결점, 단점

4급
好处
hǎochù

명 이로운 점, 장점

▶ 새로 사귄 친구는 어떤 하오츄(好处)가 있니?

人们往往认为紧张只有坏处没有好处。
Rénmen wǎngwǎng rènwéi jǐnzhāng zhǐ yǒu huàichù méiyǒu hǎochù.
사람들은 종종 긴장하는 것이 나쁜 점만 있고 좋은 점은 없다고 생각한다.

人们 rénmen 사람들 | 往往 wǎngwǎng 종종, 자주 | 认为 rènwéi 생각하다 | 紧张 jǐnzhāng 긴장하다 | 只 zhǐ 오직, 단지 | 坏处 huàichù 나쁜 점, 결점
반의 坏处 huàichù 결점, 나쁜 점

유의어 비교 优点 vs 好处

优点 장점 = 好处、长处 ⇔ 缺点
　예 **这是他的优点。** 이것은 그의 장점이다.

好处 좋은 점, 이득 ⇔ 坏处
　예 **对身体没有好处。** 건강에 좋은 점이 없다.
　　 得到好处 이득을 얻다

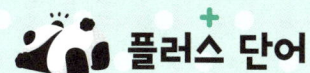 **플러스 단어**

고득점 합격이 목표라면 플러스단어까지 학습해 보세요.

소개

高富帅 gāofùshuài 엄친아
白富美 báifùměi
피부 하얗고 돈 많고 예쁜 여자
暖男 nuǎnnán 훈남
外向 wàixiàng 외향적이다
内向 nèixiàng 내성적이다
人际关系 rénjì guānxì
대인 관계
好奇心 hàoqíxīn 호기심
气质 qìzhì 기질
宅男 zháinán
히키코모리 남성 (은둔형 외톨이)
宅女 zháinǚ 히키코모리 여성
才华 cáihuá 재능, 재주
智商 zhìshāng 지능지수(IQ)

情商 qíngshāng
사람의 정서와 사회에 대한 적응 능력 (EQ)
食草男 shícǎonán
초식남(온화하고 행동거지에 교양이 있으며 이성과의 교류가 활발하지만, 모호한 관계를 유지한 채 발전시키지 못하는 남성)
纯爷们儿 chúnyémenr 상남자
拜金女 bàijīnnǚ
물질을 중시하는 여성을 일컫는 말
妈宝男 māBǎonán 마마보이
闺蜜 guīmì
여자끼리 아주 가까운 친구
哥们儿 gēmenr
형제 같은 친구, 둘도 없는 친구
富二代 fù'èrdài 재벌 2세

데일리 테스트

고생하셨어요! QR코드를 스캔해 데일리 테스트를 풀어 보며 오늘 학습을 마무리해 보세요.

단어 FAQ

HSK 빈출 접속사 구문

如果A就B / 只要A就B

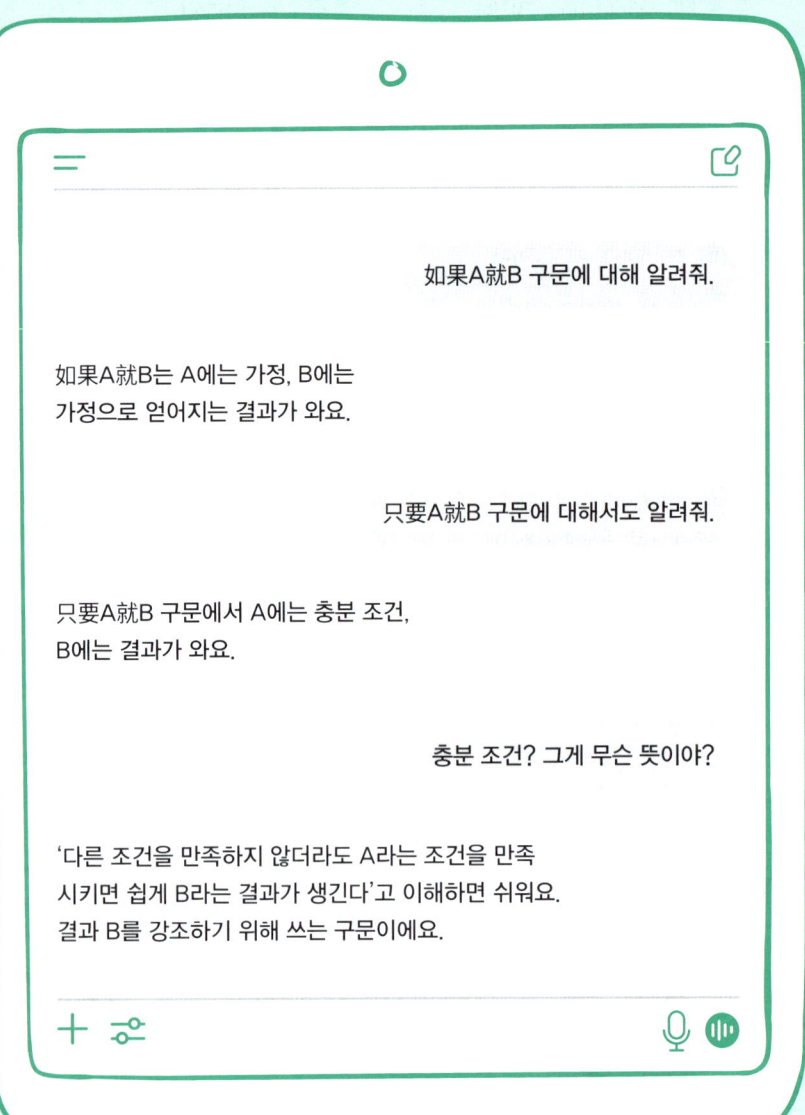

如果A就B 구문에 대해 알려줘.

如果A就B는 A에는 가정, B에는 가정으로 얻어지는 결과가 와요.

只要A就B 구문에 대해서도 알려줘.

只要A就B 구문에서 A에는 충분 조건, B에는 결과가 와요.

충분 조건? 그게 무슨 뜻이야?

'다른 조건을 만족하지 않더라도 A라는 조건을 만족시키면 쉽게 B라는 결과가 생긴다'고 이해하면 쉬워요. 결과 B를 강조하기 위해 쓰는 구문이에요.

HSK 1~4급 시험 대비용으로 정리해 줘.

물론이죠.
간단히 표로 정리하면,

	如果A就B rúguǒ A jiù B	只要A就B zhǐyào A jiù B
의미	만약 A라면 B일 것이다	A하기만 하면 B이다
A, B 관계	가설 관계	조건 관계
어법 포인트	조건적 결과 (보통 상황)	A만 충족하면 B는 확정

HSK 4급 빈출 문장으로 예시를 들자면,

如果明天下雨，我们就不去爬山了。
Rúguǒ míngtiān xiàyǔ, wǒmen jiù bú qù páshān le.
만약 내일 비가 온다면 우리는 등산하러 가지 않을 것이다.

只要你努力，就一定能成功。
Zhǐyào nǐ nǔlì, jiù yídìng néng chénggōng.
네가 노력하기만 하면 반드시 성공할 수 있다.

DAY 16
감정 표현하기

HSK 3급, 4급 30일 합격 프로젝트

★ HSK 시험에 이렇게 나와요.
감정 표현은 듣기와 독해, 작문 전 영역에 고루 등장하는 테마입니다. 주로 형용사와 심리활동 동사가 쓰이므로 품사를 구분하고, 함께 쓰이는 주어를 잘 파악해야 합니다.

음원 듣기

害怕 하이파

吃惊 츠징

紧张 진쟝

高兴 까오싱

愉快 위콰이

암기 영상

害怕
hàipà
동 무서워하다, 겁내다

吃惊
chījīng
동 놀라다

紧张
jǐnzhāng
형 (정신적으로) 긴장해 있다

愉快
yúkuài
형 유쾌하다, 기쁘다

高兴
gāoxìng
형 기쁘다

1급

高兴
gāoxìng

형 기쁘다

▶ 엄마가 생일 선물로 인형을 사 주셔서 정말 까오씽(高兴)해!

认识你我也很高兴。
Rènshi nǐ wǒ yě hěn gāoxìng.
당신을 알게 되어 저도 매우 기쁩니다.

认识 rènshi 알다, 인식하다 | 也 yě ~도
유의 开心 kāixīn 즐겁다, 기쁘다, 유쾌하다

4급

开心
kāixīn

형 즐겁다, 기쁘다, 유쾌하다

▶ 오늘 친구들과 놀이동산에 가게 되어 매우 카이신(开心)해요.

我觉得和同学们一起聚会非常开心。
Wǒ juéde hé tóngxuémen yìqǐ jùhuì fēicháng kāixīn.
저는 동창들과 함께 모이는 것이 매우 즐겁다고 생각합니다.

觉得 juéde ~라고 생각하다 | 和 hé ~와, ~과 | 同学 tóngxué 동창, 학우 | 一起 yìqǐ 같이, 함께 | 聚会 jùhuì (한데) 모이다 | 非常 fēicháng 매우, 아주
유의 高兴 gāoxìng 기쁘다

유의어 비교   高兴 vs 开心

두 단어 모두 즐겁고 기쁜 기분을 나타내며, 대부분 바꿔서 쓸 수 있다.

高兴 일반적으로 '기쁘다'라는 뜻으로 쓰이며, 동사 앞에 쓰여 '~하기를 좋아하다'라는 의미도 나타낸다.
예 认识你很高兴。너를 알게 되어 기쁘다.
你高兴干什么就干什么。네가 좋아하는 것을 해라.

开心 '즐겁다'라는 뜻을 나타내며, [拿 + 사람 + 开心] 패턴으로 쓰이면 '~를 놀리다'라는 의미가 된다.
예 聊得很开心。즐겁게 이야기하다.
别拿我开心了。나를 놀리지 마세요.

3급

满意
mǎnyì

형 만족하다, 만족스럽다, 흡족하다

▶ 그의 보고서를 본 사장님은 아주 만이(满意)했다.

他对自己画的画儿总是不满意。
Tā duì zìjǐ huà de huàr zǒngshì bù mǎnyì.
그는 자신이 그린 그림에 대해 항상 만족하지 않는다.

对 duì ~에 대하여 | 自己 zìjǐ 자신 | 画 huà 그림(을 그리다) | 总是 zǒngshì 항상, 늘
유의 得意 déyì 대단히 만족하다, 득의하다

4급

愉快
yúkuài

형 유쾌하다, 기쁘다, 즐겁다

▶ 그는 참 위콰이(愉快)한 사람이야. 같이 있으면 즐거워.

学习汉语让我心情很愉快。
Xuéxí Hànyǔ ràng wǒ xīnqíng hěn yúkuài.
중국어를 배우는 것은 나의 기분을 매우 유쾌하게 만든다.

学习 xuéxí 배우다 | 汉语 Hànyǔ 중국어 | 让 ràng ~하게 하다 | 心情 xīnqíng 기분, 심정

유의 快乐 kuàilè 즐겁다, 기쁘다

2급

快乐
kuàilè

형 즐겁다, 기쁘다

▶ 당신이 승진했다니 제가 더 콰이러(快乐)하네요!

今天我们玩儿得很快乐。
Jīntiān wǒmen wánr de hěn kuàilè.
오늘 우리는 매우 즐겁게 놀았다.

今天 jīntiān 오늘 | 玩(儿) wán(r) 놀다, 즐기다

유의 愉快 yúkuài 기쁘다, 유쾌하다, 즐겁다

유의어 비교　快乐 vs 愉快

둘 다 '즐겁다'는 의미로 대부분 서로 바꿔 쓸 수 있지만, 언어 습관상 주로 쓰이는 표현이 따로 있으므로, 아래 표현들을 익혀 두자.

快乐	生日快乐 생일 축하해 / 圣诞节快乐 메리 크리스마스 周末快乐 주말 즐겁게 보내 / 心情快乐 (×)
愉快	过得愉快 즐겁게 보내다 / 心情愉快 기분이 즐겁다 周末愉快 주말 즐겁게 보내 / 生日愉快 (×)

3급

担心
dānxīn

동 걱정하다, 염려하다

▶ 엄마 너무 딴씬(担心)하지 마세요. 다치지 않게 조심할게요.

我很担心妈妈的健康。
Wǒ hěn dānxīn māma de jiànkāng.
나는 어머니의 건강이 매우 걱정된다.

妈妈 māma 엄마 | 健康 jiànkāng 건강

반의 放心 fàngxīn 안심하다

출제 포인트　전 영역 빈출 키워드 担心

担心은 '别担心(걱정하지 마세요)', '为……~担心(~때문에 걱정하다)', '让你担心了(당신에게 걱정을 끼쳤다)' 등의 표현으로 HSK 시험 전 영역에 두루 출제되니 반드시 숙지하도록 하자.

3급
害怕
hàipà
- 동 무서워하다, 겁내다, 두려워하다

▶우리 엄마는 고양이를 하이파(害怕)해!

看了这个电影，我觉得很害怕。
Kànle zhège diànyǐng, wǒ juéde hěn hàipà.
이 영화를 보고 나니, 나는 매우 무섭다.

看 kàn 보다 | 电影 diànyǐng 영화 | 觉得 juéde ~라고 생각하다

4급
吃惊
chījīng
- 동 놀라다

▶갑자기 땅이 흔들려서 정말 츠징(吃惊)했어.

他的话让我很吃惊。
Tā de huà ràng wǒ hěn chījīng.
그의 말은 나로 하여금 매우 놀라게 했다.

话 huà 말 | 让 ràng ~하게 하다

3급
哭
kū
- 동 (소리 내어) 울다

▶아이는 엄마가 혼을 내자 큰 소리로 쿠(哭)했다.

你先别哭，慢慢儿说。
Nǐ xiān bié kū, mànmānr shuō.
넌 일단 울지 말고, 천천히 말해.

先 xiān 우선, 먼저 | 别 bié ~하지 마라 | 慢慢儿 mànmānr 천천히 | 说 shuō 말하다

3급
容易
róngyì
- 형 쉽다, 용이하다

▶고등학생이 보기에 초등학교 수학 문제는 아주 룽이(容易)해.

他很容易对别人生气。
Tā hěn róngyì duì biérén shēngqì.
그는 다른 사람에게 쉽게 화를 낸다.

对 duì ~에게 | 别人 biérén 다른 사람 | 生气 shēngqì 화내다

3급
难
nán
- 형 어렵다, 힘들다, 곤란하다

▶수학 시험이 너무 난(难)해서 성적이 걱정돼.

让她满意非常难。
Ràng tā mǎnyì fēicháng nán.
그녀를 만족시키는 것은 매우 어렵다.

满意 mǎnyì 만족하다, 만족스럽다 | 非常 fēicháng 매우, 아주
반의 容易 róngyì 쉽다

감정 표현하기 173

4급

激动
jīdòng

동 흥분하다, 감격하다, 감동하다

▶ 신랑의 편지를 읽고, 신부는 정말 지둥(激动)했다.

一个人去旅游又紧张又激动。
Yí ge rén qù lǚyóu yòu jǐnzhāng yòu jīdòng.
혼자서 여행을 가는 것은 긴장되기도 하고 흥분되기도 한다.

旅游 lǚyóu 여행하다 | 又 yòu 또한 | 紧张 jǐnzhāng 긴장되다
반의 冷静 lěngjìng 냉정하다, 침착하다

| 출제 포인트 | 4급 쓰기 영역 빈출 제시어 激动 |

激动은 4급 쓰기 영역 2부분에 종종 제시어로 출제되는 어휘로, 흥분된 상황이나 상태를 나타낸다. '感情激动(감정이 격해지다)', '心情激动(마음이 흥분하다)', '激动地说(흥분해서 말하다)' 등으로 자주 쓰인다.

4급

感动
gǎndòng

동 감동하다, 감동되다, 감격하다

▶ 엄마는 우리의 깜짝 생일파티에 간둥(感动)하셨다.

我被他的话深深地感动了。
Wǒ bèi tā de huà shēnshēn de gǎndòng le.
나는 그의 말에 의해 깊이 감동했다.

被 bèi ~에게 ~을 당하다 | 话 huà 말 | 深深地 shēnshēn de 깊이

| 유의어 비교 | 感动 vs 激动 |

感动 '감격하다', '감동하다'라는 뜻으로 자극으로 인한 격한 감정을 나타내며, 좋은 일이나 나쁜 일에 모두 쓸 수 있다.
  예 **激动得流下了眼泪**。 감격해서 울었다.
      越说越激动。 말을 할수록 흥분하다.
      不要激动。 흥분하지 마.

激动 '감동하다'라는 뜻으로 자신이 감동을 받거나 다른 사람에게 감동을 주는 것을 나타내며, 좋은 일에만 쓰인다.
  예 **感动了大家**。 모두를 감동시켰다.
      让我感动。 나를 감동시킨다. / **被感动了**。 감동받았다.

4급

无聊
wúliáo

형 따분하다, 무료하다

▶ 하루 종일 아무것도 안 하고 있으려니 너무 우랴오(无聊)하다.

一个人在家让我感到很无聊。
Yí ge rén zài jiā ràng wǒ gǎndào hěn wúliáo.
혼자서 집에 있는 것은 나로 하여금 매우 따분함을 느끼게 한다.

在 zài ~에 있다 | 家 jiā 집 | 让 ràng ~하게 하다 | 感到 gǎndào 느끼다, 여기다 반의 有趣 yǒuqù 재미있다, 흥미가 있다

4급
精彩 jīngcǎi
- 형 훌륭하다, 뛰어나다, 근사하다

▶ 그는 신인 배우임에도 아주 징차이(精彩)한 연기를 펼쳤다.

我认为这本书的内容很精彩。
Wǒ rènwéi zhè běn shū de nèiróng hěn jīngcǎi.
나는 이 책의 내용이 매우 훌륭하다고 생각한다.

认为 rènwéi 생각하다, 여기다 | 本 běn 권 | 内容 nèiróng 내용

4급
兴奋 xīngfèn
- 형 흥분하다, (감정을) 불러일으키다

▶ 챔피언이 온다는 소식에 우리는 모두 씽펀(兴奋)했다.

儿子从中国回来后一直很兴奋。
Érzi cóng Zhōngguó huílái hòu yìzhí hěn xīngfèn.
아들은 중국에서 돌아온 후 줄곧 흥분해 있다.

儿子 érzi 아들 | 从 cóng ~에서 | 中国 Zhōngguó 중국 | 回来 huílái 돌아오다 | 后 hòu 후 | 一直 yìzhí 줄곧, 계속

> **출제 포인트** 작문 제시어로 자주 등장하는 **兴奋**
>
> 4급 쓰기 영역 2부분 작문 제시어로 동사, 형용사 어휘가 가장 많이 나온다. 그중 兴奋은 여러 사람이 함께 흥분하면서 어떤 행동을 하는 사진과 종종 출제되는 어휘이므로, 자주 쓰는 문장을 꼭 기억하자!
>
> 예 **明天就要去中国了，我兴奋极了。**
> 내일 바로 중국에 가게 되어서, 나는 매우 흥분된다.

4급
紧张 jǐnzhāng
- 형 (정신적으로) 긴장해 있다, 불안하다

▶ 첫 면접이라 그런지 너무 진장(紧张)되네요.

刚开始工作的人，总是会感到紧张。
Gāng kāishǐ gōngzuò de rén, zǒngshì huì gǎndào jǐnzhāng.
이제 막 일을 시작한 사람은 항상 긴장감을 느끼기 마련이다.

刚 gāng 막, 방금 | 开始 kāishǐ 시작하다 | 工作 gōngzuò 일하다 | 总是 zǒngshì 항상, 늘 | 会 huì ~할 것이다 | 感到 gǎndào 느끼다

4급
可惜 kěxī
- 형 아깝다, 섭섭하다, 아쉽다

▶ 내일이면 여행도 끝이라니, 정말 커씨(可惜)하다.

这么好的机会拒绝了多可惜啊。
Zhème hǎo de jīhuì jùjuéle duō kěxī a.
이렇게 좋은 기회를 거절하다니 얼마나 아깝니.

这么 zhème 이렇게 | 好 hǎo 좋다 | 机会 jīhuì 기회 | 拒绝 jùjué 거절하다 | 多 duō 얼마나

4급
困
kùn

동 졸리다

▶ 점심 먹고 나면 왜 이렇게 쿤(困)한지!

我打了一下午网球，现在又累又困。
Wǒ dǎle yí xiàwǔ wǎngqiú, xiànzài yòu lèi yòu kùn.
나는 오후 내내 테니스를 쳤다. 지금은 피곤하기도 하고 또 졸리기도 하다.

打 dǎ (놀이·운동을) 하다 ｜ 下午 xiàwǔ 오후 ｜ 网球 wǎngqiú 테니스
｜ 现在 xiànzài 지금, 현재 ｜ 累 lèi 피곤하다

출제 포인트 　4급 독해, 쓰기 빈출 동사 困

困은 4급 독해 1부분과 쓰기 2부분에서 자주 출제되는 어휘이다. 독해1부분에서는 정도부사와 함께 피곤하거나 졸리다는 내용에 문장에서 빈칸으로 출제되며, 쓰기2부분에서는 졸려 보이는 인물 사진에 제시어로 자주 출제되고 있다.

예 **困**死了，我们快睡觉吧。 졸려 죽겠어. 우리 빨리 자자.

4급
辛苦
xīnkǔ

형 고생스럽다, 수고롭다,
수고하십니다

▶ 오늘 하루도 씬쿠(辛苦)하셨습니다!

你最近太辛苦了，要多睡觉。
Nǐ zuìjìn tài xīnkǔ le, yào duō shuìjiào.
요즘 너무 고생하셨어요. 잠을 많이 주무셔야 해요.

最近 zuìjìn 요즘, 최근 ｜ 要 yào ~해야 한다 ｜ 睡觉 shuìjiào (잠을) 자다

4급
羡慕
xiànmù

동 부러워하다,
흠모하다

▶ 나는 키가 작아서 키가 큰 사람들을 무척 씨엔무(羡慕)했어.

我以前特别羡慕那些经常出差的人。
Wǒ yǐqián tèbié xiànmù nàxiē jīngcháng chūchāi de rén.
나는 예전에 자주 출장 가는 사람들을 특히 부러워했다.

以前 yǐqián 예전 ｜ 特别 tèbié 특히 ｜ 那些 nàxiē 그러한, 그들 ｜ 经常 jīngcháng 자주 ｜ 出差 chūchāi 출장 가다

4급
表扬
biǎoyáng

동 칭찬하다, 표창하다

▶ 비아오양(表扬)은 고래도 춤추게 한대요.

人们往往喜欢听表扬的话。
Rénmen wǎngwǎng xǐhuan tīng biǎoyáng de huà.
사람들은 자주 칭찬의 말을 듣는 것을 좋아한다.

往往 wǎngwǎng 자주, 종종 ｜ 喜欢 xǐhuan 좋아하다 ｜ 话 huà 말
반의 批评 pīpíng 비판하다, 지적하다, 질책하다

4급
失望
shīwàng

동 실망하다,
희망을 잃다

▶ 다른 사람도 아니고 네가 나를 속이다니, 정말 스왕(失望)스럽구나.

这件事失败了你也不要失望。
Zhè jiàn shì shībàile nǐ yě bú yào shīwàng.
이 일이 실패해도 실망하지 마.

件 jiàn 건, 벌(일·옷을 세는 양사) | 事 shì 일 | 失败 shībài 실패하다 | 不要 bú yào ~하지 마라

반의 希望 xīwàng 희망하다

4급
鼓励
gǔlì

동 격려하다,
(용기를) 북돋우다

▶ 친구는 내 어깨를 두드리며 구리(鼓励)했다.

父母要常鼓励孩子。
Fùmǔ yào cháng gǔlì háizi.
부모는 아이를 자주 격려해야 한다.

父母 fùmǔ 부모 | 常 cháng 자주, 항상 | 孩子 háizi 아이

4급
讨厌
tǎoyàn

동 싫어하다, 미워하다

▶ 고의는 아니었을 테니 너무 타오이엔(讨厌)하지 마.

我很讨厌经常迟到的人。
Wǒ hěn tǎoyàn jīngcháng chídào de rén.
나는 자주 지각하는 사람을 매우 싫어한다.

经常 jīngcháng 자주, 늘 | 迟到 chídào 지각하다

반의 喜欢 xǐhuan 좋아하다

4급
符合
fúhé

동 부합하다, 들어맞다

▶ 이론이 실제와 푸허(符合)하는지 잘 따져 봐.

我不符合那家公司的招聘要求。
Wǒ bù fúhé nà jiā gōngsī de zhāopìn yāoqiú.
나는 그 회사의 채용 조건에 부합하지 않는다.

家 jiā 집·상점·회사 등을 세는 단위 | 公司 gōngsī 회사 | 招聘 zhāopìn 채용하다, 초빙하다 | 要求 yāoqiú 요구

감정 표현하기

[4급]

麻烦
máfan

- 형 귀찮다, 성가시다
- 동 번거롭게 하다
- 명 말썽, 골칫거리

▶ 혼자 할 수 있는 건 혼자서 해! 다른 사람 마판(麻烦)하게 하지 말고.

我觉得打扫房间很麻烦。
Wǒ juéde dǎsǎo fángjiān hěn máfan.
나는 방을 청소하는 것이 매우 귀찮다고 생각한다.

麻烦你帮我把这份材料交给王教授。
Máfan nǐ bāng wǒ bǎ zhè fèn cáiliào jiāogěi Wáng jiàoshòu.
번거롭겠지만 나를 도와 이 자료를 왕 교수님께 전해 주세요.

弟弟总是给我找麻烦。
Dìdi zǒngshì gěi wǒ zhǎo máfan.
남동생은 늘 나를 귀찮게 한다.

觉得 juéde ~라고 생각하다 | 打扫 dǎsǎo 청소하다 | 房间 fángjiān 방 | 帮 bāng 돕다 | 把 bǎ ~을 | 材料 cáiliào 자료 | 交 jiāo 건네다, 건네주다 | 教授 jiàoshòu 교수 | 弟弟 dìdi 남동생 | 总是 zǒngshì 늘, 줄곧

출제 포인트 패턴으로 외워 두면 좋은 麻烦

麻烦은 '귀찮다'라는 뜻의 형용사와 '귀찮게 하다'라는 뜻의 동사로 많이 쓰이는데, 누군가에게 어떤 일을 부탁할 때는 주로 [麻烦你……] 패턴을 활용한다. '불편함'이란 뜻의 명사로도 쓰일 때가 있는데, '带来麻烦(불편함을 가져오다)'이라는 표현이 자주 출제된다. 또한 쓰기에는 '~에게 폐를 끼치다', '~를 귀찮게 하다'라는 뜻의 [给……找麻烦] 패턴도 많이 출제된다.

[4급]

错误
cuòwù

- 명 잘못, 착오

▶ 아, 이건 완전히 내 추어우(错误)야. 내가 헷갈려서 잘못 계산했어.

他犯错误了，被经理批评了。
Tā fàn cuòwù le, bèi jīnglǐ pīpíng le.
그는 잘못을 저질렀고, 사장님에 의해 꾸중을 들었다.

犯 fàn 저지르다, 범하다 | 被 bèi ~에게 ~을 당하다 | 经理 jīnglǐ 사장 | 批评 pīpíng 질책하다, 비판하다

[3급]

生气
shēngqì

- 동 화내다, 성나다

▶ 마지막 경고야. 한 번만 더 하면 나 정말 성치(生气)할 거야!

经常生气容易变老。 자주 화를 내면 늙기 쉽다.
Jīngcháng shēngqì róngyì biàn lǎo.

经常 jīngcháng 자주, 항상 | 容易 róngyì ~하기 쉽다 | 变 biàn 변하다 | 老 lǎo 늙다

4급

骗
piàn

동 속이다, 기만하다

▶ 양처럼 순해 보이던 그가 나를 피엔(骗)하리라고는 상상도 못 했어.

他最讨厌别人骗他。
Tā zuì tǎoyàn biéren piàn tā.
그는 다른 사람이 그를 속이는 것을 가장 싫어한다.

最 zuì 가장, 제일 | 讨厌 tǎoyàn 싫어하다 | 别人 biéren 남, 타인

4급

有趣
yǒuqù

형 재미있다, 흥미가 있다

▶ 나는 야구가 여우취(有趣)해서 시즌에는 날마다 야구 시합을 봐.

这个活动很有趣，所以参加的人很多。
Zhège huódòng hěn yǒuqù, suǒyǐ cānjiā de rén hěn duō.
이 행사는 매우 재미있다. 그래서 참가하는 사람이 매우 많다.

活动 huódòng 행사 | 所以 suǒyǐ 그래서 | 参加 cānjiā 참가하다
유의 有意思 yǒu yìsi 재미있다　반의 无聊 wúliáo 무료하다

4급

批评
pīpíng

명 지적, 비판
동 질책하다, 비판하다, 지적하다

▶ 아이는 선생님의 피핑(批评)을 받은 후 기가 죽었다.

他受到了老师的批评，所以哭了。
Tā shòudàole lǎoshī de pīpíng, suǒyǐ kū le.
그는 선생님의 지적을 받았다. 그래서 울었다.

老师总是批评我。
Lǎoshī zǒngshì pīpíng wǒ.
선생님은 늘 나를 질책한다.

受到 shòudào 받다 | 老师 lǎoshī 선생님 | 所以 suǒyǐ 그래서 | 哭 kū 울다 | 总是 zǒngshì 늘, 언제나
반의 表扬 biǎoyáng 칭찬하다, 표창하다

4급

反对
fǎnduì

동 반대하다

▶ 아버지가 내 결혼을 판뚜이(反对)하셔서 너무 슬펐다.

家人不反对我去留学，因此我非常高兴。
Jiārén bù fǎnduì wǒ qù liúxué, yīncǐ wǒ fēicháng gāoxìng.
가족들이 내가 유학 가는 것을 반대하지 않아서 나는 매우 기쁘다.

家人 jiārén 가족 | 留学 liúxué 유학하다 | 因此 yīncǐ 그래서, 이로 인하여 | 非常 fēicháng 매우, 대단히 | 高兴 gāoxìng 기쁘다
반의 同意 tóngyì 찬성하다, 동의하다

감정 표현하기

4급
失败
shībài
동 실패하다

▶ 절대 스빠이(失败)하는 걸 두려워하지 마!

我们不要害怕失败。
Wǒmen bú yào hàipà shībài.
우리는 실패를 두려워해서는 안 된다.

不要 bú yào ~해서는 안 된다 | **害怕** hàipà 두려워하다, 겁내다
반의 **成功** chénggōng 성공하다

4급
烦恼
fánnǎo
 걱정, 번뇌
형 걱정스럽다,
  걱정하다,
  번뇌하다

▶ 나이가 들수록 판나오(烦恼)할 일이 더 많아지는 것 같아.

随着年龄的增长，人们的烦恼也越来越多。
Suízhe niánlíng de zēngzhǎng, rénmen de fánnǎo yě yuèláiyuè duō.
나이가 많아지면서, 사람들의 걱정도 점점 많아진다.

找工作的事让我很烦恼。
Zhǎo gōngzuò de shì ràng wǒ hěn fánnǎo.
일자리를 찾는 일은 나를 매우 걱정스럽게 한다.

随着 suízhe ~에 따라 | **年龄** niánlíng 나이, 연령 | **增长** zēngzhǎng 증가하다 | **人们** rénmen 사람들 | **越来越** yuèláiyuè 점점 | **找** zhǎo 찾다 | **工作** gōngzuò 일자리, 직업 | **事** shì 일 | **让** ràng ~하게 하다

4급
抱歉
bàoqiàn
동 미안해하다,
  미안하게 생각하다

▶ 납기일을 맞추지 못해 정말 빠오치엔(抱歉)합니다.

实在抱歉，由于路上堵车，我可能会迟到。
Shízài bàoqiàn, yóuyú lùshang dǔchē, wǒ kěnéng huì chídào.
정말 죄송합니다. 길이 막혀서 저는 아마도 늦을 것 같습니다.

实在 shízài 정말, 참으로 | **由于** yóuyú ~ 때문에 | **路上** lùshang 길 위 | **堵车** dǔchē 교통이 꽉 막히다 | **可能** kěnéng 아마, 아마도 | **会** huì ~할 것이다 | **迟到** chídào 늦다, 지각하다
유의 **道歉** dàoqiàn 사과하다

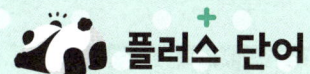 **플러스 단어**

음원 듣기

고득점 합격이 목표라면 플러스단어까지 학습해 보세요.

감정

晕 yūn 헐
哇塞 wāsài 대박
无语了 wú yǔ le 어이가 없다
情绪 qíngxù 감정
沮丧 jǔsàng 낙담하다
尴尬 gāngà 난감하다, 난처하다
恐惧 kǒngjù 두려워하다
寂寞 jìmò 외롭다, 쓸쓸하다
心塞 xīnsāi 답답하다
期待 qīdài 기대하다, 기다리다
大跌眼镜 dàdiē yǎnjìng
매우 놀라다
想念 xiǎngniàn
그리워하다, 생각하다

郁闷 yùmèn 우울하다, 울적하다
忧郁 yōuyù 우울하다, 침울하다
悲伤 bēishāng
마음이 아프다, 마음이 상하다
悲哀 bēi'āi 슬프고 애통하다
愤怒 fènnù 분노하다
嫉妒 jídù 질투하다
恨 hèn 원망하다
脑袋都大了 nǎodai dōu dà le
골치 아프다

데일리 테스트

고생하셨어요! QR코드를 스캔해 데일리 테스트를 풀어 보며 오늘 학습을 마무리해 보세요.

문제 풀기

DAY 17

HSK 3급, 4급 30일 합격 프로젝트

★ HSK 시험에 이렇게 나와요.
성격과 관련된 문제는 3급에도 출제되지만, 4급에 더 많이 나옵니다. 3급에서는 '着急(조급해하다)', '小心(조심하다)', '热情(친절하다)'만 익혀도 고득점을 받을 수 있습니다.

성격대로 표현하기

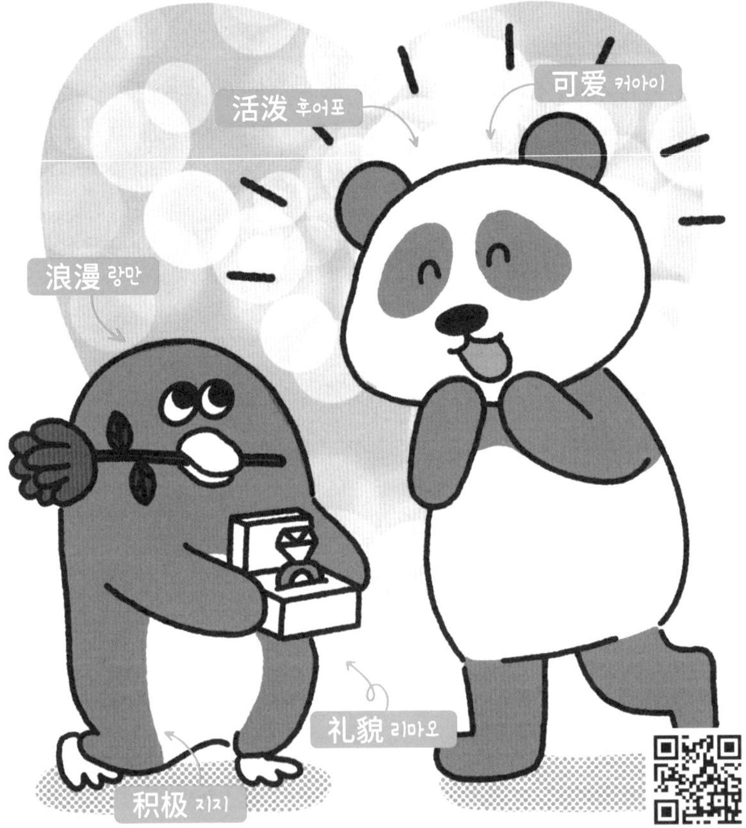

可爱	活泼	浪漫	积极	礼貌
kě'ài	huópo	làngmàn	jījí	lǐmào
혱 귀엽다, 사랑스럽다	혱 활발하다, 활기차다	혱 낭만적이다, 로맨틱하다	혱 적극적이다, 열성적이다	통 예의, 예의범절 혱 예의 바르다

4급
性格
xìnggé
명 성격

▶많은 연인들이 헤어지는 이유는 다 씽거(性格) 차이래.

我俩的性格有很大的区别。
Wǒ liǎ de xìnggé yǒu hěn dà de qūbié.
우리 둘의 성격은 매우 큰 차이가 있다.

俩 liǎ 두 사람 | 大 dà 크다 | 区别 qūbié 차이

4급
脾气
píqi
명 성질, 성격, 기질

▶그의 피치(脾气)는 또 얼마나 고약한지, 부딪치지 않는 게 상책이야.

他是一个乱发脾气的人。
Tā shì yí ge luàn fā píqi de rén.
그는 제멋대로 성질을 내는 사람이다.

乱 luàn 제멋대로, 함부로, 마구 | 发 fā 감정을 드러내다

3급
可爱
kě'ài
형 귀엽다, 사랑스럽다

▶아장아장 걷는 아이의 모습은 정말 커아이(可爱)해!

大家都觉得他又聪明又可爱。
Dàjiā dōu juéde tā yòu cōngming yòu kě'ài.
모두들 그가 똑똑하기도 하고 귀엽다고 생각한다.

大家 dàjiā 모두, 다들 | 都 dōu 모두, 다 | 觉得 juéde ~라고 생각하다 | 又 yòu 또한, 동시에 | 聪明 cōngming 똑똑하다

3급
安静
ānjìng
형 조용하다, 잠잠하다, 고요하다

▶내 동생은 화도 안 내고, 혼자 취미를 즐기는 안찡(安静)한 아이야.

妹妹比我安静多了。 여동생은 나보다 훨씬 조용하다.
Mèimei bǐ wǒ ānjìng duō le.

妹妹 mèimei 여동생 | 比 bǐ ~보다 | 多 duō 훨씬
반의 热闹 rènao 시끌벅적하다, 떠들썩하다

3급
着急
zháojí
동 조급해하다, 안달하다

▶모든 일에 너무 쟈오지(着急)하지 마세요.

做重要的事情时，他很容易着急。
Zuò zhòngyào de shìqing shí, tā hěn róngyì zháojí.
중요한 일을 할 때 그는 매우 쉽게 조급해한다.

做 zuò 하다 | 重要 zhòngyào 중요하다 | 事情 shìqing 일 | 时 shí ~할 때 | 容易 róngyì ~하기 쉽다

성격대로 표현하기 183

4급

活泼
huópo
- 형 활발하다, 활기차다

▶ 그는 사교성도 좋고, 아주 후이포(活泼)하고 유쾌한 사람이야.

她们俩一个害羞，一个活泼。
Tāmen liǎ yí ge hàixiū, yí ge huópo.
그녀들 두 사람 중 한 명은 수줍어하고, 한 명은 활발하다.

俩 liǎ 두 사람 | 害羞 hàixiū 수줍어하다, 부끄러워하다

3급

热情
rèqíng
- 형 열정적이다, 친절하다, 다정하다
- 명 열정, 열의

▶ 이렇게나 러칭(热情)하게 환영해 주시니 정말 감사합니다.

他还是那么热情。
Tā háishi nàme rèqíng.
그는 여전히 그렇게 열정적이다.

热情是成功的条件之一。
Rèqíng shì chénggōng de tiáojiàn zhī yī.
열정은 성공의 조건 중의 하나이다.

还是 háishi 여전히, 아직도 | 那么 nàme 그렇게, 저렇게 | 成功 chénggōng 성공 | 条件 tiáojiàn 조건 | 之一 zhī yī ~중의 하나
- 반의 冷静 lěngjìng 냉정하다, 침착하다
- 반의 冷淡 lěngdàn 냉정하다, 냉담하다, 쌀쌀하다

> **출제 포인트** 3급, 4급 빈출 어휘 **热情**
>
> 热情은 3급과 4급 문제에 자주 등장하는 어휘로, 태도가 열정적이거나 친절한 것을 나타낸다. 형용사와 명사 용법으로 쓰인다.
>
> 예 **很热情** 친절하다 / **有热情** 열정이 있다

4급

幽默
yōumò
- 형 유머러스하다

▶ 나는 개그맨처럼 여우모(幽默)한 사람이 좋아.

幽默的人总能使人感到愉快。
Yōumò de rén zǒng néng shǐ rén gǎndào yúkuài.
유머러스한 사람은 항상 사람들이 즐거움을 느낄 수 있게 해 준다.

总 zǒng 항상, 늘 | 能 néng ~할 수 있다 | 使 shǐ ~하게 하다 | 感到 gǎndào 느끼다, 여기다 | 愉快 yúkuài 즐겁다, 유쾌하다

4급
厉害
lìhai

형 대단하다, 굉장하다

▶ 그 어려운 걸 해내다니, 정말 리하이(厉害)하구나!

看起来李老师很厉害。
Kàn qǐlai Lǐ lǎoshī hěn lìhai.
보기에 이 선생님은 매우 대단하다.

看起来 kàn qǐlai 보기에 | 老师 lǎoshī 선생님

> **출제 포인트** 다양하게 해석되는 厉害

厉害는 대처하기 힘든 상태를 설명할 때도 쓰이며, 이때는 '심하다', '지독하다'로 해석한다. 쓰기 문제에는 '堵车(차가 막히다)' 또는 '咳嗽(기침을 하다)'와 함께 자주 출제된다.

예 **堵车堵得很厉害**。 차가 심하게 막힌다.
　　咳嗽咳得很厉害。 기침을 심하게 한다.

사람에게 쓰일 때는 '(성격이) 모질다'는 뜻을 나타내기도 하지만, 수준이 높아 '대단하다'는 좋은 뜻을 나타내기도 한다.

예 **他很厉害**。 그는 대단하다.

4급
仔细
zǐxì

형 꼼꼼하다, 세심하다

▶ 아이가 먹을 거니까 즈씨(仔细)하게 따져 보고 구매하세요.

他是一个做事仔细的人。
Tā shì yí ge zuòshì zǐxì de rén.
그는 일을 하는 것이 꼼꼼한 사람이다.

做事 zuòshì 일을 하다
반의 马虎 mǎhu 건성으로 하다, 세심하지 못하다, 적당히 하다
반의 粗心 cūxīn 부주의하다, 세심하지 못하다

4급
严格
yángé

형 엄격하다, 엄하다

▶ 아이를 훈육할 때는 이엔거(严格)하게 할 필요가 있어.

他对自己非常严格。 그는 자신에 대해 매우 엄격하다.
Tā duì zìjǐ fēicháng yángé.

对 duì ~에 대해서 | 自己 zìjǐ 자신, 자기 | 非常 fēicháng 매우, 대단히

> **출제 포인트** 빈출 제시어 严格

严格는 태도가 '엄격함'을 나타내며, 쓰기 영역 2부분 문제로 종종 출제된다. 보통 학생과 선생의 관계를 나타내는 사진과 함께 나온다. 그중 가장 모범적이며 문장 배열 문제로도 출제되는 문장을 예문으로 익혀 보자.

예 **那位老师对学生(的)要求非常严格**。
　　저 선생님은 학생에 대한 요구가 매우 엄격하다.

성격대로 표현하기　185

4급

礼貌
lǐmào

명 예의, 예의범절
형 예의 바르다

▶ 그는 인사도 잘하고 리마오(礼貌)도 바르다고 소문이 자자해.

我感觉他很有礼貌。
Wǒ gǎnjué tā hěn yǒu lǐmào.
나는 그가 매우 예의가 있다고 생각한다.

在公共场所大声说话是不礼貌的。
Zài gōnggòng chǎngsuǒ dàshēng shuōhuà shì bù lǐmào de.
공공장소에서 큰 소리로 이야기하는 것은 예의 바른 것이 아니다.

感觉 gǎnjué 생각하다, 느끼다 | **有** yǒu 있다 | **在** zài ~에서 | **公共场所** gōnggòng chǎngsuǒ 공공장소 | **大声** dàshēng 큰 소리 | **说话** shuōhuà 말하다

4급

冷静
lěngjìng

형 냉정하다, 침착하다

▶ 그는 어떤 상황에서도 렁찡(冷静)한 모습을 유지할 수 있다.

遇到问题时，他总能冷静地解决。
Yùdào wèntí shí, tā zǒng néng lěngjìng de jiějué.
문제에 직면했을 때, 그는 항상 냉정하게 해결할 수 있다.

遇到 yùdào 만나다, 마주치다 | **问题** wèntí 문제 | **时** shí ~할 때 | **总** zǒng 항상, 늘 | **能** néng ~할 수 있다 | **解决** jiějué 해결하다
[반의] **激动** jīdòng 흥분하다, 감격하다
[반의] **热情** rèqíng 열정적이다, 친절하다

4급

积极
jījí

형 적극적이다, 열성적이다

▶ 그는 학교의 모든 활동에 아주 지지(积极)로 참여해.

他工作态度特别积极。
Tā gōngzuò tàidu tèbié jījí.
그의 업무 태도는 특히 적극적이다.

工作 gōngzuò 업무, 근무 | **态度** tàidu 태도 | **特别** tèbié 특히, 아주
[반의] **消极** xiāojí 소극적이다

> **출제 포인트** 독해, 쓰기 빈출 어휘 **积极**
>
> 积极는 독해 문제는 물론, 쓰기 문제에도 종종 나오는 단어이다. 기본적으로 적극적인 태도를 나타내지만, 추상적인 대상의 긍정적이고 발전적인 면도 나타낸다.
>
> 예 **积极工作** 적극적으로 일하다 / **积极推荐** 적극 추천하다
> **积极作用** 긍정적인 작용 /
> **从积极方面想** 긍정적인 방향으로 생각하다

4급

骄傲
jiāo'ào

- 형 거만하다, 오만하다
- 형 자랑스럽다

▶ 그는 실력이 뛰어났지만 찌아오아오(骄傲)해서 팀에서 퇴출당했다.

她是一个容易骄傲的人。
Tā shì yí ge róngyì jiāo'ào de rén.
그녀는 쉽게 거만해지는 사람이다.

我考上了北京大学，父母感到很骄傲。
Wǒ kǎoshàngle Běijīng Dàxué, fùmǔ gǎndào hěn jiāo'ào.
나는 베이징 대학에 합격했고, 부모님은 매우 자랑스럽게 여긴다.

容易 róngyì ~하기 쉽다 | 考上 kǎoshàng 시험에 합격하다 | 大学 dàxué 대학 | 父母 fùmǔ 부모 | 感到 gǎndào 여기다, 느끼다

> **출제 포인트** 듣기 영역 빈출 키워드 骄傲
>
> 骄傲는 부정의 의미인 '거만하다'와 긍정의 의미인 '자랑스럽다', 두 가지 뜻을 모두 가진 어휘로 듣기 문제에 종종 출제된다.
>
> 예 骄傲自满 거만하다
> 我们都为运动员的好成绩感到骄傲。
> 우리는 모두 운동선수의 좋은 성적에 자부심을 느낀다.

4급

浪漫
làngmàn

- 형 낭만적이다, 로맨틱하다

▶ 난 어제 남자 친구에게 아주 랑만(浪漫)적인 프러포즈를 받았어.

她是一个特别浪漫的人。
Tā shì yí ge tèbié làngmàn de rén.
그녀는 아주 낭만적인 사람이다.

特别 tèbié 아주

4급

害羞
hàixiū

- 동 수줍어하다, 부끄러워하다

▶ 좋아하는 사람 앞에서는 한없이 하이시우(害羞)하게 되더라고.

我姐比较害羞。
Wǒ jiě bǐjiào hàixiū.
우리 언니는 비교적 수줍어한다.

姐 jiě 언니, 누나 | 比较 bǐjiào 비교적

4급
后悔
hòuhuǐ
- 동 후회하다, 뉘우치다

▶ 지금 호우후이(后悔)해 봤자 소용없어. 이미 지나간 일이잖아.

不要后悔自己的选择。
Bú yào hòuhuǐ zìjǐ de xuǎnzé.
자신의 선택을 후회하지 마라.

不要 bú yào ~하지 마라 | **选择** xuǎnzé 선택

3급
愿意
yuànyì
- 동 바라다, 희망하다

▶ 엄마는 네가 이번에 꼭 우승하길 위엔이(愿意)해.

他很愿意听朋友说话。
Tā hěn yuànyì tīng péngyou shuōhuà.
그는 친구가 말하는 걸 듣기를 매우 바란다.

听 tīng 듣다 | **朋友** péngyou 친구, 벗 | **说话** shuōhuà 말하다
유의 **希望** xīwàng 바라다, 희망하다

3급
小心
xiǎoxīn
- 동 조심하다, 주의하다

▶ 밤길은 위험하니 시아오씬(小心)해서 다니도록 해.

弟弟做什么事都很小心。
Dìdi zuò shénme shì dōu hěn xiǎoxīn.
남동생은 무슨 일을 하든지 모두 조심한다.

弟弟 dìdi 남동생 | **做** zuò 하다 | **事** shì 일 | **都** dōu 모두

4급
十分
shífēn
- 부 매우, 아주, 대단히

▶ 그는 상황에 맞는 단어를 스펀(十分) 잘 활용해서 말한다.

对这件事情，他们都十分有耐心。
Duì zhè jiàn shìqing, tāmen dōu shífēn yǒu nàixīn.
이 일에 대하여, 그들은 모두 매우 인내심이 있다.

对 duì ~에 대해서 | **件** jiàn 건, 벌(일·옷을 세는 양사) | **有** yǒu 있다

4급
完全
wánquán
- 부 완전히, 전적으로

▶ 형과 나는 쌍둥이인데, 성격이 완취엔(完全) 다르다.

我和我的弟弟性格完全相反。
Wǒ hé wǒ de dìdi xìnggé wánquán xiāngfǎn.
나와 나의 남동생은 성격이 완전히 반대이다.

弟弟 dìdi 남동생 | **性格** xìnggé 성격 | **相反** xiāngfǎn 반대되다

4급
不管
bùguǎn
접 ~을 막론하고,
~에 관계없이

▶ 걱정 마세요. 이건 나이에 뿌관(不管)하게 누구나 참여 가능해요.

不管做什么事，我都非常认真。
Bùguǎn zuò shénme shì, wǒ dōu fēicháng rènzhēn.
무슨 일을 하든 상관없이, 나는 모두 매우 열심히 한다.

做 zuò 하다 | 事 shì 일 | 非常 fēicháng 매우, 아주 | 认真 rènzhēn 열심히 하다

4급
不仅
bùjǐn
접 ~뿐만 아니라

▶ 不仅(~뿐만 아니라) + 漂亮(아름답다) = 아름다울 뿐만 아니라

她不仅很漂亮，而且性格很好。
Tā bùjǐn hěn piàoliang, érqiě xìnggé hěn hǎo.
그녀는 매우 아름다울 뿐만 아니라, 게다가 성격도 매우 좋다.

漂亮 piàoliang 아름답다, 예쁘다 | 而且 érqiě 게다가 | 性格 xìnggé 성격 | 好 hǎo 좋다

4급
并且
bìngqiě
접 게다가, 나아가

▶ 나는 중국에 가 본 적도 없을 뿐더러, 뻥치에(并且) 중국어도 못 해.

他性格很好，并且很有能力。
Tā xìnggé hěn hǎo, bìngqiě hěn yǒu nénglì.
그의 성격은 매우 좋다, 게다가 매우 능력이 있다.

性格 xìnggé 성격 | 好 hǎo 좋다 | 有 yǒu 있다 | 能力 nénglì 능력

유의 而且 érqiě 게다가, 또한

4급
粗心
cūxīn
형 부주의하다,
세심하지 못하다,
소홀하다

▶ 그가 추씬(粗心)해서 서류가 잘못 전달되었다.

对不起，我确实是太粗心了。
Duìbuqǐ, wǒ quèshí shì tài cūxīn le.
죄송합니다. 제가 정말로 너무 부주의했네요.

对不起 duìbuqǐ 미안합니다 | 确实 quèshí 정말로, 확실히

유의 马虎 mǎhu 건성으로 하다, 세심하지 못하다, 적당히 하다

반의 仔细 zǐxì 세심하다

성격대로 표현하기

4급

马虎
mǎhu

형 건성으로 하다, 세심하지 못하다, 대강 하다

▶ 네가 책임지기로 한 일은 마후(马虎)하지 말고 확실히 마무리해.

她对任何事都不马虎。
Tā duì rènhé shì dōu bù mǎhu.
그녀는 어떤 일에 대해서도 모두 건성으로 하지 않는다.

对 duì ~에 대해 | 任何 rènhé 어떠한, 무슨 | 事 shì 일 | 都 dōu 모두
유의 粗心 cūxīn 부주의하다, 세심하지 못하다, 소홀하다
반의 仔细 zǐxì 세심하다

3급

根据
gēnjù

개 ~에 의거하여
명 근거

▶ 목격자의 말에 껀쥐(根据)하여 수사를 진행하고 있습니다.

根据这件事，可以了解他的性格。
Gēnjù zhè jiàn shì, kěyǐ liǎojiě tā de xìnggé.
이 일에 의거하여, 그의 성격을 이해할 수 있다.

他说的那件事没有根据。
Tā shuō de nà jiàn shì méiyǒu gēnjù.
그가 말한 그 일은 근거가 없다.

件 jiàn 건, 벌(일·옷을 세는 양사) | 可以 kěyǐ ~할 수 있다 | 了解 liǎojiě 이해하다 | 说 shuō 말하다 | 没有 méiyǒu 없다

출제 포인트 　根据+근거+동사(~에 의거하여 ~하다)

根据는 주로 개사로 많이 쓰이며, 행동의 근거를 나타낸다. 듣기와 독해 문제에 자주 등장하므로, 시험 전에 반드시 체크하고 넘어가자.

예 **这部小说是根据他的经历写的。**
이 소설은 그의 경험에 의거하여 쓴 것이다.

4급

肯定
kěndìng

부 틀림없이, 확실히

▶ 그를 믿어. 그는 컨띵(肯定) 해낼 거야!

你妹妹肯定很活泼。
Nǐ mèimei kěndìng hěn huópo.
너의 여동생은 틀림없이 매우 활발할 것이다.

妹妹 mèimei 여동생 | 活泼 huópo 활발하다

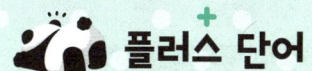 플러스 단어

음원 듣기

고득점 합격이 목표라면 플러스단어까지 학습해 보세요.

성격

温柔 wēnróu
온유하다, 부드럽고 상냥하다

随和 suíhe
(태도·성격 등이) 부드럽다, 유순하다

腼腆 miǎntiǎn 수줍어하다

乐观 lèguān 낙관적이다

健谈 jiàntán 입담이 좋다

多疑 duōyí 의심이 많다

真诚 zhēnchéng 진실하다

大方 dàfang 시원시원하다

开朗 kāilǎng
(성격이) 명랑하다, 쾌활하다

率直 shuàizhí 솔직하다

听话 tīnghuà 말을 잘 듣는다

文静 wénjìng
(성격이나 태도가) 얌전하다, 조용하다

坦率 tǎnshuài 솔직하다, 정직하다

小气 xiǎoqi 인색하다, 쩨쩨하다

狡猾 jiǎohuá 교활하다

任性 rènxìng 제멋대로 하다

有眼力见儿 yǒu yǎnlìjiànr
눈치가 빠르다

心地善良 xīndì shànliáng
마음씨가 착하다

有人情味儿 yǒu rénqíngwèir
인간미 있다

性格不合 xìnggé bù hé
성격이 맞지 않다

데일리 테스트

고생하셨어요! QR코드를 스캔해 데일리 테스트를 풀어 보며 오늘 학습을 마무리해 보세요.

문제 풀기

DAY 18

HSK 3급, 4급 30일 합격 프로젝트

★ HSK 시험에 이렇게 나와요.
사람들은 서로의 의견을 교류하면서 어떤 결론에 도달하게 되죠. 3, 4급 듣기와 독해 지문에 자주 등장하는 테마중 하나로, 어떠한 사건이나 안건에 대해 어떻게 생각하는지 주의해서 듣고 봐야 합니다.

의견 교류하기

讨论 타오룬

토론 배틀

VS

看法 칸파

반대: 올바르지 않다.   찬성: 올바르다.

同意 통이

〈 주제 〉
토끼와 거북이의 경주에서
거북이의 행동은 올바르다.

讨论
tǎolùn
동 토론하다

看法
kànfǎ
명 견해

同意
tóngyì
동 동의하다, 찬성하다

1급

认识
rènshi

- 동 알다, 인식하다
- 명 인식

▶ 당신을 런스(认识)하게 되어서 정말 기쁩니다!

你们在哪儿认识的？ 너희들은 어디에서 알게 되었니?
Nǐmen zài nǎr rènshi de?

不努力也能成功是一个错误的认识。
Bù nǔlì yě néng chénggōng shì yí ge cuòwù de rènshi.
노력하지 않고도 성공할 수 있다는 것은 잘못된 인식이다.

在 zài ~에서 | 哪儿 nǎr 어디 | 努力 nǔlì 노력하다 | 成功 chénggōng 성공하다 | 错误 cuòwù 잘못되다

유의 知道 zhīdào 알다, 이해하다

유의어 비교 认识 vs 知道

| 认识 | 기본적으로 어떤 사람과 안면이 있음을 나타내며, 인지해서 알게 됨을 의미한다. 문제에는 주로 사람이나 길이 목적어로 쓰이며, 명사로는 '인식'을 뜻한다.
예 认识路 길을 알다
　　认识他 그를 알다 [서로 알고 있는 사이]
　　认识错误 잘못을 알다 / 认识自己 자신을 알다
　　正确的认识 정확한 인식 |

| 知道 | 정보 및 사실을 알고 있음을 나타낸다.
예 知道他是谁 그가 누군지 안다
　　[일방적으로 그에 대해 아는 것] |

3급

遇到
yùdào

- 동 만나다, 마주치다

▶ 숲속을 거닐다가 아주 귀여운 토끼를 위따오(遇到)했다.

我在路上遇到了一个老同学。
Wǒ zài lùshang yùdàole yí ge lǎo tóngxué.
나는 길에서 옛 동창을 한 명 만났다.

路上 lùshang 길 위 | 老 lǎo 오래된 | 同学 tóngxué 동창

3급

关系
guānxi

- 명 (사람과 사람 또는 사물 사이의) 관계

▶ 우리의 꽌시(关系)가 너무 애매한 것 같아. 확실히 정리하자.

你们两个的关系怎么样？
Nǐmen liǎng ge de guānxi zěnmeyàng?
너희 둘의 관계는 어떠하니?

两 liǎng 둘 | 怎么样 zěnmeyàng 어떠하다

3급

关心
guānxīn
- 명 관심
- 동 관심을 갖다, 관심을 기울이다

▶국가대표에게 많은 꽌신(关心)을 부탁드립니다.

谢谢你的关心，我脚已经好多了。
Xièxie nǐ de guānxīn, wǒ jiǎo yǐjīng hǎoduō le.
관심 감사합니다. 제 발은 이미 많이 좋아졌습니다.

父母们都很关心孩子的健康。
Fùmǔmen dōu hěn guānxīn háizi de jiànkāng.
부모들은 모두 아이의 건강에 매우 관심을 갖는다.

谢谢 xièxie 감사합니다 | 脚 jiǎo 발 | 已经 yǐjīng 이미, 벌써 | 好 hǎo 좋다 | 父母 fùmǔ 부모 | 孩子 háizi 아이 | 健康 jiànkāng 건강

4급

谈
tán
- 동 이야기하다, 말하다

▶너희는 밤새 무엇에 대해서 그렇게 탄(谈)했니?

他正在跟别人谈事情呢。
Tā zhèngzài gēn biéren tán shìqing ne.
그는 다른 사람과 일 이야기를 하고 있어요.

正在 zhèngzài ~하고 있다 | 别人 biéren 남, 타인 | 事情 shìqing 일

유의어 비교 谈 vs 说

谈 | 어떠한 일에 대해 말하는 것을 뜻한다.
예 谈话 이야기하다 / 面谈 면담하다
跟他谈了 그와 이야기했다 / 谈了他 (×)

说 | '말하다'라는 뜻으로 쓰이지만, 목적어로 사람이 쓰이면 '혼내다'라는 의미를 나타낸다.
예 说话 말하다 / 说笑话 웃긴 이야기를 하다
说了他 그를 나무랐다

3급

电子邮件
diànzǐ yóujiàn
- 명 이메일, 전자우편

▶외국인 친구와는 띠엔즈여우찌엔(电子邮件)으로 연락해.

我刚才给你发电子邮件了。
Wǒ gāngcái gěi nǐ fā diànzǐ yóujiàn le.
나는 방금 너에게 이메일을 보냈어.

刚才 gāngcái 방금, 지금 막 | 给 gěi ~에게 | 发 fā 보내다

3급

欢迎
huānyíng

동 환영하다, 기쁘게 맞이하다

▶ 당신의 방문을 환잉(欢迎)합니다! 먼 길 오시느라 수고 많으셨어요.

欢迎你来中国玩儿。
Huānyíng nǐ lái Zhōngguó wánr.
중국에 놀러 온 것을 환영해.

中国 Zhōngguó 중국 | 玩(儿) wán(r) 놀다

출제 포인트 전 영역 빈출 어휘 **欢迎**

欢迎은 '환영하다'라는 뜻을 나타내는 동사로, 欢迎을 목적어로 갖는 '受欢迎(환영을 받다)'과 '表示欢迎(환영을 표하다)'이 시험에 자주 출제된다. 또한 동사의 목적어로 명사뿐만 아니라, 구나 절도 쓰일 수 있다는 점을 기억하자.

예 欢迎你来我家。 우리 집에 온 것을 환영해.

3급

同意
tóngyì

동 동의하다, 찬성하다

▶ 나는 네 의견에 전적으로 통이(同意)해.

大家都同意他说的话。
Dàjiā dōu tóngyì tā shuō de huà.
모두들 그가 한 말에 동의한다.

大家 dàjiā 모두 | 都 dōu 모두, 다 | 说 shuō 말하다 | 话 huà 말
(유의) 赞成 zànchéng 찬성하다
(반의) 反对 fǎnduì 반대하다

4급

态度
tàidu

명 태도

▶ 중요한 회의니까 너의 타이뚜(态度)를 바르게 하렴.

她热情的态度给我们留下了很深的印象。
Tā rèqíng de tàidu gěi wǒmen liúxiàle hěn shēn de yìnxiàng.
그녀의 친절한 태도는 우리에게 매우 깊은 인상을 남겼다.

热情 rèqíng 친절하다, 열정적이다 | 给 gěi ~에게 | 留下 liúxià 남기다 | 深 shēn 깊다 | 印象 yìnxiàng 인상

의견 교류하기 195

4급

看法
kànfǎ

명 견해

▶사람마다 칸파(看法)가 다르니 너무 강요하지 마.

大家对工作有不同的看法很正常。
Dàjiā duì gōngzuò yǒu bùtóng de kànfǎ hěn zhèngcháng.
모두들 업무에 대해 다른 견해를 가지고 있는 것은 매우 정상적이다.

大家 dàjiā 모두 | 对 duì ~에 대해서 | 工作 gōngzuò 업무 | 不同 bùtóng 다르다, 같지 않다 | 正常 zhèngcháng 정상적이다

유의어 비교 看法 vs 想法

'견해'와 '생각'이라는 의미를 나타내므로 대부분 바꾸어 쓸 수 있으나, 有 와 쓰일 때는 의미가 달라진다.

看法 객관적인 사물에 대한 생각을 나타내며, 불만을 나타내기도 한다.
  예 有看法 불만이 있다

想法 일에 대한 계획과 생각을 나타낸다.
  예 有想法 (앞으로 어떻게 할지) 생각이 있다

4급

往往
wǎngwǎng

부 자주, 종종, 왕왕, 흔히

▶이상과 현실은 왕왕(往往) 괴리감이 있다.

我和朋友都很忙，所以往往几个月都不能见面。
Wǒ hé péngyou dōu hěn máng, suǒyǐ wǎngwǎng jǐ ge yuè dōu bù néng jiànmiàn.
나와 친구는 모두 매우 바쁘다. 그래서 종종 몇 달 동안 만날 수가 없다.

朋友 péngyou 친구 | 都 dōu 모두, 다 | 忙 máng 바쁘다 | 所以 suǒyǐ 그래서 | 能 néng ~할 수 있다 | 见面 jiànmiàn 만나다

유의 常常 chángcháng 자주, 항상

유의어 비교 往往 vs 常常

두 단어 모두 '자주'로 해석되지만, 활용에는 큰 차이가 있다.

往往 '어떠한 조건'에서 자주 행해지는 행동을 나타낸다.
  예 李老师往往一个人去咖啡厅。
  이 선생님은 종종 혼자서 카페에 간다. [조건: 혼자서]

常常 어떤 일이 자주 발생함을 나타낸다.
  예 他常常看电视。 그는 자주 TV를 본다.
  常常来我家玩儿！ 자주 우리 집에 놀러 와!
  往往来我家玩儿！（×）

4급
拒绝
jùjué

동 거절하다, 거부하다

▶어떻게 이렇게 좋은 기회를 쥐쥐에(拒绝)할 수 있니?

我最后还是拒绝了那位校长的邀请。
Wǒ zuìhòu háishi jùjuéle nà wèi xiàozhǎng de yāoqǐng.
나는 마지막에 끝내 그 교장 선생님의 초대를 거절했다.

最后 zuìhòu 마지막, 최후 | 还是 háishi 끝내, 역시 | 位 wèi 분, 명(공경의 뜻을 내포함) | 校长 xiàozhǎng 교장, 학교장 | 邀请 yāoqǐng 초대하다

4급
重视
zhòngshì

동 중시하다, 중요시하다

▶대학 간의 교류에서 가장 쭝스(重视)해야 하는 것은 무엇이니?

我们要重视与邻居之间的关系。
Wǒmen yào zhòngshì yǔ línjū zhī jiān de guānxi.
우리는 이웃 간의 관계를 중시해야 한다.

要 yào ~해야 한다 | 与 yǔ ~와 | 邻居 línjū 이웃집, 이웃 사람 | 之间 zhī jiān ~의 사이 | 关系 guānxi 관계

4급
条件
tiáojiàn

명 조건

▶이 회사에 지원하려면 아래의 티아오찌엔(条件)들을 갖춰야 한다.

两个人成为朋友的条件是要有共同的爱好。
Liǎng ge rén chéngwéi péngyou de tiáojiàn shì yào yǒu gòngtóng de àihào.
두 사람이 친구가 되는 조건은 공통의 취미가 있어야 한다는 것이다.

两 liǎng 둘 | 成为 chéngwéi ~가 되다 | 朋友 péngyou 친구 | 共同 gòngtóng 공통의, 공동의 | 爱好 àihào 취미

4급
讨论
tǎolùn

동 토론하다

▶그들은 찬반으로 갈려 긴장감이 감돌 정도로 타오룬(讨论)했다.

你们今天讨论得怎么样？
Nǐmen jīntiān tǎolùn de zěnmeyàng?
너희는 오늘 토론한 게 어땠니?

今天 jīntiān 오늘 | 怎么样 zěnmeyàng 어떠하다

유의 议论 yìlùn 의논하다

相同

4급

xiāngtóng

형 서로 같다, 똑같다, 일치하다

▶ 카드로 결제하든, 현금으로 결제하든 가격은 씨앙통(相同)합니다.

大家都有相同的看法。
Dàjiā dōu yǒu xiāngtóng de kànfǎ.
모두들 서로 같은 의견을 가지고 있다.

大家 dàjiā 모두 | **都** dōu 모두, 다 | **有** yǒu 있다 | **看法** kànfǎ 의견

详细

4급

xiángxì

형 상세하다, 자세하다

▶ 외국 친구와 펜팔을 하고 싶어. 방법 좀 시앙씨(详细)하게 알려줘.

详细的安排我也不太清楚。
Xiángxì de ānpái wǒ yě bú tài qīngchu.
상세한 일정은 저도 그다지 정확히 알지 못합니다.

安排 ānpái 안배하다 [여기서는 '일정'의 의미로 쓰임] | **不太** bú tài 그다지 ~하지 않다 | **清楚** qīngchu 정확하다, 명백하다

> **유의어 비교** 详细 vs 仔细
>
> 학생들이 많이 헷갈려 하는 형용사들 중 하나이다. 형용하는 대상과 내용이 다르므로 예문으로 정확하게 구분해 두자.
>
> **详细** '상세하다'라는 뜻으로 내용이 모두 갖추어져 상세함을 나타낸다.
> 예 **详细内容** 상세한 내용 / **详细地址** 상세 주소
> **讲得很详细** 상세히 말하다
>
> **仔细** 태도가 꼼꼼한 것을 나타내며, '세심하다', '꼼꼼하다' 등으로 해석한다.
> 예 **仔细看** 자세히 보다 / **很仔细** 세심하다

一直

3급

yìzhí

부 계속, 줄곧

▶ 그 회사와 우리 회사는 이즈(一直) 상부상조하는 관계야.

他一直很关心别人。
Tā yìzhí hěn guānxīn biérén.
그는 계속 다른 사람에게 매우 관심을 갖는다.

关心 guānxīn 관심을 갖다, 관심을 기울이다 | **别人** biérén 다른 사람

반의 **总是** zǒngshì 언제나, 늘, 줄곧

> **출제 포인트** 一直在(줄곧 ~하고 있다)
>
> 一直在(줄곧 ~하고 있다)는 쓰기 1부분 어순 배열 문제에 간혹 출제되는 경향을 보이고 있다.
>
> 예 **妈妈一直在影响着我。** 엄마는 줄곧 나에게 영향을 주고 있다.

4급

接受
jiēshòu

통 받아들이다, 받다, 수락하다

▶ 조금 까다롭긴 하지만 당신의 요구 사항을 지에쇼우(接受)할게요.

有些人非常乐于接受别人的批评和建议。
Yǒuxiē rén fēicháng lèyú jiēshòu biérén de pīpíng hé jiànyì.
어떤 사람들은 다른 사람의 비판과 제안을 매우 기꺼이 받아들인다.

有些 yǒuxiē 어떤, 일부 | 非常 fēicháng 매우, 대단히 | 乐于 lèyú 기꺼이 하다 | 批评 pīpíng 비판(하다) | 建议 jiànyì 제안(하다)
반의 拒绝 jùjué 거절하다

4급

困难
kùnnan

명 어려움, 빈곤, 곤란
형 어렵다, 곤란하다, 빈곤하다

▶ 그는 쿤난(困难)을 극복하고 자신의 길을 개척해 나갔다.

不管遇到什么困难，他们都能积极地解决。
Bùguǎn yùdào shénme kùnnan, tāmen dōu néng jījí de jiějué.
어떤 어려움에 부딪히든 그들은 적극적으로 해결할 수 있다.

想要提前毕业很困难。
Xiǎngyào tíqián bìyè hěn kùnnan.
졸업을 앞당겨 하려는 것은 매우 어렵다.

不管 bùguǎn ~에 상관없이 | 遇到 yùdào 부딪히다 | 什么 shénme 어떤, 무슨 | 都 dōu 모두, 다 | 能 néng ~할 수 있다 | 积极 jījí 적극적이다 | 解决 jiějué 해결하다 | 想要 xiǎngyào ~하려고 하다 | 提前 tíqián (예정된 시간·위치) 앞당기다 | 毕业 bìyè 졸업하다

4급

真正
zhēnzhèng

형 진정한, 참된

▶ 어려울 때 함께하는 친구가 쩐쩡(真正)한 친구이다.

找到真正的朋友很难。
Zhǎodào zhēnzhèng de péngyou hěn nán.
진정한 친구를 찾는 것은 매우 어렵다.

找到 zhǎodào 찾다, 찾아내다 | 朋友 péngyou 친구 | 难 nán 어렵다

의견 교류하기

4급
任何
rènhé

대 어떠한, 무슨

▶ 아직 교환 학생에 대한 런허(任何)한 계획도 없다구?

任何人都不知道他的消息，怎么办？
Rènhé rén dōu bù zhīdào tā de xiāoxi, zěnmebàn?

어느 누구도 그의 소식을 모르는데, 어떡하지?

知道 zhīdào 알다 | 消息 xiāoxi 소식 | 怎么办 zěnmebàn 어떡해?

출제 포인트 任何+명사+都(어떠한 ~라도 모두)

이 패턴의 뜻을 이해하지 못해 독해 영역에서 해석을 틀리게 하는 경우가 종종 발생하므로 주의해야 한다.

4급
过程
guòchéng

명 과정

▶ 모든 일은 결과도 중요하지만, 그 꾸어청(过程)이 더 중요하다.

在孩子学习说话的过程中，父母应该多和孩子交流。
Zài háizi xuéxí shuōhuà de guòchéng zhōng, fùmǔ yīnggāi duō hé háizi jiāoliú.

아이가 말을 배우는 과정 중에, 부모는 아이와 많이 교류해야 한다.

在 zài ~에(서) | 孩子 háizi 아이 | 学习 xuéxí 학습하다 | 说话 shuōhuà 말하다 | 中 zhōng ~ 중에 | 父母 fùmǔ 부모 | 应该 yīnggāi (마땅히) ~해야 한다 | 交流 jiāoliú 교류하다

4급
共同
gòngtóng

형 공통의, 공동의

▶ 우승은 우리의 꽁통(共同) 목표야.

我和朋友有个共同的爱好。
Wǒ hé péngyou yǒu ge gòngtóng de àihào.

나와 친구는 하나의 공통된 취미가 있다.

朋友 péngyou 친구 | 有 yǒu 있다 | 爱好 àihào 취미

4급
以为
yǐwéi

동 생각하다, 여기다, 간주하다

▶ 나는 네가 중국인이라고 생각했는데, 한국인이었구나!

他以为我忘了他的生日。
Tā yǐwéi wǒ wàngle tā de shēngrì.

그는 내가 그의 생일을 잊었다고 생각한다.

忘 wàng 잊다, 망각하다 | 生日 shēngrì 생일

4급
尊重
zūnzhòng

동 존중하다, 중시하다

▶ 소수의 의견도 마땅히 쫀쫑(尊重)해야 합니다.

平时你应该尊重一下别人的意见。
Píngshí nǐ yīnggāi zūnzhòng yíxià biéren de yìjiàn.

평소에 너는 다른 사람의 의견을 존중해야 한다.

平时 píngshí 평소 | **应该** yīnggāi (마땅히) ~해야 한다 | **意见** yìjiàn 의견, 견해

4급
联系
liánxì

동 연락하다, 연결하다

▶ 아직 휴대폰이 개통되지 않아서 리엔씨(联系)할 수 없었어.

你跟他联系了吗? 너는 그와 연락을 했니?
Nǐ gēn tā liánxì le ma?

跟 gēn ~와, ~과

4급
交流
jiāoliú

동 교류하다, 서로 소통하다

▶ 대학 간의 활발한 지아오리우(交流)는 학생들에게 많은 기회를 제공합니다.

朋友之间多交流可以减少误会。
Péngyou zhī jiān duō jiāoliú kěyǐ jiǎnshǎo wùhuì.

친구 사이에 교류를 많이 해야 오해를 줄일 수 있다.

朋友 péngyou 친구, 벗 | **之间** zhī jiān ~의 사이 | **多** duō 많이 ~하다 | **可以** kěyǐ ~할 수 있다 | **减少** jiǎnshǎo 줄이다 | **误会** wùhuì 오해

4급
打招呼
dǎ zhāohu

동 (말이나 행동으로) 인사하다

▶ 나는 멀리 지나가던 친구를 불러 다짜오후(打招呼)했다.

刚才和你打招呼的男孩儿是谁?
Gāngcái hé nǐ dǎ zhāohu de nánháir shì shéi?

방금 너와 인사한 남자아이는 누구니?

刚才 gāngcái 방금 | **男孩儿** nánháir 남자아이 | **谁** shéi 누구

> **출제 포인트** 듣기·독해 영역 빈출 어휘 **打招呼**
>
> 打招呼는 4급 듣기, 독해에서 자주 등장하는 어휘이다. 4급에서는 거의 '인사하다'라는 의미로 많이 사용되고 있지만, 어떤 사건이나 문제에 대해 '(사전 또는 사후에) 알려준다'는 의미도 있다.
>
> 예 **跟老师打招呼** 선생님과 인사하다
> **如果你明天不来, 就提前跟我打个招呼吧。**
> 만약에 너 내일 안 올 거면, 미리 나한테 알려 줘.

의견 교류하기

4급

自信
zìxìn

- 형 자신만만하다
- 명 자신감

▶그는 교환 학생으로 뽑힐 수 있다고 쯔신(自信)했다.

你应该自信地说出自己的想法。
Nǐ yīnggāi zìxìn de shuōchū zìjǐ de xiǎngfa.
당신은 자신만만하게 자신의 생각을 말해야 한다.

他对所有的事情都很有自信。
Tā duì suǒyǒu de shìqing dōu hěn yǒu zìxìn.
그는 모든 일에 대해 매우 자신감이 있다.

应该 yīnggāi (마땅히) ~해야 한다 | 说 shuō 말하다 | 出 chū (동사 뒤에 쓰여) 드러나거나 완성됨을 나타냄 | 自己 zìjǐ 자신 | 想法 xiǎngfa 생각 | 对 duì ~에 대해 | 所有 suǒyǒu 모든 | 事情 shìqing 일

4급

规定
guīdìng

- 명 규정, 규칙
- 동 정하다, 규정하다

▶실험실 내에서는 정해진 꾸이띵(规定)을 반드시 엄수해야 합니다.

超过70%的人都对这个新规定表示支持。
Chāoguò bǎi fēn zhī qīshí de rén dōu duì zhège xīn guīdìng biǎoshì zhīchí.
70%가 넘는 사람들이 모두 이 새로운 규정에 대해 지지를 표했다.

我们必须在规定的时间内完成工作。
Wǒmen bìxū zài guīdìng de shíjiān nèi wánchéng gōngzuò.
우리는 반드시 정해진 시간 안에 일을 완성해야 한다.

超过 chāoguò 넘다 | 都 dōu 모두 | 对 duì ~에 대해서 | 新 xīn 새롭다 | 表示 biǎoshì 나타내다 | 支持 zhīchí 지지하다 | 必须 bìxū 반드시 ~해야 한다 | 在 zài ~에 | 时间 shíjiān 시간 | 内 nèi 안, 속 | 完成 wánchéng 완성하다

4급

回忆
huíyì

- 명 추억, 회상
- 동 회상하다, 추억하다

▶사진을 보며 중국에서 유학하던 때를 후이이(回忆)했다.

我和女朋友所有的回忆都是美好的。
Wǒ hé nǚpéngyou suǒyǒu de huíyì dōu shì měihǎo de.
나와 여자친구의 모든 추억은 모두 아름다운 것이다.

爷爷经常回忆过去的生活。
Yéye jīngcháng huíyì guòqù de shēnghuó.
할아버지는 자주 과거의 생활을 회상하신다.

女朋友 nǚpéngyou 여자 친구 | 所有 suǒyǒu 모든 | 都 dōu 모두 | 美好 měihǎo 아름답다 | 爷爷 yéye 할아버지 | 经常 jīngcháng 자주, 항상 | 过去 guòqù 과거 | 生活 shēnghuó 생활

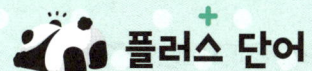 **플러스 단어**

음원 듣기

고득점 합격이 목표라면 플러스단어까지 학습해 보세요.

교류

沟通 gōutōng 소통하다, 교류하다
互动 hùdòng 상호 작용을 하다
肢体语言 zhītǐ yǔyán 보디랭귀지
聆听 língtīng 경청하다
宴会 yànhuì 연회
研讨会 yántǎohuì 연구 토론회
新闻发布会 xīnwén fābùhuì 기자 회견
手语 shǒuyǔ 수화
博客 bókè 블로그
搜索 sōusuǒ 검색하다
回帖 huítiě 댓글

网德 wǎngdé 네티켓
取关 qǔguān 언팔하다
拉黑 lāhēi 수신 차단
点赞 diǎnzàn (SNS상에서) '좋아요'를 누르다
网络聊天 wǎngluò liáotiān 채팅
垃圾邮件 lājī yóujiàn 스팸 메일
垃圾短信 lājī duǎnxìn 스팸 문자
微信 wēixìn 위챗
推特 tuītè 트위터

데일리 테스트

고생하셨어요! QR코드를 스캔해 데일리 테스트를 풀어 보며 오늘 학습을 마무리해 보세요.

문제 풀기

DAY 19

취업 도전하기

HSK 3급, 4급 30일 합격 프로젝트

★ HSK 시험에 이렇게 나와요.

3, 4급 독해 3부분에 취업과 관련된 내용이 종종 등장합니다. 보통 '机会(기회)'는 노력해야 찾아오며, '经验(경험)'을 쌓아야 하고, '能力(능력)'가 중요하다는 내용이주로 나옵니다.

음원 듣기

취업 성공

成功 청꽁
努力 누리
通知 통즈
应聘 잉핀
终于 쯍위

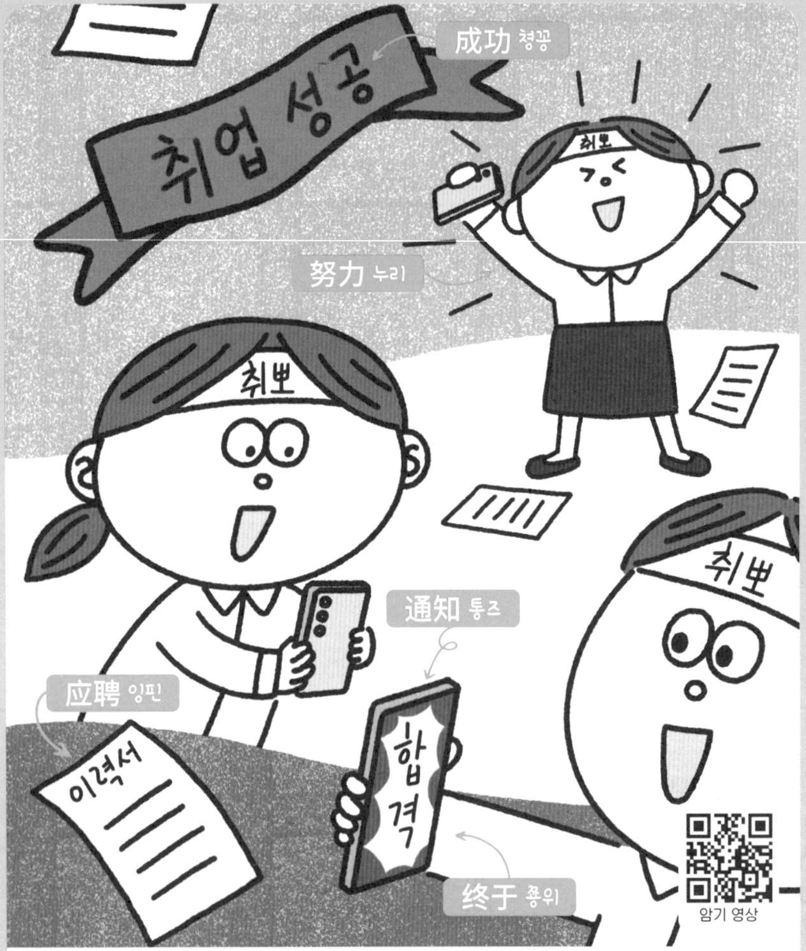

암기 영상

成功	努力	通知	应聘	终于
chénggōng	nǔlì	tōngzhī	yìngpìn	zhōngyú
동 성공하다, 이루다	동 열심히 하다, 노력하다	명 통지, 통지서 동 통지하다	동 지원하다, 초빙에 응하다	부 마침내, 결국, 끝내

2급
准备
zhǔnbèi
- 통 준비하다
- 명 준비

▶ 난 취업을 쥰뻬이(准备)하느라 이번 학기에 휴학했어.

我开始准备找工作了。
Wǒ kāishǐ zhǔnbèi zhǎo gōngzuò le.
나는 일자리 찾을 준비를 하기 시작했다.

我还没做好找工作的准备。
Wǒ hái méi zuòhǎo zhǎo gōngzuò de zhǔnbèi.
나는 직업을 찾을 준비가 아직 잘되지 않았다.

开始 kāishǐ 시작하다 | 找 zhǎo 찾다 | 工作 gōngzuò 직업, 일자리 | 还 hái 아직, 아직도 | 做好 zuòhǎo (어떤 임무를) 잘 완성하다

2급
事情
shìqing
- 명 일, 사건

▶ 사장님께 이 스칭(事情)의 경과를 보고하셔야 합니다.

你找工作的事情怎么样了?
Nǐ zhǎo gōngzuò de shìqing zěnmeyàng le?
너 일자리 찾는 일은 어떻게 되었니?

怎么样 zěnmeyàng 어떠하다

3급
自己
zìjǐ
- 대 자신, 자기, 스스로

▶ 무엇이 옳고 그른 것인지 네 쯔지(自己)가 판단할 줄 알아야 해.

请你说一下你自己的性格。
Qǐng nǐ shuō yíxià nǐ zìjǐ de xìnggé.
당신 자신의 성격을 좀 말해 보세요.

请 qǐng (상대가 어떤 일을 하기 바라는 의미로) ~하세요 | 说 shuō 말하다 | 一下 yíxià 동사 뒤에 쓰여 '좀 ~하다'의 뜻을 나타냄 | 性格 xìnggé 성격

3급
决定
juédìng
- 통 결정하다

▶ 두 대학에 동시 합격해서 어디를 갈지 쥐에띵(决定)해야 해.

他决定去国外工作一年。
Tā juédìng qù guówài gōngzuò yì nián.
그는 해외에 가서 1년 동안 일하기로 결정했다.

国外 guówài 해외, 국외 | 工作 gōngzuò 일하다 | 年 nián 년

希望 xīwàng
`2급` `동` 바라다, 희망하다

▶ 난 최종 면접에 통과할 수 있기를 진심으로 시왕(希望)하고 있어.

我非常希望你能来我们公司上班。
Wǒ fēicháng xīwàng nǐ néng lái wǒmen gōngsī shàngbān.
저는 당신이 우리 회사에 와서 출근할 수 있기를 매우 바랍니다.

非常 fēicháng 매우, 대단히 | 能 néng ~할 수 있다 | 公司 gōngsī 회사, 직장 | 上班 shàngbān 출근하다
`유의` 愿意 yuànyì 바라다, 희망하다

机会 jīhuì
`3급` `명` 기회

▶ 이번 지후이(机会)를 놓치면 1년을 더 기다려야 해.

谢谢您给我这个机会，我会努力工作的。
Xièxie nín gěi wǒ zhège jīhuì, wǒ huì nǔlì gōngzuò de.
저에게 이 기회를 주셔서 감사합니다. 열심히 일하겠습니다.

谢谢 xièxie 감사합니다 | 给 gěi ~에게 ~을 주다 | 会 huì ~할 것이다 | 努力 nǔlì 열심히 하다 | 工作 gōngzuò 일하다

努力 nǔlì
`3급` `동` 열심히 하다, 노력하다, 힘쓰다

▶ 그는 모든 일에 열심히 누리(努力)하는 모습으로 인정을 받았어.

为了找到好工作，你应该比现在更努力。
Wèile zhǎodào hǎo gōngzuò, nǐ yīnggāi bǐ xiànzài gèng nǔlì.
좋은 일자리를 찾기 위해 너는 지금보다 더 노력해야 해.

为了 wèile ~을 하기 위해 | 找到 zhǎodào 찾다, 찾아내다 | 好 hǎo 좋다 | 工作 gōngzuò 일자리, 직업 | 应该 yīnggāi (마땅히) ~해야 한다 | 比 bǐ ~보다 | 现在 xiànzài 지금, 현재 | 更 gèng 더, 더욱

认真 rènzhēn
`3급` `형` 착실하다(열심히 하다), 진지하다, 진솔하다

▶ 면접에서는 런쩐(认真)한 태도가 중요합니다.

他正在认真地看招聘广告。
Tā zhèngzài rènzhēn de kàn zhāopìn guǎnggào.
그는 열심히 채용 광고를 보고 있다.

正在 zhèngzài ~하고 있다 | 看 kàn 보다 | 招聘 zhāopìn 채용하다, 초빙하다 | 广告 guǎnggào 광고

4급
收入
shōurù

명 소득, 수입

▶ 승진과 함께 쇼우루(收入)도 배가 되었어.

有很多人觉得收入高的工作才是好工作。
Yǒu hěn duō rén juéde shōurù gāo de gōngzuò cái shì hǎo gōngzuò.
많은 사람들이 소득이 높은 일이야말로 좋은 일자리라고 생각한다.

多 duō 많다 | 觉得 juéde ~라고 생각하다 | 高 gāo 높다 | 工作 gōngzuò 일자리, 직업 | 才 cái ~이야말로 | 好 hǎo 좋다

4급
通知
tōngzhī

명 통지, 통지서
동 통지하다, 알리다

▶ 면접 결과는 이메일로 통즈(通知)할 겁니다.

我收到了公司的通知，让我明天去上班。
Wǒ shōudàole gōngsī de tōngzhī, ràng wǒ míngtiān qù shàngbān.
나는 회사의 통지를 받았는데, 나보고 내일 출근하라고 한다.

我会在三天之内打电话通知大家的。
Wǒ huì zài sān tiān zhī nèi dǎ diànhuà tōngzhī dàjiā de.
저는 3일 내에 전화를 하여 모두에게 통지할 것입니다.

收到 shōudào 받다, 얻다 | 让 ràng ~하게 하다 | 会 huì ~할 것이다 | 之内 zhī nèi ~의 내 | 打电话 dǎ diànhuà 전화를 하다

> **유의어 비교** 通知 vs 告诉
>
> 通知 주로 서면어에 쓰이며, 동사로는 '통지하다', 명사로는 '통지'라는 뜻을 나타낸다.
>   예 **通知大家** 모두에게 통지하다
>   **通知书** 통지서 / **收到通知** 통지를 받다
>
> 告诉 '알려 주다'라는 뜻의 동사로 주로 회화에 쓰인다. 이중목적어를 취할 수 있지만, 명사로는 쓰이지 않는다.
>   예 **告诉我一声** 나에게 알려 줘
>   **我告诉你一个好消息。**
>   내가 너에게 좋은 소식 (하나) 알려 줄게.

3급
终于
zhōngyú

부 마침내, 결국, 끝내

▶ 그는 쫑위(终于) 최종 면접에 합격하였다.

我终于找到工作了。 나는 마침내 일자리를 찾았다.
Wǒ zhōngyú zhǎodào gōngzuò le.

找到 zhǎodào 찾다, 찾아내다

4급

成为
chéngwéi

동 ~이 되다, ~으로 되다

▶ 成为(~이 되다) + 医生(의사) = 의사가 되다

我将来想成为一名医生。
Wǒ jiānglái xiǎng chéngwéi yì míng yīshēng.
나는 장래에 의사가 되고 싶다.

将来 jiānglái 장래, 미래 | 想 xiǎng ~하고 싶다 | 名 míng 명(사람을 세는 단위) | 医生 yīshēng 의사

> **유의어 비교** 成为 vs 成
>
> 成为 '(~이) 되다'라는 의미의 술어로 쓰인다. 주로 어떠한 직업이나 신분이 된다고 할 때 많이 쓰이는데, 어떤 상태가 됨을 나타낼 때는 成과 바꿔서 쓸 수 있다.
> 예 成为医生 의사가 되다
> 汉语成(为)了我生活的一部分。
> 중국어는 내 삶의 일부분이 되었다.
>
> 成 술어 뒤에 쓰여 '(~으로) 되다'라는 의미의 보어 역할을 한다.
> 예 翻译成中文 중국어로 번역하다

3급

重要
zhòngyào

형 중요하다

▶ 이건 아주 쭝야오(重要)한 서류이니, 꼼꼼히 봐 주세요.

这个星期有个重要的面试。
Zhège xīngqī yǒu ge zhòngyào de miànshì.
이번 주에 중요한 면접시험이 하나 있다.

星期 xīngqī 주, 주일 | 面试 miànshì 면접시험

4급

成功
chénggōng

동 성공하다, 이루다

▶ 청꽁(成功)한 사람들은 시간 관리에 아주 철저했음을 알 수 있어.

自信是获得面试成功的重要条件。
Zìxìn shì huòdé miànshì chénggōng de zhòngyào tiáojiàn.
자신감은 면접시험 성공을 얻는 중요한 조건이다.

自信 zìxìn 자신감 | 获得 huòdé 얻다, 획득하다 | 条件 tiáojiàn 조건

4급

竞争
jìngzhēng

동 경쟁하다

▶ 그는 나와 입사 동기로 항상 찡쩡(竞争)의 관계에 놓여 있다.

最近竞争越来越厉害了，很难找到工作。
Zuìjìn jìngzhēng yuèláiyuè lìhai le, hěn nán zhǎodào gōngzuò.

요즘 경쟁이 갈수록 심해지고 있어서 일자리를 찾기가 매우 어렵다.

最近 zuìjìn 요즘 | **越来越** yuèláiyuè 갈수록, 더욱더, 점점 | **厉害** lìhai 극심하다 | **难** nán ~하기 어렵다 | **找到** zhǎodào 찾다, 찾아내다 | **工作** gōngzuò 일자리, 업무

4급

经验
jīngyàn

명 경험, 체험

▶ 인턴 기간은 힘들지만, 아주 좋은 징이엔(经验)이 될 거예요.

招聘广告上面写着至少要有两年的工作经验。
Zhāopìn guǎnggào shàngmiàn xiězhe zhìshǎo yào yǒu liǎng nián de gōngzuò jīngyàn.

채용 광고에 최소한 2년의 업무 경험이 있어야 한다고 쓰여 있다.

招聘 zhāopìn (공모의 방식으로) 채용하다, 초빙하다, 초청하다 | **广告** guǎnggào 광고 | **上面** shàngmiàn 위, 위쪽 | **写** xiě 글씨를 쓰다 | **着** zhe ~해 있다 | **至少** zhìshǎo 최소한, 적어도

4급

招聘
zhāopìn

동 채용하다, 초빙하다, 초청하다

▶ 이 회사에서 저를 쟈오핀(招聘)해 주셔서 영광입니다.

那家公司要招聘什么样的人？
Nà jiā gōngsī yào zhāopìn shénmeyàng de rén?

그 회사는 어떤 사람을 채용하려고 합니까?

家 jiā 집·상점·회사 등을 세는 단위 | **公司** gōngsī 회사 | **要** yào ~하려고 하다 | **什么样** shénmeyàng 어떠한

반의 **应聘** yìngpìn 지원하다, 초빙에 응하다

> **출제 포인트**　독해 영역 빈출 어휘 **招聘**
>
> 招聘은 4급 독해 문제에 많이 출제되는데, 특히 취업과 관련된 내용에 많이 등장한다. 듣기와 쓰기에도 종종 나오니, 반대 의미인 '应聘(지원하다)'도 같이 알아 두자.
>
> 예 **招聘两位服务员。** 종업원 두 명을 채용했다.
> **招聘信息** 채용 정보 / **应聘者** 지원자 / **应聘时** 지원할 때

취업 도전하기

4급
应聘
yìngpìn

동 지원하다,
초빙에 응하다

▶ 저희 회사의 초빙에 잉핀(应聘)해 주셔서 감사합니다.

应聘的过程也是一种经验。
Yìngpìn de guòchéng yě shì yì zhǒng jīngyàn.
지원하는 과정 역시 일종의 경험이다.

过程 guòchéng 과정 | 种 zhǒng 종, 종류
반의 招聘 zhāopìn 채용하다, 초빙하다

4급
能力
nénglì

명 능력, 역량

▶ 그는 마침내 자신의 넝리(能力)를 인정해 주는 회사를 만났다.

他的工作**能力**很强。
Tā de gōngzuò nénglì hěn qiáng.
그의 업무 능력은 매우 강하다.

工作 gōngzuò 업무, 일 | 强 qiáng 강하다

4급
坚持
jiānchí

동 견지하다,
단호히 지키다

▶ 지금의 태도를 계속 지엔츠(坚持)한다면 넌 반드시 성공할 거야!

只要**坚持**自己的梦想，你就会成功。
Zhǐyào jiānchí zìjǐ de mèngxiǎng, nǐ jiù huì chénggōng.
자신의 꿈을 견지하기만 하면, 너는 성공할 수 있다.

只要 zhǐyào ~하기만 하면 | 自己 zìjǐ 자신, 자기 | 梦想 mèngxiǎng 꿈 | 成功 chénggōng 성공하다

4급
放弃
fàngqì

동 포기하다, 버리다

▶ 너의 노력이 헛되지 않도록 절대 팡치(放弃)하지 마.

虽然我没有通过这次面试，但是我不会**放弃**。
Suīrán wǒ méiyǒu tōngguò zhècì miànshì, dànshì wǒ bú huì fàngqì.
비록 나는 이번 면접을 통과하지 못했지만, 그러나 나는 포기하지 않을 것이다.

虽然 suīrán 비록 ~하지만 | 通过 tōngguò 통과하다 | 这次 zhècì 이번 | 面试 miànshì 면접시험 | 但是 dànshì 그러나 | 会 huì ~할 것이다

4급

考虑
kǎolǜ

동 생각하다, 고려하다

▶ 우리 회사는 당신의 제안을 긍정적으로 카오뤼(考虑)할 것입니다.

做任何事之前都应该考虑清楚。
Zuò rènhé shì zhī qián dōu yīnggāi kǎolǜ qīngchu.
어떤 일을 하기 전에 모두 분명하게 생각해야 한다.

做 zuò 하다 | 任何 rènhé 어떠한 | 事 shì 일 | 之前 zhī qián ~의 전 | 都 dōu 모두 | 应该 yīnggāi (마땅히) ~해야 한다 | 清楚 qīngchu 분명하다

출제 포인트 考虑+문장

考虑는 보통 '생각하다'라는 뜻으로 많이 쓰인다. 작문을 할 때 考虑 뒤에는 문장이 목적어로 쓰이는 경우가 많다는 것을 기억하자!

예 我正在考虑明年要不要去俄罗斯留学。
나는 내년에 러시아로 유학을 갈 것인지 말 것인지 생각하는 중이다.

4급

理想
lǐxiǎng

명 꿈, 이상
형 만족스럽다, 이상적이다

▶ 우리 사장님은 내가 꿈꿔 왔던 리씨앙(理想)적인 상사의 모습이다.

我的理想是做一名律师。
Wǒ de lǐxiǎng shì zuò yì míng lǜshī.
나의 꿈은 변호사가 되는 것이다.

这次考试成绩很不理想。
Zhècì kǎoshì chéngjì hěn bù lǐxiǎng.
이번 시험 성적은 아주 만족스럽지 않다.

名 míng 명(사람을 세는 단위) | 律师 lǜshī 변호사 | 考试 kǎoshì 시험 | 成绩 chéngjì 성적 | 很 hěn 아주, 매우

4급

关键
guānjiàn

명 관건, 열쇠, 키포인트

▶ 마지막 면접이 취업의 관찌엔(关键)이 될 거야.

职业没有好与坏的区别，关键看自己是否喜欢。
Zhíyè méiyǒu hǎo yǔ huài de qūbié, guānjiàn kàn zìjǐ shìfǒu xǐhuan.
직업은 좋고 나쁨의 차이가 없다. 관건은 자신이 좋아하느냐를 보는 것이다.

职业 zhíyè 직업 | 好 hǎo 좋다 | 坏 huài 나쁘다 | 区别 qūbié 차이, 구별 | 看 kàn 보다 | 自己 zìjǐ 자신 | 是否 shìfǒu ~인지 아닌지

4급

方面
fāngmiàn

명 분야, 방면, 부분

▶그녀는 이 팡미엔(方面)에서 가히 최고라 할 수 있어.

我不太了解历史方面的知识。
Wǒ bú tài liǎojiě lìshǐ fāngmiàn de zhīshi.

나는 역사 분야의 지식을 그다지 잘 이해하지 못한다.

不太 bú tài 그다지 ~하지 않다 | 了解 liǎojiě 이해하다, 자세하게 알다 | 历史 lìshǐ 역사 | 知识 zhīshi 지식

출제 포인트 一方面A，一方面B (한편으로는 A하고, 한편으로는 B하다)

서로 관련된 내용을 연결하는 표현으로, 뒷절에 상반된 내용이 올 경우에는 앞에 另이 자주 쓰인다. 4급 독해 문제에 종종 출제된다.

예 我每天都跑步，一方面是为了锻炼身体，另一方面是为了减肥。
나는 매일 달리기를 한다. 한편으로는 신체를 단련하기 위해서이고, 다른 한편으로는 다이어트를 하기 위해서이다.

4급

职业
zhíyè

명 직업
형 프로의, 직업적인

▶그녀는 즈이에(职业) 정신이 투철합니다.

他的职业最可能是什么？
Tā de zhíyè zuì kěnéng shì shénme?

그의 직업은 무엇일 가능성이 가장 높은가?

姐姐是一名职业演员。
Jiějie shì yì míng zhíyè yǎnyuán.

언니는 프로 연기자이다.

最 zuì 가장, 제일 | 可能 kěnéng 가능하다 | 姐姐 jiějie 언니, 누나 | 名 míng 명(사람을 세는 단위) | 演员 yǎnyuán 연기자, 배우

4급

警察
jǐngchá

명 경찰

▶나는 꼭 커서 도둑을 잡는 멋진 징챠(警察)가 될 거야!

为了成为一名警察，我一直努力准备。
Wèile chéngwéi yì míng jǐngchá, wǒ yìzhí nǔlì zhǔnbèi.

경찰이 되기 위해 나는 줄곧 열심히 준비했다.

为了 wèile ~을 하기 위하여 | 一直 yìzhí 줄곧, 계속 | 努力 nǔlì 열심히 하다 | 准备 zhǔnbèi 준비하다

`4급`

律师
lǜshī

명 변호사

▶ 그는 뤼스(律师)가 되기 위해 로스쿨 진학을 꿈꿨다.

他学的是法律，但他却不想当律师。
Tā xué de shì fǎlǜ, dàn tā què bù xiǎng dāng lǜshī.

그가 배우는 것은 법률이지만 그는 변호사가 되고 싶어 하지 않는다.

学 xué 배우다, 학습하다 | 法律 fǎlǜ 법률 | 但 dàn 그러나 | 却 què 오히려 | 想 xiǎng ~하고 싶다 | 当 dāng ~가 되다

출제 포인트 신분을 묻는 유형

律师처럼 신분을 나타내는 어휘는 듣기 부분의 직업·신분 유형 문제에 자주 나온다. 师는 동사(구) 뒤에 쓰여 일반적으로 전문적인 학술이나 기예를 가진 사람을 뜻한다

예 律师 변호사 / 厨师 요리사 / 会计师 회계사 / 教师 교사

`4급`

教授
jiàoshòu

명 교수

▶ 세미나 일정으로, 그 찌아오쇼우(教授)의 강의는 휴강되었다.

我想成为一名大学教授。
Wǒ xiǎng chéngwéi yì míng dàxué jiàoshòu.

나는 대학 교수가 되고 싶다.

想 xiǎng ~하고 싶다 | 成为 chéngwéi ~가 되다 | 大学 dàxué 대학

`4급`

记者
jìzhě

명 기자

▶ 나는 뉴스 기사를 쓰는 찌저(记者)가 될 거야.

怎样才能成为一个优秀的记者？
Zěnyàng cái néng chéngwéi yí ge yōuxiù de jìzhě?

어떻게 해야 비로소 우수한 기자가 될 수 있을까?

怎样 zěnyàng 어떻게 | 才 cái 비로소 | 能 néng ~할 수 있다 | 优秀 yōuxiù 우수하다

출제 포인트 신분을 묻는 유형

'者'는 동사(구) 뒤에 쓰여 일반적으로 직업, 신분을 나타낸다.

예 记者 기자 / 读者 독자 / 学者 학자 / 作者 저자

4급
作者
zuòzhě
명 저자, 지은이

▶ 모든 책 표지에는 쭈어져(作者)의 이름이 쓰여 있다.

这本书是作者根据自己的工作经历写的。
Zhè běn shū shì zuòzhě gēnjù zìjǐ de gōngzuò jīnglì xiě de.
이 책은 저자가 자신의 업무 경험에 근거하여 쓴 책이다.

本 běn 권(책을 세는 단위) | 书 shū 책 | 根据 gēnjù ~에 근거하여 | 自己 zìjǐ 자신 | 工作 gōngzuò 업무, 일 | 经历 jīnglì 경험, 경력 | 写 xiě 쓰다
유의 作家 zuòjiā 작가

4급
作家
zuòjiā
명 작가

▶ 이 쭈어지아(作家)의 책은 거의 다 베스트셀러야.

他说他喜欢写文章，将来想成为一位作家。
Tā shuō tā xǐhuan xiě wénzhāng, jiānglái xiǎng chéngwéi yí wèi zuòjiā.
그는 그가 글 쓰는 것을 좋아하며, 앞으로 작가가 되고 싶다고 말했다.

说 shuō 말하다 | 喜欢 xǐhuan 좋아하다 | 文章 wénzhāng 글 | 将来 jiānglái 장래, 미래 | 想 xiǎng ~하고 싶다 | 成为 chéngwéi ~가 되다 | 位 wèi 분, 명(공경의 뜻을 내포함)
유의 作者 zuòzhě 저자, 지은이

4급
演员
yǎnyuán
명 배우, 연기자

▶ 나는 내가 좋아하는 이엔위엔(演员)이 나오는 드라마는 다 챙겨 봐.

他从小的理想就是当一名演员。
Tā cóngxiǎo de lǐxiǎng jiù shì dāng yì míng yǎnyuán.
그의 어렸을 때부터의 꿈은 바로 배우가 되는 것이다.

从小 cóngxiǎo 어린 시절부터 | 理想 lǐxiǎng 꿈, 이상 | 就 jiù 바로 | 当 dāng ~가 되다 | 名 míng 명(사람을 세는 단위)

> **출제 포인트** 신분을 묻는 유형
>
> 员은 동사(구) 뒤에 쓰여 일반적으로 어떤 직업에 종사하는 사람을 뜻한다.
> 예 演员 배우 / 服务员 종업원 / 售货员 판매원 / 售票员 매표원

4급

工资
gōngzī

명 임금, 월급

▶ 난 꽁즈(工资)를 받는 즉시 절반은 저축해.

工资的高低主要是由能力来决定的。
Gōngzī de gāodī zhǔyào shì yóu nénglì lái juédìng de.
임금의 높고 낮음은 주로 능력이 결정한다.

高低 gāodī 높고 낮다 | 主要 zhǔyào 주로, 대부분 | 由 yóu ~이, ~가 | 能力 nénglì 능력 | 决定 juédìng 결정하다

4급

缺点
quēdiǎn

명 단점, 결점, 부족한 점

▶ 내일 면접인데, 난 말을 더듬는 취에디엔(缺点)이 있어서 걱정이야.

每个人都有自己的优点和**缺点**。
Měi ge rén dōu yǒu zìjǐ de yōudiǎn hé quēdiǎn.
모든 사람은 모두 자신의 장점과 단점이 있다.

每 měi 매, ~마다 | 都 dōu 모두, 다 | 有 yǒu 있다 | 自己 zìjǐ 자신 | 优点 yōudiǎn 장점

반의 优点 yōudiǎn 장점

4급

标准
biāozhǔn

명 기준, 표준, 잣대

▶ 이 회사의 신입사원 채용 삐아오준(标准)은 무엇입니까?

每个公司的招聘**标准**都不一样。
Měi ge gōngsī de zhāopìn biāozhǔn dōu bù yíyàng.
모든 회사의 채용 기준은 모두 다르다.

公司 gōngsī 회사 | 招聘 zhāopìn 채용하다 | 一样 yíyàng 같다

2급

完
wán

동 완성하다, 마치다

▶ 드디어 프로젝트 기획서를 완(完)했어.

我终于把自我介绍写**完**了。
Wǒ zhōngyú bǎ zìwǒ jièshào xiěwán le.
나는 마침내 자기소개서를 다 썼다.

终于 zhōngyú 마침내 | 自我介绍 zìwǒ jièshào 자기소개서

> **출제 포인트** 동사+完了(다 ~했다)
>
> 술어 동사 뒤에 完이 쓰이면 동작이 모두 끝났다는 결과를 나타낸다. 이미 끝났음을 나타내므로, 보통 완료를 나타내는 了와 같이 쓰인다.
>
> 예 吃完了 다 먹었다 / 做完了 다 했다 / 看完了 다 봤다

4급

祝贺
zhùhè

동 축하하다, 경하하다

▶ 그 어려운 사법 시험을 합격하다니, 정말 쮸허(祝贺)합니다!

祝贺你，找到一份好工作。
Zhùhè nǐ, zhǎodào yí fèn hǎo gōngzuò.
좋은 일자리를 찾은 것을 축하해.

找到 zhǎodào 찾다, 찾아내다 | 份 fèn 일을 세는 단위

유의어 비교 祝贺 vs 祝

祝贺 상대방에게 좋은 일이 생겨 축하할 때 쓰는 표현이다.
  예 祝贺你考上了大学！ 대학에 합격한 걸 축하해!
    向他表示祝贺 그에게 축하를 표하다

祝 앞으로 그렇게 되기를 바랄 때 쓰는 표현으로, [祝+사람+바라는 내용] 패턴으로 쓰인다.
  예 祝你考上大学。 네가 대학에 합격하기를 바라.

4급

经历
jīnglì

동 경험하다, 체험하다
명 경험, 경력

▶ 홍보에 관련된 징리(经历)가 있습니까?

在留学的时候，我经历了很多。
Zài liúxué de shíhou, wǒ jīnglìle hěn duō.
유학을 할 때, 나는 많은 것을 경험했다.

请你详细地说说你的留学经历。
Qǐng nǐ xiángxì de shuōshuo nǐ de liúxué jīnglì.
당신의 유학 경험을 상세히 말해 보세요.

在 zài ~하고 있다 | 留学 liúxué 유학하다 | 多 duō 많다 | 请 qǐng (상대가 어떤 일을 하기 바라는 의미로) ~하세요 | 详细 xiángxì 상세하다

유의어 비교 经历 vs 经验

두 단어 모두 동사와 명사 용법이 있지만, 의미와 쓰임이 다르다.

经历 직접 경험하거나 겪은 것을 나타내며, 주로 '겪다'라는 뜻의 동사로 많이 쓰인다.
  예 经历了两个时代 두 시대를 겪었다
    亲身经历 직접 겪다

经验 노력 중에 얻은 기능, 지식 등에 대한 경험을 나타내며, 주로 '경험'이라는 뜻의 명사로 많이 쓰인다.
  예 打工让我积累了很多工作经验。
    아르바이트는 나에게 많은 업무 경험을 쌓게 했다.
    他的社会经验很丰富。
    그의 사회 경험은 매우 풍부하다.

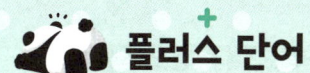 **플러스 단어**

음원 듣기

고득점 합격이 목표라면 플러스단어까지 학습해 보세요.

취업

求职 qiúzhí 구직하다
实习 shíxí 실습하다
打工 dǎgōng 아르바이트 하다
就业 jiùyè 취업하다
时机 shíjī (유리한) 시기, 기회
竞争力 jìngzhēnglì 경쟁력
优势 yōushì 우세
劣势 lièshì 열세
把握 bǎwò
(성공에 대한) 가능성, 자신
面试官 miànshìguān 면접관
企业 qǐyè 기업

国有企业 guóyǒu qǐyè
국유 기업
外资企业 wàizī qǐyè 외자 기업
招聘会 zhāopìnhuì 채용박람회
加入公司 jiārù gōngsī
입사하다
人事部 rénshìbù 인사과
有靠山 yǒu kàoshān 빽이 있다
新职员 xīnzhíyuán 신입사원
待业青年 dàiyè qīngnián
청년 구직자
非正式工作
fēizhèngshì gōngzuò 비정규직

데일리 테스트

고생하셨어요! QR코드를 스캔해
데일리 테스트를 풀어 보며
오늘 학습을 마무리해 보세요.

문제 풀기

DAY 20

HSK 3급, 4급 30일 합격 프로젝트

★ HSK 시험에 이렇게 나와요.
3, 4급 듣기에서는 대화의 장소와 인물·행동 등 여러 가지를 묻는 문제, 독해에서는 회사에서 벌어지는 정확한 정보를 묻는 문제 유형이 많이 출제됩니다.

회사 업무 파악하기

음원 듣기

公司 꽁쓰
会议 후이이
工作 꽁쭈어
累 레이
同事 통스

公司 gōngsī	会议 huìyì	工作 gōngzuò	累 lèi	同事 tóngshì
명 회사, 직장	명 회의	동 일하다 명 일, 직업, 근무	형 피곤하다, 지치다	명 동료

1급
工作
gōngzuò
- 동 일하다
- 명 일, 직업, 근무

▶ 그는 20년째 같은 회사에서 꽁쭈어(工作)하고 있어.

你在哪儿工作?
Nǐ zài nǎr gōngzuò?
당신은 어디에서 일합니까?

你在做什么工作?
Nǐ zài zuò shénme gōngzuò?
당신은 무슨 일을 합니까?(하고 있습니까?)

在 zài ~에서 / ~하고 있다 | 哪儿 nǎr 어디 | 做 zuò 하다 | 什么 shénme 무슨, 어떤

출제 포인트 在+장소+工作(~에서 일하다)

HSK 시험은 물론 회화에서도 자주 쓰이는 工作는 '일'과 '직업'이라는 의미로도 잘 쓰이지만, '일하다'라는 동사의 의미로도 많이 쓰인다.

예 爸爸在邮局工作。 아빠는 우체국에서 일한다.
换工作 일(직업)을 바꾸다 / 找工作 일자리를 찾다
努力工作 열심히 일하다

2급
忙
máng
- 형 바쁘다, 틈이 없다

▶ 이번 프로젝트가 시작된 후 나는 계속 눈코 뜰 새 없이 망(忙)했어.

对不起，我现在很忙，没时间。
Duìbuqǐ, wǒ xiànzài hěn máng, méi shíjiān.
죄송합니다. 저는 지금 너무 바빠서 시간이 없습니다.

对不起 duìbuqǐ 미안합니다 | 现在 xiànzài 지금 | 时间 shíjiān 시간

2급
累
lèi
- 형 피곤하다, 지치다

▶ 나는 퇴근하고 오면 너무 레이(累)해서 바로 침대 위에 쓰러져.

今天太累了，我很想休息。
Jīntiān tài lèi le, wǒ hěn xiǎng xiūxi.
오늘 너무 피곤해서 나는 매우 쉬고 싶다.

今天 jīntiān 오늘 | 想 xiǎng ~하고 싶다 | 休息 xiūxi 휴식하다

회사 업무 파악하기

2급
上班
shàngbān
동 출근하다

▶ 매일 아침 지옥철을 타고 샹빤(上班)하느라 정말 힘들어.

我从去年就开始上班了。
Wǒ cóng qùnián jiù kāishǐ shàngbān le.
나는 작년부터 바로 출근하기 시작했습니다.

从 cóng ~부터, ~에서 | 去年 qùnián 작년 | 就 jiù 바로, 곧 | 开始 kāishǐ 시작하다

반의 下班 xiàbān 퇴근하다

2급
公司
gōngsī
명 회사, 직장

▶ 우리 꽁쓰(公司) 사무실은 강남에 있어.

下午我要去总公司处理一下事情。
Xiàwǔ wǒ yào qù zǒnggōngsī chǔlǐ yíxià shìqing.
오후에 나는 본사에 가서 일을 좀 처리하려고 한다.

下午 xiàwǔ 오후 | 要 yào ~하려고 하다 | 总公司 zǒnggōngsī 본사 | 处理 chǔlǐ 처리하다 | 一下 yíxià 동사 뒤에 쓰여 '좀 ~하다'의 뜻을 나타냄 | 事情 shìqing 일

3급
经理
jīnglǐ
명 사장, (기업의) 경영 관리 책임자, 지배인

▶ 이 회사의 징리(经理)가 누구십니까?

我刚才在门口遇到经理了。
Wǒ gāngcái zài ménkǒu yùdào jīnglǐ le.
나는 방금 입구에서 사장님을 만났다.

刚才 gāngcái 방금, 지금 막 | 在 zài ~에서 | 门口 ménkǒu 입구 | 遇到 yùdào 만나다

유의 老板 lǎobǎn 사장

> **유의어 비교** 经理 vs 老板
>
> 두 단어 모두 '사장'으로 해석할 수 있으나 개념에 다소 차이가 있다.
>
> 经理 | 회사를 관리하는 임원을 뜻하며, 회사에 대한 투자와 상관없이 직무적으로 칭하는 표현이다. 사장, 책임자, 관리자 등으로 해석할 수 있다.
>
> 老板 | 회사에 투자하여 관리하는 사장을 칭한다. 한국어의 사장과 거의 같은 개념이다.

3급

同事
tóngshì
명 동료

▶ 그와 나는 입사 통스(同事)로 같은 부서에서 일하고 있어.

他是我的同事，我给你介绍一下。
Tā shì wǒ de tóngshì, wǒ gěi nǐ jièshào yíxià.
그는 나의 동료예요. 제가 당신에게 소개해 드릴게요.

给 gěi ~에게 | 介绍 jièshào 소개하다

3급

参加
cānjiā
동 참가하다, 참여하다

▶ 오늘 저녁 회식에 모두들 찬지아(参加)해 주세요.

您能来参加今天的会议吗？
Nín néng lái cānjiā jīntiān de huìyì ma?
당신은 오늘 회의에 참석할 수 있나요?

能 néng ~할 수 있다 | 今天 jīntiān 오늘 | 会议 huìyì 회의

3급

会议
huìyì
명 회의

▶ 내일 오후 후이이(会议)는 사장님까지 참석하시니 늦으면 안 돼.

我到公司时，会议已经开始了。
Wǒ dào gōngsī shí, huìyì yǐjīng kāishǐ le.
내가 회사에 도착했을 때, 회의는 이미 시작되었다.

到 dào 도착하다 | 公司 gōngsī 회사 | 时 shí ~할 때 | 已经 yǐjīng 이미, 벌써 | 开始 kāishǐ 시작하다

4급

商量
shāngliang
동 상의하다, 의논하다

▶ 매출을 높이기 위한 방안을 샹량(商量)하고 있었어요.

我刚才在跟小李商量下个月的日程安排。
Wǒ gāngcái zài gēn Xiǎo Lǐ shāngliang xià ge yuè de rìchéng ānpái.
나는 방금 샤오 리와 다음 달 일정 안배에 대해 상의하고 있었다.

刚才 gāngcái 방금, 막 | 在 zài ~하고 있다 | 跟 gēn ~와, ~과 | 下 xià 다음 | 月 yuè 달 | 日程 rìchéng 일정 | 安排 ānpái 안배하다

> **출제 포인트** A跟B商量+상의하는 내용(A는 B와 ~를 상의하다)

商量은 '상의하다'라는 뜻으로 쓰기 2부분에 자주 출제된다. 앞에 개사 跟을 쓰지 않고 목적어를 뒤로 보내는 실수를 하지 않도록 주의하자!

예 我有件事情想跟您商量一下。
제가 일이 있는데 당신과 상의 좀 하고 싶어요.

회사 업무 파악하기 221

2급
休息
xiūxi

동 쉬다, 휴식하다

▶ 자, 5분만 시우시(休息) 하고 다시 회의를 시작하겠습니다.

你眼睛怎么这么红？没休息好？
Nǐ yǎnjing zěnme zhème hóng? Méi xiūxi hǎo?
너는 눈이 왜 이렇게 빨갛니? 잘 쉬지 못했어?

眼睛 yǎnjing 눈 | 怎么 zěnme 왜, 어째서 | 这么 zhème 이렇게 |
红 hóng 빨갛다 | 好 hǎo 동사 뒤에 쓰여 동작이 완성되었거나 잘 마무리 되었음을 나타냄
반의 劳动 láodòng 노동하다

3급
请假
qǐngjià

동 휴가를 신청하다

▶ 그는 병이 나서 이틀 동안 칭지아(请假)했어.

经理，我下午想请假。
Jīnglǐ, wǒ xiàwǔ xiǎng qǐngjià.
사장님, 저는 오후에 휴가를 신청하고 싶습니다.

经理 jīnglǐ 사장, 지배인 | 下午 xiàwǔ 오후 | 想 xiǎng ~하고 싶다

3급
完成
wánchéng

동 완성하다, 완수하다

▶ 보고서는 언제 완청(完成)하실 건가요?

我今天一定能完成任务。
Wǒ jīntiān yídìng néng wánchéng rènwu.
나는 오늘 반드시 임무를 완수할 수 있다.

一定 yídìng 반드시 | 能 néng ~할 수 있다 | 任务 rènwu 임무

4급
计划
jìhuà

명 계획
동 기획하다, 계획하다

▶ 하반기에 찌화(计划)하고 있는 프로젝트는 무엇입니까?

计划进行得不太顺利。
Jìhuà jìnxíng de bú tài shùnlì.
계획은 진행이 그다지 순조롭지 않다.

这个广告的内容是由部长计划的。
Zhège guǎnggào de nèiróng shì yóu bùzhǎng jìhuà de.
이번 광고의 내용은 부장이 기획한 것이다.

进行 jìnxíng 진행하다 | 不太 bú tài 그다지 ~하지 않다 | 顺利 shùnlì 순조롭다 | 广告 guǎnggào 광고 | 内容 nèiróng 내용 | 由 yóu ~가 | 部长 bùzhǎng 부장

[4급]

责任
zérèn

명 책임

▶ 네가 담당한 일이니 저런(责任) 역시 너에게 있다는 걸 잊지 마.

这个工作出了错误，是他的责任。
Zhège gōngzuò chūle cuòwù, shì tā de zérèn.
이 업무는 잘못이 발생했고, 그의 책임이다.

工作 gōngzuò 일, 업무 | 出 chū 발생하다 | 错误 cuòwù 잘못

[4급]

负责
fùzé

동 맡다, 책임지다

▶ 이 일은 내가 푸저(负责)할 테니 걱정 말고 진행하세요.

我最近负责了一个很重要的工作。
Wǒ zuìjìn fùzéle yí ge hěn zhòngyào de gōngzuò.
나는 요즘 매우 중요한 일을 하나 맡았다.

最近 zuìjìn 요즘, 최근 | 重要 zhòngyào 중요하다

유의어 비교 负责 vs 责任

负责 | 동사로 '책임지다'라는 뜻을 나타낸다. [由+책임자+负责], [사람+来负责] 패턴은 '~가 책임지다'라는 뜻으로, [负责+업무+工作] 패턴은 '~ 업무를 맡다'라는 뜻으로 종종 쓰인다.
예 **由经理负责** 사장님이 책임지다
   我来负责 내가 책임지다
   负责管理工作 관리 업무를 맡다

责任 | 명사로 '책임'이라는 뜻을 나타낸다.
예 **自己的责任** 자신의 책임
   有责任感 책임감이 있다
   负责任 책임지다

[4급]

安排
ānpái

동 (인원, 시간 등을) 안배하다, 일을 처리하다

▶ 이번 출장의 미팅 시간을 모두 안파이(安排)해 놓았습니다.

公司决定为大家安排一次出国旅游。
Gōngsī juédìng wèi dàjiā ānpái yí cì chūguó lǚyóu.
회사는 모두를 위해 한 번의 해외여행을 안배하는 걸로 결정했습니다.

公司 gōngsī 회사 | 决定 juédìng 결정하다 | 为 wèi ~을 위하여 | 大家 dàjiā 모두 | 次 cì 번, 차례 | 出国 chūguó 출국하다 | 旅游 lǚyóu 여행하다

4급
出差
chūchāi

동 (외지로) 출장 가다

▶나는 내일 사장님과 함께 베이징으로 츄챠이(出差) 가야 해.

我下个月要去国外出差。
Wǒ xià ge yuè yào qù guówài chūchāi.
나는 다음 달에 해외로 출장을 가려고 한다.

下 xià 다음, 나중 | 月 yuè 달, 월 | 要 yào ~하려고 하다 | 国外 guówài 해외, 국외

출제 포인트 去+장소+出差(~로 출장 가다)

出差는 이합동사로 목적어를 취할 수 없으므로, 동사 去를 앞에 써서 출장 가는 장소를 나타낸다. 4급 쓰기 영역 2부분 문제에서 수험생들이 자주 실수하는 부분 중 하나이다. 듣기와 독해, 쓰기 전반에 걸쳐 자주 출제되므로, 반드시 익혀 두자.

예 去上海出差 상하이로 출장 가다

4급
加班
jiābān

동 초과 근무를 하다, 특근하다

▶그는 잦은 지아빤(加班) 때문에 코피를 달고 산다.

公司有急事走不开，所以我一直加班到很晚。
Gōngsī yǒu jíshì zǒu bu kāi, suǒyǐ wǒ yìzhí jiābān dào hěn wǎn.
회사에 급한 일이 있어서 회사를 떠날 수 없다. 그래서 나는 줄곧 매우 늦게까지 초과 근무를 했다.

公司 gōngsī 회사 | 急事 jíshì 급한 일 | 走开 zǒukāi 떠나다 | 所以 suǒyǐ 그래서 | 一直 yìzhí 줄곧, 계속 | 到 dào ~까지 | 晚 wǎn 늦다

4급
抽烟
chōuyān

동 담배를 피우다, 흡연하다

▶죄송하지만 실내에서는 쵸우이엔(抽烟)할 수 없습니다.

由于公司工作太多，压力太大，我经常抽烟。
Yóuyú gōngsī gōngzuò tài duō, yālì tài dà, wǒ jīngcháng chōuyān.
회사 일이 너무 많고 스트레스가 너무 커서, 나는 자주 담배를 피운다.

由于 yóuyú ~때문에 | 工作 gōngzuò 일, 업무 | 压力 yālì 스트레스 | 大 dà 크다 | 经常 jīngcháng 자주, 늘

유의 吸烟 xīyān 담배를 피우다

4급
当
dāng
- 통 ~이 되다, 맡다
- 개 바로 그때, 바로 그곳 (바로 그 시간이나 장소를 가리킴)

▶ 홍보 쪽은 제가 땅(当)할 테니 걱정 마세요.

他们俩谁更适合当代表？
Tāmen liǎ shéi gèng shìhé dāng dàibiǎo?
그들 두 사람 중 누가 대표가 되기에 더 적합한가요?

当我放假的时候，我要去美国旅行。
Dāng wǒ fàngjià de shíhou, wǒ yào qù Měiguó lǚxíng.
나는 방학 때, 미국 여행을 가려고 합니다.

俩 liǎ 두 사람 | 谁 shéi 누구 | 更 gèng 더, 더욱 | 适合 shìhé 적합하다 | 代表 dàibiǎo 대표 | 放假 fàngjià 방학하다 | 要 yào ~하려고 하다 | 美国 Měiguó 미국 | 旅行 lǚxíng 여행하다

출제 포인트 当의 두 가지 용법

当이 개사로 쓰이면 [当……时]나 [……的时候] 형식으로 쓰여 '~할 때'라는 의미를 나타낸다.

예 **当**我吃饭**时** 내가 밥 먹을 때 /
当我回家**的时候** 내가 집에 갈 때

[当 + 직업] '~을 맡다'라는 의미로, 어떠한 직업이나 신분이 되는 것을 말한다.

예 **当**老师 선생님이 되다 / **当**医生 의사가 되다 /
当班主任 담임을 맡다

4급
结果
jiéguǒ
- 명 결과, 결실, 성과

▶ 우리가 고생한 만큼 지에구어(结果) 역시 좋을 겁니다!

老板认为过程比结果更重要。
Lǎobǎn rènwéi guòchéng bǐ jiéguǒ gèng zhòngyào.
사장님은 과정이 결과보다 더 중요하다고 생각하신다.

老板 lǎobǎn 사장 | 认为 rènwéi 생각하다, 여기다 | 过程 guòchéng 과정 | 比 bǐ ~보다 | 重要 zhòngyào 중요하다

4급
意见
yìjiàn
- 명 의견, 견해

▶ 모두 이 사안에 대해서 이찌엔(意见)을 표명해 주세요.

谢谢您的意见！我会认真考虑的。
Xièxie nín de yìjiàn! Wǒ huì rènzhēn kǎolǜ de.
당신의 의견에 감사드립니다! 제가 진지하게 고려해 보겠습니다.

谢谢 xièxie 감사합니다, 고맙습니다 | 会 huì ~할 것이다 | 认真 rènzhēn 진지하다 | 考虑 kǎolǜ 고려하다

회사 업무 파악하기

4급
目的 mùdì
명 목적

▶어떤 일을 진행할 때는 그 일의 무띠(目的)를 분명히 알아야 한다.

进行这个工作的目的是为了公司的发展。
Jìnxíng zhège gōngzuò de mùdì shì wèile gōngsī de fāzhǎn.
이 일을 진행하는 목적은 회사의 발전을 위해서이다.

进行 jìnxíng 진행하다 | 工作 gōngzuò 일 | 为了 wèile ~을 하기 위하여 | 公司 gōngsī 회사 | 发展 fāzhǎn 발전

4급
任务 rènwu
명 임무, 책무

▶지금 자네에게 주어진 런우(任务)를 충실히 수행하게나.

这个任务由我负责。 이 임무는 내가 책임진다.
Zhège rènwu yóu wǒ fùzé.

由 yóu ~가, ~이 | 负责 fùzé 책임지다

3급
办公室 bàngōngshì
명 사무실, 오피스

▶누가 이 늦은 시간까지 빤꽁스(办公室)에 남아서 일을 하는 거지?

你明天到办公室找我吧。
Nǐ míngtiān dào bàngōngshì zhǎo wǒ ba.
당신은 내일 사무실에 와서 저를 찾으세요.

明天 míngtiān 내일 | 到 dào ~에 오다 | 找 zhǎo 찾다

4급
适应 shìyìng
동 적응하다

▶그는 중국 생활에 이미 스잉(适应)했습니다.

我已经适应公司的生活了。
Wǒ yǐjīng shìyìng gōngsī de shēnghuó le.
나는 이미 회사 생활에 적응했다.

已经 yǐjīng 이미, 벌써 | 公司 gōngsī 회사 | 生活 shēnghuó 생활

4급
赚 zhuàn
동 돈을 벌다

▶그가 쭈안(赚)하는 것은 나의 두 배니 그저 부러울 수밖에.

由于每天加班,我赚得很多。
Yóuyú měitiān jiābān, wǒ zhuàn de hěn duō.
매일 초과 근무를 하기 때문에, 나는 돈을 매우 많이 번다.

由于 yóuyú ~ 때문에 | 每天 měitiān 매일 | 加班 jiābān 초과 근무를 하다, 잔업하다 | 很 hěn 매우, 아주 | 多 duō 많다

管理
guǎnlǐ

- 명 관리
- 동 보관하고 처리하다, 관리하다

▶ 행정 업무는 제가 관리(管理)합니다.

那家公司的管理挺严格的。
Nà jiā gōngsī de guǎnlǐ tǐng yángé de.
그 회사의 관리는 매우 엄격하다.

想要管理好一家公司，需要很多工作经验。
Xiǎngyào guǎnlǐ hǎo yì jiā gōngsī, xūyào hěn duō gōngzuò jīngyàn.
한 회사를 잘 관리하려면, 많은 업무 경험이 필요하다.

家 jiā 집·상점·회사 등을 세는 단위 | 挺 tǐng 매우, 아주 | 严格 yángé 엄격하다 | 想要 xiǎngyào ~하려고 하다 | 好 hǎo 동사 뒤에 쓰여 동작이 완성되었거나 잘 마무리되었음을 나타냄 | 需要 xūyào 필요하다 | 经验 jīngyàn 경험, 체험

主意
zhǔyi

- 명 방법, 생각, 아이디어

▶ 좋은 쥬이(主意)가 있으면 망설이지 말고 말씀하세요.

他们让我自己拿主意。
Tāmen ràng wǒ zìjǐ ná zhǔyi.
그들은 나에게 스스로 아이디어를 내게 했다.

让 ràng ~하게 하다 | 自己 zìjǐ 스스로 | 拿 ná (방법이나 재물 등을) 제공하다, 내놓다

陪
péi

- 동 모시다, 동반하다, 안내하다

▶ 제가 사장님을 페이(陪)해서 칭다오 출장을 다녀오겠습니다.

我要陪王经理去机场。
Wǒ yào péi Wáng jīnglǐ qù jīchǎng.
나는 왕 사장님을 모시고 공항에 가야 한다.

要 yào ~해야 한다 | 经理 jīnglǐ 사장, 지배인 | 机场 jīchǎng 공항

출제 포인트 陪+대상+去+장소 (~을 데리고 ~에 가다)

陪는 종종 동사 去와 결합하여 어떠한 대상과 함께 어느 장소로 이동하는 상황을 나타낸다. 3급과 4급 듣기와 독해 문제에 종종 출제되며, '带(데리고 가다)'와 바꿔 쓸 수 있다.

예 陪妈妈去公园 엄마를 모시고 공원에 가다
陪女朋友去买衣服 여자친구를 데리고 옷을 사러 가다

회사 업무 파악하기

4급
份
fèn
- 양 부, 통, 권(신문·잡지·문건 등을 세는 단위)
- 양 일을 세는 단위

▶우리 부서에 할당된 신문은 두 편(份)입니다.

这份材料有两三页看不清楚。
Zhè fèn cáiliào yǒu liǎngsān yè kàn bu qīngchu.
이 자료는 두세 페이지가 잘 보이지 않는다.

我的哥哥终于找到了一份好工作。
Wǒ de gēge zhōngyú zhǎodàole yí fèn hǎo gōngzuò.
우리 오빠는 마침내 좋은 일자리 하나를 찾았다.

材料 cáiliào 자료 | 页 yè 페이지 | 清楚 qīngchu 뚜렷하다 | 哥哥 gēge 형, 오빠 | 终于 zhōngyú 마침내 | 找到 zhǎodào 찾다, 찾아내다 | 好 hǎo 좋다 | 工作 gōngzuò 일자리, 직업

4급
材料
cáiliào
- 명 자료, 자료 데이터

▶모든 차이랴오(材料)를 정리해 USB메모리에 넣어 두었습니다.

这些材料是你负责打印和复印的吧?
Zhèxiē cáiliào shì nǐ fùzé dǎyìn hé fùyìn de ba?
이 자료들은 네가 책임지고 인쇄하고 복사한 것이지?

这些 zhèxiē 이런 것들 | 负责 fùzé 책임지다 | 打印 dǎyìn (프린터로) 인쇄하다 | 复印 fùyìn 복사하다

4급
专门
zhuānmén
- 부 특별히, 일부러
- 형 전문적이다

▶그는 아주 쥬안먼(专门)한 기술자니까 말끔히 수리할 겁니다.

这家公司专门邀请了几位著名的演员来参加活动。
Zhè jiā gōngsī zhuānmén yāoqǐngle jǐ wèi zhùmíng de yǎnyuán lái cānjiā huódòng.
이 회사는 특별히 몇 분의 유명한 배우를 행사에 참여하도록 초대했다.

公司需要很多专门人才。
Gōngsī xūyào hěn duō zhuānmén réncái.
회사는 많은 전문적인 인재가 필요하다.

家 jiā 집·상점·회사 등을 세는 단위 | 公司 gōngsī 회사 | 邀请 yāoqǐng 초대하다, 초청하다 | 位 wèi 분, 명(공경의 뜻을 내포함) | 著名 zhùmíng 유명하다, 저명하다 | 演员 yǎnyuán 배우, 연기자 | 参加 cānjiā 참가하다 | 活动 huódòng 행사 | 需要 xūyào 필요하다 | 人才 réncái 인재

4급

表格
biǎogé

명 표, 양식, 도표, 서식

▶ 이 통계 숫자를 비아오거(表格)로 정리해 주시겠어요?

能再给我一张表格吗?
Néng zài gěi wǒ yì zhāng biǎogé ma?

저에게 표 한 장을 더 주실 수 있나요?

能 néng ~할 수 있다 | 再 zài 더, 다시 | 给 gěi 주다 | 张 zhāng 장 (종이나 가죽 등을 세는 단위)

4급

打印
dǎyìn

동 (프린터로) 인쇄하다, 프린트하다

▶ USB메모리에 있는 파일을 다인(打印)해 주세요.

他刚才打印了很多材料。
Tā gāngcái dǎyìnle hěn duō cáiliào.

그는 방금 매우 많은 자료를 인쇄했다.

刚才 gāngcái 방금, 지금 막 | 材料 cáiliào 자료

출제 포인트 打印(출력하다), 复印(복사하다)

듣기 문제에 종종 '출력하다'라는 뜻의 打印과 '복사하다'라는 뜻의 复印이 등장한다. 이 단어들은 주로 회사 사무실에서 들을 수 있다는 것을 꼭 기억하자. 또한 쓰기 문제에는 '팩스를 보내다'라는 뜻의 发传真도 종종 출제된다. 각각 사용하는 기계는 '打印机(프린터)', '复印机(복사기)', '传真机(팩시밀리)'로 표현한다.

예 **打印出来** 출력하다 / **复印一份** 한 부 복사하다 /
　　发传真 팩스를 보내다

4급

复印
fùyìn

동 복사하다

▶ 이 서류를 20장만 푸인(复印)해 주세요.

能帮我重新复印一份吗?
Néng bāng wǒ chóngxīn fùyìn yí fèn ma?

저를 도와 다시 한 부를 복사해 줄 수 있나요?

能 néng ~할 수 있다 | 帮 bāng 돕다, 거들다 | 重新 chóngxīn 다시, 재차 | 份 fèn 부, 통, 권(신문·잡지·문건 등을 세는 단위)

출제 포인트 쓰기 빈출 제시어 复印

쓰기 2 문제에 가장 많이 제시되는 품사는 동사이다. 일상생활에서 흔히 접할 수 있는 어휘들이 출제되는데, 复印은 복사하고 있는 사진과 함께 나온 적이 있다. 자주 쓰이는 빈출 동사와 문장을 외워 두자!

예 **她正在复印材料。** 그녀는 자료를 복사하고 있다.

4급
传真
chuánzhēn
- 명 팩스, 팩시밀리

▶ 곧 인사팀에서 츄안쩐(传真)을 보낼 겁니다.

你收到我发给你的传真了吗?
Nǐ shōudào wǒ fāgěi nǐ de chuánzhēn le ma?
당신은 내가 당신에게 보낸 팩스를 받았습니까?

收到 shōudào 받다, 얻다 | 发 fā 보내다 | 给 gěi ~에게

4급
顺便
shùnbiàn
- 부 겸사겸사, ~하는 김에

▶ 자료실에 가는 길에 슌비엔(顺便) 이거 복사 한 장 해 줄래요?

你上班前顺便去趟总公司吧。
Nǐ shàngbān qián shùnbiàn qù tàng zǒnggōngsī ba.
당신 출근하기 전에 겸사겸사 본사에 다녀오세요.

上班 shàngbān 출근하다 | 前 qián 전, 이전 | 趟 tàng 차례, 번(왕래한 횟수를 세는 데 쓰임) | 总公司 zǒnggōngsī 본사

4급
总结
zǒngjié
- 동 총결산하다, 총괄하다
- 동 최종 평가, 총결산

▶ 모든 장부는 연말에 쫑지에(总结)하니까 걱정 마세요.

请你总结一下你上个月的工作。
Qǐng nǐ zǒngjié yíxià nǐ shàng ge yuè de gōngzuò.
당신의 지난달 업무를 총결산해 주세요.

大家的工作总结都交了吗?
Dàjiā de gōngzuò zǒngjié dōu jiāo le ma?
모두의 업무 최종 평가는 다 제출하였나요?

请 qǐng (상대가 어떤 일을 하기 바라는 의미로) ~하세요 | 一下 yíxià 동사 뒤에 쓰여 '좀 ~하다'의 뜻을 나타냄 | 上 shàng 앞의, 지난 | 月 yuè 달, 월 | 工作 gōngzuò 업무, 일 | 大家 dàjiā 모두 | 都 dōu 모두 | 交 jiāo 제출하다

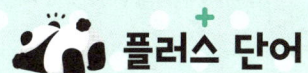 **플러스 단어**

고득점 합격이 목표라면 플러스단어까지 학습해 보세요.

회사

员工 yuángōng 직원
会计 kuàijì 회계
分析 fēnxī 분석하다
确认 quèrèn 확인하다
便条儿 biàntiáor 메모
转交 zhuǎnjiāo 전달하다
分机 fēnjī 구내 전화, 교환 전화
总机 zǒngjī 대표 전화
名片 míngpiàn 명함
发布会 fābùhuì 발표회
成本 chéngběn 원가, 자본금

生产线 shēngchǎnxiàn
생산 라인
汇报 huìbào
(상황·관련 자료를) 종합하여 보고하다
行政 xíngzhèng 행정, 사무
编程 biānchéng 프로그래밍하다
聚餐 jùcān 회식하다
年会 niánhuì 송년회, 망년회
辞职 cízhí 사직하다
下岗 xiàgǎng 퇴직하다
结构调整 jiégòu tiáozhěng
구조 조정

 **데일리 테스트**

고생하셨어요! QR코드를 스캔해
데일리 테스트를 풀어 보며
오늘 학습을 마무리해 보세요.

단어 FAQ

유의어 비교하기

以为 vs 认为

以为와 认为는 모두 '생각하다, 여기다'라는 뜻을 가지고 있는데, 서로 바꿔서 쓸 수 있어?

아니요. 두 단어는 용법상 차이가 있어요.

차이점이 뭐야?

以为는 '~라고 잘못 생각하다'라는 뜻을 나타내고,
认为는 '~라고 생각하다'라는 뜻을 나타내요.

좀 더 자세히 설명해줘.

以为는 원래 사실과 다르게 알고 있었을 때 쓰는 표현으로 '~인 줄 알았는데 알고 보니 아니었다'는 의미를 나타내요. 뒷문장에 종종 '其实(사실은)', '没想到(예상치 못하게)' 같은 반전 내용이 이어져요. 认为는 객관적 주장이나 논리적인 견해 전달할 때 자주 사용해요.

HSK 1~4급 시험 대비용으로 정리해 줘.

물론이죠.
간단히 표로 정리하면,

	以为 yǐwéi	认为 rènwéi
기본 뜻	~라고 잘못 생각하다	~라고 생각하다
뉘앙스	오해, 착오	논리, 의견
쓰임	나중에 사실이 다름을 알게 됨	자기 의견이나 주장 말할 때

HSK 4급 빈출 문장으로 예시를 들자면,

我以为你已经走了，原来你还在这儿。
Wǒ yǐwéi nǐ yǐjīng zǒu le, yuánlái nǐ hái zài zhèr.
나는 네가 이미 떠난 줄 알았지만, 알고 보니 너는 아직 여기에 있다.

→ 떠나지 않았음

我认为这个方法更有效。 저는 이 방법이 더 효과적이라고 생각합니다.
Wǒ rènwéi zhège fāngfǎ gèng yǒuxiào.

DAY 21

HSK 3급, 4급 30일 합격 프로젝트

★ HSK 시험에 이렇게 나와요.

은행에서는 출금하거나 신용카드를 발급하고, 우체국에서는 편지를 부치죠. 듣기 문제에 은행, 우체국 등에서 업무를 처리하는 상황이 등장하며, 이때 대화가 이루어지는 장소나 화자의 행동 등에 대해서 물어봅니다.

음원 듣기

회사 업무 처리하기

银行 ínháng	邮局 yóujú	排队 páiduì	拿 ná	寄 jì
명 은행	명 우체국	동 줄을 서다	동 (손으로) 쥐다, 잡다	동 (우편으로) 보내다, 부치다

银行 yínháng
3급
명 은행

▶ 당신 회사와 거래하는 인항(银行)은 어디입니까?

明天早上我先去银行，然后再去公司。
Míngtiān zǎoshang wǒ xiān qù yínháng, ránhòu zài qù gōngsī.
내일 아침에 나는 먼저 은행에 간 후에, 다시 회사에 갈 것이다.

明天 míngtiān 내일 | 早上 zǎoshang 아침 | 先 xiān 먼저, 우선 | 然后 ránhòu 그런 후에 | 再 zài 다시 | 公司 gōngsī 회사

邮局 yóujú
4급
명 우체국

▶ 편지를 부치려고 하는데, 가장 가까운 여우쥐(邮局)가 어디 있나요?

他是去年来我们邮局工作的。
Tā shì qùnián lái wǒmen yóujú gōngzuò de.
그는 작년에 우리 우체국에 와서 일하게 된 사람이다.

去年 qùnián 작년 | 工作 gōngzuò 일하다

取 qǔ
4급
동 출금하다, 취하다, 가지다

▶ 나는 은행에 돈을 취(取)하러 가는 중이야.

你不是刚把工资取出来吗?
Nǐ bú shì gāng bǎ gōngzī qǔ chūlai ma?
당신은 방금 월급을 출금한 것 아닌가요?

刚 gāng 방금, 막 | 把 bǎ ~을 | 工资 gōngzī 월급 | 出来 chūlai (동사 뒤에 쓰여) 동작이 완성되거나 실현됨을 표시함

信用卡 xìnyòngkǎ
3급
명 신용카드

▶ 새로 씬용카(信用卡)를 발급받고 싶은데 어떤 카드가 좋을까?

公司给了我一张信用卡。
Gōngsī gěile wǒ yì zhāng xìnyòngkǎ.
회사는 나에게 신용카드를 한 장 주었다.

给 gěi 주다 | 张 zhāng 장(종이나 가죽 등을 세는 단위)

출제 포인트 办卡 카드를 발급하다

'카드를 신청하다(발급하다)'라는 표현에는 '처리하다'라는 뜻을 가진 동사 办을 주로 쓴다. 卡가 들어간 단어들도 함께 외워 두자.

예 办信用卡 신용카드를 신청하다 / 办卡 카드를 발급하다
信用卡 신용카드 / 银行卡 현금카드 / 会员卡 회원카드

회사 업무 처리하기 235

4급
现金
xiànjīn

명 현금

▶ 씨엔진(现金)을 인출하고 싶은데 은행이 어디 있나요?

请帮我把这些现金存到银行卡里。
Qǐng bāng wǒ bǎ zhèxiē xiànjīn cúndào yínhángkǎ li.
저를 도와 이 현금을 현금카드에 입금해 주세요.

请 qǐng (상대가 어떤 일을 하기 바라는 의미로) ~하세요 | 帮 bāng 돕다 | 把 bǎ ~을 | 这些 zhèxiē 이런 것들 | 存 cún 저축하다 | 到 dào 동사 뒤에 보어로 쓰여 동작이 목적에 도달했거나 결과가 있음을 나타냄 | 银行卡 yínhángkǎ 현금카드 | 里 li 안, 속

4급
座位
zuòwèi

명 좌석

▶ 은행에 사람이 많아 쭈어웨이(座位)가 하나도 없어요.

会议室的座位还有很多。
Huìyìshì de zuòwèi hái yǒu hěn duō.
회의실의 좌석이 아직 많이 있다.

会议室 huìyìshì 회의실 | 还 hái 아직

4급
寄
jì

동 (우편으로) 보내다, 부치다

▶ 내가 오늘 자료를 찌(寄)했으니 아마 3일 뒤엔 도착할 거야.

你给我寄的材料我还没收到。
Nǐ gěi wǒ jì de cáiliào wǒ hái méi shōudào.
당신이 저에게 보낸 자료를 제가 아직 받지 못했습니다.

给 gěi ~에게 | 材料 cáiliào 자료 | 收到 shōudào 받다

4급
信封
xìnfēng

명 편지 봉투

▶ 편지가 빠지지 않게 씬펑(信封)을 잘 봉해 주세요.

请你把材料和钱放到信封里寄给我们。
Qǐng nǐ bǎ cáiliào hé qián fàngdào xìnfēng li jìgěi wǒmen.
자료와 돈을 편지 봉투 안에 넣어 저희에게 부쳐 주십시오.

请 qǐng (상대가 어떤 일을 하기 바라는 의미로) ~하세요 | 把 bǎ ~을 | 钱 qián 돈 | 放 fàng 넣다 | 到 dào 동사 뒤에 보어로 쓰여 동작이 목적에 도달했거나 결과가 있음을 나타냄 | 寄 jì 부치다

4급

排队
páiduì

동 줄을 서다,
순서대로 정렬하다

▶ 표를 사실 분들은 이쪽에 파이뚜이(排队)해 주세요.

今天在银行排队的人实在太多了！
Jīntiān zài yínháng páiduì de rén shízài tài duō le!
오늘 은행에 줄을 선 사람이 정말 너무 많네!

今天 jīntiān 오늘 | **在** zài ~에(서) | **银行** yínháng 은행 | **实在** shízài 정말, 참으로, 확실히

> **출제 포인트** 쓰기 빈출 제시어 **排队**
>
> 排队는 4급 쓰기 영역 2부분 작문 문제로 자주 나오는 단어이다. 주로 많은 사람들이 줄 서 있는 그림과 함께 출제된다.
>
> 예 **排队购票** 줄을 서서 표를 사다
> **请按顺序排队。** 순서대로 줄 서 주세요.

4급

排列
páiliè

동 배열하다, 정렬하다

▶ 상품들을 열에 맞추어서 잘 파이리에(排列)하세요.

请你把这些材料按时间顺序排列一下。
Qǐng nǐ bǎ zhèxiē cáiliào àn shíjiān shùnxù páiliè yíxià.
이 자료들을 시간 순서에 따라 배열 좀 해 주세요.

这些 zhèxiē 이런 것들 | **按** àn ~에 따라서 | **时间** shíjiān 시간 | **顺序** shùnxù 순서, 차례 | **一下** yíxià 동사 뒤에 쓰여 '좀 ~하다'의 뜻을 나타냄

4급

经济
jīngjì

명 경제

▶ 지금 세계 징지(经济) 상황이 좋지 않아.

这家公司在经济上遇到了很多问题。
Zhè jiā gōngsī zài jīngjì shang yùdàole hěn duō wèntí.
이 회사는 경제적으로 많은 문제에 부딪쳤다.

家 jiā 집·상점·회사 등을 세는 단위 | **公司** gōngsī 회사 | **上** shang ~적으로 | **遇到** yùdào 부닥치다, 맞닥뜨리다 | **问题** wèntí 문제

4급

超过
chāoguò

동 넘다, 초과하다,
추월하다

▶ 난 이미 카드 한도를 챠오꾸어(超过)했어.

超过一半儿的人按时完成了任务。
Chāoguò yíbànr de rén ànshí wánchéngle rènwu.
절반이 넘는 사람이 제시간에 임무를 완수했다.

一半 yíbàn 절반 | **按时** ànshí 제시간에, 제때에 | **完成** wánchéng 완수하다, 끝내다 | **任务** rènwu 임무

회사 업무 처리하기 **237**

4급
判断 pànduàn
- 몡 판단
- 통 판단하다, 판정하다

▶ 네 판뚜안(判断)이 옳으니 그대로 진행하자.

我对自己的判断很有信心。
Wǒ duì zìjǐ de pànduàn hěn yǒu xìnxīn.
나는 스스로의 판단에 대해 매우 자신 있다.

我不能判断这个问题。
Wǒ bù néng pànduàn zhège wèntí.
나는 이 문제를 판단할 수 없다.

对 duì ~에 대해 | 自己 zìjǐ 스스로 | 有 yǒu 있다 | 信心 xìnxīn 자신감 | 能 néng ~할 수 있다 | 问题 wèntí 문제

3급
要求 yāoqiú
- 통 요구하다
- 몡 요구, 요망

▶ 그녀의 터무니없는 야오치우(要求)에 헛웃음만 나왔다.

公司要求我们3点前完成任务。
Gōngsī yāoqiú wǒmen sān diǎn qián wánchéng rènwu.
회사는 우리에게 3시 전에 임무를 완성하라고 요구했다.

公司对职员提出了很多要求。
Gōngsī duì zhíyuán tíchūle hěn duō yāoqiú.
회사가 직원에게 많은 요구를 제기했다.

点 diǎn 시 | 前 qián 이전 | 完成 wánchéng 완성하다 | 任务 rènwu 임무 | 对 duì ~에게 | 职员 zhíyuán 직원 | 提出 tíchūle 제기하다

3급
了解 liǎojiě
- 통 자세하게 알다, 이해하다

▶ 나는 비로소 그가 왜 이런 요구를 했는지 랴오지에(了解)했다.

你应该了解公司的规定。
Nǐ yīnggāi liǎojiě gōngsī de guīdìng.
당신은 회사의 규정을 자세히 알아야 합니다.

应该 yīnggāi (마땅히) ~해야 한다 | 规定 guīdìng 규정
유의 理解 lǐjiě 이해하다, 알다

유의어 비교	了解 vs 理解
了解	주변 환경이나 객관적인 사실을 이해하고 있을 때 쓰인다. 예 **了解情况** 상황을 이해하다 / **了解事情** 일을 잘 안다
理解	주관적인 사실을 좀 더 깊게 이해하고 있을 때 쓰인다. 예 **理解心情** 심정을 이해하다 / **理解别人** 다른 사람을 이해하다

4급

情况
qíngkuàng

🔸 상황, 정황, 사정

▶ 지금 회사의 칭쾅(情况)이 어떻게 돌아가고 있는 거야?

你能告诉我们公司现在的情况吗?
Nǐ néng gàosu wǒmen gōngsī xiànzài de qíngkuàng ma?
당신은 회사의 현재 상황을 우리에게 알려 주실 수 있나요?

能 néng ~할 수 있다 | 告诉 gàosu 알리다, 말하다 | 现在 xiànzài 현재

3급

拿
ná

🔸 (손으로) 가지다, 쥐다, 잡다

▶ 모두들 서류를 한 장씩 나(拿)한 후에 저를 따라 오세요.

小李,你拿着电脑来一下我的办公室。
Xiǎo Lǐ, nǐ názhe diànnǎo lái yíxià wǒ de bàngōngshì.
샤오 리, 컴퓨터를 들고 내 사무실로 좀 오도록 해.

着 zhe ~한 채로 | 电脑 diànnǎo 컴퓨터 | 一下 yíxià 동사 뒤에 쓰여 '좀 ~하다'의 뜻을 나타냄 | 办公室 bàngōngshì 사무실

3급

才
cái

🔸 비로소

▶ 공부를 열심히 해야 차이(才) 장학금을 받을 수 있어.

我用了一个月才完成了那个工作计划。
Wǒ yòngle yí ge yuè cái wánchéngle nàge gōngzuò jìhuà.
나는 한 달을 써서야 비로소 그 업무 계획을 완성했다.

用 yòng 쓰다 | 月 yuè 달, 월 | 完成 wánchéng 완성하다 | 工作 gōngzuò 업무, 일 | 计划 jìhuà 계획

3급

主要
zhǔyào

🔸 주요한, 주된
🔸 주로, 대부분

▶ 이 사건의 쥬야오(主要) 인물이 누구야?

我的主要工作是整理材料。
Wǒ de zhǔyào gōngzuò shì zhěnglǐ cáiliào.
나의 주요 업무는 자료를 정리하는 것이다.

他的工作主要负责翻译材料。
Tā de gōngzuò zhǔyào fùzé fānyì cáiliào.
그의 업무는 자료 번역을 주로 책임집니다.

整理 zhěnglǐ 정리하다 | 材料 cáiliào 자료 | 工作 gōngzuò 업무 | 负责 fùzé 책임지다 | 翻译 fānyì 번역하다

不但
búdàn

3급

접 ~뿐만 아니라

▶ 工作(업무) + 不但(~뿐만 아니라) + 很多(많다) = 업무가 많을 뿐만 아니라

公司的工作不但很多，而且很难。
Gōngsī de gōngzuò búdàn hěn duō, érqiě hěn nán.
회사의 업무가 매우 많을 뿐만 아니라, 게다가 매우 어렵다.

公司 gōngsī 회사 | 而且 érqiě 게다가 | 难 nán 어렵다

유의 不仅 bùjǐn ~뿐만 아니라

출제 포인트 不但A，而且B(A뿐만 아니라, 게다가 B하다)

점층을 나타내는 패턴 구문으로 독해 문제에 빠지지 않고 출제된다. 대부분 不但이 앞절에 오고, 뒷절에 而且/还/也가 호응하여 복문 형식을 완성한다. 또한 不但은 不仅과 바꿔 쓸 수 있다.

예 那个地方不但环境很好，而且交通很方便。
그 지방은 환경이 좋을 뿐만 아니라, 게다가 교통도 편리하다.

而且
érqiě

3급

접 게다가

▶ 그는 명절에 부모님 선물을 샀을 뿐만 아니라, 얼치에(而且) 용돈도 준비했어.

他工作不仅很认真，而且很努力。
Tā gōngzuò bùjǐn hěn rènzhēn, érqiě hěn nǔlì.
그는 일을 매우 열심히 할 뿐만 아니라, 게다가 매우 노력한다.

不仅 bùjǐn ~뿐만 아니라 | 认真 rènzhēn 착실하다(여기서는 '열심히 하다'의 뜻으로 쓰임) | 努力 nǔlì 노력하다

유의 并且 bìngqiě 게다가

简单
jiǎndān

3급

형 간단하다, 단순하다

▶ 이게 생각만큼 그렇게 지엔딴(简单)한 문제가 아니야.

最近我做的工作一点儿也不简单。
Zuìjìn wǒ zuò de gōngzuò yìdiǎnr yě bù jiǎndān.
요즘 내가 하는 일은 조금도 간단하지 않아.

最近 zuìjìn 요즘, 최근 | 做 zuò 하다 | 工作 gōngzuò 일, 업무 | 一点儿 yìdiǎnr 조금

반의 复杂 fùzá 복잡하다

4급

否则
fǒuzé

접 만약 그렇지 않으면

▶ 지금 출발해. 포우저(否则) 미팅에 늦을 거야.

谢谢你提前通知我，否则我肯定来不及准备材料。
Xièxie nǐ tíqián tōngzhī wǒ, fǒuzé wǒ kěndìng láibují zhǔnbèi cáiliào.
미리 저에게 알려 주셔서 감사합니다. 그렇지 않았다면 저는 틀림없이 제시간에 자료를 준비하지 못했을 겁니다.

提前 tíqián (예정된 시간·위치를) 앞당기다 | 通知 tōngzhī 알리다, 통지하다 | 肯定 kěndìng 틀림없이 | 来不及 láibují 제시간에 댈 수 없다 | 准备 zhǔnbèi 준비하다 | 材料 cáiliào 자료

2급

因为
yīnwèi

접 왜냐하면 (~때문이다)
개 ~때문에

▶ 인웨이(因为) 요즘 일이 많아서, 날마다 야근이야.

因为公司工作很忙，所以我很晚才回家。
Yīnwèi gōngsī gōngzuò hěn máng, suǒyǐ wǒ hěn wǎn cái huíjiā.
회사 일이 매우 바빠서 나는 아주 늦게서야 집에 돌아왔다.

因为身体的原因他不能参加比赛了。
Yīnwèi shēntǐ de yuányīn tā bù néng cānjiā bǐsài le.
신체의 원인 때문에 그는 시합에 참가할 수 없다.

今天 jīntiān 오늘 | 公司 gōngsī 회사 | 忙 máng 바쁘다 | 所以 suǒyǐ 그래서 | 晚 wǎn 늦다 | 才 cái ~가 되어서야 | 回家 huíjiā 집으로 돌아가다 | 参加 cānjiā 참가하다 | 比赛 bǐsài 시합, 경기

출제 포인트 因为A，所以B (A하기 때문에, 그래서 B하다)

인과 관계를 나타내는 복문으로, 독해에 많이 출제되는 패턴이다. 因为는 주로 앞절에 오지만, 원인을 강조할 때는 뒷절에 오기도 한다. 또한 因为는 所以와 호응하며, 因此, 因而과는 호응하지 않는다. 문어체와 구어체에 두루 쓰이는 표현이므로 반드시 알아 두자.

예 因为现在是上下班时间，所以路上堵车。
지금 출퇴근 시간이기 때문에, 그래서 길에 차가 막힌다.

2급

所以
suǒyǐ

접 그래서, 그러므로

▶ 동료가 아파서 출근을 못 했어. 쑤어이(所以) 내 일이 더 늘었지.

因为工作太多，所以他每天很早去公司。
Yīnwèi gōngzuò tài duō, suǒyǐ tā měitiān hěn zǎo qù gōngsī.
일이 너무 많아서 그는 매일 매우 일찍 회사에 간다.

每天 měitiān 매일 | 早 zǎo 이르다, 빠르다 | 公司 gōngsī 회사
유의 因此 yīncǐ 그래서

4급
百分之
bǎi fēn zhī

퍼센트, 백 분의

▶ 오늘 회의가 열릴 확률은 바이펀즈(百分之) 백이야.

对于公司的这个决定，百分之九十的人都同意。
Duìyú gōngsī de zhège juédìng, bǎi fēn zhī jiǔshí de rén dōu tóngyì.
회사의 이 결정에 대해, 90%의 사람이 모두 동의했습니다.

对于 duìyú ~에 대해 | 公司 gōngsī 회사 | 决定 juédìng 결정 | 都 dōu 모두, 다 | 同意 tóngyì 동의하다

4급
保证
bǎozhèng

동 보증하다, 담보하다

▶ 이 컴퓨터에 이상이 없다고 바오쩡(保证)할 수 있나요?

工作时速度很重要，但保证质量更重要。
Gōngzuò shí sùdù hěn zhòngyào, dàn bǎozhèng zhìliàng gèng zhòngyào.
일을 할 때 속도가 매우 중요하지만, 질을 보증하는 것이 더욱 중요하다.

工作 gōngzuò 일하다 | 时 shí ~할 때 | 速度 sùdù 속도 | 重要 zhòngyào 중요하다 | 但 dàn 그러나, 하지만 | 质量 zhìliàng 질, 품질 | 更 gèng 더욱, 더

4급
小伙子
xiǎohuǒzi

명 청년, 총각, 젊은이

▶ 지나가던 씨아오후어즈(小伙子)가 할머니의 짐을 들어 드렸다.

那个小伙子是我们公司的职员。
Nàge xiǎohuǒzi shì wǒmen gōngsī de zhíyuán.
그 청년은 우리 회사의 직원이다.

公司 gōngsī 회사 | 职员 zhíyuán 직원

4급
零钱
língqián

명 잔돈

▶ 은행에 가서 링치엔(零钱)으로 좀 바꿔 와.

请你去银行换些零钱。
Qǐng nǐ qù yínháng huàn xiē língqián.
은행에 가서 잔돈으로 좀 바꿔 주세요.

请 qǐng (상대가 어떤 일을 하기 바라는 의미로) ~하세요 | 银行 yínháng 은행 | 换 huàn 바꾸다

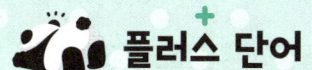 **플러스 단어**

고득점 합격이 목표라면 플러스단어까지 학습해 보세요.

회사

老板 lǎobǎn 사장
董事长 dǒngshìzhǎng 대표이사, 회장
秘书 mìshū 비서
新职员 xīnzhíyuán 신입사원
调动 diàodòng 인사 이동
项目 xiàngmù 프로젝트
经营 jīngyíng (기업 등을) 경영하다, 기획·관리하다
研发 yánfā 연구 개발하다
交易 jiāoyì 교역하다, 거래하다
贸易 màoyì 무역, 교역

文件 wénjiàn 문서, 문건
记录 jìlù 기록하다, 기록
产品 chǎnpǐn 생산품
销售量 xiāoshòuliàng 매출고
发薪日 fāxīnrì 월급날
税 shuì 세금
不景气 bùjǐngqì 불경기
早退 zǎotuì 조퇴하다
合作伙伴 hézuò huǒbàn 동반 관계
被炒鱿鱼 bèi chǎo yóuyú 해고되다

 **데일리 테스트**

고생하셨어요! QR코드를 스캔해 데일리 테스트를 풀어 보며 오늘 학습을 마무리해 보세요.

DAY 22

HSK 3급, 4급 30일 합격 프로젝트

★ HSK 시험에 이렇게 나와요.
3급과 4급 듣기 문제에는 업무 미팅에 제시간에 도착하거나 못하거나, 회의 시간을 앞당기고 뒤로 미루는 상황의 대화가 자주 출제됩니다.

업무 미팅 진행하기

음원 듣기

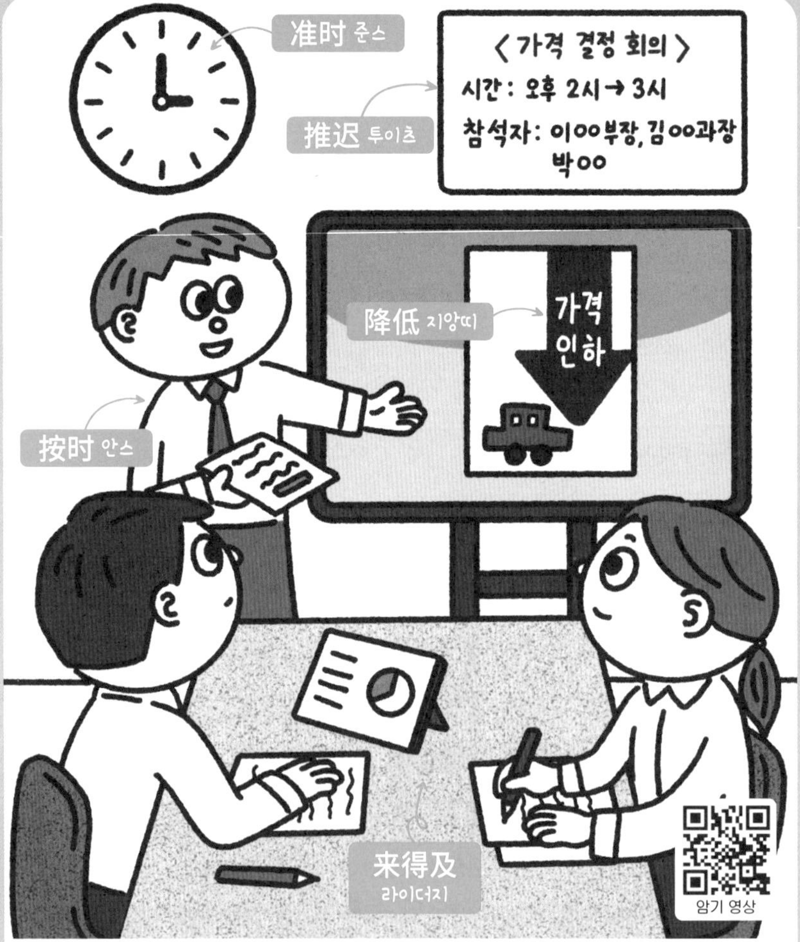

准时 쥰스
推迟 투이츠
按时 안스
降低 지앙띠
来得及 라이더지

〈가격 결정 회의〉
시간: 오후 2시 → 3시
참석자: 이○○부장, 김○○과장 박○○

가격 인하

准时	按时	推迟	降低	来得及
zhǔnshí	ànshí	tuīchí	jiàngdī	láidejí
🔈 제때에, 정시에	🔈 제때에, 시간에 맞추어	🗨 뒤로 미루다, 늦추다	🗨 내리다, 낮추다	🗨 늦지 않다

4급

刚
gāng

부 방금, 막

▶ 모레 상하이 출장 일정이 오늘 오전에 깡(刚) 컨폼되었습니다.

经理刚决定明天开会的时间。
Jīnglǐ gāng juédìng míngtiān kāihuì de shíjiān.
사장님은 방금 내일 회의 시간을 결정하셨다.

经理 jīnglǐ 사장 | 决定 juédìng 결정하다 | 明天 míngtiān 내일 | 开会 kāihuì 회의를 열다 | 时间 shíjiān 시간

3급

后来
hòulái

명 그 뒤, 그 후, 그 다음

▶ 5년 전 회장님을 뵈었는데, 호우라이(后来) 소식을 듣지 못했다.

开始时没告诉我，后来我才知道有会议。
Kāishǐ shí méi gàosu wǒ, hòulái wǒ cái zhīdào yǒu huìyì.
시작할 때 나에게 알려 주지 않았고, 그 뒤에 나는 비로소 회의가 있다는 것을 알게 되었다.

开始 kāishǐ 시작하다 | 时 shí ~할 때 | 告诉 gàosu 알리다 | 才 cái 비로소 | 知道 zhīdào 알다 | 有 yǒu 있다 | 会议 huìyì 회의

4급

按时
ànshí

부 제때에, 시간에 맞추어

▶ 바이어가 3시에 공항에 도착하니 안스(按时) 마중 나가세요.

我给你打电话就是为了提醒你按时出发。
Wǒ gěi nǐ dǎ diànhuà jiù shì wèile tíxǐng nǐ ànshí chūfā.
내가 너에게 전화를 한 것은 바로 제때에 출발하라고 너를 일깨워 주기 위해서야.

给 gěi ~에게 | 打电话 dǎ diànhuà 전화하다 | 就 jiù 바로 | 为了 wèile ~하기 위하여 | 提醒 tíxǐng 일깨우다 | 出发 chūfā 출발하다

4급

准时
zhǔnshí

부 제때에, 정시에

▶ 비행기는 쥰스(准时) 이륙하니 절대 늦으면 안 돼.

你得准时赶到会场。
Nǐ děi zhǔnshí gǎndào huìchǎng.
너는 제때에 회의장에 (서둘러) 도착해야 한다.

得 děi ~해야 한다 | 赶到 gǎndào 서둘러 도착하다 | 会场 huìchǎng 회의장

4급
直接
zhíjiē
- 형 직접적이다

▶우리 회사가 흔들리면 자회사에도 즈지에(直接) 영향이 미치지요.

你直接跟经理说你的建议吧。
Nǐ zhíjiē gēn jīnglǐ shuō nǐ de jiànyì ba.
사장님께 직접 당신의 제안을 말씀하세요.

跟 gēn ~에게 | 经理 jīnglǐ 사장 | 建议 jiànyì 제안, 제의

4급
邀请
yāoqǐng
- 동 초대하다, 초청하다

▶당신을 저희 회사 창립 10주년 연회에 야오칭(邀请)합니다.

我们邀请的客人都到了吗?
Wǒmen yāoqǐng de kèrén dōu dào le ma?
우리가 초대한 손님은 모두 도착했나요?

客人 kèrén 손님 | 都 dōu 모두 | 到 dào 도착하다

> **출제 포인트** 邀请+사람(+행동) (~를 (~하게) 초대하다)
>
> 초대받는 사람을 목적어로 가지며, 특별한 행동을 이어서 쓸 수 있다. 的와 함께 사람의 수식을 받아 명사적으로도 쓰인다.
>
> 예 感谢您今晚邀请我。 오늘 저녁에 저를 초대해 주셔서 감사합니다.
> 邀请他们来这里吧。 그들을 여기 오게 초대하자.
> 请接受我的邀请。 저의 초대를 받아 주세요.

4급
改变
gǎibiàn
- 동 바꾸다, 변하다, 고치다

▶사람은 그렇게 쉽게 가이삐엔(改变)하지 않아.

请问,可以改变一下明天的会议时间吗?
Qǐngwèn, kěyǐ gǎibiàn yíxià míngtiān de huìyì shíjiān ma?
말씀 좀 여쭙겠습니다. 내일 회의 시간을 좀 바꿀 수 있을까요?

请问 qǐngwèn 말씀 좀 여쭙겠습니다 | 可以 kěyǐ ~할 수 있다 | 一下 yíxià 동사 뒤에 쓰여 '좀 ~하다'의 뜻을 나타냄 | 明天 míngtiān 내일

4급
平时
píngshí
- 명 평소, 평상시, 보통 때

▶나는 핑스(平时)에 특별한 일이 없으면 집에서 쉬어.

这次会议结束的时间比平时晚了一个小时。
Zhècì huìyì jiéshù de shíjiān bǐ píngshí wǎnle yí ge xiǎoshí.
이번 회의가 끝나는 시간은 평소보다 한 시간 늦어졌다.

这次 zhècì 이번, 금번 | 会议 huìyì 회의 | 结束 jiéshù 끝나다 | 时间 shíjiān 시간 | 比 bǐ ~보다 | 晚 wǎn 늦다 | 小时 xiǎoshí 시간

`4급`

来得及
láidejí

동 늦지 않다,
(시간이 있어서)
손쓸 수가 있다

▶ 아직 1시간 남았으니 다행히 라이더지(来得及)할 수 있겠어.

面试8点开始，我们还来得及吗?
Miànshì bā diǎn kāishǐ, wǒmen hái láidejí ma?
면접시험은 8시에 시작해. 우리 아직 늦지 않았지?

面试 miànshì 면접시험 | 点 diǎn 시 | 开始 kāishǐ 시작하다 | 还 hái 아직

반의 来不及 láibují (시간이 부족하여) 따라가지 못하다, 제시간에 댈 수 없다

출제 포인트 来得及 ↔ 来不及

来得及와 来不及는 듣기 시험에 자주 나오는 어휘이다. 약속 시간이나 비행기 시간 등에 '늦지 않았다'고 하거나 '제시간에 댈 수 없다'라고 표현할 때 쓰인다. 듣기 시험을 볼 때 순간적으로 이 두 어휘를 혼동하는 경우가 많으니, 반드시 조심해야 한다.

예 飞机8点才起飞，一个小时后出发也来得及。
비행기는 8시에 비로소 이륙하니, 1시간 후에 출발해도 늦지 않아.

`4급`

来不及
láibují

동 제시간에 댈 수 없다,
(시간이 부족하여)
따라가지 못하다

▶ 망했어. 교통 체증으로 4시 미팅 도착은 라이부지(来不及)해.

他们来不及参加这次会议了。
Tāmen láibují cānjiā zhècì huìyì le.
그들은 제시간에 이번 회의에 참석할 수 없게 되었습니다.

参加 cānjiā 참석하다

반의 来得及 láidejí 늦지 않다, (시간이 있어서) 손쓸 수가 있다

`4급`

连
lián

개 ~조차도, ~마저도

▶ 连(~조차도) + 你(너) + 也(~도) = 너조차도

怎么连你也不知道会议时间啊?
Zěnme lián nǐ yě bù zhīdào huìyì shíjiān a?
어째서 당신조차도 회의 시간을 모르는 것인가요?

怎么 zěnme 어째서 | 知道 zhīdào 알다 | 时间 shíjiān 시간

출제 포인트 连······都/也 (~조차)

连은 강조하는 명사 또는 동사 앞에 쓰이며, 뒤에는 都나 也가 호응하여 쓰인다. 보통 '~조차, ~까지도'라는 뜻의 부정적인 의미에 쓰인다.

예 连他都不吃。 그조차 먹지 않는다.
甚至连衣服都不知道怎么洗。
심지어 옷을 어떻게 빠는지조차 모른다.

4급
提前
tíqián

동 (예정된 시간, 위치를) 앞당기다

▶ 다들 일찍 도착하셨으니, 일정을 조금 티치엔(提前)하겠습니다.

会议的时间提前了三个小时。
Huìyì de shíjiān tíqiánle sān ge xiǎoshí.

회의 시간이 3시간 앞당겨졌다.

반의 推迟 tuīchí 뒤로 미루다, 늦추다, 연기하다

4급
推迟
tuīchí

동 뒤로 미루다, 늦추다, 연기하다

▶ 날씨의 영향으로 이륙이 투이츠(推迟)되었으니 양해 바랍니다.

他们把今天的会议时间推迟了。
Tāmen bǎ jīntiān de huìyì shíjiān tuīchí le.

그들은 오늘의 회의 시간을 뒤로 미루었다.

把 bǎ ~을 | 今天 jīntiān 오늘
반의 提前 tíqián (예정된 시간, 위치를) 앞당기다

4급
差不多
chàbuduō

부 거의, 대체로
형 (시간, 정도, 거리 등이) 비슷하다, 큰 차이가 없다

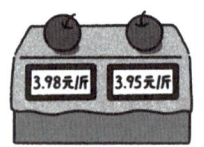

▶ 지금 가나 5분 뒤에 가나 챠부뚜어(差不多) 똑같이 도착할 거야.

下午的会议差不多需要4个小时。
Xiàwǔ de huìyì chàbuduō xūyào sì ge xiǎoshí.

오후의 회의는 거의 4시간이 필요합니다.

他俩的汉语水平差不多。
Tā liǎ de Hànyǔ shuǐpíng chàbuduō.

그 두 사람의 중국어 수준은 비슷하다.

下午 xiàwǔ 오후 | 需要 xūyào 필요하다 | 小时 xiǎoshí 시간 | 俩 liǎ 두 사람 | 汉语 Hànyǔ 중국어 | 水平 shuǐpíng 수준

출제 포인트 A和/跟B差不多(+형용사) (A는 B와 비슷하다/비슷하게 ~하다)

두 대상이 비슷하다는 의미를 나타내며, 형용사를 뒤에 써서 비슷한 정도를 나타내기도 한다.

예 他的衣服和我的差不多。 그의 옷은 내 것과 비슷하다.
    你的苹果跟我的差不多大。 그의 사과는 내 것과 비슷하게 크다.

4급

大约
dàyuē

- 부 대략, 아마, 대개는, 대강

▶ 오늘 참석한 인원은 따위에(大约) 50명쯤 되는 것 같아.

会议大约30分钟后开始。
Huìyì dàyuē sānshí fēnzhōng hòu kāishǐ.
회의는 대략 30분 후에 시작됩니다.

会议 huìyì 회의 | 分钟 fēnzhōng 분 | 后 hòu 후, 뒤 | 开始 kāishǐ 시작하다

4급

同时
tóngshí

- 명 동시, 같은 시간
- 부 동시에

▶ 불이 나자 많은 사람들이 동스(同时) "불이야"라고 외쳤다.

你通知他们开会时间的同时，别忘了提醒他们要早点儿到。
Nǐ tōngzhī tāmen kāihuì shíjiān de tóngshí, bié wàngle tíxǐng tāmen yào zǎo diǎnr dào.
당신은 그들에게 회의 시간을 알려 주는 동시에, 그들에게 좀 일찍 도착하라고 일깨워 주는 것을 잊지 마세요.

他们同时完成了工作。
Tāmen tóngshí wánchéngle gōngzuò.
그들은 동시에 일을 완수했다.

通知 tōngzhī 알리다 | 开会 kāihuì 회의를 열다 | 时间 shíjiān 시간 | 别 bié ~하지 마라 | 忘 wàng 잊다 | 提醒 tíxǐng 일깨우다 | 要 yào ~해야 한다 | 早 zǎo (때가) 이르다 | 到 dào 도착하다 | 完成 wánchéng 완수하다 | 工作 gōngzuò 일, 업무

3급

突然
tūrán

- 부 갑자기, 문득
- 형 (상황이) 갑작스럽다, 난데없다

▶ 그는 투란(突然) 내 손을 잡고 뛰기 시작했다.

同事突然告诉我明天要出差。
Tóngshì tūrán gàosu wǒ míngtiān yào chūchāi.
동료는 갑자기 나에게 내일 출장을 가야 한다고 알려 주었다.

他来得太突然了。
Tā lái de tài tūrán le.
그는 너무 갑작스럽게 왔다.

同事 tóngshì 동료 | 告诉 gàosu 알리다, 말하다 | 明天 míngtiān 내일 | 出差 chūchāi 출장 가다

偶尔
ǒu'ěr
- 부 때때로, 간혹, 이따금

▶ 그 외국 바이어는 무뚝뚝하지만 오우얼(偶尔) 농담도 하더라고.

老板偶尔不来开会。
Lǎobǎn ǒu'ěr bù lái kāihuì.
사장님은 때때로 회의에 오시지 않는다.

老板 lǎobǎn 사장 | 来 lái 오다 | 开会 kāihuì 회의를 열다

难道
nándào
- 부 설마 ~란 말인가?, 설마 ~하겠는가?

▶ 내가 난따오(难道) 잘못 본 건 아니겠지?

难道你不知道今天的会议10点开始吗?
Nándào nǐ bù zhīdào jīntiān de huìyì shí diǎn kāishǐ ma?
설마 당신은 오늘 회의가 10시에 시작하는 것을 몰랐나요?

知道 zhīdào 알다 | 今天 jīntiān 오늘 | 会议 huìyì 회의 | 点 diǎn 시 | 开始 kāishǐ 시작하다

> **출제 포인트** 难道……吗?(설마 ~인가?)
>
> 难道는 사실과 반대로 물어볼 때 어기를 강조하며, 吗와 함께 반어문을 만든다. 반어문은 듣기 문제에 종종 출제되는 유형이다. 오해하지 않고, 정확한 의미를 파악해야 한다!
>
> 예 难道你不知道吗? 설마 너 모르니?
> (→ 你应该知道。 너는 알고 있어야 한다.)

即使
jíshǐ
- 접 설령 ~하더라도

▶ 네가 지스(即使) 실패한다 하더라도 우린 끝까지 너를 응원할 거야.

即使不感兴趣，也要参加会议。
Jíshǐ bù gǎn xìngqù, yě yào cānjiā huìyì.
설령 관심이 없더라도, 회의에 참석해야 합니다.

感兴趣 gǎn xìngqù 관심이 있다 | 也 yě ~도 | 要 yào ~해야 한다 | 参加 cānjiā 참석하다, 참가하다

> **출제 포인트** 即使A, 也B(설령 A하더라도, B하다)
>
> A에는 극단적인 가설이 오고, B에는 변하지 않는 결과가 온다. 듣기, 독해 영역에서 종종 출제되는 문형이다.
>
> 예 即使遇到困难,你也不要放弃。
> 설령 어려움에 맞닥뜨리더라도, 당신은 포기해서는 안 된다.

[4급]

降低
jiàngdī

동 내리다, 낮추다, 인하하다

▶ 경쟁사를 이기려면 상품 가격을 지앙띠(降低)해야 합니다.

通过这次会议，公司降低了原来的价格。
Tōngguò zhècì huìyì, gōngsī jiàngdīle yuánlái de jiàgé.
이번 회의를 통해, 회사는 원래의 가격을 낮추었다.

通过 tōngguò ~을 통해 | 这次 zhècì 이번 | 会议 huìyì 회의 |
公司 gōngsī 회사 | 原来 yuánlái 원래의 | 价格 jiàgé 가격
반의 提高 tígāo 향상시키다, 높이다

[4급]

原因
yuányīn

명 원인

▶ 우리 부서의 실적이 급락한 위엔인(原因)이 무엇인가?

你知道会议提前的原因吗？
Nǐ zhīdào huìyì tíqián de yuányīn ma?
당신은 회의가 앞당겨진 원인을 아세요?

会议 huìyì 회의 | 提前 tíqián (예정된 시간·위치를) 앞당기다

[4급]

随便
suíbiàn

부 마음대로, 좋을 대로

▶ 우리 부장님은 매번 회의 시간을 수이비엔(随便) 바꾼다.

你怎么随便改变会议时间呢？
Nǐ zěnme suíbiàn gǎibiàn huìyì shíjiān ne?
당신은 왜 마음대로 회의 시간을 바꾸셨나요?

怎么 zěnme 왜, 어째서 | 改变 gǎibiàn 바꾸다 | 时间 shíjiān 시간

[4급]

不得不
bùdébù

부 어쩔 수 없이, 부득불, 반드시

▶ 그는 딸의 간곡한 부탁에 뿌더뿌(不得不) 허락하였다.

他们不得不改变开会地点。
Tāmen bùdébù gǎibiàn kāihuì dìdiǎn.
그들은 어쩔 수 없이 회의 장소를 바꾸었다.

改变 gǎibiàn 바꾸다 | 开会 kāihuì 회의를 열다 | 地点 dìdiǎn 장소
유의 只好 zhǐhǎo 어쩔 수 없이, 부득불

> **출제 포인트** 해석에 유의해야 하는 **不得不**
>
> 不得不는 마음과 다르게 '어쩔 도리가 없다'는 의미를 나타내며, 只好와 바꿔 쓸 수 있다. 듣기 부분에 정확한 뜻을 물어보는 문제로 많이 출제된다. 不가 들어갔다고 해서 부정의 의미로 이해해서는 안 된다.
>
> 예 **不得不**回答。 어쩔 수 없이 대답했다. → 대답했다
> **只好**回家了。 어쩔 수 없이 집에 갔다. → 집에 갔다

4급

原谅
yuánliàng

동 양해하다

▶ 이번 잘못은 부디 너그러운 마음으로 위엔량(原谅)해 주세요.

会议取消的事请您原谅。
Huìyì qǔxiāo de shì qǐng nín yuánliàng.
회의가 취소된 일은 양해 부탁드립니다.

取消 qǔxiāo 취소하다 | 事 shì 일 |
请 qǐng (상대가 어떤 일을 하기 바라는 의미로) ~하세요

출제 포인트 독해 빈출 단어 原谅

'양해하다', '용서하다'의 뜻을 가진 原谅은 독해 부분에 종종 나오는 어휘이다. 어떤 상황에 대해 양해나 용서를 구할 때 등장하는 말로 '请原谅我. (나를 용서해 주세요)'라는 표현을 자주 쓴다. 실생활에서도 사용할 수 있는 표현이니 꼭 기억하자!

4급

使
shǐ

동 (~에게) ~시키다, ~하게 하다

▶ 音乐(음악) + 使(~하게 하다) + 我(나) + 开心(즐겁다)
= 음악은 나를 즐겁게 한다

飞机晚点使会议时间推迟了20分钟。
Fēijī wǎndiǎn shǐ huìyì shíjiān tuīchíle èrshí fēnzhōng.
비행기 연착이 회의 시간을 20분 지연시켰다.

飞机 fēijī 비행기 | 晚点 wǎndiǎn (차·배·비행기 등이) 연착하다 |
推迟 tuīchí 지연시키다, 늦추다 | 分钟 fēnzhōng 분

출제 포인트 겸어문 문형 A使BC(A가 B에게 C하게 하다)

使는 让과 비슷한 의미를 가진 단어로, 이 패턴은 A가 목적어 B에게 뒤에 오는 동작을 하게 하거나 감정 등을 느끼게 한다는 의미를 나타낸다. 사용 범위는 使보다 让이 훨씬 더 넓다. B가 앞 문장의 목적어이면서 뒤 문장의 의미상 주어가 되니, 이를 '겸어'라 하고 이런 문장을 '겸어문'이라 한다. 3급 독해 영역과 4급 쓰기 영역 문제에 자주 나오므로 문장의 형태에 주의해서 외우자.

예 音乐使我开心。= 音乐让我开心。 음악은 나를 즐겁게 한다.

4급

地点
dìdiǎn

명 장소, 지점, 위치

▶ 지금 이 띠디엔(地点)에서 2시간 뒤에 다시 모이겠습니다.

这次会议的地点在哪儿?
Zhècì huìyì de dìdiǎn zài nǎr?
이번 회의의 장소는 어디입니까?

这次 zhècì 이번, 금번 | 在 zài ~에 있다 | 哪儿 nǎr 어디

部分 bùfen
명 (전체 중의) 부분, 일부

▶ 절대 한 부편(部分)만 보고 전체를 판단하지 마세요.

这个部分的内容下次会议时再研究吧。
Zhège bùfen de nèiróng xiàcì huìyì shí zài yánjiū ba.
이 부분의 내용은 다음 회의 때 다시 연구해 봅시다.

内容 nèiróng 내용 | 下次 xiàcì 다음번 | 时 shí ~때 | 再 zài 다시 | 研究 yánjiū 연구하다

正式 zhèngshì
형 정규의, 정식의, 공식의

▶ 그는 드디어 수습 기간을 마치고 정스(正式)직에 채용되었다.

什么时候开始招聘正式职员？
Shénme shíhou kāishǐ zhāopìn zhèngshì zhíyuán?
언제 정규 직원을 모집하기 시작하나요?

什么时候 shénme shíhou 언제 | 开始 kāishǐ 시작하다 | 招聘 zhāopìn 모집하다, 채용하다 | 职员 zhíyuán 직원

样子 yàngzi
명 (사물의) 상황, 모습, 모양

▶ 하하, 저 사람 꽁무니를 빼는 양즈(样子)를 좀 보렴.

看样子，这次的会议又要被推迟了。
Kàn yàngzi, zhècì de huìyì yòu yào bèi tuīchí le.
상황을 보니, 이번 회의는 또 연기되게 생겼다.

看 kàn 보다 | 这次 zhècì 이번 | 又 yòu 또 | 要 yào ~할 것이다 | 被 bèi ~에게 ~을 당하다 | 推迟 tuīchí 연기하다, 뒤로 미루다

场 chǎng
양 차례, 회

▶ 저희 사장님은 오늘 회의가 두 챵(场) 예정되어 있습니다.

下个月还有几场会议，我们商量一下时间吧。
Xià ge yuè hái yǒu jǐ chǎng huìyì, wǒmen shāngliang yíxià shíjiān ba.
다음 달에 또 몇 차례의 회의가 있어요. 우리 시간을 좀 상의 해 봅시다.

下 xià 다음 | 月 yuè 달, 월 | 还 hái 또, 더 | 会议 huìyì 회의 | 商量 shāngliang 상의하다 | 一下 yíxià 동사 뒤에 쓰여 '좀 ~하다'의 뜻을 나타냄 | 时间 shíjiān 시간

업무 미팅 진행하기

4급

区别
qūbié

- 명 차이, 구별
- 동 구별하다

▶ 마땅히 공과 사를 취비에(区别)하셔야 합니다.

会议这个月开还是下个月开，有什么区别？
Huìyì zhège yuè kāi háishi xià ge yuè kāi, yǒu shénme qūbié?

회의를 이번 달에 열든, 다음 달에 열든 무슨 차이가 있나요?

她们俩长得很像，你能区别谁是姐姐吗？
Tāmen liǎ zhǎng de hěn xiàng, nǐ néng qūbié shéi shì jiějie ma?

그녀 둘은 매우 닮았어. 너는 누가 언니인지 구별할 수 있니?

开 kāi (회의를) 열다 | 还是 háishi 아니면, 또는 | 下 xià 다음 | 什么 shénme 무슨 | 俩 liǎ 두 사람 | 长 zhǎng 생기다 | 像 xiàng 닮다 | 能 néng ~할 수 있다 | 谁 shéi 누구 | 姐姐 jiějie 언니, 누나

유의 差异 chāyì 차이

유의어 비교 区别 vs 差异

区别 두 가지 이상의 사물을 비교하고, 이들의 서로 다른 점을 구별하여 양자가 다르다는 것을 강조한다.

예 **这两张照片有什么区别？**
이 사진 두 장은 무슨 차이가 있나요？

我无法区别这两个单词的发音。
나는 이 두 단어의 발음을 구별할 수 없다.

差异 주로 서면어에서 사용되며, 방법·방식의 차이점을 뜻한다.

예 **韩国和中国文化差异比较大。**
한국과 중국의 문화 차이는 비교적 크다.

4급

值得
zhídé

- 동 ~할 만한 가치가 있다, ~할 만하다

▶ 值得(~할 만하다) + 参加(참석하다) = 참석할 만한 가치가 있다

这个讨论会值得我们去参加。
Zhège tǎolùnhuì zhídé wǒmen qù cānjiā.

이 토론회는 우리가 참석하러 갈 만한 가치가 있다.

讨论会 tǎolùnhuì 토론회 | 参加 cānjiā 참석하다

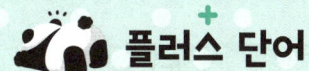 **플러스 단어**

고득점 합격이 목표라면 플러스단어까지 학습해 보세요.

업무, 미팅

贵宾 guìbīn 귀빈
嘉宾 jiābīn 귀빈, 내빈
对方 duìfāng 상대방, 상대편
请柬 qǐngjiǎn 초대장
安排表 ānpáibiǎo 일정표
日程 rìchéng 일정
约定 yuēdìng 약속하다
变更 biàngēng 변경하다
更改 gēnggǎi 변경하다
缺席 quēxí 결석하다
加盟 jiāméng 단체에 가입하다

组织 zǔzhī 결성하다, 구성하다
制订方案 zhìdìng fāng'àn 방안을 세우다
会场布置 huìchǎng bùzhì 회의장 배치
主办 zhǔbàn 주최하다
研讨会 yántǎohuì 워크숍
大型会议 dàxíng huìyì 대형 집회
主席台 zhǔxítái 주석단
工作证 gōngzuòzhèng 사원증
出席证 chūxízhèng 참석증

데일리 테스트

고생하셨어요! QR코드를 스캔해 데일리 테스트를 풀어 보며 오늘 학습을 마무리해 보세요.

DAY 23

취미 활동 하기

HSK 3급, 4급 30일 합격 프로젝트

★ HSK 시험에 이렇게 나와요.
취미 관련 테마는 대화에서 빠질 수 없는 내용이기에 HSK 시험에도 자주 등장합니다. 3급 시험에는 '게임을 하다', '컴퓨터를 하다', '사진을 찍다' 등의 표현이 자주 출제됩니다.

弹钢琴	音乐	阅读	上网	照相机
tán gāngqín	yīnyuè	yuèdú	shàngwǎng	zhàoxiàngjī
피아노를 치다	명 음악	동 (책 등을) 보다, 열독하다	동 인터넷을 하다	명 사진기

3급

感兴趣
gǎn xìngqù

관심이 있다,
흥미가 있다

▶ 요즘 나는 꽃꽂이에 간씽취(感兴趣)해.

妹妹对学外语很感兴趣。
Mèimei duì xué wàiyǔ hěn gǎn xìngqù.
여동생은 외국어를 배우는 것에 대해 매우 관심이 있다.

妹妹 mèimei 여동생 | **对** duì ~에 대해 | **学** xué 배우다 | **外语** wàiyǔ 외국어

> **출제 포인트** 对……感兴趣(~에 흥미가 있다)
>
> 感兴趣는 쓰기 1부분 문제에 종종 출제되는 표현으로, 뒤에 목적어가 오지 않고, 술어 앞쪽에 개사 对와 함께 써야야 한다는 것을 반드시 기억하자!
> 예 我对学汉语很感兴趣。 나는 중국어 배우는 것에 대해 관심이 있다.

3급

音乐
yīnyuè

명 음악

▶ 나는 비 오는 날 인위에(音乐) 듣는 걸 좋아해.

你喜欢这种音乐节目吗?
Nǐ xǐhuan zhè zhǒng yīnyuè jiémù ma?
당신은 이런 종류의 음악 프로그램을 좋아합니까?

喜欢 xǐhuan 좋아하다 | **种** zhǒng 종류 | **节目** jiémù 프로그램

1급

电脑
diànnǎo

명 컴퓨터

▶ 요즘 누가 손으로 문서를 작성하니? 다들 띠엔나오(电脑)로 하지.

我很喜欢玩电脑。
Wǒ hěn xǐhuan wán diànnǎo.
저는 컴퓨터 하는 것을 매우 좋아합니다.

喜欢 xǐhuan 좋아하다 | **玩** wán 하다, 놀다

1급

电视
diànshì

명 텔레비전

▶ 빨리 띠엔스(电视)를 켜 봐. 내가 좋아하는 드라마 할 시간이야.

妹妹每天晚上都看电视。
Mèimei měitiān wǎnshang dōu kàn diànshì.
여동생은 매일 저녁에 텔레비전을 본다.

每天 měitiān 매일 | **晚上** wǎnshang 저녁 | **都** dōu 모두, 다

> **출제 포인트** 전자제품 관련 단어
>
> 전자제품과 관련된 중국어 어휘에는 보통 电이 들어가 있다. 예를 들면 TV는 电视, 컴퓨터는 电脑, 보조 배터리는 充电宝라고 한다.

취미 활동 하기

玩 wán
[2급]
(동) 하다, 놀다, 즐기다

▶ 아이들이 장난감을 가지고 완(玩)하고 있어요.

弟弟喜欢玩儿手机。
Dìdi xǐhuan wánr shǒujī.
남동생은 휴대폰 하는 것을 좋아한다.

弟弟 dìdi 남동생 | 手机 shǒujī 휴대폰

출제 포인트 玩儿游戏 게임을 하다

玩儿은 '놀다'라는 뜻도 있지만 게임, 컴퓨터, 휴대폰과 함께 쓰이면 '~하다'의 뜻으로 쓰인다.

예 玩儿游戏 게임을 하다 / 玩儿电脑 컴퓨터를 하다 / 玩儿手机 휴대폰을 하다

游戏 yóuxì
[3급]
(명) 게임, 놀이

▶ 난 주말이면 컴퓨터 여우씨(游戏)를 하며 시간을 보내.

他从小就对电子游戏感兴趣。
Tā cóngxiǎo jiù duì diànzǐ yóuxì gǎn xìngqù.
그는 어릴 때부터 바로 전자 게임에 대해 흥미가 있었다.

从小 cóngxiǎo 어릴 때부터 | 对 duì ~에 대해 | 电子 diànzǐ 전자 | 感兴趣 gǎn xìngqù 흥미가 있다

唱歌 chànggē
[2급]
(동) 노래 부르다

▶ 그녀는 마이크를 잡고 목청껏 챵꺼(唱歌)했어.

我唱歌唱得很好。
Wǒ chànggē chàng de hěn hǎo.
나는 노래를 정말 잘 부른다.

唱 chàng 노래하다 | 好 hǎo 좋다

跳舞 tiàowǔ
[2급]
(동) 춤을 추다

▶ 음악에 맞추어 티아오우(跳舞)를 하는 모습이 너무 아름다웠어요.

她正在学习跳舞。
Tā zhèngzài xuéxí tiàowǔ.
그녀는 지금 춤추는 것을 배우고 있다.

正在 zhèngzài (지금) ~하고 있다 | 学习 xuéxí 배우다

4급

弹钢琴
tán gāngqín

피아노를 치다

▶ 나는 네가 탄깡친(弹钢琴)하며 노래 부르는 모습에 반했어.

她最大的爱好是弹钢琴。
Tā zuì dà de àihào shì tán gāngqín.
그녀의 가장 큰 취미는 피아노를 치는 것이다.

最 zuì 가장 | 大 dà 크다 | 爱好 àihào 취미

출제 포인트 작문 빈출 제시어 弹钢琴

弹钢琴은 4급 쓰기 2부분 작문 문제에 종종 출제되는 어휘이다. 피아노를 치는 사진과 함께 자주 출제된다.

예 **今天她弹了一下午钢琴。**
오늘 그녀는 오후 내내 피아노를 쳤다.

4급

阅读
yuèdú

동 (책 등을) 보다, 열독하다

▶ 매일 책을 위에두(阅读)하는 습관을 길러 보렴.

阅读让我学到很多知识。
Yuèdú ràng wǒ xuédào hěn duō zhīshi.
책을 읽는 것은 나에게 많은 지식을 습득하게 했다.

让 ràng ~하게 하다 | 学到 xuédào 습득하다 | 知识 zhīshi 지식

유의어 비교 阅读 vs 读

阅读 | 내용을 읽고 이해하는 것까지 나타내며, 뒤에 목적어가 올 수도 있고 안 올 수도 있음.
예 **老师让学生阅读这本小说。** 선생님께서 학생에게 이 소설을 읽게 하셨다.
我每天练习阅读。 나는 매일 독해 연습을 한다.

读 | 소리 내어 읽는 행위를 나타내며, 뒤에 반드시 목적어가 와야 함.
예 **请读一下这个汉字。** 이 한자를 좀 읽어 주세요.

4급

杂志
zázhì

명 잡지

▶ 나는 이 자즈(杂志)의 오랜 정기 구독자야.

我爱看游戏方面的杂志。
Wǒ ài kàn yóuxì fāngmiàn de zázhì.
나는 게임 분야의 잡지 보는 것을 좋아한다.

爱 ài ~하기를 좋아하다 | 游戏 yóuxì 게임 | 方面 fāngmiàn 분야

4급

小说
xiǎoshuō

명 소설

▶ 그녀가 쓴 판타지 시아오슈어(小说)는 영화로 만들어졌다.

他上学时就爱写小说，并且获过全国大奖。
Tā shàngxué shí jiù ài xiě xiǎoshuō, bìngqiě huòguo quánguó dàjiǎng.

그는 학교에 다닐 때 소설 쓰는 것을 좋아했고, 또한 전국 대상을 받은 적이 있다.

上学 shàngxué 학교에 다니다 | 时 shí ~할 때 | 写 xiě (문학 작품을) 쓰다, 짓다 | 并且 bìngqiě 또한 | 获 huò 얻다, 획득하다 | 过 guo ~한 적이 있다 | 全国 quánguó 전국 | 大奖 dàjiǎng 대상

3급

画
huà

동 (그림을) 그리다
명 그림

▶ 네가 화(画)한 수채화를 벽에 걸어 두기로 했어.

他喜欢画画儿，而且特别喜欢画小动物。
Tā xǐhuan huà huàr, érqiě tèbié xǐhuan huà xiǎo dòngwù.

그는 그림 그리는 것을 좋아한다. 특히 작은 동물 그리는 것을 좋아한다.

我画的这幅画怎么样？
Wǒ huà de zhè fú huà zěnmeyàng?

내가 그린 이 그림 어때?

喜欢 xǐhuan 좋아하다 | 而且 érqiě 뿐만 아니라, 게다가 | 特别 tèbié 특히, 아주 | 小 xiǎo 작다 | 动物 dòngwù 동물 | 幅 fú 폭(옷감·종이·그림 등을 세는 단위) | 怎么样 zěnmeyàng 어떠하다

> **출제 포인트**　画画儿(그림을 그리다)
>
> '(그림을) 그리다'라는 뜻을 나타내는 画는 4급 독해 1부분 빈칸 채우기 문제에 종종 출제된다. 또한 단어의 위치에 따라 동사나 명사로 쓰일 수 있으므로, 앞이나 뒤에 오는 품사에 주의해야 한다.
>
> 예　画画儿 그림을 그리다(동사 + 명사) / 画得很好 잘 그렸다(동사)
> 　　一幅画(儿) 그림 한 폭(명사)

3급

照片
zhàopiàn

명 사진

▶ 네 지갑에 있는 쨔오피엔(照片) 속의 그녀는 누구니?

我最近在学习怎么照照片。
Wǒ zuìjìn zài xuéxí zěnme zhào zhàopiàn.

저는 요즘 어떻게 사진을 찍는지 배우고 있습니다.

最近 zuìjìn 요즘 | 在 zài ~하고 있다 | 学习 xuéxí 배우다 | 怎么 zěnme 어떻게

3급
照相机
zhàoxiàngjī
명 사진기

▶ 여행의 특별한 순간을 찍기 위해 쨔오씨앙지(照相机)를 샀어.

他喜欢带着照相机去公园照照片。
Tā xǐhuan dàizhe zhàoxiàngjī qù gōngyuán zhào zhàopiàn.
그는 사진기를 가지고 공원에 가서 사진 찍는 것을 좋아한다.

带 dài (몸에) 가지다, 지니다 | 公园 gōngyuán 공원

4급
互联网
hùliánwǎng
명 인터넷

▶ 어젯밤엔 후리엔왕(互联网)이 끊겨서 메일을 확인할 수 없었어.

互联网使我们的生活变得更方便。
Hùliánwǎng shǐ wǒmen de shēnghuó biàn de gèng fāngbiàn.
인터넷은 우리의 생활을 더욱 편리하게 변화시켰다.

使 shǐ ~하게 하다 | 生活 shēnghuó 생활 | 变 biàn 변하다 | 更 gèng 더욱, 더 | 方便 fāngbiàn 편리하다

> **출제 포인트** 互联网과 网络
> '互联网(인터넷)'과 '网络(네트워크)'는 사전상 서로 다른 뜻을 가지고 있지만, 4급 독해 지문에서는 网络가 '인터넷'을 뜻하는 단어로 자주 쓰인다. 4급 독해 문제를 풀 때 주의해서 풀도록 하자!

3급
上网
shàngwǎng
동 인터넷을 하다, 인터넷을 연결하다

▶ 내 여자 친구는 저녁 시간에 샹왕(上网)해서 쇼핑한대.

女儿最近天天上网玩游戏。
Nǚ'ér zuìjìn tiāntiān shàngwǎng wán yóuxì.
딸은 요즘 매일 인터넷으로 게임을 한다.

女儿 nǚ'ér 딸 | 天天 tiāntiān 매일 | 玩 wán 하다 | 游戏 yóuxì 게임

> **출제 포인트** 上网+행동/행위(인터넷을 사용해서 어떤 행동을 하다)
> 예 上网买东西 인터넷에서 물건을 사다
> 上网聊天 인터넷에서 채팅하다 / 上网查 인터넷에서 찾다

4급
网站
wǎngzhàn
명 (인터넷) 웹사이트

▶ 네가 자주 옷을 구매하는 왕짠(网站) 주소 좀 알려 주겠니?

我喜欢看这个网站上的小说。
Wǒ xǐhuan kàn zhège wǎngzhàn shang de xiǎoshuō.
나는 이 웹사이트의 소설 보는 것을 좋아한다.

看 kàn 보다 | 上 shang ~ 위 | 小说 xiǎoshuō 소설

4급

比如
bǐrú

동 예를 들면, 예를 들어

▶ 난 비루(比如) 베트남같이 더운 나라를 여행하는 걸 좋아해.

我的爱好很多，比如看书、听音乐等等。
Wǒ de àihào hěn duō, bǐrú kàn shū, tīng yīnyuè děngděng.
나의 취미는 매우 많다. 예를 들면 책 보기, 음악 듣기 등등이다.

爱好 àihào 취미 | 看 kàn 보다 | 书 shū 책 | 听 tīng 듣다 | 音乐 yīnyuè 음악 | 等等 děngděng 등등, 기타

유의 例如 lìrú 예를 들면, 예를 들어

> **출제 포인트** 내용 이해를 돕는 比如
>
> 독해 지문 해석이 잘 안 되더라도 比如 뒤에 열거된 예들을 보면 어떤 내용을 설명하려고 하는지 좀 더 쉽게 이해할 수 있다.

3급

应该
yīnggāi

조동 (마땅히) ~해야 한다, ~하는 것이 마땅하다

▶ 학생은 잉가이(应该) 수업에 늦지 않아야 한다.

你应该有自己的爱好。
Nǐ yīnggāi yǒu zìjǐ de àihào.
당신은 마땅히 스스로의 취미가 있어야 합니다.

有 yǒu 있다 | 自己 zìjǐ 스스로, 자신

> **출제 포인트** 应该, 要, 得(děi)의 부정형
>
> 应该, 要, 得(děi)는 모두 '~해야 한다'라는 뜻의 조동사지만, 부정형은 서로 다른 뜻을 나타냄에 주의하자!
>
> 예　应该의 부정　　不应该 ~해서는 안 된다
> 　　要의 부정　　　不要 ~하지 마라
> 　　得(děi)의 부정　不用 ~할 필요 없다

4급

许多
xǔduō

형 매우 많다, 허다하다

▶ 할머니는 매일 아침 쉬뚜어(许多)한 사람들과 함께 태극권을 하셔.

许多年轻人都没有自己的爱好。
Xǔduō niánqīngrén dōu méiyǒu zìjǐ de àihào.
매우 많은 젊은이들은 모두 자신의 취미가 없다.

年轻人 niánqīngrén 젊은이, 젊은 사람 | 都 dōu 모두, 다 | 自己 zìjǐ 자신 | 爱好 àihào 취미

4급
危险
wēixiǎn
- 형 위험하다

▶ 엄마는 내가 좋아하는 수상스키가 웨이시엔(危险)하다고 걱정하셔.

我觉得你平时喜欢的爱好很危险。
Wǒ juéde nǐ píngshí xǐhuan de àihào hěn wēixiǎn.
나는 네가 평소에 좋아하는 취미가 매우 위험하다고 생각해.

觉得 juéde ~라고 생각하다 | 平时 píngshí 평소, 평상시
반의 安全 ānquán 안전하다

4급
信心
xìnxīn
- 명 자신감, 확신, 신념

▶ 그는 이 프로젝트의 성공에 씬신(信心)이 있다고 했어.

我对弹钢琴越来越有信心了。
Wǒ duì tán gāngqín yuèláiyuè yǒu xìnxīn le.
나는 피아노 치는 것에 대해 갈수록 자신감이 생긴다.

对 duì ~에 대하여 | 弹钢琴 tán gāngqín 피아노를 치다 | 越来越 yuèláiyuè 갈수록, 점점 | 有 yǒu 있다

4급
重点
zhòngdiǎn
- 명 중점

▶ 난 책을 읽을 때 인물 간의 관계에 쭝디엔(重点)을 두곤 해.

画好画儿的重点是要关心生活。
Huàhǎo huàr de zhòngdiǎn shì yào guānxīn shēnghuó.
그림을 잘 그리는 것의 중점은 생활에 관심을 가져야 한다는 것이다.

画 huà 그림(을 그리다) | 好 hǎo 동사 뒤에 쓰여 동작이 완성되었거나 잘 마무리되었음을 나타냄 | 关心 guānxīn 관심을 갖다 | 生活 shēnghuó 생활

4급
提醒
tíxǐng
- 동 일깨우다, 깨우치다, 주의를 환기시키다

▶ 이번 등산은 나에게 산행의 즐거움을 티씽(提醒)해 주었다.

爸爸提醒我爬山时一定要注意安全。
Bàba tíxǐng wǒ páshān shí yídìng yào zhùyì ānquán.
아빠는 나에게 등산할 때 반드시 안전에 주의해야 한다고 일깨워 주셨다.

爬山 páshān 등산하다 | 注意 zhùyì 주의하다 | 安全 ānquán 안전

4급

印象 yìnxiàng
명 인상

▶ 베이징 여행 중 만리장성이 가장 인씨앙(印象)에 남았어.

我旅游时，去过的地方都给我留下了很深的印象。
Wǒ lǚyóu shí, qùguo de dìfang dōu gěi wǒ liúxiàle hěn shēn de yìnxiàng.
내가 여행을 할 때, 가 본 곳이 모두 나에게 아주 깊은 인상을 남겼다.

旅游 lǚyóu 여행하다 | 时 shí ~할 때 | 过 guo ~한 적이 있다 | 地方 dìfang 곳 | 都 dōu 모두, 다 | 给 gěi ~에게 | 留下 liúxià 남기다 | 很 hěn 아주, 매우 | 深 shēn 깊다

출제 포인트 주어(A)+给+대상(B)+留下+~印象
(A가 B에게 ~한 인상을 주다)

4급 쓰기 영역 1부분 어순 배열 및 쓰기 영역 2부분 작문에도 자주 쓰이는 구문이다. 특히 쓰기 영역 2부분은 기본 구조로 작문을 하면 되는데, 간혹 개사 给 대신 对를 써서 틀리는 경우가 종종 있다.

예 这次旅行给我留下了一个很深的印象。
이번 여행은 나에게 깊은 인상을 남겼다.

给别人留下一个好印象。 남에게 좋은 인상을 남기다.

4급

篇 piān
양 편, 장

▶ 삼국지는 총 몇 피엔(篇)까지 있어?

我喜欢写东西，已经写了好几篇文章了。
Wǒ xǐhuan xiě dōngxi, yǐjīng xiěle hǎojǐ piān wénzhāng le.
나는 (무언가를) 쓰는 것을 좋아해. 이미 꽤 여러 편의 글을 썼어.

喜欢 xǐhuan 좋아하다 | 写 xiě (문학 작품을) 쓰다, 짓다 | 东西 dōngxi (구체적인 혹은 추상적인) 것 | 已经 yǐjīng 이미 | 好几 hǎojǐ 꽤 여러 | 文章 wénzhāng 글, 문장

4급

页 yè
명 양 (책의) 페이지, 쪽, 면

▶ 난 매일 책을 20이에(页)씩 읽는 습관을 기르려고 노력해.

我不喜欢看书，所以这本书我一页还没看。
Wǒ bù xǐhuan kàn shū, suǒyǐ zhè běn shū wǒ yí yè hái méi kàn.
나는 책 보는 것을 좋아하지 않는다. 그래서 이 책을 나는 아직 한 페이지도 보지 않았다.

喜欢 xǐhuan 좋아하다 | 看 kàn 보다 | 书 shū 책 | 所以 suǒyǐ 그래서 | 本 běn 권 | 还 hái 아직

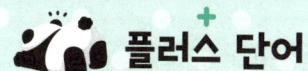 **플러스 단어**

음원 듣기

고득점 합격이 목표라면 플러스단어까지 학습해 보세요.

취미

闲暇 xiánxiá 한가한 시간
业余 yèyú 여가
下棋 xiàqí 바둑을 두다
摄影 shèyǐng 사진을 찍다
钓鱼 diàoyú 낚시하다
编织 biānzhī 뜨개질하다
插花 chāhuā 꽃꽂이하다
集邮 jíyóu 우표를 수집하다
弹吉他 tán jítā 기타를 치다
拉小提琴 lā xiǎotíqín 바이올린을 켜다

乐器 yuèqì 악기
围棋 wéiqí 바둑
武术 wǔshù 무술
美术 měishù 미술
流行音乐 liúxíng yīnyuè 유행 음악
舞蹈 wǔdǎo 춤
绘画 huìhuà 회화, 그림
书法 shūfǎ 서예
刺绣 cìxiù 자수
十字绣 shízìxiù 십자수

 데일리 테스트

고생하셨어요! QR코드를 스캔해
데일리 테스트를 풀어 보며
오늘 학습을 마무리해 보세요.

문제 풀기

DAY 24

HSK 3급, 4급 30일 합격 프로젝트

★ HSK 시험에 이렇게 나와요.
운동은 취미를 넘어 건강과 직결된 것으로, 독해 지문에는 건강과 관련하여 신체를 단련하고, 다이어트를 하는 방법으로 소개됩니다. 또한 듣기 문제에는 상대방에게 운동을 같이 하자고 제안하는 문장이 자주 출제됩니다.

음원 듣기

레저 활동 하기

7월 스포츠 행사 일정
体育 티위 ===== 活动 후어똥

跑步 파오뿌

7/1	7/2	7/3
달리기	축구	수영
7/4	7/5	7/6
농구	탁구	배드민턴

打篮球 다란치우
乒乓球 핑팡치우

암기 영상

| 体育
tǐyù
명 체육, 스포츠, 운동 | 活动
huódòng
명 행사 | 跑步
pǎobù
동 조깅하다, 달리다 | 打篮球
dǎ lánqiú
농구 하다 | 乒乓球
pīngpāngqiú
명 탁구, 탁구공 |

跑步
pǎobù
동 조깅하다, 달리다

▶ 매일 아침 가볍게 파오뿌(跑步)하고 나면 아주 상쾌해.

明天早上我们一起跑步吧。
Míngtiān zǎoshang wǒmen yìqǐ pǎobù ba.
내일 아침에 우리 같이 조깅하자.

明天 míngtiān 내일 | 早上 zǎoshang 아침 | 一起 yìqǐ 같이, 함께

运动
yùndòng
명 운동
동 운동하다

▶ 다이어트를 할 땐 식단 조절과 윈똥(运动)을 병행해야 해.

你喜欢什么运动?
Nǐ xǐhuan shénme yùndòng?
너는 어떤 운동을 좋아하니?

外面天气很好，我们出去运动吧!
Wàimiàn tiānqì hěn hǎo, wǒmen chūqù yùndòng ba!
바깥 날씨가 정말 좋다. 우리 나가서 운동하자!

喜欢 xǐhuan 좋아하다 | 什么 shénme 어떤 | 外面 wàimiàn 바깥, 밖 | 天气 tiānqì 날씨 | 很 hěn 정말, 매우 | 好 hǎo 좋다 | 出去 chūqù 나가다

踢足球
tī zúqiú
축구 하다

▶ 내 남동생은 축구 선수가 꿈이어서, 매일 티 주치우(踢足球)해.

我最喜欢踢足球。
Wǒ zuì xǐhuan tī zúqiú.
나는 축구 하는 것을 가장 좋아한다.

最 zuì 가장, 제일 | 喜欢 xǐhuan 좋아하다

游泳
yóuyǒng
동 수영하다, 헤엄치다

▶ 나는 물을 좋아해서 아침마다 여우용(游泳)하러 가.

我们每天早上去游泳吧。
Wǒmen měitiān zǎoshang qù yóuyǒng ba.
우리 매일 아침에 수영하러 가자.

每天 měitiān 매일 | 早上 zǎoshang 아침

[3급]

比赛
bǐsài

명 경기, 시합

▶ 이번 비싸이(比赛)에서 이겨야만 결승전에 갈 수 있어.

我想去体育场看足球比赛。
Wǒ xiǎng qù tǐyùchǎng kàn zúqiú bǐsài.
나는 경기장에 가서 축구 경기를 보고 싶다.

想 xiǎng ~하고 싶다 | 体育场 tǐyùchǎng 경기장, 스타디움 | 看 kàn 보다 | 足球 zúqiú 축구

[2급]

第一
dì yī

수 제1, 최초, 맨 처음

▶ 난 지금 태어나서 띠이(第一)로 스케이트를 타는 거야.

我妹妹今天在比赛中得了第一，她非常高兴。
Wǒ mèimei jīntiān zài bǐsài zhōng déle dì yī, tā fēicháng gāoxìng.
나의 여동생은 오늘 경기에서 1등을 했다, 그녀는 매우 기뻐했다.

妹妹 mèimei 여동생 | 今天 jīntiān 오늘 | 在 zài ~에서 | 比赛 bǐsài 경기, 시합 | 得 dé 얻다, 획득하다 | 非常 fēicháng 매우, 대단히 | 高兴 gāoxìng 기쁘다

[3급]

锻炼
duànliàn

동 (몸을) 단련하다

▶ 운동 선수들은 하루라도 몸을 뚜안리엔(锻炼)하지 않으면 안 돼.

你很长时间没锻炼身体了。
Nǐ hěn cháng shíjiān méi duànliàn shēntǐ le.
너는 매우 오랫동안 몸을 단련하지 않았어.

长 cháng (시간이) 오래다 | 时间 shíjiān 시간 | 身体 shēntǐ 몸

출제 포인트 锻炼과 运动

锻炼은 '(몸을) 단련하다'라는 뜻이고, 运动은 '운동하다'라는 뜻으로 쓰이지만, HSK 독해 영역에서는 같은 뜻으로 생각하고 답을 찾으면 된다.

[3급]

爬山
páshān

동 등산하다, 산을 오르다

▶ 엄마 아빠의 취미는 명산을 찾아다니며 파샨(爬山)하는 거야.

今天天气真好，我们去爬山吧。
Jīntiān tiānqì zhēn hǎo, wǒmen qù páshān ba.
오늘 날씨가 정말 좋다, 우리 등산하러 가자.

今天 jīntiān 오늘 | 天气 tiānqì 날씨 | 真 zhēn 정말 | 好 hǎo 좋다
유의 登山 dēngshān 등산하다

4급
散步
sànbù

동 산책하다, 산보하다

▶ 나는 격한 운동보다는 가볍게 싼뿌(散步)하는 것을 좋아해.

咱们去森林公园散步吧。
Zánmen qù sēnlín gōngyuán sànbù ba.
우리 삼림공원에 가서 산책하자.

咱们 zánmen 우리 | 森林 sēnlín 삼림, 숲 | 公园 gōngyuán 공원

3급
习惯
xíguàn

명 습관, 버릇
동 습관이 되다

▶ 외출 후 손을 닦는 시꽌(习惯)을 길러야 해.

我有每天晚上散步的习惯。
Wǒ yǒu měitiān wǎnshang sànbù de xíguàn.
나는 매일 저녁에 산책하는 습관이 있다.

我习惯了骑自行车去上班。
Wǒ xíguànle qí zìxíngchē qù shàngbān.
나는 자전거를 타고 출근하는 것이 습관이 되었다.

有 yǒu 있다 | 每天 měitiān 매일 | 晚上 wǎnshang 저녁 | 散步 sànbù 산책하다 | 骑 qí (동물이나 자전거 등에) 타다 | 自行车 zìxíngchē 자전거 | 上班 shàngbān 출근하다

4급
减肥
jiǎnféi

동 다이어트하다,
살을 빼다,
체중을 줄이다

▶ 원푸드 지엔페이(减肥)는 영양 불균형을 초래해.

我要减肥，所以决定从明天开始运动。
Wǒ yào jiǎnféi, suǒyǐ juédìng cóng míngtiān kāishǐ yùndòng.
나는 다이어트하려고 해. 그래서 내일부터 운동을 시작하기로 결정했어.

要 yào ~하려고 하다 | 所以 suǒyǐ 그래서, 그러므로 | 决定 juédìng 결정하다 | 从 cóng ~부터 | 明天 míngtiān 내일 | 开始 kāishǐ 시작하다 | 运动 yùndòng 운동(하다)

> **출제 포인트** 듣기 독해 빈출 단어 **减肥**
>
> 减肥는 '다이어트하다'라는 의미로 4급 듣기와 독해 문제에 많이 나오는 어휘이다. 정답으로 자주 나오는 어휘는 아니지만 답을 찾기 위해 꼭 알아야 하는 핵심 어휘이다. 운동을 하는 이유를 물어보거나 다이어트를 하는 이유를 물어볼 때 빠지지 않고 나오니 꼭 기억하도록 하자!
>
> 예 最流行的减肥方法是什么?
>   가장 유행하는 다이어트 방법이 뭐니?

레저 활동 하기

2급
打篮球
dǎ lánqiú
농구 하다

▶ 키가 크고 싶다면 다란치우(打篮球)하래.

下课后我们去打篮球吧。
Xiàkè hòu wǒmen qù dǎ lánqiú ba.
수업이 끝난 후 우리 농구 하러 가자.

下课 xiàkè 수업이 끝나다 | 后 hòu 후

4급
乒乓球
pīngpāngqiú
명 탁구, 탁구공

▶ 그는 핑팡치우(乒乓球) 단식 경기의 우승자야.

昨天那场乒乓球比赛你看了吗?
Zuótiān nà chǎng pīngpāngqiú bǐsài nǐ kàn le ma?
너 어제 그 탁구 경기 봤니?

昨天 zuótiān 어제 | 场 chǎng 회, 번, 차례(문예·오락·체육 활동 등에 쓰임)
| 比赛 bǐsài 경기 | 看 kàn 보다

4급
羽毛球
yǔmáoqiú
명 배드민턴

▶ 위마오치우(羽毛球)의 셔틀콕은 바람의 영향을 많이 받아.

他周末想去体育馆打羽毛球。
Tā zhōumò xiǎng qù tǐyùguǎn dǎ yǔmáoqiú.
그는 주말에 체육관에 가서 배드민턴을 치고 싶어 한다.

周末 zhōumò 주말 | 想 xiǎng ~하고 싶다 | 体育馆 tǐyùguǎn 체육관
| 打 dǎ (놀이·운동을) 하다

> **출제 포인트** 打羽毛球(배드민턴을 치다)
>
> 손으로 하는 운동을 한다고 할 때는 동사 打를 써서 표현한다. 打와 결합하는 다양한 운동을 알아보자.
>
> 예 打篮球 농구 하다 / 打棒球 야구 하다 / 打网球 테니스를 하다
> 打乒乓球 탁구를 치다 / 打高尔夫球 골프를 치다 /
> 打太极拳 태극권을 하다

4급
网球
wǎngqiú
명 테니스

▶ 나는 학교 왕치우(网球) 동아리에서 활동해.

外面很凉快,我们去打网球吧。
Wàimiàn hěn liángkuai, wǒmen qù dǎ wǎngqiú ba.
밖이 아주 시원해, 우리 테니스 치러 가자.

外面 wàimiàn 밖 | 凉快 liángkuai 시원하다 | 打 dǎ (놀이·운동을) 하다

4급
减少
jiǎnshǎo

동 줄이다, 감소하다, 줄다

▶ 그가 내 업무를 도와주어서 부담이 지엔샤오(减少)했어.

为了减少压力，我经常做瑜伽。
Wèile jiǎnshǎo yālì, wǒ jīngcháng zuò yújiā.
스트레스를 줄이기 위해 나는 자주 요가를 한다.

为了 wèile ~하기 위하여 | 压力 yālì 스트레스 | 经常 jīngcháng 자주, 항상 | 做 zuò 하다 | 瑜伽 yújiā 요가

4급
缺少
quēshǎo

동 부족하다, 모자라다

▶ 여름이지만 수상 스포츠를 즐길 장소가 취에샤오(缺少)해.

我最近缺少运动。 나는 요즘 운동이 부족하다.
Wǒ zuìjìn quēshǎo yùndòng.

最近 zuìjìn 요즘 | 运动 yùndòng 운동(하다)

4급
受到
shòudào

동 받다, 얻다

▶ 마지막 골을 넣은 선수는 많은 사람의 칭찬을 쇼우따오(受到)했어.

他足球踢得很好，受到了老师的表扬。
Tā zúqiú tī de hěn hǎo, shòudàole lǎoshī de biǎoyáng.
그는 축구를 매우 잘해서, 선생님의 칭찬을 받았다.

足球 zúqiú 축구 | 踢 tī 차다 | 好 hǎo 좋다 | 老师 lǎoshī 선생님 | 表扬 biǎoyáng 칭찬하다

4급
效果
xiàoguǒ

명 효과

▶ 이 방법대로 하면 분명 씨아오구어(效果)가 있을 거야.

这种运动的减肥效果很好。
Zhè zhǒng yùndòng de jiǎnféi xiàoguǒ hěn hǎo.
이러한 운동의 다이어트 효과는 매우 좋다.

种 zhǒng 종, 종류 | 运动 yùndòng 운동 | 减肥 jiǎnféi 다이어트하다

4급
力气
lìqi

명 힘, 역량

▶ 어르신들은 리치(力气)가 쇠하셔서 오래 걸을 수 없어.

多吃点儿，才能有力气登山。
Duō chī diǎnr, cái néng yǒu lìqi dēngshān.
많이 먹어야, 비로소 등산할 수 있는 힘이 생긴다.

多 duō 많이 ~하다 | 吃 chī 먹다 | 才 cái 비로소 | 能 néng ~할 수 있다 | 登山 dēngshān 산을 오르다

레저 활동 하기

[4급]

获得
huòdé

동 얻다, 획득하다

▶ 나는 드디어 레저 강사 자격증을 후어더(获得)했어!

我们参加这次比赛不是要获得第一名。
Wǒmen cānjiā zhècì bǐsài bú shì yào huòdé dì yī míng.
우리가 이번 경기에 참가하는 목적은 1등을 하려는 것이 아니다.

参加 cānjiā 참가하다 | 这次 zhècì 이번 | 比赛 bǐsài 경기, 시합 |
目的 mùdì 목적 | 要 yào ~하려고 하다 | 第一名 dì yī míng 1등

유의어 비교 获得 vs 得到

获得와 得到는 '얻다'라는 뜻은 비슷하지만, 쓰이는 용법이 다르다.

| 获得 | 주로 추상적인 것이 목적어로 쓰이며, 노력을 통해 자신의 손에 넣음을 나타낸다. |

예 **获得知识** 지식을 얻다 / **获得信息** 정보를 얻다
　　获得机会 기회를 얻다 / **获得经验** 경험을 얻다

| 得到 | 获得보다 사용 범위가 넓고 추상적, 구체적 사물이 모두 목적어로 올 수 있다. |

예 **得到帮助** 도움을 받다 / **得到鼓励** 격려를 얻다
　　得到同意 동의를 얻다 / **得到奖金** 상금을 받다

[4급]

进行
jìnxíng

동 진행하다,
앞으로 나아가다

▶ 아직 찐씽(进行)해야 하는 프로그램이 많이 남아 있어요.

这个比赛进行得很顺利。
Zhège bǐsài jìnxíng de hěn shùnlì.
이 경기는 진행이 매우 순조롭다.

比赛 bǐsài 경기, 시합 | 顺利 shùnlì 순조롭다

빈출 포인트 进行+2음절 동사(~를 진행하다)

进行 뒤에는 꼭 2음절 동사가 와야 한다.

예 **进行比赛** 시합을 진행하다 / **进行活动** 행사를 진행하다

4급

轻松
qīngsōng

형 홀가분하다, 가볍다, 부담이 없다, 가분하다

▶ 그의 몸놀림이 평소보다 더 칭쏭(轻松)한 게 마치 학 같아.

散步让我的心情变得很轻松。
Sànbù ràng wǒ de xīnqíng biàn de hěn qīngsōng.
산책하는 것은 나의 기분을 매우 홀가분하게 만들어 준다.

散步 sànbù 산책하다 | 让 ràng ~하게 하다 | 心情 xīnqíng 기분 | 变 biàn 변하다

3급

胖
pàng

형 (몸이) 뚱뚱하다

▶ 이 운동은 팡(胖)하신 분들도 쉽게 따라 하실 수 있습니다.

你是不是又胖了？多运动运动吧。
Nǐ shì bu shì yòu pàng le? Duō yùndòng yùndòng ba.
너는 또 살이 찐 것 아니야? 운동을 좀 많이 해.

又 yòu 또 | 多 duō 많이 ~하다 | 运动 yùndòng 운동하다
반의 瘦 shòu 마르다, 여위다

3급

瘦
shòu

형 마르다, 여위다

▶ 너는 쇼우(瘦)하니까 유산소 운동 말고 근력 운동을 하렴.

每个周末她都去爬山，所以瘦了。
Měi ge zhōumò tā dōu qù páshān, suǒyǐ shòu le.
주말마다 그녀는 등산을 하러 간다. 그래서 살이 빠졌다.

每 měi 매 | 周末 zhōumò 주말 | 都 dōu 모두, 다 | 爬山 páshān 등산하다 | 所以 suǒyǐ 그래서, 그러므로
반의 胖 pàng (몸이) 뚱뚱하다

4급

轻
qīng

형 가볍다

▶ 아동용 구명조끼는 성인용보다 칭(轻)합니다.

运动使我的体重变轻了。
Yùndòng shǐ wǒ de tǐzhòng biànqīng le.
운동은 나의 체중이 가벼워지게 만들었다.

运动 yùndòng 운동(하다) | 使 shǐ ~하게 하다 | 体重 tǐzhòng 체중, 몸무게 | 变 biàn 변하다

3급
公斤 gōngjīn
- 양 킬로그램

▶ 우리 언니는 표준 체중보다 5꽁진(公斤) 덜 나가.

我胖了两公斤，所以我要锻炼身体。
Wǒ pàngle liǎng gōngjīn, suǒyǐ wǒ yào duànliàn shēntǐ.
나는 2킬로그램 쪘다. 그래서 나는 몸을 단련하려고 한다.

胖 pàng (몸이) 뚱뚱하다 | 两 liǎng 둘 | 要 yào ~하려고 하다 | 锻炼 duànliàn 단련하다 | 身体 shēntǐ 몸, 신체

4급
活动 huódòng
- 명 행사, 활동
- 동 (몸을) 움직이다, 운동하다

▶ 주말에는 취미로 가벼운 후어똥(活动)이라도 하는 게 어때?

我参加了学校的爬山活动。
Wǒ cānjiāle xuéxiào de páshān huódòng.
나는 학교의 등산 행사에 참가했다.

多活动对身体有好处。
Duō huódòng duì shēntǐ yǒu hǎochù.
많이 움직이는 것은 신체에 좋은 점이 있다.

参加 cānjiā 참가하다 | 学校 xuéxiào 학교 | 多 duō 많이 ~하다 | 对 duì ~에 (대해) | 好处 hǎochù 장점

3급
体育 tǐyù
- 명 체육, 스포츠, 운동

▶ 남학생들이 가장 좋아하는 시간은 아무래도 티위(体育) 시간이야.

你怎么突然开始关心体育了？
Nǐ zěnme tūrán kāishǐ guānxīn tǐyù le?
너는 왜 갑자기 체육에 관심을 가지기 시작한 거야?

怎么 zěnme 왜, 어째서 | 突然 tūrán 갑자기 | 开始 kāishǐ 시작하다 | 关心 guānxīn 관심을 갖다

4급
赢 yíng
- 동 이기다, 승리하다

▶ 그는 가볍게 이 시합에서 잉(赢)했다.

昨晚的网球比赛，谁赢了？
Zuówǎn de wǎngqiú bǐsài, shéi yíng le?
어제저녁의 테니스 경기는 누가 이겼니?

昨晚 zuówǎn 어제저녁 | 网球 wǎngqiú 테니스 | 比赛 bǐsài 경기, 시합 | 谁 shéi 누구
반의 输 shū 지다, 패하다, 잃다

4급
输
shū

동 지다, 패하다, 잃다

▶ 그는 지난 경기에서 슈(输)했기 때문에 이를 갈고 나왔어.

无论比赛结果是输还是赢都没有关系。
Wúlùn bǐsài jiéguǒ shì shū háishi yíng dōu méiyǒu guānxi.
시합 결과는 지든지 아니면 이기든지 모두 관계없다.

无论 wúlùn ~든지 | 结果 jiéguǒ 결과 | 还是 háishi 아니면, 또는 | 都 dōu 모두 | 关系 guānxi 관계 | 반의 赢 yíng 이기다, 승리하다

빈출 포인트 输赢(승패)

输는 '지다', 赢은 '이기다'라는 뜻이지만, 输赢은 '승패'라는 뜻으로 쓰인다.

4급
汗
hàn

명 땀

▶ 한바탕 축구를 했더니 한(汗)이 비 오듯 흘러.

下午打羽毛球时，我出了很多的汗。
Xiàwǔ dǎ yǔmáoqiú shí, wǒ chūle hěn duō de hàn.
오후에 배드민턴을 칠 때, 나는 땀이 많이 났다.

下午 xiàwǔ 오후 | 打 dǎ (놀이·운동을) 하다 | 羽毛球 yǔmáoqiú 배드민턴 | 时 shí ~할 때 | 出 chū 내(오)다

출제 포인트 4급 쓰기 영역 단골 '땀 시리즈'

'땀 시리즈'는 4급 쓰기 영역 2부분 문제에 자주 출제된다. '出了一身汗(땀을 흠뻑 흘리다)', '流汗(땀을 흘리다)'과 '擦汗(땀을 닦다)'은 운동 후 땀을 흘리는 사진과 함께 자주 출제된다.

3급
公园
gōngyuán

명 공원

▶ 이번 주 일요일엔 집 앞 꽁위엔(公园)에 가서 개와 놀아 줄 거야.

你和我去公园跑步吧。
Nǐ hé wǒ qù gōngyuán pǎobù ba.
너랑 나랑 공원에 가서 달리기를 하자.

和 hé ~와, ~과 | 跑步 pǎobù 달리다

4급
棒
bàng

형 (체력이나 능력이) 강하다

▶ 그는 밤을 새워도 끄떡없는 빵(棒)한 체력을 가졌어.

高老师网球打得真棒。
Gāo lǎoshī wǎngqiú dǎ de zhēn bàng.
까오 선생님은 테니스를 정말 잘 치신다.

老师 lǎoshī 선생님 | 网球 wǎngqiú 테니스 | 真 zhēn 정말, 확실히

4급
动作
dòngzuò
몡 동작, 행동

▶코치님, 제가 하는 동쭈어(动作)가 맞는지 한번 봐 주세요.

这么难的动作你竟然一学就会？
Zhème nán de dòngzuò nǐ jìngrán yì xué jiù huì?
이렇게 어려운 동작을 너는 뜻밖에도 배우자마자 바로 할 줄 아는구나?

这么 zhème 이렇게 | 难 nán 어렵다 | 竟然 jìngrán 뜻밖에도, 의외로 | 一 yī ~하자마자 ~하다 | 学 xué 배우다 | 就 jiù 바로, 곧 | 会 huì 할 줄 알다

3급
特别
tèbié
부 특히, 더욱

▶나는 수상 레저는 다 좋아해. 터비에(特别) 스노클링이 제일 좋아.

我特别喜欢打羽毛球。
Wǒ tèbié xǐhuan dǎ yǔmáoqiú.
나는 배드민턴 치는 것을 특히 좋아한다.

喜欢 xǐhuan 좋아하다 | 打 dǎ (놀이·운동을) 하다 | 羽毛球 yǔmáoqiú 배드민턴

4급
尤其
yóuqí
부 특히, 더욱이

▶수상 레저 중에서 난 여우치(尤其) 래프팅이 더 짜릿하더라.

我平时不喜欢运动，尤其是爬山。
Wǒ píngshí bù xǐhuan yùndòng, yóuqí shì páshān.
나는 평소에 운동하는 것을 좋아하지 않는데, 특히 등산을 좋아하지 않는다.

平时 píngshí 평소 | 喜欢 xǐhuan 좋아하다 | 运动 yùndòng 운동하다 | 爬山 páshān 등산하다

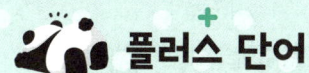 플러스 단어

고득점 합격이 목표라면 플러스단어까지 학습해 보세요.

레저

健身器材 jiànshēn qìcái 헬스 기구
跑步机 pǎobùjī 러닝머신
瘦身 shòushēn 살을 빼다
调节 tiáojié 조절하다
体型 tǐxíng 체형
健美操 jiànměicāo 에어로빅댄스
普拉提 pǔlātí 필라테스
冲浪 chōnglàng 서핑
蹦极 bèngjí 번지점프
有氧运动 yǒuyǎng yùndòng 유산소운동

哑铃 yǎlíng 아령
瑜伽 yújiā 요가
登山 dēngshān 등산하다
高尔夫球 gāo'ěrfūqiú 골프
跆拳道 táiquándào 태권도
滑雪 huáxuě 스키
滑板 huábǎn 스케이트보드
花样滑冰 huāyàng huábīng 피겨스케이팅
水上滑板 shuǐshàng huábǎn 웨이크보드
雪地滑板 xuědì huábǎn 스노우보드

 데일리 테스트

 고생하셨어요! QR코드를 스캔해 데일리 테스트를 풀어 보며 오늘 학습을 마무리해 보세요.

DAY 25

대중매체 이용하기

HSK 3급, 4급 30일 합격 프로젝트

★ HSK 시험에 이렇게 나와요.
HSK 듣기와 독해 문제에 자주 등장하는 테마 중 하나입니다. 3급 문제에는 '节目(프로그램)', '故事(이야기)', '新闻(뉴스)'이 가장 많이 나오며, 4급에는 '京剧(경극)', '广告(광고)', '表演(공연)'이 많이 출제됩니다.

节目 jiémù
명 프로그램

京剧 jīngjù
명 경극

广播 guǎngbō
동 방송하다
명 방송

看 kàn
동 보다

观众 guānzhòng
명 관중, 구경꾼, 시청자

3급

新闻
xīnwén

명 (매스컴의) 뉴스, 새 소식

▶ 어제저녁 8시 신원(新闻) 봤어?

丈夫喜欢一边吃早饭一边看新闻。
Zhàngfu xǐhuan yìbiān chī zǎofàn yìbiān kàn xīnwén.
남편은 아침을 먹으면서 뉴스 보는 것을 좋아한다.

丈夫 zhàngfu 남편 | 喜欢 xǐhuan 좋아하다 | 一边 yìbiān ~하면서 ~하다 | 吃 chī 먹다 | 早饭 zǎofàn 아침밥 | 看 kàn 보다

4급

信息
xìnxī

명 정보, 소식

▶ 신인 배우가 연기 대상을 휩쓸고 있다는 씬시(信息)를 들었어.

获取信息是我们上网的目的之一。
Huòqǔ xìnxī shì wǒmen shàngwǎng de mùdì zhī yī.
정보를 얻는 것은 우리가 인터넷을 하는 목적 중의 하나이다.

获取 huòqǔ 얻다 | 上网 shàngwǎng 인터넷을 하다 | 目的 mùdì 목적 | 之一 zhī yī ~ 중의 하나

4급

消息
xiāoxi

명 소식, 뉴스, 정보

▶ 그 시아오시(消息) 들었어? 우리 학교 축제에 유명 개그맨이 온대!

网上的这个消息让所有人都很激动。
Wǎngshàng de zhège xiāoxi ràng suǒyǒu rén dōu hěn jīdòng.
인터넷의 이 소식은 모든 사람을 다 흥분하게 만들었다.

网上 wǎngshàng 인터넷 | 让 ràng ~하게 하다 | 所有 suǒyǒu 모든, 전부의 | 都 dōu 다 | 激动 jīdòng 흥분하다

> **유의어 비교** 新闻 vs 信息 vs 消息

세 단어 모두 비슷한 뜻을 가지고 있지만, 그 쓰임은 조금씩 다르다.

新闻 텔레비전, 신문 등에서 보도해 주는 가장 최근에 발생한 소식.
예 爸爸每天都看新闻。 아빠는 매일 뉴스를 본다.

信息 자료, 잡지, 문서 등에 소개된 여러가지 지식이나 정보.
예 网上有很多招聘信息。
인터넷에 많은 채용 정보가 있다.

消息 어떤 일에 대한 상황이나 어떤 사람의 안부에 관한 기별. 비교적 간단한 내용을 나타냄.
예 我有一个好消息要告诉你。
(나는) 너에게 알려 줘야 할 좋은 소식이 하나 있어.

대중매체 이용하기

节目 jiémù
3급
명 프로그램

▶ 토요일에는 내가 가장 좋아하는 예능 지에무(节目)를 방영해!

告诉我你想看什么节目。
Gàosu wǒ nǐ xiǎng kàn shénme jiémù.
저에게 당신이 무슨 프로그램을 보고 싶은지 알려 주세요.

告诉 gàosu 알리다 | 想 xiǎng ~하고 싶다 | 看 kàn 보다 | 什么 shénme 무슨

故事 gùshi
3급
명 이야기, 줄거리

▶ 할머니가 잠자기 전에 해 주시는 옛날 꾸스(故事)가 가장 재미있어.

那个电视节目里讲的故事很有意思。
Nàge diànshì jiémù li jiǎng de gùshi hěn yǒu yìsi.
그 TV 프로그램에서 해 주는 이야기는 매우 재미있다.

电视 diànshì 텔레비전 | 里 li 안, 속 | 讲 jiǎng 이야기하다 | 有意思 yǒu yìsi 재미있다

京剧 jīngjù
4급
명 경극

▶ 화려한 의상이 인상적인 징쥐(京剧)는 중국의 전통 연극이야.

在网上能找到关于京剧的介绍。
Zài wǎngshàng néng zhǎodào guānyú jīngjù de jièshào.
인터넷에서 경극에 관한 소개를 찾을 수 있다.

在 zài ~에서 | 网上 wǎngshàng 인터넷 | 能 néng ~할 수 있다 | 找到 zhǎodào 찾다, 찾아내다 | 关于 guānyú ~에 관한 | 介绍 jièshào 소개

演出 yǎnchū
4급
명 공연
동 공연하다

▶ 너의 연기자로서 첫 이엔츄(演出)를 축하해.

刚才电视里介绍了我想看的演出。
Gāngcái diànshì li jièshàole wǒ xiǎng kàn de yǎnchū.
방금 TV에서 내가 보고 싶은 공연을 소개했다.

电视上说他们下周还要演出一场。
Diànshì shang shuō tāmen xià zhōu hái yào yǎnchū yì chǎng.
텔레비전에서 그들은 다음 주에 한 차례 더 공연할 것이라고 말했다.

刚才 gāngcái 방금, 지금 막 | 介绍 jièshào 소개하다 | 想 xiǎng ~하고 싶다 | 说 shuō 말하다 | 下周 xià zhōu 다음 주 | 场 chǎng 차례, 회

유의 表演 biǎoyǎn 공연(하다), 연기(하다)

4급

表演
biǎoyǎn

- 동 공연하다, 연기하다
- 명 공연, 연기

▶ 저 여배우는 악역을 전문으로 비아오이엔(表演)하는 배우야.

我在电视上看见她表演弹钢琴了。
Wǒ zài diànshì shang kànjiàn tā biǎoyǎn tán gāngqín le.
나는 TV에서 그녀가 피아노 치며 공연하는 것을 보았다.

小王在这个节目里的表演非常精彩。
Xiǎo Wáng zài zhège jiémù li de biǎoyǎn fēicháng jīngcǎi.
샤오왕은 이 프로그램에서의 연기가 매우 훌륭했다.

在 zài ~에서 | 电视 diànshì 텔레비전 | 上 shang ~ 위에, ~에서 | 看见 kànjiàn 보다 | 弹钢琴 tán gāngqín 피아노 치다 | 节目 jiémù 프로그램 | 里 li 안, 속 | 非常 fēicháng 매우, 아주 | 精彩 jīngcǎi 훌륭하다

유의 演出 yǎnchū 공연(하다)

4급

著名
zhùmíng

- 형 유명하다, 저명하다

▶ 그는 아주 쮸밍(著名)한 드라마 작가야.

我在报纸上看见那位著名作家的照片了。
Wǒ zài bàozhǐ shang kànjiàn nà wèi zhùmíng zuòjiā de zhàopiàn le.
나는 신문에서 그 유명한 작가의 사진을 보았다.

报纸 bàozhǐ 신문 | 位 wèi 분, 명(공경의 뜻을 내포함) | 作家 zuòjiā 작가 | 照片 zhàopiàn 사진

유의 有名 yǒumíng 유명하다, 명성이 높다

> **유의어 비교** 著名 vs 有名
>
> 모두 형용사로서 술어로 쓰일 수 있으며, 정도부사의 수식을 받을 수 있다.
>
> | 著名 | 이름이 두드러지고 현저함을 나타내고, 의미가 有名보다 더 강하다. 관형어로 쓰일 경우, 的는 생략 가능하다.
>
> 예 **他是著名(的)京剧演员。** 그는 유명한 경극 배우이다.
>
> | 有名 | 이름이 나 있음을 강조함. 관형어로 쓰일 경우, 일반적으로 的와 함께 써야 한다.
>
> 예 **我想成为一个有名的律师。**
> 나는 유명한 변호사가 되고 싶다.

4급
举办
jǔbàn

동 개최하다, 거행하다, 열다

▶ 이는 방송국 주최로 쥐빤(举办)하는 행사입니다.

我从杂志上看到了韩国举办奥运会时的消息。
Wǒ cóng zázhì shang kàndàole Hánguó jǔbàn Àoyùnhuì shí de xiāoxi.
나는 잡지에서 한국이 올림픽을 개최할 때의 소식을 보았다.

从 cóng ~에서 | 杂志 zázhì 잡지 | 看到 kàndào 보다 | 韩国 Hánguó 한국 | 奥运会 Àoyùnhuì 올림픽 | 消息 xiāoxi 소식

유의 举行 jǔxíng 개최하다, 거행하다

4급
举行
jǔxíng

동 개최하다, 거행하다

▶ 올해의 연기 대상 발표는 오늘 밤 쥐씽(举行)됩니다.

那个演员要举行记者见面会。
Nàge yǎnyuán yào jǔxíng jìzhě jiànmiànhuì.
그 배우는 기자 간담회를 개최하려고 한다.

演员 yǎnyuán 배우, 연기자 | 要 yào ~하려고 하다 | 记者 jìzhě 기자 | 见面会 jiànmiànhuì 간담회

유의 举办 jǔbàn 개최하다, 거행하다, 열다

유의어 비교 举办 vs 举行

举办 주체자가 선두에 서서 행사를 시작하거나 관리함을 강조한다.
예 **举办奥运会** 올림픽을 개최하다
　　举办世界杯 월드컵을 개최하다
　　这场运动会是由学校举办的。
　　이번 운동회는 학교에서 개최한 것이다.

举行 행사 진행에 초점을 두며, 언제 어디서 개최되는지 강조한다.
예 **举行比赛/会议** 시합/회의를 개최하다
　　明天的会议将在二楼会议室举行。
　　내일 회의는 2층 회의실에서 거행될 것이다.

2급
笑
xiào

동 웃다, 웃음을 짓다

▶ 그 여배우는 씨아오(笑)하는 모습만으로 일약 스타덤에 올랐어.

他看了报纸后笑了。
Tā kànle bàozhǐ hòu xiào le.
그는 신문을 본 후에 웃었다.

看 kàn 보다 | 报纸 bàozhǐ 신문 | 后 hòu 후, 뒤

1급

看
kàn

동 보다

▶ 너무 가까이서 텔레비전을 칸(看)하면 시력이 나빠져.

那个电影你看了吗? 너 그 영화 봤어?
Nàge diànyǐng nǐ kànle ma?

那个 nàge 그, 저, 그것, 저것 | 电影 diànyǐng 영화

유의어 비교 看 vs 看见 vs 看到

看	'보다'의 의미로 뒤에 볼 수 있는 내용이 온다.(동작 강조)
	예 看电影 영화를 보다 / 看电视 텔레비전을 보다
看见	'(눈으로) 보다'의 의미로, 결과보어 见과 함께 쓰여서 느낀 감각을 좀 더 강하게 표현할 수 있다.(결과 강조)
	예 你看见我的钱包了吗? 너 내 지갑 봤니?
	没看见 못 봤다
看到	'(의지로) 보다'의 의미로 결과보어 到와 함께 쓰여서 '보는' 행위를 '이루어 내는' 목적 달성의 의미를 가지고 있다. 看见보다는 보고자 하는 의지를 좀 더 강하게 표현할 수 있다.(의지 강조)
	예 看到他 그를 보았다
	这本书我看到第二十页了。
	이 책을 나는 20페이지까지 봤다.

4급

广播
guǎngbō

동 방송하다
명 방송

▶ 내 여동생이 지금 8시 뉴스를 광뽀(广播)하고 있어.

我要找人，能帮我广播一下吗?
Wǒ yào zhǎo rén, néng bāng wǒ guǎngbō yíxià ma?

저는 사람을 찾으려고 해요. 저를 도와 방송을 좀 해 주실 수 있나요?

广播里说话的这个人是谁?
Guǎngbō li shuōhuà de zhège rén shì shéi?

방송에서 말을 하는 이 사람은 누구입니까?

要 yào ~하려고 하다 | 找 zhǎo 찾다 | 能 néng ~할 수 있다 | 帮 bāng 돕다 | 一下 yíxià 동사 뒤에 쓰여 '좀 ~하다'의 뜻을 나타냄 | 里 li 안, 속 | 说话 shuōhuà 말하다 | 谁 shéi 누구

4급

观众
guānzhòng

명 관중, 구경꾼, 시청자

▶ 오늘 공연을 보러 오신 관중(观众) 여러분 환영합니다.

今天的观众非常热情。
Jīntiān de guānzhòng fēicháng rèqíng.
오늘의 관중은 매우 열정적이다.

今天 jīntiān 오늘 | 非常 fēicháng 매우, 아주 | 热情 rèqíng 열정적이다

출제 포인트 듣기 영역 빈출 키워드 观众

듣기 부분에서는 말하는 사람의 신분을 물어보는 문제로 观众과 관련된 두 문장이 출제된다. '观众朋友们，大家好！'는 말하는 사람이 텔레비전 프로그램의 사회자이고, '听众朋友们，早上好！'는 말하는 사람이 라디오 프로그램의 사회자임을 구별할 수 있어야 한다.

4급

笑话
xiàohua

명 농담, 우스갯소리

▶ 너무 진지하게 받아들이지 마. 그냥 씨아오화(笑话)였어.

我觉得报纸上的这个笑话特别有意思。
Wǒ juéde bàozhǐ shang de zhège xiàohua tèbié yǒu yìsi.
나는 신문의 이 농담이 특히 재미있다고 생각한다.

觉得 juéde ~라고 생각하다 | 报纸 bàozhǐ 신문 | 特别 tèbié 특히 | 有意思 yǒu yìsi 재미있다

4급

广告
guǎnggào

명 광고, 선전

▶ 드라마가 방영되기 전 TV 광까오(广告)가 길면 짜증 나.

这个巧克力的广告太浪漫了！
Zhège qiǎokèlì de guǎnggào tài làngmàn le!
이 초콜릿 광고는 너무 낭만적이야!

巧克力 qiǎokèlì 초콜릿 | 浪漫 làngmàn 낭만적이다

4급

艺术
yìshù

명 예술

▶ 나는 비록 가난하지만, 좋아하는 이슈(艺术)를 할 수 있어서 행복해.

报纸上有那个艺术节的广告。
Bàozhǐ shang yǒu nàge yìshùjié de guǎnggào.
신문에 그 예술제의 광고가 있다.

报纸 bàozhǐ 신문 | 上 shang ~ 위에 | 艺术节 yìshùjié 예술제

4급
当时 dāngshí
명 당시, 그때

▶ 저 중년 배우는 땅스(当时) 가장 인기 있던 드라마의 주인공이었어.

这个节目当时非常流行。
Zhège jiémù dāngshí fēicháng liúxíng.
이 프로그램은 당시 매우 유행했다.

非常 fēicháng 매우, 대단히 | 流行 liúxíng 유행하다

4급
丰富 fēngfù
형 풍부하다, 많다

▶ 밥에서 콩을 골라내지 마. 콩에는 영양이 아주 펑푸(丰富)하니까.

网上的信息特别丰富。
Wǎngshang de xìnxī tèbié fēngfù.
인터넷의 정보는 특히 풍부하다.

网上 wǎngshang 인터넷 | 信息 xìnxī 정보 | 特别 tèbié 특히

4급
千万 qiānwàn
부 절대로, 제발, 부디

▶ 텔레비전을 오래 보면 시력이 나빠져. 치엔완(千万) 그만 보렴.

千万别再上网玩儿游戏了。
Qiānwàn bié zài shàngwǎng wánr yóuxì le.
절대로 다시는 인터넷으로 게임을 하지 마라.

别 bié ~하지 마라 | 再 zài 다시 | 上网 shàngwǎng 인터넷을 하다 | 玩(儿) wán(r) 하다, 놀다 | 游戏 yóuxì 게임

3급
最后 zuìhòu
형 맨 마지막의, 최후의

▶ 어쩔 수 없이 쭈이호우(最后)의 수단을 써야겠군.

今天是这个节目最后一次广播。
Jīntiān shì zhège jiémù zuìhòu yí cì guǎngbō.
오늘은 이 프로그램의 마지막 방송이다.

今天 jīntiān 오늘 | 节目 jiémù 프로그램 | 次 cì 번, 차례 | 广播 guǎngbō 방송

4급
接着 jiēzhe
부 이어서, 연이어, 잇따라

▶ 드라마 두 편이 지에져(接着) 방영되었다.

我想接着看刚才的那本书。
Wǒ xiǎng jiēzhe kàn gāngcái de nà běn shū.
나는 방금 그 책을 이어서 읽고 싶다.

想 xiǎng ~하고 싶다 | 看 kàn 보다 | 本 běn 권 | 书 shū 책

대중매체 이용하기

4급

普遍
pǔbiàn

형 보편적이다,
일반적이다

▶ 이게 대학생들 사이에 푸비엔(普遍)하게 읽히는 잡지야.

人们普遍认为多听广播对了解社会有帮助。
Rénmen pǔbiàn rènwéi duō tīng guǎngbō duì liǎojiě shèhuì yǒu bāngzhù.

사람들은 보편적으로 방송을 많이 들으면 사회를 이해하는 데 도움이 된다고 생각한다.

人们 rénmen 사람들 | **认为** rènwéi 생각하다 | **多** duō 많이 ~하다 | **听** tīng 듣다 | **对** duì ~에 대해 | **了解** liǎojiě 이해하다 | **社会** shèhuì 사회 | **帮助** bāngzhù 도움

4급

实在
shízai **형** 성실하다,
착실하다
shízài **부** 정말, 확실히,
참으로

▶ 이 신문은 스짜이(实在) 기자들의 노고가 엿보여.

那个主持人很实在,很多人都很喜欢他。
Nàge zhǔchírén hěn shízai, hěn duō rén dōu hěn xǐhuan tā.

그 사회자는 매우 성실해서, 많은 사람들이 모두 그를 매우 좋아한다.

这个节目实在是太有意思了。
Zhège jiémù shízài shì tài yǒu yìsi le.

이 프로그램은 정말 너무 재미있다.

主持人 zhǔchírén 사회자 | **都** dōu 모두, 다 | **喜欢** xǐhuan 좋아하다 | **节目** jiémù 프로그램 | **有意思** yǒu yìsi 재미있다

> **출제 포인트** 독해 영역 빈출 단어 **实在**
>
> 实在는 '정말, 확실히'라는 부사 뜻과 '성실하다'라는 형용사 뜻으로 쓰인다. 어떤 상황이 아주 깊은 정도에 다다름을 나타내는 부사 용법으로, 주로 독해 문제에 출제된다.
>
> 예 **这个地方的风景实在太美了。**
> 이 지역의 풍경은 정말 너무 아름답다.
>
> **他是一个很实在的人。** 그는 매우 성실한 사람이다.

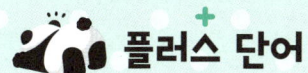 **플러스 단어**

음원 듣기

고득점 합격이 목표라면 플러스단어까지 학습해 보세요.

대중매체

记录片 jìlùpiàn 다큐멘터리
传播 chuánbō 전파하다
直播 zhíbō 생중계하다
转播 zhuǎnbō 중계방송하다
重播 chóngbō 재방송하다
播放 bōfàng 방송하다
收听 shōutīng (라디오를) 청취하다, 듣다
收看 shōukàn (텔레비전을) 시청하다
视听 shìtīng 시청

点播 diǎnbō (사연을 보내 노래·만담 따위를) 신청하다, 선곡하다
电视剧 diànshìjù 텔레비전 드라마
电视台 diànshìtái 텔레비전 방송국
媒体 méitǐ 대중매체
热播 rèbō 앞다투어 보도하다
竞猜节目 jìngcāi jiémù 퀴즈 프로그램
动漫 dòngmàn 애니메이션
代言人 dàiyánrén 대변인
时尚杂志 shíshàng zázhì 유행 잡지
期刊 qīkān 정기간행물
书籍 shūjí 서적

 **데일리 테스트**

고생하셨어요! QR코드를 스캔해 데일리 테스트를 풀어 보며 오늘 학습을 마무리해 보세요.

문제 풀기

🔍 **단어 FAQ**

유의어 비교하기
受到 vs 收到

> '收到鼓励'는 틀린 표현이라고 하는데, 정말이야?

틀린 표현이에요. 일반적으로 '收到鼓励'는 쓰지 않아요. '受到鼓励'라고 써야 정확한 표현이에요.

> '受到'와 '收到'는 무슨 차이가 있는 거야?

한국어로 해석할 때는 둘 다 '받다'라고 해석하지만 용법상 차이가 있어요. 목적어로 올 수 있는 어휘에 차이가 있지요. '受到' 뒤에는 비판·칭찬 등을 나타내는 2음절 추상명사가 목적어로 오지만, '收到'는 구체적인 사물이 목적어로 와요.

> 좀 더 자세히 설명해 줘.

칭찬·비난·관심·영향·교육 등 비물질적 개념을 받을 때는 '受到'를 쓰고, 편지·택배·메시지·선물 등 실제 물건을 받을 때는 '收到'를 쓰면 돼요.

HSK 1~4급 시험 대비용으로 정리해 줘.

물론이죠.
간단히 표로 정리하면,

	受到 shòudào	收到 shōudào
기본 뜻	~을 받다	받다, 얻다, 수령하다
포함 범위	受到+추상명사	收到+구체적인 명사
	受到批评 비평을 받다	收到邮件 우편물을 받다

HSK 4급 빈출 문장으로 예시를 들자면,

他受到了大家的欢迎。 그는 모두에게 환영받았다.
Tā shòudàole dàjiā de huānyíng.

我收到了一封信。 나는 편지 한 통을 받았다.
Wǒ shōudàole yì fēng xìn.

DAY

26

시사 논하기

HSK 3급, 4급 30일 합격 프로젝트

★ HSK 시험에 이렇게 나와요.

독해 지문에 많이 등장하는 테마입니다. 내용이 쉽지 않으므로 관련 어휘를 미리 잘 익혀 두는 것이 중요합니다. 급수가 높아질수록 발전하는 과학기술에 관한 내용이 자주 출제됩니다.

음원 듣기

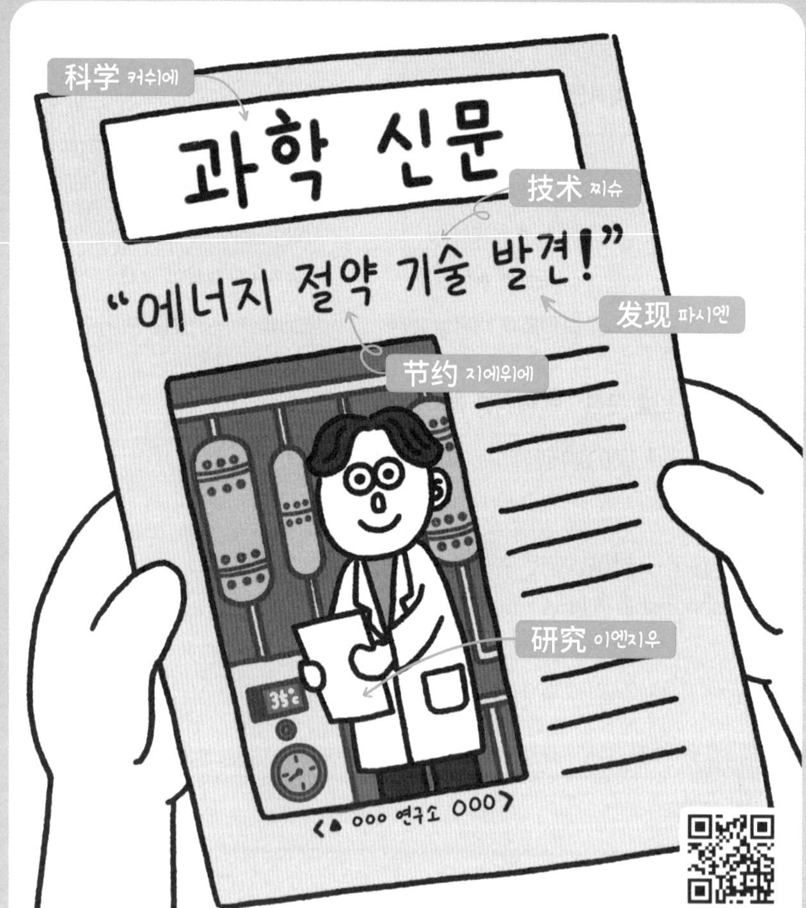

科学 커쉬에
과학 신문
技术 찌슈
"에너지 절약 기술 발견!"
发现 파시엔
节约 지에위에
研究 이엔지우
35℃
<▲ ooo 연구소 ooo>

암기 영상

科学	节约	技术	发现	研究
kēxué	jiéyuē	jìshù	fāxiàn	yánjiū
명 과학	동 절약하다, 아끼다	명 기술	동 발견하다 명 발견	명 연구 동 연구하다

4급

研究
yánjiū

- 명 연구
- 동 연구하다, 탐구하다

▶ 유전자에 대한 이엔지우(研究)가 계속되고 있다.

研究发现，吃小吃有助于集中注意力。
Yánjiū fāxiàn, chī xiǎochī yǒu zhù yú jízhōng zhùyìlì.
연구에서 간식을 먹는 것이 주의력을 집중하는 데 도움이 된다는 걸 발견했다.

这个问题需要再仔细地**研究**一下。
Zhège wèntí xūyào zài zǐxì de yánjiū yíxià.
이 문제는 좀 더 세심하게 연구해야 할 필요가 있다.

发现 fāxiàn 발견하다 | 吃 chī 먹다 | 小吃 xiǎochī 간식 | 有助于 yǒu zhù yú ~에 도움이 되다 | 集中 jízhōng 집중하다 | 注意力 zhùyìlì 주의력 | 问题 wèntí 문제 | 需要 xūyào 필요하다 | 再 zài 더 | 仔细 zǐxì 세심하다

4급

科学
kēxué

- 명 과학

▶ 이과생들은 커쉬에(科学)를, 문과생들은 사회를 공부한다.

科学技术的发展拉近了国家间的距离。
Kēxué jìshù de fāzhǎn lājìnle guójiā jiān de jùlí.
과학기술의 발전은 국가 간의 거리를 가깝게 만들었다.

技术 jìshù 기술 | 发展 fāzhǎn 발전(하다) | 拉近 lājìn 가까이 끌어당기다 | 国家 guójiā 국가 | 间 jiān 사이 | 距离 jùlí 거리

4급

法律
fǎlǜ

- 명 법률

▶ 그는 로스쿨을 졸업했는데도 파뤼(法律)를 잘 모른다.

每个人都应该了解一些基础的**法律**知识。
Měi ge rén dōu yīnggāi liǎojiě yìxiē jīchǔ de fǎlǜ zhīshi.
모든 사람은 다 약간의 기초적인 법률 지식을 알아야 한다.

每 měi 모두, 매 | 都 dōu 다, 모두 | 应该 yīnggāi (마땅히) ~해야 한다 | 了解 liǎojiě 자세하게 알다 | 一些 yìxiē 약간 | 基础 jīchǔ 기초 | 知识 zhīshi 지식

> **출제 포인트** 듣기 영역 빈출 단어 **法律**
>
> 法律는 듣기 영역 문제에 종종 등장하는 단어로, 관련된 직업을 묻는다면 정답이 '律师(변호사)'가 될 확률이 높다. 관련 어휘들을 연결시켜 외우면 시험에 도움이 많이 되므로 테마별로 외워 두자!

社会 shèhuì
4급
명 사회

▶ 그는 셔후이(社会)에서 아주 존경받는 사람이다.

这件事与社会问题有关。
Zhè jiàn shì yǔ shèhuì wèntí yǒuguān.
이 일은 사회 문제와 관련이 있다.

件 jiàn 건, 벌(일·옷을 세는 양사) | 事 shì 일 | 与 yǔ ~와, ~과 | 问题 wèntí 문제 | 有关 yǒuguān 관련이 있다

影响 yǐngxiǎng
3급
명 영향
동 영향을 주다(끼치다)

▶ 미국의 경제가 한국 경제에 미치는 잉씨앙(影响)은 어떠한가?

这件事对我国经济影响很大。
Zhè jiàn shì duì wǒ guó jīngjì yǐngxiǎng hěn dà.
이 일은 우리 나라의 경제에 대한 영향이 매우 크다.

空气污染影响了人的健康。
Kōngqì wūrǎn yǐngxiǎngle rén de jiànkāng.
공기 오염은 사람의 건강에 영향을 주었다.

对 duì ~에 대해 | 我国 wǒ guó 우리 나라 | 经济 jīngjì 경제 | 大 dà 크다 | 空气 kōngqì 공기 | 污染 wūrǎn 오염 | 健康 jiànkāng 건강

随着 suízhe
4급
개 ~에 따라

▶ 과학 발전에 쑤이져(随着)서 사람들의 삶의 질도 함께 향상돼.

随着社会的发展，人们越来越重视环境污染问题。
Suízhe shèhuì de fāzhǎn, rénmen yuèláiyuè zhòngshì huánjìng wūrǎn wèntí.
사회의 발전에 따라, 사람들은 갈수록 환경 오염 문제를 중시하고 있다.

社会 shèhuì 사회 | 发展 fāzhǎn 발전(하다) | 人们 rénmen 사람들 | 越来越 yuèláiyuè 갈수록, 점점 | 重视 zhòngshì 중시하다 | 环境 huánjìng 환경 | 污染 wūrǎn 오염 | 问题 wèntí 문제

출제 포인트 독해 영역 빈출 단어 随着

随着는 4급 독해 문제에 자주 나오며, [随着+변화/발전/개선, 결과] 패턴으로 주로 쓰인다.

예 **随着经济的发展，人们的生活越来越好了。**
경제의 발전에 따라, 사람들의 생활이 점점 좋아졌다.

4급

技术
jìshù
명 기술

▶ 과학이 발전하면서 많은 찌슈(技术)도 함께 발전했다.

科学技术的发展改变了我们的生活。
Kēxué jìshù de fāzhǎn gǎibiànle wǒmen de shēnghuó.
과학기술의 발전은 우리의 생활을 바꾸었다.

科学 kēxué 과학 | 发展 fāzhǎn 발전(하다) | 改变 gǎibiàn 바꾸다

3급

发现
fāxiàn
동 발견하다, 알아차리다
명 발견

▶ 연구 중에는 작은 실수라도 빨리 파시엔(发现)하는 것이 좋아.

我发现留学的人越来越多。
Wǒ fāxiàn liúxué de rén yuèláiyuè duō.
나는 유학하는 사람이 갈수록 많아지고 있음을 발견했다.

这种植物的发现对科学研究很有价值。
Zhè zhǒng zhíwù de fāxiàn duì kēxué yánjiū hěn yǒu jiàzhí.
이런 식물의 발견은 과학 연구에 (대해) 매우 가치가 있다.

留学 liúxué 유학하다 | 种 zhǒng 종, 종류 | 植物 zhíwù 식물 | 对 duì ~에 대해 | 科学 kēxué 과학 | 研究 yánjiū 연구 | 价值 jiàzhí 가치

4급

发展
fāzhǎn
명 발전
동 발전하다

▶ 생물학의 파쟌(发展)이 불러올 미래가 기대된다.

人们对经济发展越来越关心。
Rénmen duì jīngjì fāzhǎn yuèláiyuè guānxīn.
사람들은 경제 발전에 대해 점점 관심을 갖는다.

那个城市发展得很快。
Nàge chéngshì fāzhǎn de hěn kuài.
그 도시는 발전하는 게 매우 빠르다.

人们 rénmen 사람들 | 经济 jīngjì 경제 | 越来越 yuèláiyuè 점점, 더욱더 | 关心 guānxīn 관심을 갖다 | 城市 chéngshì 도시

4급

遍
biàn
양 번, 차례, 회(한 동작의 처음부터 끝까지 전 과정을 가리킴)

▶ 남북 정상회담은 지금까지 다섯 삐엔(遍) 열렸다.

她又说了一遍上次发生的社会问题。
Tā yòu shuōle yí biàn shàngcì fāshēng de shèhuì wèntí.
그녀는 지난번에 발생한 사회 문제를 또 다시 한 차례 언급했다.

又 yòu 또 | 说 shuō 말하다 | 上次 shàngcì 지난번 | 发生 fāshēng 발생하다 | 社会 shèhuì 사회

4급

调查
diàochá

명 조사
동 (현장에서) 조사하다

▶ 지금 시장 수요에 대한 띠아오챠(调查)가 진행 중이야.

问卷调查的结果是，科技的发展离不开经济的发展。
Wènjuàn diàochá de jiéguǒ shì, kējì de fāzhǎn lí bu kāi jīngjì de fāzhǎn.
설문조사의 결과는, 과학기술의 발전은 경제의 발전과 떨어질 수 없다는 것이다.

警察正在调查路上堵车的原因。
Jǐngchá zhèngzài diàochá lùshang dǔchē de yuányīn.
경찰이 도로에 차가 막히는 원인을 조사하고 있다.

结果 jiéguǒ 결과 | 科技 kējì 과학기술 | 发展 fāzhǎn 발전(하다) | 离不开 lí bu kāi 떨어질 수 없다 | 警察 jǐngchá 경찰 | 正在 zhèngzài ~하고 있다 | 路上 lùshang 길 위 | 堵车 dǔchē 교통이 꽉 막히다 | 原因 yuányīn 원인

출제 포인트 독해 영역 빈출 단어 调查

调查는 독해 문제에 자주 나오는 어휘 중 하나로, 동사나 명사로 쓰인다.
(동사 용법) 调查意见 의견을 조사하다 / 调查情况 상황을 조사하다
(명사 용법) 进行调查 조사를 진행하다 / 问卷调查 설문 조사

4급

按照
ànzhào

개 ~에 따라

▶ 국무총리의 발언에 안짜오(照)해서 일을 진행하겠습니다.

我们必须按照法律规定做事。
Wǒmen bìxū ànzhào fǎlǜ guīdìng zuòshì.
우리는 반드시 법률 규정에 따라 일을 해야 한다.

必须 bìxū (반드시) ~해야 한다 | 法律 fǎlǜ 법률 | 规定 guīdìng 규정 | 做事 zuòshì 일을 하다

유의어 비교 按照 vs 根据

按照 '~에 따라서'라는 뜻으로, 기준이나 원칙을 제시할 때 쓰인다. 뒤에 규정, 요구, 계획, 순서 등의 목적어가 온다.

예 **按照计划** 계획에 따라 / **按照规** 규정에 따라 / **按照标** 기준에 따라

根据 '~에 의거하여'라는 뜻으로 어떤 사물이나 동작을 근거로 삼을 때 쓰이며, 뒤에 상황, 경험, 조건 등의 목적어가 온다.

예 **根据情况** 상황에 의거하여

[4급]

浪费
làngfèi

동 낭비하다, 허비하다

▶ 연구라는 명목하에 많은 자원이 랑페이(浪费)되고 있다.

最近浪费水的现象很严重。
Zuìjìn làngfèi shuǐ de xiànxiàng hěn yánzhòng.
최근 물을 낭비하는 현상이 매우 심각하다.

最近 zuìjìn 최근 | 水 shuǐ 물 | 现象 xiànxiàng 현상 | 很 hěn 매우, 아주 | 严重 yánzhòng 심각하다

[반의] 节约 jiéyuē 절약하다, 아끼다

[4급]

节约
jiéyuē

동 절약하다, 아끼다

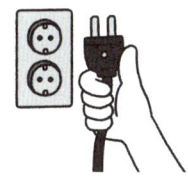

▶ 항상 지에위에(节约)하는 습관을 길러서 경제를 이롭게 하자.

随着社会的发展，人们认识到了节约时间的重要性。
Suízhe shèhuì de fāzhǎn, rénmen rènshi dàole jiéyuē shíjiān de zhòngyàoxìng.
사회의 발전에 따라, 사람들은 시간을 절약하는 것의 중요성을 인식하게 되었다.

随着 suízhe ~에 따라 | 社会 shèhuì 사회 | 发展 fāzhǎn 발전(하다) | 人们 rénmen 사람들 | 认识 rènshi 인식하다, 알다 | 到 dào 동사 뒤에 보어로 쓰여 동작이 목적에 도달했거나 결과가 있음을 나타냄 | 时间 shíjiān 시간 | 重要性 zhòngyàoxìng 중요성

[반의] 浪费 làngfèi 낭비하다, 허비하다

[4급]

禁止
jìnzhǐ

동 금지하다, 불허하다

▶ 요즘 대부분의 건물에서는 실내 흡연을 진즈(禁止)하고 있다.

有些国家的法律规定开车时禁止使用手机。
Yǒuxiē guójiā de fǎlǜ guīdìng kāichē shí jìnzhǐ shǐyòng shǒujī.
어떤 국가의 법률은 운전 시 휴대폰 사용을 금지하도록 규정하고 있다.

有些 yǒuxiē 어떤 | 国家 guójiā 국가 | 法律 fǎlǜ 법률 | 规定 guīdìng 규정하다 | 开车 kāichē 운전하다 | 时 shí ~할 때 | 使用 shǐyòng 사용하다 | 手机 shǒujī 휴대폰

출제 포인트 작문 빈출 제시어 禁止

4급 쓰기 영역 2부분 작문 문제에 자주 출제되는 禁止는 주로 금지와 관계된 사진과 함께 나온다.

예 **禁止抽烟** 흡연 금지 / **禁止使用手机** 휴대폰 사용 금지
　　禁止拍照 사진 촬영 금지

시사 논하기　295

3급

明白
míngbai

동 알다, 이해하다

▶ 아, 이제야 실험 과정을 밍바이(明白)했어.

我明白了怎么做才能让城市有大的变化。
Wǒ míngbaile zěnme zuò cái néng ràng chéngshì yǒu dà de biànhuà.

나는 어떻게 해야 비로소 도시를 크게 변화시킬 수 있는지를 알게 됐다.

怎么 zěnme 어떻게 | 做 zuò 하다 | 才 cái 비로소 | 能 néng ~할 수 있다 | 让 ràng ~하게 하다 | 大 dà 크다 | 变化 biànhuà 변화

유의어 비교 明白 vs 知道

明白와 知道는 모두 '알다'라는 뜻이지만 쓰이는 용법이 다르다.

明白 | 뜻이나 내용을 이해할 때 주로 쓰인다.
예 我明白你的意思。난 너의 생각을 알아.

知道 | 사건이나 사실을 안다고 할 때 주로 쓰인다.
예 我知道你的书在哪儿。난 너의 책이 어디 있는지 알아.

3급

办法
bànfǎ

명 방법, 수단, 방식

▶ 경제를 되살리기 위한 빤파(办法)에는 뭐가 있을까?

有什么办法可以解决这个社会问题呢?
Yǒu shénme bànfǎ kěyǐ jiějué zhège shèhuì wèntí ne?

어떤 방법이 이 사회 문제를 해결할 수 있습니까?

可以 kěyǐ ~할 수 있다 | 解决 jiějué 해결하다 | 社会 shèhuì 사회

유의 方法 fāngfǎ 방법, 수단

유의어 비교 方法 vs 办法

두 단어는 경우에 따라 바꿔 쓸 수 있을 때도 있고, 바꿔 쓸 수 없을 때도 있다. 方法는 '(이론과 책략에 근거해서 어떤 일을 하는) 방식'을 나타내는 말로, 学习方法(공부 방법), 解决问题的方法(문제를 해결하는 방법)으로 주로 쓰인다. 办法는 '(생각을 거쳐서 어떠한 일을 처리하고 해결하는) 방법'을 나타내는 말로, 想办法(방법을 생각하다), 找办法(방법을 찾다) 등으로 쓰인다. 단, 学习办法(x)라고 쓸 수는 없다.

3급

清楚
qīngchu

형 분명하다, 명백하다

▶ 뉴스를 보니 지금 일어나는 경제 침체의 원인이 칭추(清楚)해졌어.

他清楚地知道那个城市有什么问题。
Tā qīngchu de zhīdào nàge chéngshì yǒu shénme wèntí.

그는 그 도시에 어떤 문제가 있는지 분명하게 알고 있다.

知道 zhīdào 알다 | 城市 chéngshì 도시 | 问题 wèntí 문제

3급
回答
huídá
- 동 대답하다, 응답하다
- 명 대답, 응답

▶ 대통령이 질문에 후이다(回答)하고 있다.

请你回答一下你的城市最近发展的情况。
Qǐng nǐ huídá yíxià nǐ de chéngshì zuìjìn fāzhǎn de qíngkuàng. 당신은 도시의 최근 발전 상황에 대해 대답해 주세요.

对于这个问题他的回答不正确。
Duìyú zhège wèntí tā de huídá bú zhèngquè.
이 문제에 대한 그의 대답은 정확하지 않다.

请 qǐng (상대가 어떤 일을 하기 바라는 의미로) ~하세요 | 一下 yíxià 동사 뒤에 쓰여 '좀 ~하다'의 뜻을 나타냄 | 最近 zuìjìn 최근 | 情况 qíngkuàng 상황 | 对于 duìyú ~에 대해 | 正确 zhèngquè 정확하다

3급
变化
biànhuà
- 명 변화
- 동 변화하다

▶ 집권당이 바뀌면 정치 역시 삐엔화(变化)한다.

近年城市的变化很大。 최근 몇 년 도시의 변화가 크다.
Jìnnián chéngshì de biànhuà hěn dà.

世界每天都在不断地变化着。
Shìjiè měitiān dōu zài búduàn de biànhuàzhe.
세계는 매일 끊임없이 변화하고 있다.

近年 jìnnián 최근 몇 년 | 城市 chéngshì 도시 | 世界 shìjiè 세계 | 每天 měitiān 매일 | 不断 búduàn 끊임없이, 계속해서

4급
既然
jìrán
- 접 ~인 이상, ~된 바에야

▶ 국회의원이 된 찌란(既然), 올바른 정치를 해 주세요.

既然你改变不了社会，那就努力去适应它吧。
Jìrán nǐ gǎibiàn bu liǎo shèhuì, nà jiù nǔlì qù shìyìng tā ba.
당신이 사회를 바꾸지 못하는 이상, 열심히 그것에 적응하세요.

改变 gǎibiàn 바꾸다 | 不了 bu liǎo ~할 수가 없다 | 社会 shèhuì 사회 | 努力 nǔlì 열심히 하다 | 去 qù ~해 보다(동사 앞에 쓰여 어떤 일을 하겠다는 의지를 나타냄) | 适应 shìyìng 적응하다

출제 포인트
既然+사실 설명, (那)就+사실에 근거한 주관적인 판단

既然A, (那)就+B 구문은 '이미 이렇게 A된 바에야 B하다'라는 뜻을 나타낸다. 듣기 문제에 자주 출제되는 구문이니 숙지해 두자!

예 **既然来了，就一起吃饭吧。** 기왕 왔으니, 함께 밥 먹자.

4급

说明
shuōmíng

동 설명하다, 해설하다

▶ 선생님, 비가 내리는 과정을 슈어밍(说明)해 주세요.

请详细地说明一下最近发生的社会问题。
Qǐng xiángxì de shuōmíng yíxià zuìjìn fāshēng de shèhuì wèntí.

최근 발생한 사회 문제를 상세하게 설명 좀 해 보세요.

请 qǐng (상대가 어떤 일을 하기 바라는 의미로) ~하세요 | 详细 xiángxì 상세하다 | 一下 yíxià 동사 뒤에 쓰여 '좀 ~하다'의 뜻을 나타냄 | 最近 zuìjìn 최근, 요즘 | 发生 fāshēng 발생하다 | 社会 shèhuì 사회 | 问题 wèntí 문제

유의어 비교 说明 vs 解释

두 단어 모두 '설명하다'라는 뜻을 가지고 있지만, 느낌은 조금 다르다. 따라서 두 단어를 바꿔 쓸 수 있는 곳도 있고, 바꿔 쓸 수 없는 곳도 있다.

| 说明 | 도리, 상황, 원인, 문제, 사용 방법 등을 분명하게 말하며, '~을 설명하다'라는 의미로 많이 쓰인다. |

예 请说明一下你的情况。
당신의 상황을 좀 설명해 주세요.

| 解释 | 어떤 방면의 전문적인 문제를 설명하거나, 잘못된 원인 혹은 상황을 변명할 때 많이 쓰인다. |

예 他向老师解释了迟到的原因。
그는 선생님께 지각한 원인에 대해 변명했다.

4급

留
liú

동 남기다

▶ 그 나라는 이번 월드컵 때 아주 좋은 인상을 리우(留)했어.

这个国家发展的速度之快给全世界的人们留下了很深的印象。
Zhège guójiā fāzhǎn de sùdù zhī kuài gěi quán shìjiè de rénmen liúxiàle hěn shēn de yìnxiàng.

이 국가의 빠른 발전 속도는 전 세계 사람들에게 매우 깊은 인상을 남겼다.

速度 sùdù 속도 | 给 gěi ~에게 | 全世界 quán shìjiè 전 세계 | 人们 rénmen 사람들 | 深 shēn 깊다 | 印象 yìnxiàng 인상

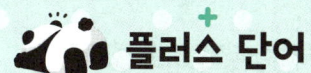 플러스 단어

고득점 합격이 목표라면 플러스단어까지 학습해 보세요.

시사

时事 shíshì 시사
政治 zhèngzhì 정치
改革 gǎigé 개혁
经济危机 jīngjì wēijī 경제 위기
政府 zhèngfǔ 정부
投资 tóuzī 투자하다
股市 gǔshì 주식 시장
国际贸易 guójì màoyì 국제 무역
出口 chūkǒu 수출하다
进口 jìnkǒu 수입하다
环保 huánbǎo 환경보호

大气 dàqì 대기
臭氧层 chòuyǎngcéng 오존층
紫外线 zǐwàixiàn 자외선
生态系统 shēngtài xìtǒng 생태계
定义 dìngyì 정의
拥挤 yōngjǐ (사람이나 교통수단 등이) 한데 모이다, 한 곳으로 밀리다
人口 rénkǒu 인구
高科技 gāokējì 첨단 기술, 하이 테크놀로지
卫星 wèixīng 위성

데일리 테스트

고생하셨어요! QR코드를 스캔해 데일리 테스트를 풀어 보며 오늘 학습을 마무리해 보세요.

DAY 27

외모 묘사하기

HSK 3급, 4급 30일 합격 프로젝트

★ HSK 시험에 이렇게 나와요.
어떤 대상의 모습을 묘사하거나 칭찬을 하는 내용이 3급, 4급 듣기 문제에 자주 등장하며, 쓰기 문제에도 외모를 표현하는 문장이 종종 출제됩니다.

음원 듣기

头发	理发	眼镜	皮肤	流行
tóufa	lǐfà	yǎnjìng	pífū	liúxíng
명 머리카락, 두발	동 이발하다, 머리를 깎다	명 안경	명 피부	동 유행하다, 성행하다, 널리 퍼지다

1급

漂亮 piàoliang
형 아름답다, 예쁘다

▶ 그 집은 우리 동네에서 가장 피아오량(漂亮)한 집이야.

这是你的朋友吗？很漂亮。
Zhè shì nǐ de péngyou ma? Hěn piàoliang.
이 사람은 당신의 친구인가요? 아주 아름답군요.

朋友 péngyou 친구 | 很 hěn 아주, 매우
유의 美丽 měilì 아름답다, 예쁘다

출제 포인트 미용과 관련한 단어

최근 성형수술, 미용에 관한 관심이 날로 높아지면서 '漂亮(예쁘다)'과 '好看(보기 좋다)'이 듣기 문제에 자주 나오는 필수 어휘가 되었다.

4급

帅 shuài
형 잘생기다, 멋지다

▶ 내 눈에는 남자 친구가 가장 슈아이(帅)해!

他已经变成一个帅小伙子了。
Tā yǐjīng biànchéng yí ge shuài xiǎohuǒzi le.
그녀의 손자는 이미 잘생긴 청년이 되었다.

已经 yǐjīng 이미 | 变成 biànchéng ~가 되다 | 小伙子 xiǎohuǒzi 청년, 젊은이 반의 丑 chǒu 못생기다

2급

高 gāo
형 (키가) 크다, 높다

▶ 우리 오빠는 농구 선수인데, 키가 아주 까오(高)해.

你男朋友的个子太高了。
Nǐ nánpéngyou de gèzi tài gāo le.
당신 남자친구의 키가 매우 크군요.

男朋友 nánpéngyou 남자친구 | 个子 gèzi 키
반의 矮 ǎi (키가) 작다

2급

新 xīn
형 새롭다
부 새로, 새롭게

▶ 그녀의 변신은 아주 씬(新)했다.

我买了一件新衣服。 나는 새 옷을 한 벌 샀다.
Wǒ mǎile yí jiàn xīn yīfu.

这件衣服是我新买的。 이 옷은 내가 새로 산 것이다.
Zhè jiàn yīfu shì wǒ xīn mǎi de.

买 mǎi 사다 | 件 jiàn 벌, 건(옷·일을 세는 양사) | 衣服 yīfu 옷

외모 묘사하기 301

[3급]

长 zhǎng

동 생기다, 자라다

▶ 1년 못 본 사이에 아주 많이 쟝(长)했구나.

很多人都说我跟哥哥长得很像。
Hěn duō rén dōu shuō wǒ gēn gēge zhǎng de hěn xiàng.
많은 사람들이 모두 내가 형과 비슷하게 생겼다고 말한다.

都 dōu 모두, 다 | 说 shuō 말하다 | 跟 gēn ~와, ~과 | 哥哥 gēge 형, 오빠 | 像 xiàng 비슷하다, 닮다

출제 포인트 발음이 여러 개인 长

长은 3, 4급 문제에 자주 출제되는 중요 어휘이다. 'cháng'으로 읽으면 '길다'라는 뜻이 되고, 'zhǎng'으로 읽어야 '생기다, 자라다'라는 뜻이 되므로 주의해야 한다.

예 长得很好看 잘생겼다

[4급]

流行 liúxíng

동 유행하다, 성행하다, 널리 퍼지다

▶ 요즘 가장 리우씽(流行)하는 머리 스타일은 뭐예요?

这种帽子今年很流行。
Zhè zhǒng màozi jīnnián hěn liúxíng.
이런 종류의 모자가 올해 유행한다.

种 zhǒng 종류, 종 | 帽子 màozi 모자 | 今年 jīnnián 올해

[4급]

眼镜 yǎnjìng

명 안경

▶ 나는 렌즈 끼는 걸 싫어해서 이엔찡(眼镜)을 쓰는 거야.

那种眼镜很受年轻人欢迎。
Nà zhǒng yǎnjìng hěn shòu niánqīngrén huānyíng.
그러한 (종류의) 안경은 젊은 사람들의 환영을 받는다.

种 zhǒng 종류, 종 | 受 shòu 받다 | 年轻人 niánqīngrén 젊은이 | 欢迎 huānyíng 환영하다

[3급]

然后 ránhòu

접 그 다음에, 그런 후에, 연후에

▶ 난 먼저 머리를 말리고, 란호우(然后) 화장을 해.

我要先去剪头发，然后才能去约会。
Wǒ yào xiān qù jiǎn tóufa, ránhòu cái néng qù yuēhuì.
나는 먼저 가서 머리를 자르고, 그 다음에 비로소 데이트하러 갈 수 있다.

先 xiān 먼저, 우선 | 剪 jiǎn (가위 등으로) 자르다 | 头发 tóufa 머리카락 | 才 cái 비로소 | 能 néng ~할 수 있다 | 约会 yuēhuì 데이트하다, 약속하다

然而
rán'ér

접 하지만, 그러나

▶ 미용실에 가서 퍼머를 했어. 란얼(然而) 마음에 들지 않아.

这件衣服很漂亮，然而不适合我。
Zhè jiàn yīfu hěn piàoliang, rán'ér bú shìhé wǒ.
이 옷은 매우 예쁘다. 하지만 나에게 어울리지 않는다.

件 jiàn 벌, 건(옷·일을 세는 양사) | 衣服 yīfu 옷 | 漂亮 piàoliang 예쁘다 | 适合 shìhé 어울리다

无论
wúlùn

접 ~에 관계없이,
~을 막론하고,
~을 따지지 않고

▶ 나이를 우룬(无论)하고 예뻐지고 싶은 소망은 누구에게나 있다.

无论她漂亮还是不漂亮，我都喜欢她。
Wúlùn tā piàoliang háishi bú piàoliang, wǒ dōu xǐhuan tā.
그녀가 예쁘든 예쁘지 않든, 나는 그녀를 좋아한다.

漂亮 piàoliang 예쁘다 | 还是 háishi ~든, ~도 | 都 dōu 모두, 다 | 喜欢 xǐhuan 좋아하다

출제 포인트 无论/不论/不管……+都/也……

독해 문제에 자주 나오는 구문으로 '~에 관계 없이, 모두 ~하다'라는 뜻을 나타낸다. 이때 无论/不论/不管 바로 뒤에는 '의문 형식'이나 '多+형용사' 형식, 'A还是B' 형식이 쓰인다는 점을 기억해 두자.

예 **无论妈妈同意不同意，我放假时都要去旅游。**
엄마가 동의를 하든 안 하든, 나는 방학 때 여행을 갈 것이다.

无论多难，我也要坚持下去。
얼마나 어려운지에 관계 없이, 나는 계속해 나갈 것이다.

无论刮风还是下雨，我每天都去运动。
바람이 불든 비가 내리든, 나는 매일 운동을 하러 간다.

出现
chūxiàn

동 나타나다, 출현하다

▶ 아름다운 그 여배우가 츄씨엔(出现)하는 영화는 다 인기가 있다.

打扮得很漂亮的女朋友出现在我的面前。
Dǎban de hěn piàoliang de nǚpéngyou chūxiàn zài wǒ de miànqián.
매우 예쁘게 단장한 여자 친구가 나의 눈앞에 나타났다.

打扮 dǎban 단장하다, 화장하다 | 女朋友 nǚpéngyou 여자 친구 | 在 zài ~에 | 面前 miànqián 눈앞

3급

忘记
wàngjì

동 (지난 일을)
잊어버리다

▶ 이 옷을 어디서 샀는지 완지(忘记)했어.

你不要忘记换鞋。
Nǐ bú yào wàngjì huàn xié.
너 신발 갈아 신는 것 잊지 마.

不要 bú yào ~하지 마라 | 换 huàn 바꾸다 | 鞋 xié 신발

4급

正确
zhèngquè

형 올바르다, 정확하다

▶ 내가 보기에 그 미용사의 눈은 아주 쩡취에(正确)해.

只看外貌判断一个人是不正确的。
Zhǐ kàn wàimào pànduàn yí ge rén shì bú zhèngquè de.
외모만 보고 한 사람을 판단하는 것은 올바른 것이 아니다.

只 zhǐ 단지, 다만 | 看 kàn 보다 | 外貌 wàimào 외모 | 判断 pànduàn 판단하다

4급

及时
jíshí

부 곧바로, 즉시
형 때가 맞다,
시기 적절하다

▶ 그녀는 계절이 바뀌면 지스(及时) 머리카락 색부터 바꾼다.

你的头发太长了，要及时去理发。
Nǐ de tóufa tài cháng le, yào jíshí qù lǐfà.
네 머리는 너무 길어. 곧바로 이발을 하러 가야 해.

他来得很及时，帮我们解决了问题。
Tā lái de hěn jíshí, bāng wǒmen jiějuéle wèntí.
그는 때맞춰서 왔고, 우리를 도와 문제를 해결해 주었다.

头发 tóufa 머리카락 | 长 cháng 길다 | 要 yào ~해야 한다 | 理发 lǐfà 이발하다 | 帮 bāng 돕다 | 解决 jiějué 해결하다 | 问题 wèntí 문제

유의어 비교 及时 vs 按时 vs 准时

비슷해 보이는 세 단어가 강조하고 전달하는 내용이 다 다르다. 예문으로 의미와 상황을 정확히 파악하자.

及时	필요한 때에 행동이 적절하게 이루어짐
	예 **及时治疗** 제때에 치료하다
按时	약속된 시간에 맞춰 행동이 이루어짐
	예 **按时起床** 정시에 기상하다
准时	정해진 시간에 정확하게 이루어짐
	예 **准时出发** 정확히 출발하다
	准时上班 정확히 출근하다

3급
头发
tóufa
몡 머리카락, 두발

▶ 내 눈엔 토우파(头发)가 긴 사람이 더 예뻐 보여.

夏天到了，头发还是短一点儿好。
Xiàtiān dào le, tóufa háishi duǎn yìdiǎnr hǎo.
여름이 왔네. 머리는 아무래도 좀 짧은 편이 좋겠어.

夏天 xiàtiān 여름 | 到 dào 도달하다 | 还是 háishi ~하는 편이 좋다 | 短 duǎn 짧다 | 一点儿 yìdiǎnr 조금 | 好 hǎo 좋다

4급
理发
lǐfà
동 이발하다, 머리를 깎다

▶ 내 남자 친구는 군대에 가기 전 머리를 짧게 리파(理发)했어.

小李，你理发了呀？看起来真帅！
Xiǎo Lǐ, nǐ lǐfà le ya? Kàn qǐlai zhēn shuài!
샤오리, 너 이발했니? 정말 멋지다!

看起来 kàn qǐlai 보기에 | 真 zhēn 정말 | 帅 shuài 멋지다

> **출제 포인트** 직업을 유추하는 표현
> 듣기 부분의 직업, 신분 유형 문제에 '发型(헤어 스타일)'이나 '剪(자르다)'이라는 어휘가 나오면 정답은 '理发师(이발사)'나 '美容师(미용사)'일 확률이 크다.

4급
皮肤
pífū
몡 피부

▶ 요즘 피푸(皮肤)에 여드름이 많이 나서 고민이야.

夏季长时间在阳光下对皮肤不好。
Xiàjì cháng shíjiān zài yángguāng xià duì pífū bù hǎo.
여름에 오랫동안 햇빛 아래에 있으면 피부에 좋지 않다.

夏季 xiàjì 여름 | 长时间 cháng shíjiān 장시간 | 在 zài ~에(서) | 阳光 yángguāng 햇빛 | 下 xià 아래 | 对 duì ~에(대해) | 好 hǎo 좋다

4급
稍微
shāowēi
부 약간, 조금, 다소

▶ 나는 외출을 준비할 때 샤오웨이(稍微) 시간이 걸려.

他稍微打扮一下就很帅。
Tā shāowēi dǎban yíxià jiù hěn shuài.
그는 약간 단장하면 매우 멋지다.

打扮 dǎban 단장하다, 화장하다 | 一下 yíxià 동사 뒤에 쓰여 '좀 ~하다'의 뜻을 나타냄 | 很 hěn 매우, 아주 | 帅 shuài 잘생기다

외모 묘사하기   305

4급
脱
tuō

동 벗다

▶ 나는 집에 들어오자마자 바로 겉옷을 투어(脱)하고 손을 씻었다.

您觉得热就把大衣脱了吧。
Nín juéde rè jiù bǎ dàyī tuō le ba.
당신이 덥다고 생각하면 바로 외투를 벗으세요.

觉得 juéde ~라고 생각하다 | 热 rè 덥다 | 把 bǎ ~을 | 大衣 dàyī 외투 반의 穿 chuān 입다

4급
打扮
dǎban

동 치장하다, 화장하다, 단장하다

▶ 중요한 미팅이 있어서 신경 써서 다빤(打扮)하는 중이야.

这本杂志是教人们穿衣打扮的。
Zhè běn zázhì shì jiāo rénmen chuānyī dǎban de.
이 잡지는 사람들에게 옷을 입고 치장하는 것을 가르쳐 준다.

本 běn 권 | 杂志 zázhì 잡지 | 教 jiāo 가르치다 | 人们 rénmen 사람들 | 穿衣 chuānyī 옷을 입다

4급
只好
zhǐhǎo

부 부득이, 어쩔 수 없이

▶ 면접 때문에 즈하오(只好) 까만색으로 염색을 했어.

早上没洗头发，只好戴帽子出门了。
Zǎoshang méi xǐ tóufa, zhǐhǎo dài màozi chūmén le.
아침에 머리를 감지 않아서, 어쩔 수 없이 모자를 쓰고 외출했어.

早上 zǎoshang 아침 | 洗 xǐ 씻다 | 头发 tóufa 머리카락 | 戴 dài 쓰다 | 帽子 màozi 모자 | 出门 chūmén 외출하다
유의 不得不 bùdébù 부득이, 어쩔 수 없이

유의어 비교 只好 vs 必须

只好 | 다른 선택이 없어 어쩔 수 없이 하는 것을 의미한다.
예 **因为没有钱坐公共汽车，他只好走路去那儿了。**
버스 탈 돈이 없어서, 그는 어쩔 수 없이 걸어서 그곳에 갔다.

必须 | 어떤 이유에서든 반드시 해야 하는 것을 의미한다.
예 **今天你必须完成作业。**
오늘 너는 반드시 숙제를 완성해야 한다.

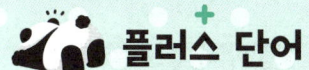 # 플러스 단어

음원 듣기

고득점 합격이 목표라면 플러스단어까지 학습해 보세요.

외모

外貌 wàimào 외모, 용모, 생김새
美容 měiróng
용모를 아름답게 꾸미다
套装 tàozhuāng 슈트, 정장
太阳镜 tàiyángjìng 선글라스
耳环 ěrhuán 귀고리
娃娃脸 wáwaliǎn 동안
丑 chǒu 못생기다
彩妆 cǎizhuāng 메이크업
化妆 huàzhuāng 화장하다
化妆品 huàzhuāngpǐn 화장품
护肤水 hùfūshuǐ 스킨, 토너

乳液 rǔyè 로션
防晒霜 fángshàishuāng 선크림
粉底液 fěndǐyè
파운데이션 (액체)
口红 kǒuhóng 립스틱
唇彩 chúncǎi 립글로스
护手霜 hùshǒushuāng 핸드크림
眉笔 méibǐ 아이브로펜슬
面膜 miànmó 마사지 팩
毛孔 máokǒng 모공
整容手术 zhěngróng shǒushù
성형수술
显得老 xiǎnde lǎo
나이 들어 보인다

데일리 테스트

고생하셨어요! QR코드를 스캔해 데일리 테스트를 풀어 보며 오늘 학습을 마무리해 보세요.

문제 풀기

DAY 28

여행 준비하기

HSK 3급, 4급 30일 합격 프로젝트

★ HSK 시험에 이렇게 나와요.
요즘에는 방학 때 해외여행 많이 가죠? HSK 듣기 문제에도 '旅游(여행)' 가기 전 준비와 여행 가는 길에서 발생하는 대화가 자주 출제됩니다.

음원 듣기

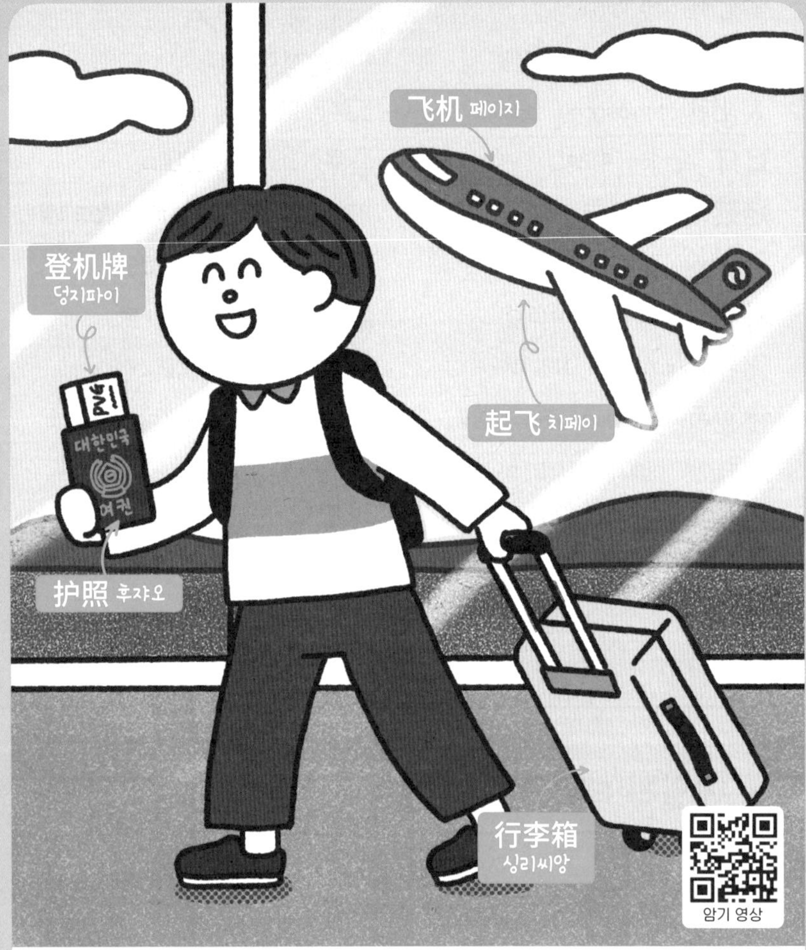

飞机 페이지
登机牌 덩지파이
起飞 치페이
护照 후쟈오
行李箱 싱리씨앙

암기 영상

登机牌 dēngjīpái 명 탑승권

飞机 fēijī 명 비행기

起飞 qǐfēi 동 이륙하다

护照 hùzhào 명 여권

行李箱 xínglǐxiāng 명 트렁크, 여행 가방

4급
乘坐
chéngzuò

동 (자동차, 배, 비행기 등을) 타다

▶ 난 기차를 청쭈어(乘坐)하고 하얼빈 빙등제에 갈 거야.

奶奶第一次乘坐飞机的时候害怕极了。
Nǎinai dì yī cì chéngzuò fēijī de shíhou hàipà jí le.
할머니는 처음으로 비행기를 탔을 때 매우 무서워하셨다.

奶奶 nǎinai 할머니 | 第一次 dì yī cì 맨 처음 | 飞机 fēijī 비행기 | 害怕 hàipà 무서워하다 | 极了 jí le 매우(형용사 뒤에 쓰여 뜻을 매우 강조함) 유의 坐 zuò (교통 수단을) 타다

1급
飞机
fēijī

명 비행기

▶ 공항에 마중 나갈 테니 페이지(飞机) 편명과 도착 시간을 알려 주렴.

您是坐飞机来北京的?
Nín shì zuò fēijī lái Běijīng de?
당신은 비행기를 타고 베이징에 온 거예요?

坐 zuò (교통 수단을) 타다 | 北京 Běijīng 베이징

2급
火车站
huǒchēzhàn

명 기차역

▶ 명절 때마다 후어쳐짠(火车站)은 발 디딜 틈도 없이 붐벼.

请问火车站怎么走?
Qǐngwèn huǒchēzhàn zěnme zǒu?
말씀 좀 여쭙겠습니다, 기차역은 어떻게 가나요?

请问 qǐngwèn 말씀 좀 여쭙겠습니다 | 怎么 zěnme 어떻게 | 走 zǒu 걷다, 가다

2급
送
sòng

동 배웅하다
동 선물하다

▶ 엄마가 공항에서 나를 쏭(送)해 주실 때 눈물이 날 뻔했어.

你能送我去机场吗?
Nǐ néng sòng wǒ qù jīchǎng ma?
당신은 저를 공항까지 배웅해 주실 수 있나요?

这条裙子是我送给女朋友的生日礼物。
Zhè tiáo qúnzi shì wǒ sònggěi nǚpéngyou de shēngrì lǐwù.
이 치마는 내가 여자 친구에게 선물한 생일 선물이다.

能 néng ~할 수 있다 | 机场 jīchǎng 공항 | 条 tiáo 벌(가늘고 긴 것, 폭이 좁고 긴 것을 세는 단위) | 裙子 qúnzi 치마 | 给 gěi ~에게 | 女朋友 nǚpéngyou 여자친구 | 生日 shēngrì 생일 | 礼物 lǐwù 선물

여행 준비하기

3급

起飞
qǐfēi

동 (비행기, 로켓 등이) 이륙하다

▶ 비행기가 치페이(起飞)할 땐 좌석을 반듯이 세워야 해.

飞机的起飞时间被推迟了。
Fēijī de qǐfēi shíjiān bèi tuīchí le.
비행기의 이륙 시간이 연기되었다.

飞机 fēijī 비행기 | 时间 shíjiān 시간 | 被 bèi ~에게 ~을 당하다 | 推迟 tuīchí 연기하다, 늦추다

반의 降落 jiàngluò 착륙하다, 내려오다

출제 포인트   전 영역 빈출 어휘 起飞

'起飞'는 4급 듣기, 독해, 쓰기 문제에 빠지지 않고 등장하는 어휘 중 하나이다. 듣기나 독해에서는 비행기가 제때 이륙했거나 지연되었다는 내용으로 등장하고, 쓰기 2부분에서는 비행기가 위로 향하는 그림과 함께 제시어로 출제된다.

예 飞机马上就要起飞了。비행기가 곧 이륙하려 한다.

4급

降落
jiàngluò

동 착륙하다, 내려오다

▶ 비행기가 곧 찌앙루어(降落)할 건가 봐. 멀리 공항이 보여.

王教授乘坐的飞机刚降落。
Wáng jiàoshòu chéngzuò de fēijī gāng jiàngluò.
왕 교수님이 탑승한 비행기가 방금 착륙했다.

教授 jiàoshòu 교수 | 乘坐 chéngzuò (자동차·배·비행기 등을) 타다 | 刚 gāng 방금, 막

반의 起飞 qǐfēi (비행기, 로켓 등이) 이륙하다

3급

方便
fāngbiàn

형 편리하다

▶ 중국을 한 시간 반만에 가다니, 얼마나 팡비엔(方便)한 세상이니.

我觉得住在火车站附近更方便。
Wǒ juéde zhùzài huǒchēzhàn fùjìn gèng fāngbiàn.
나는 기차역 부근에서 숙박하는 것이 더욱 편리하다고 생각한다.

觉得 juéde ~라고 생각하다 | 住 zhù 숙박하다 | 在 zài ~에서 | 火车站 huǒchēzhàn 기차역 | 附近 fùjìn 부근 | 更 gèng 더욱, 더

반의 不便 búbiàn 불편하다

2급

票
piào

명 표, 티켓

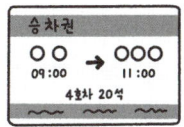

▶매표소는 저쪽이야. 내가 피아오(票)를 사 올게.

今天的火车票还有吗?
Jīntiān de huǒchēpiào hái yǒu ma?

오늘 기차표가 아직 있나요?

今天 jīntiān 오늘 | 火车票 huǒchēpiào 기차표 | 还 hái 아직

출제 포인트 票가 사용된 주요 단어

명사 票는 다른 어휘와도 결합해서 시험에 많이 나온다.

예 机票 비행기표 / 火车票 기차표 / 车票 차표 / 门票 입장권 / 电影票 영화표

1급

中国
Zhōngguó

고유 중국

▶나는 쭝구어(中国)의 상하이로 여행을 가고 싶어.

你什么时候要去中国旅行?
Nǐ shénme shíhou yào qù Zhōngguó lǚxíng?

당신은 언제 중국으로 여행을 가려고 하나요?

什么时候 shénme shíhou 언제 | 要 yào ~하려고 하다 | 旅行 lǚxíng 여행하다

4급

旅行
lǚxíng

명 여행
동 여행하다

▶이번 겨울방학에 친구와 유럽 뤼씽(旅行)을 가기로 했어.

旅行是一种放松心情的好方式。
Lǚxíng shì yì zhǒng fàngsōng xīnqíng de hǎo fāngshì.

여행은 일종의 마음을 이완시키는 좋은 방법이다.

我想去法国旅行。
Wǒ xiǎng qù Fǎguó lǚxíng.

나는 프랑스로 여행 가고 싶다.

种 zhǒng 종, 종류 | 放松 fàngsōng 이완시키다, 늦추다 | 心情 xīnqíng 마음, 심정 | 好 hǎo 좋다 | 方式 fāngshì 방법, 방식 | 想 xiǎng ~하고 싶다 | 法国 Fǎguó 프랑스

유의 旅游 lǚyóu 여행하다, 관광하다

2급

旅游
lǚyóu

동 여행하다, 관광하다

▶ 넌 여름방학 때 어디어디 뤼여우(旅游)할 예정이니?

我希望今年能去中国旅游。
Wǒ xīwàng jīnnián néng qù Zhōngguó lǚyóu.
나는 올해 중국으로 여행 갈 수 있기를 희망한다.

希望 xīwàng 희망하다, 바라다 | 今年 jīnnián 올해 | 能 néng ~할 수 있다 | 中国 Zhōngguó 중국

유의 旅行 lǚxíng 여행하다

유의어 비교 旅行 vs 旅游

旅行 | 업무, 기타 목적을 위해 비교적 먼 지역으로 떠나는 것을 강조한다.
예 我和男朋友选择旅行结婚。
나와 남자 친구는 여행 결혼을 선택했다.

旅游 | 휴식, 관광과 관련된 어휘로, 여행 그 자체를 즐기기 위해 가는 것을 의미한다.
예 北京有很多著名的旅游景点。
베이징에는 유명한 관광 명소가 매우 많다.

旅行과 旅游는 뒤에 목적어를 가질 수 없고, [去 + 장소 + 旅游/旅行] 패턴으로 써야 하므로, 작문할 때 주의하자.

예 放暑假时，我要去日本旅游(/旅行)。
여름방학 때, 나는 일본으로 여행을 가려고 한다.

3급

打算
dǎsuàn

동 계획하다

▶ 우리는 이번에 실크로드 여행을 다쑤안(打算)하고 있어.

我们打算坐飞机去北京。
Wǒmen dǎsuàn zuò fēijī qù Běijīng.
우리는 비행기를 타고 베이징에 갈 계획이다.

坐 zuò (교통 수단을) 타다 | 飞机 fēijī 비행기 | 北京 Běijīng 베이징

출제 포인트 打算……(~하려고 하다)

打算은 목적어로 문장 형태를 취한다는 것에 주의하자. 打算은 4급 쓰기 영역 1부분 문제에 종종 출제된다.

1급
饭店 fàndiàn
명 호텔, 식당

▶ 이제 숙소만 잡으면 되는데, 어느 판디엔(饭店)이 좋을까?

我们要去的饭店怎么样？
Wǒmen yào qù de fàndiàn zěnmeyàng?
우리가 가려고 하는 호텔은 어떤가요?

要 yào ~하려고 하다 | 怎么样 zěnmeyàng 어떠하다

2급
宾馆 bīnguǎn
명 호텔

▶ 기왕 여행 가는 거 좋은 삔관(宾馆)에서 묵어야지.

这是我们明天住的宾馆。
Zhè shì wǒmen míngtiān zhù de bīnguǎn.
이것은 우리가 내일 숙박할 호텔입니다.

明天 míngtiān 내일 | 住 zhù 숙박하다, 묵다

3급
世界 shìjiè
명 세계

▶ 나는 스지에(世界) 문화유산을 찾아다니며 직접 보는 게 소원이야.

你觉得世界上哪儿最漂亮？
Nǐ juéde shìjiè shang nǎr zuì piàoliang?
당신은 세계에서 어느 곳이 가장 아름답다고 생각하나요?

觉得 juéde ~라고 생각하다 | 上 shang ~에서 | 哪儿 nǎr 어느 곳 | 最 zuì 가장, 제일 | 漂亮 piàoliang 아름답다

3급
国家 guójiā
명 국가, 나라

▶ 각 구어지아(国家)마다 여행자법이 다르니 참고하렴.

我打算去很多国家。
Wǒ dǎsuàn qù hěn duō guójiā.
나는 매우 많은 국가에 갈 계획이다.

打算 dǎsuàn 계획하다, ~하려고 하다

3급
文化 wénhuà
명 문화

▶ 나라마다 고유한 원화(文化)가 있습니다.

去中国前，我们要了解中国的文化。
Qù Zhōngguó qián, wǒmen yào liǎojiě Zhōngguó de wénhuà.
중국에 가기 전에, 우리는 중국의 문화를 이해해야 한다.

中国 Zhōngguó 중국 | 前 qián 전, 이전 | 要 yào ~해야 한다 | 了解 liǎojiě 이해하다

3급
行李箱
xínglǐxiāng

명 트렁크, 여행 가방

▶비행기 내에는 20인치 이하의 싱리씨앙(行李箱)만 반입이 가능해.

我把行李箱放在车箱里了。
Wǒ bǎ xínglǐxiāng fàngzài chēxiāng li le.
나는 여행 가방을 트렁크 안에 두었다.

把 bǎ ~을 | 放 fàng 두다 | 在 zài ~에 | 车箱 chēxiāng (열차·자동차 등의) 트렁크, 객실 | 里 li 안, 속

4급
登机牌
dēngjīpái

명 탑승권

▶덩지파이(登机牌)는 탑승할 때 승무원한테 보여 주면 돼.

乘坐飞机前，登机牌被弟弟弄丢了。
Chéngzuò fēijī qián, dēngjīpái bèi dìdi nòngdiū le.
비행기를 타기 전에, 탑승권을 남동생에 의해 잃어버렸다.

乘坐 chéngzuò (자동차·배·비행기 등을) 타다 | 飞机 fēijī 비행기 | 被 bèi ~에게 ~을 당하다 | 弟弟 dìdi 남동생 | 弄丢 nòngdiū 잃어버리다

4급
航班
hángbān

명 (배나 비행기의) 항공편, 운항편

▶인천과 베이징을 오가는 항빤(航班)은 많으니 걱정 마세요.

我们是晚上八点的航班。
Wǒmen shì wǎnshang bā diǎn de hángbān.
우리는 저녁 8시 항공편이다.

晚上 wǎnshang 저녁 | 点 diǎn 시

> **출제 포인트**　航班(항공편) → 机场(공항)
>
> '航班(항공편)'은 듣기 영역 '장소를 묻는 문제' 유형에 자주 출제되는 핵심 단어이다. 장소를 묻는 문제에서 航班이 나오면 무조건 '机场(공항)'과 관련된 장소를 정답으로 고르면 된다. 종종 '飞机(비행기)'와 연결되어 정답이 되는 경우도 있다.

3급
地方
dìfang

명 곳, 장소

▶다음에 이동할 띠팡(地方)은 어디죠?

他想去景色美的地方。
Tā xiǎng qù jǐngsè měi de dìfang.
그는 경치가 아름다운 곳에 가고 싶어 한다.

想 xiǎng ~하고 싶다 | 景色 jǐngsè 경치 | 美 měi 아름답다

3급
地图
dìtú
명 지도

▶ 관광지 띠투(地图)가 있으면 쉽게 노선을 짤 수 있을 텐데.

我们去买张中国地图吧。
Wǒmen qù mǎi zhāng Zhōngguó dìtú ba.
우리 중국 지도를 사러 가자.

买 mǎi 사다 | 张 zhāng 장(종이나 가죽 등을 세는 단위)

3급
护照
hùzhào
명 여권

▶ 해외여행 때 후쟈오(护照)는 절대 잃어버리면 안 돼!

到了机场，他发现没带护照。
Dàole jīchǎng, tā fāxiàn méi dài hùzhào.
공항에 도착해서, 그는 여권을 가져오지 않았다는 것을 발견했다.

到 dào 도착하다 | 机场 jīchǎng 공항 | 发现 fāxiàn 발견하다 | 带 dài 가지다

4급
签证
qiānzhèng
명 비자

▶ 나는 중국 유학생이어서 유학생 치엔쩡(签证)을 받았어.

申请签证的人应该去五号窗口。
Shēnqǐng qiānzhèng de rén yīnggāi qù wǔ hào chuāngkǒu.
비자를 신청하는 사람은 5번 창구로 가야 합니다.

申请 shēnqǐng 신청하다 | 应该 yīnggāi (마땅히) ~해야 한다 | 号 hào 번호 | 窗口 chuāngkǒu (매표소·접수대의) 창구

> **출제 포인트** 독해 영역 빈출 단어 签证
>
> 독해 영역에 많이 나오는 签证은 여행 관련 주제가 나올 때마다 매번 출제된다고 볼 수 있다. 따라서 같이 쓰이는 짝꿍 표현을 알아 둔다면 독해 1부분 또는 쓰기 문제를 풀 때 많은 도움을 받을 수 있다.
>
> 예 申请签证 비자를 신청하다 / 办签证 비자를 처리하다

4급
大使馆
dàshǐguǎn
명 대사관

▶ 해외에서 문제가 발생하면 따스관(大使馆)을 찾아가세요.

我的签证办好了，明天去大使馆取。
Wǒ de qiānzhèng bànhǎo le, míngtiān qù dàshǐguǎn qǔ.
나의 비자가 발급되어서, 내일 대사관에 가서 찾아올 것이다.

办 bàn 처리하다, 발급하다 | 好 hǎo 동사 뒤에 쓰여 동작이 완성되었거나 잘 마무리되었음을 나타냄 | 明天 míngtiān 내일 | 取 qǔ 찾다, 취하다

여행 준비하기

2급
机场
jīchǎng

명 공항, 비행장

▶ 오후 5시에 인천 지창(机场)에 비행기가 도착할 거야.

你现在去机场吗?
Nǐ xiànzài qù jīchǎng ma?
당신은 지금 공항에 가시나요?

现在 xiànzài 지금

3급
黄河
Huáng Hé

고유 황허

▶ 4대 문명 발원지 중 하나인 황허(黄河)는 중국에 있어.

黄河是中国有名的大河,我一定要去看看。
Huáng Hé shì Zhōngguó yǒumíng de dà hé, wǒ yídìng yào qù kànkan.
황허는 중국의 유명한 큰 강이다. 나는 꼭 보러 갈 것이다.

中国 Zhōngguó 중국 | 有名 yǒumíng 유명하다 | 大河 dà hé 큰 강 | 一定 yídìng 반드시 | 要 yào ~할 것이다 | 看 kàn 보다

> **배경 지식** 중국에서 두 번째로 긴 강, 黄河(황허강)
>
> 黄河는 중국 문명의 요람이자 중국에서 두 번째로 긴 강으로, 아주 중요한 강이다. 신HSK 문제에도 중국에 관련된 내용이 자주 출제되므로 간단한 상식선에서 알아 두자.

4급
长江
Cháng Jiāng

고유 양쯔강, 창지앙

▶ 챵지앙(长江)은 중국에서 가장 긴 강이야.

我这次旅行会经过长江。
Wǒ zhècì lǚxíng huì jīngguò Cháng Jiāng.
나는 이번 여행에 양쯔강을 지날 것이다.

这次 zhècì 이번 | 旅行 lǚxíng 여행 | 会 huì ~할 것이다 | 经过 jīngguò 지나다

4급
迷路
mílù

동 길을 잃다

▶ 여행지에선 쉽게 미루(迷路)할 수 있으니 가이드를 잘 따라다녀.

你第一次去英国,要小心,别迷路。
Nǐ dì yī cì qù Yīngguó, yào xiǎoxīn, bié mílù.
너는 처음 영국에 가니, 조심하고, 길을 잃지 마.

第一次 dì yī cì 맨 처음 | 英国 Yīngguó 영국 | 要 yào ~해야 한다 | 小心 xiǎoxīn 조심하다 | 别 bié ~하지 마라

4급

国籍
guójí
명 국적

▶당신의 구어지(国籍)는 어디인가요?

申请签证时，名字、性别、年龄、国籍都要写。
Shēnqǐng qiānzhèng shí, míngzi, xìngbié, niánlíng, guójí dōu yào xiě.
비자를 신청할 때, 이름, 성별, 나이, 국적 모두 적어야 합니다.

申请 shēnqǐng 신청하다 | 签证 qiānzhèng 비자 | 时 shí ~할 때 | 名字 míngzi 이름 | 性别 xìngbié 성별 | 年龄 niánlíng 나이 | 都 dōu 모두, 다 | 写 xiě 쓰다

3급

奇怪
qíguài
형 이상하다, 괴이하다, 의아하다

▶유전자가 잘못 변형된다면 아주 치꽈이(奇怪)한 결과가 나올 거야.

奇怪，这儿以前不是个饭馆儿吗？
Qíguài, zhèr yǐqián bú shì ge fànguǎnr ma?
이상하다, 이곳은 예전에 식당이 아니었니?

这儿 zhèr 이곳, 여기 | 以前 yǐqián 예전, 이전 | 饭馆(儿) fànguǎn(r) 식당

4급

长城
Chángchéng
고유 만리장성

▶내 두 눈으로 챵쳥(长城)을 보다니, 정말 믿을 수 없어!

爬长城最好的季节是春天和秋天。
Pá Chángchéng zuì hǎo de jìjié shì chūntiān hé qiūtiān.
만리장성을 오르기에 가장 좋은 계절은 봄과 가을이다.

爬 pá 오르다 | 最好 zuì hǎo 가장 좋다 | 季节 jìjié 계절 | 春天 chūntiān 봄 | 秋天 qiūtiān 가을

> **배경 지식** ▶ 진시황의 만리장성
>
> 진시황(秦始皇)은 북방 민족의 침입에 대비하여 통합된 방어 산성을 쌓기로 하였다. 만리장성(万里长城)의 축조는 그후 명나라 시대까지 계속되었고, 세계에서 가장 장대한 규모의 군사 시설물이 되었다. 이는 역사적·전략적으로 중요한 성벽인 동시에 건축학적으로도 탁월한 유적으로, 독해 영역에도 종종 출제된다.

4급

导游
dǎoyóu

명 관광 가이드

▶ 다오여우(导游)가 들고 다니는 깃발을 잘 쫓아다녀야 해.

我跟导游商量这次旅行的地方。
Wǒ gēn dǎoyóu shāngliang zhècì lǚxíng de dìfang.
나는 관광 가이드와 이번 여행의 장소를 상의한다.

跟 gēn ~와, ~과 | 商量 shāngliang 상의하다 | 这次 zhècì 이번 | 旅行 lǚxíng 여행 | 地方 dìfang 장소

출제 포인트　듣기 영역 빈출 단어 **导游**

导游는 4급 듣기 영역의 직업과 관련된 문제에 자주 나오는 어휘 중 하나이다. 여행에 관련된 내용이 나오면서 그 사람의 직업을 묻거나 또는 이 직업에 대한 설명을 해 주고 정답을 찾게 하는 문제가 종종 출제된다. 핵심 어휘이니 반드시 알고 넘어가자.

3급

节日
jiérì

명 (국경일 따위의 법정) 명절, 기념일

▶ 중국의 지에르(节日) 기간에는 어느 곳에 가도 사람이 너무 많아.

节日的时候，我要跟家人一起去旅游。
Jiérì de shíhou, wǒ yào gēn jiārén yìqǐ qù lǚyóu.
명절에 나는 가족과 함께 여행 가려고 해.

要 yào ~하려고 하다 | 家人 jiārén 가족 | 一起 yìqǐ 함께 | 旅游 lǚyóu 여행하다

4급

放暑假
fàng shǔjià

여름방학을 하다

▶ 7월 중순부터 약 한 달 간 팡슈지아(放暑假)하는데 무얼 하지?

我一放暑假就要去旅行。
Wǒ yí fàng shǔjià jiù yào qù lǚxíng.
나는 여름방학을 하자마자 바로 여행 갈 거야.

一 yī ~하자마자 ~하다 | 就 jiù 곧, 즉시 | 要 yào ~할 것이다

4급

寒假
hánjià

명 겨울방학

▶ 난 한지아(寒假) 땐 따뜻한 동남아 지역을 여행할 거야.

今年寒假我打算去上海玩儿一趟。
Jīnnián hánjià wǒ dǎsuàn qù Shànghǎi wánr yí tàng.
올해 겨울방학에 나는 상하이에 가서 한 번 놀다 올 계획이다.

今年 jīnnián 올해 | 打算 dǎsuàn ~할 계획이다 | 上海 Shànghǎi 상하이 | 玩(儿) wán(r) 놀다 | 趟 tàng 번, 차례(왕래한 횟수를 세는 데 쓰임)

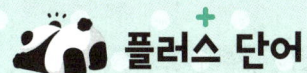
플러스 단어

음원 듣기

고득점 합격이 목표라면 플러스단어까지 학습해 보세요.

여행

必备 bìbèi 반드시 구비하다
清单 qīngdān 목록
充电器 chōngdiànqì 충전기
移动电源 yídòng diànyuán
보조 배터리
换钱 huànqián 환전하다
汇率 huìlǜ 환율
免签 miǎnqiān 비자를 면제하다
手续费 shǒuxùfèi 수속비
经济舱 jīngjìcāng
(비행기·선박 등의) 이코노미석
商务舱 shāngwùcāng
비즈니스석

旅行者保险 lǚxíngzhě bǎoxiǎn 여행자 보험
手机漫游 shǒujī mànyóu
휴대폰 로밍
转换插头 zhuǎnhuàn chātóu
멀티 플러그
背包 bēibāo 배낭
泳衣 yǒngyī 수영복
拖鞋 tuōxié 슬리퍼
洗漱用品 xǐshù yòngpǐn
세면 도구
药品 yàopǐn 약품
纸巾 zhǐjīn 티슈
睡衣 shuìyī 잠옷

데일리 테스트

고생하셨어요! QR코드를 스캔해
데일리 테스트를 풀어 보며
오늘 학습을 마무리해 보세요.

문제 풀기

여행 준비하기

DAY 29

여행지 적응하기

HSK 3급, 4급 30일 합격 프로젝트

★ HSK 시험에 이렇게 나와요.

여행지의 날씨에 관련된 문제는 문제마다 난이도가 다르기 때문에, 관련된 어휘를 익히고 상황을 잘 파악해야 합니다. 기본적으로 '下雨(비가 내리다)', '刮风(바람이 불다)'이 가장 많이 출제됩니다.

음원 듣기

城市 청스
天气 티엔치
下雨 씨아위
景色 징씨
美丽 메이리

암기 영상

城市 chéngshì
명 도시

天气 tiānqì
명 날씨

下雨 xiàyǔ
동 비가 내리다

景色 jǐngsè
명 경치, 풍경

美丽 měilì
형 아름답다, 예쁘다

1급
看见
kànjiàn
동 보다, 보이다, 눈에 띄다

▶ 상하이 여행 중 동방명주를 여러 차례 칸찌엔(看见)했다.

我看见了很多鱼。
Wǒ kànjiànle hěn duō yú.
나는 매우 많은 물고기를 보았다.

鱼 yú 물고기

1급
天气
tiānqì
명 날씨

▶ 여행 계획을 짤 때는 현지의 티엔치(天气)를 꼭 확인해야 해.

昨天北京的天气怎么样？
Zuótiān Běijīng de tiānqì zěnmeyàng?
어제 베이징의 날씨는 어땠니?

昨天 zuótiān 어제 | 北京 Běijīng 베이징 | 怎么样 zěnmeyàng 어떠하다

1급
冷
lěng
형 춥다, 차다

▶ 하얼빈 빙등제 구경 갔다가 너무 렁(冷)해서 죽을 뻔했어.

虽然是晴天，但是很冷。
Suīrán shì qíngtiān, dànshì hěn lěng.
비록 맑은 날씨지만, 매우 춥다.

虽然 suīrán 비록 ~이지만 | 晴天 qíngtiān 맑은 날씨 | 但是 dànshì 그러나, 그렇지만 반의 热 rè 덥다, 뜨겁다

1급
热
rè
형 덥다, 뜨겁다

▶ 여름에 베이징에 다녀왔는데 정말 러(热)해서 땀이 비 오듯 흘렀어.

九月的青岛天气不冷也不热。
Jiǔ yuè de Qīngdǎo tiānqì bù lěng yě bú rè.
9월의 칭다오 날씨는 춥지도 덥지도 않다.

月 yuè 월, 달 | 青岛 Qīngdǎo 칭다오 반의 冷 lěng 춥다, 차다

1급
下
xià
동 (눈 또는 비가) 내리다

▶ 어제는 비가 너무 많이 씨아(下)해서 숙소에만 갇혀 있었어.

下雪了，今天真冷。
Xiàxuě le, jīntiān zhēn lěng.
눈이 내린다, 오늘은 정말 춥다.

下雪 xiàxuě 눈이 내리다 | 今天 jīntiān 오늘 | 冷 lěng 춥다

여행지 적응하기

1급
下雨 xiàyǔ
동 비가 오다(내리다)

▶오후에 갑자기 씨아위(下雨)해서 다 젖어 버렸어.

这里很多年没下雨了。
Zhèlǐ hěn duō nián méi xiàyǔ le.
이곳은 여러 해 동안 비가 오지 않았다.

这里 zhèlǐ 이곳, 여기 | 年 nián 해, 년

4급
凉快 liángkuai
형 시원하다, 서늘하다

▶여름에 사람들이 계곡을 좋아하는 것은 량콰이(凉快)하기 때문이지.

天气凉快了不少，空气也更新鲜了。
Tiānqì liángkuaile bùshǎo, kōngqì yě gèng xīnxiān le.
날이 많이 시원해져서, 공기도 더욱 신선해졌다.

不少 bùshǎo 많다 | 空气 kōngqì 공기 | 更 gèng 더욱 | 新鲜 xīnxiān 신선하다, 깨끗하다 반의 暖和 nuǎnhuo 따뜻하다, 따사롭다

4급
暖和 nuǎnhuo
형 따뜻하다, 따사롭다

▶봄 햇살이 누안후어(暖和)해서 어디든 가고 싶다.

我感觉今年冬天比去年暖和。
Wǒ gǎnjué jīnnián dōngtiān bǐ qùnián nuǎnhuo.
내가 느끼기에 올해 겨울이 작년보다 따뜻한 것 같다.

感觉 gǎnjué 느끼다 | 今年 jīnnián 올해 | 冬天 dōngtiān 겨울 | 比 bǐ ~보다 | 去年 qùnián 작년
반의 凉快 liángkuai 시원하다, 서늘하다

4급
吸引 xīyǐn
동 끌어당기다, 매료시키다, 흡인하다, 빨아당기다

▶동방명주는 내 눈길을 완전히 씨인(吸引)했어.

黄山每年都能吸引很多游客。
Huáng Shān měinián dōu néng xīyǐn hěn duō yóukè.
황산은 매년 매우 많은 여행객을 끌어당길 수 있다.

黄山 Huáng Shān 황산 | 每年 měinián 매년 | 都 dōu 다, 모두 | 能 néng ~할 수 있다 | 游客 yóukè 여행객

출제 포인트 독해, 듣기 영역 빈출 단어 **吸引**

[吸引 + 사람 + 동사]의 패턴이 독해나 듣기 지문에 종종 출제된다. 이 패턴에는 주로 '游客(여행객)', '观众(관중)' 등이 많이 쓰인다.

예　**长城吸引了很多游客来参观。**
　　만리장성은 참관하러 온 많은 여행객을 매료시켰다.

4급

气候
qìhòu

명 기후

▶ 해외여행을 갈 때는 그 나라의 치호우(气候)에 맞게 옷을 준비해!

青岛的气候和首尔差不多。
Qīngdǎo de qìhòu hé shǒu'ěr chàbuduō.
칭다오의 기후는 서울과 비슷하다.

青岛 Qīngdǎo 칭다오 | 首尔 Shǒu'ěr 서울 | 差不多 chàbuduō 비슷하다

3급

季节
jìjié

명 계절, 철

▶ 제주도는 각 찌지에(季节)마다 다른 풍경을 자랑한단다.

这儿怎么只有一个季节啊？
Zhèr zěnme zhǐ yǒu yí ge jìjié a?
이곳은 왜 계절이 하나뿐인 거니?

这儿 zhèr 이곳, 여기 | 怎么 zěnme 왜, 어째서 | 只 zhǐ 단지, 다만

> **출제 포인트** 계절, 날씨
>
> 듣기 영역에 '계절, 날씨'와 관련된 내용도 종종 등장한다. 暖和(따뜻하다), 热(덥다), 凉快(시원하다), 冷(춥다)과 같은 날씨 표현과 함께 계절 이름도 함께 익혀 두자.
>
> 春天(봄), 夏天(여름), 秋天(가을), 冬天(겨울)

4급

参观
cānguān

동 참관하다, 견학하다

▶ 여행지에서 다양한 축제를 찬관(参观)하는 것도 아주 재밌어.

这个博物馆每年都有不少人来参观。
Zhège bówùguǎn měinián dōu yǒu bùshǎo rén lái cānguān.
이 박물관은 매년 적지 않은 사람이 와서 참관한다.

博物馆 bówùguǎn 박물관 | 每年 měinián 매년 | 都 dōu 모두 | 不少 bùshǎo 적지 않다, 많다

> **유의어 비교** 参观 vs 访问
>
> **参观** 실제로 어떤 곳을 참관·견학한다는 뜻을 나타내며, 문장에 반드시 구체적인 장소가 나와야 한다.
>
> 예 **我想去参观一下你工作的地方。**
> 나는 당신이 일하는 곳을 참관하고 싶어요.
>
> **访问** 사람과 관련이 있는 방문, 인터뷰 등에 쓰이며, 뒤에 목적어로는 사람, 지역, 국가 등이 온다.
>
> 예 **今年他多次访问过印度。**
> 올해 그는 인도를 여러 번 방문했다.

3급

有名
yǒumíng

형 유명하다

▶ 베이징에서 가장 여우밍(有名)한 베이징 카오야를 먹자!

我要选择一个最有名的地方去看看。
Wǒ yào xuǎnzé yí ge zuì yǒumíng de dìfang qù kànkan.
나는 가장 유명한 지역을 선택해 가서 보려고 한다.

要 yào ~하려고 하다 | 选择 xuǎnzé 선택하다 | 最 zuì 가장, 제일 | 地方 dìfang 곳 | 看 kàn 보다

유의 著名 zhùmíng 유명하다

4급

提供
tígōng

동 제공하다, 공급하다, 내놓다

▶ 비행기에서 기내식을 티꽁(提供)하니까 점심은 가볍게 먹자.

这家饭店提供免费的翻译服务。
Zhè jiā fàndiàn tígōng miǎnfèi de fānyì fúwù.
이 호텔은 무료 통역 서비스를 제공한다.

家 jiā 집·상점·회사 등을 세는 단위 | 饭店 fàndiàn 호텔 | 免费 miǎnfèi 무료로 하다 | 翻译 fānyì 통역하다 | 服务 fúwù 서비스

4급

心情
xīnqíng

명 마음, 심정, 기분

▶ 이렇게 바다로 여행을 오니까 답답했던 씬칭(心情)이 확 트이네요.

这里的景色让人感觉心情放松。
Zhèlǐ de jǐngsè ràng rén gǎnjué xīnqíng fàngsōng.
이곳의 경치는 사람의 마음을 이완시켜 준다.

这里 zhèlǐ 이곳, 여기 | 景色 jǐngsè 경치, 풍경 | 让 ràng ~하게 하다 | 感觉 gǎnjué 느끼다, 생각하다 | 放松 fàngsōng 이완시키다, 느슨하게 하다

유의 情绪 qíngxù 정서, 감정, 마음

> **유의어 비교** 心情 vs 情绪
>
> 두 단어의 의미는 비슷하지만, 용법상 차이가 있어 같이 쓰이는 짝꿍 어휘가 서로 다르다.
>
> 心情 　반드시 겉으로 표현하는 것은 아니다.
> 　예 心情很好 기분이 좋다
> 　　　心情愉快 기분이 유쾌하다
>
> 情绪 　일반적으로 좋고 싫음을 겉으로 표현한다.
> 　예 情绪低落 기분이 가라앉다
> 　　　情绪高涨 기분이 고조되다

4급

压力
yālì

명 스트레스

▶우리 휴가 때만큼은 모든 야리(压力)에서 벗어나자!

看到美丽的景色后，我的压力就没有了。
Kàndào měilì de jǐngsè hòu, wǒ de yālì jiù méiyǒu le.
아름다운 경치를 보고 나니, 나의 스트레스가 바로 사라졌다.

看到 kàndào 보다, 보이다 | 美丽 měilì 아름답다 | 景色 jǐngsè 경치, 풍경 | 后 hòu 후, 뒤 | 就 jiù 바로, 곧

4급

放松
fàngsōng

동 이완시키다, 느슨하게 하다, 늦추다

▶마음을 팡송(放松)하기 위해 혼자만의 여행을 떠날 거야.

更多的人开始选择通过旅游来放松心情。
Gèng duō de rén kāishǐ xuǎnzé tōngguò lǚyóu lái fàngsōng xīnqíng.
더 많은 사람들이 여행을 통해 마음을 이완시키는 것을 선택하기 시작했다.

更 gèng 더, 더욱 | 开始 kāishǐ 시작하다 | 选择 xuǎnzé 선택하다 | 通过 tōngguò ~을 통해 | 旅游 lǚyóu 여행하다 | 心情 xīnqíng 마음, 심정

4급

美丽
měilì

형 아름답다, 예쁘다

▶엄마는 메이리(美丽)한 자연경관을 보시고 감탄하셨다.

我第一次看到这么美丽的地方。
Wǒ dì yī cì kàndào zhème měilì de dìfang.
나는 이렇게 아름다운 곳은 처음 본다.

第一次 dì yī cì 맨 처음 | 这么 zhème 이렇게 | 地方 dìfang 곳

유의어 비교 美丽 vs 漂亮

美丽 | 사람의 모습, 풍경, 마음 등의 아름다움을 표현하며, 주로 서면어에 많이 쓰인다.

예 **颐和园的风景很美丽。**
이화원의 풍경이 매우 아름답다.

她又美丽又聪明。
그녀는 예쁘기도 하고 똑똑하기도 하다.

漂亮 | 사람의 모습, 옷, 방, 용품 등이나 말, 일, 문장 등이 아름답다고 할 때 쓰인다. 주로 회화체에서 외모를 말할 때 많이 쓰인다.

예 **她长得很漂亮。** 그녀는 매우 아름답게 생겼다.

景色
jǐngsè

4급

명 경치, 풍경

▶ 난 여기 징써(景色)가 맘에 들어. 사진 좀 찍어 줄래?

下雪后，这里的景色更美了。
Xiàxuě hòu, zhèlǐ de jǐngsè gèng měi le.
눈이 온 후, 이곳의 경치는 더 아름다워졌다.

下雪 xiàxuě 눈이 내리다 ｜ 这里 zhèlǐ 이곳, 여기 ｜ 更 gèng 더, 더욱 ｜ 美 měi 아름답다

从来
cónglái

4급

부 (과거부터) 지금까지, 여태껏, 이제까지

▶ 나는 총라이(从来) 이렇게 아름다운 바다는 본 적이 없어.

我从来没爬过长城。
Wǒ cónglái méi páguo Chángchéng.
나는 지금까지 만리장성을 올라가 본 적이 없다.

爬 pá 오르다, 기어오르다 ｜ 过 guo ~한 적이 있다 ｜ 长城 Chángchéng 만리장성

출제 포인트 从来不(여태껏 ~하지 않다) / 从来没(여태껏 ~한 적이 없다)

从来는 '과거에서 지금까지'를 의미하며, 보통 뒤에는 부정 형식이 많이 온다. HSK 시험에 부정 형식이 많이 나오니 시험 보기 전에 꼭 고정 패턴을 숙지하고 가자.

예 **我从来不睡懒觉。** 나는 여태껏 늦잠을 자지 않는다.
我从来没迟到过。 나는 여태껏 지각을 한 적이 없다.

空气
kōngqì

4급

명 공기, 분위기

▶ 시골로 여행 오니 신선한 콩치(空气)가 가득하구나.

这里的空气污染十分严重。
Zhèlǐ de kōngqì wūrǎn shífēn yánzhòng.
이곳의 공기 오염은 매우 심각하다.

污染 wūrǎn 오염 ｜ 十分 shífēn 매우, 아주 ｜ 严重 yánzhòng 심각하다

放心
fàngxīn

3급

동 안심하다, 마음을 놓다

▶ 여행지에선 엄마 손을 꼭 잡고 다녀야 엄마가 팡신(放心)하지.

你放心吧！这个城市很安全。
Nǐ fàngxīn ba! Zhège chéngshì hěn ānquán.
안심해! 이 도시는 매우 안전해.

城市 chéngshì 도시 ｜ 安全 ānquán 안전하다

3급
放
fàng
동 놓다, 두다

▶ 여행 가방은 차 안에 팡(放)하시고, 식사 맛있게 하고 오세요.

我把护照放在你的行李箱里了。
Wǒ bǎ hùzhào fàngzài nǐ de xínglǐxiāng li le.
나는 여권을 네 여행 가방 안에 두었어.

把 bǎ ~을 | 护照 hùzhào 여권 | 在 zài ~에 | 行李箱 xínglǐxiāng 여행 가방 | 里 li 안, 속

4급
丢
diū
동 잃어버리다, 잃다, 분실하다

▶ 엄마가 여행지에선 항상 지갑을 띠우(丢)지 않게 조심하랬잖아!

我的钱包不见了，恐怕是丢了。
Wǒ de qiánbāo bújiàn le, kǒngpà shì diū le.
나의 지갑이 없어졌어. 아마 잃어버린 것 같아.

钱包 qiánbāo 지갑 | 不见 bújiàn 없어지다 | 恐怕 kǒngpà 아마 ~일 것이다

출제 포인트 丢 + 물건

4급 듣기, 독해에서 어떠한 물건을 잃어버렸다는 내용으로 많이 등장하는 어휘이다. 보통 어떤 물건을 잃어버렸는지 묻는 유형이 질문으로 나온다.

예 我回家后才发现钱包丢了。
나는 집에 돌아온 후 비로소 지갑을 잃어버린 것을 발견했다.

3급
城市
chéngshì
명 도시

▶ 상하이는 중국 제1의 경제 청스(城市)로도 유명해.

这次出去旅游，我一共去了七个城市。
Zhècì chūqù lǚyóu, wǒ yígòng qùle qī ge chéngshì.
이번에 여행 가서 나는 모두 7개의 도시에 갔다.

这次 zhècì 이번 | 旅游 lǚyóu 여행하다 | 一共 yígòng 모두, 전부
반의 乡村 xiāngcūn 농촌

4급
民族
mínzú
명 민족

▶ 중국의 소수 민주(民族)가 사는 윈난 성에 가 보고 싶어요.

这种优秀的民族艺术更有吸引力。
Zhè zhǒng yōuxiù de mínzú yìshù gèng yǒu xīyǐnlì.
이러한 우수한 민족 예술은 더욱 흡인력이 있다.

种 zhǒng 종류 | 优秀 yōuxiù 우수하다 | 艺术 yìshù 예술 | 更 gèng 더욱 | 吸引力 xīyǐnlì 흡인력

4급

到处
dàochù

명 도처, 곳곳

▶ 우리가 가는 따오츄(到处)에 편의점이 있어서 다행이야.

这个公园里到处都是美丽的花。
Zhège gōngyuán li dàochù dōu shì měilì de huā.
이 공원 안은 도처에 모두 아름다운 꽃이다.

公园 gōngyuán 공원 | 里 li 안, 속 | 都 dōu 모두 | 美丽 měilì 아름답다 | 花 huā 꽃

출제 포인트 듣기 영역 빈출 단어 **到处**

到处는 '도처', '곳곳'이라는 뜻의 명사로, 구체적인 장소를 나타낸다. 4급 듣기 문제에 많이 나오는 어휘이므로 아래 예문과 함께 꼭 기억하자.

예 **今天商店打折，商店里到处都是人。**
오늘 상점이 할인을 해서, 상점 안 곳곳마다 모두 사람이다.

4급

郊区
jiāoqū

명 교외, (도시의) 변두리, 외곽

▶ 주말에 가볍게 지아오취(郊区)로 소풍 갈래요?

郊区的空气质量比市里好得多。
Jiāoqū de kōngqì zhìliàng bǐ shìlǐ hǎo de duō.
교외의 공기 질은 시내보다 훨씬 좋다.

空气 kōngqì 공기 | 质量 zhìliàng 질 | 比 bǐ ~보다 | 市里 shìlǐ 시내 | 好 hǎo 좋다 | 得多 de duō 동사나 형용사 뒤에 쓰여 정도가 심함을 나타냄

반의 市区 shìqū 시내 지역

3급

一边
yìbiān

접 ~하면서 ~하다

▶ 나는 이비엔(一边) 음악을 들으며, 이비엔(一边) 거리를 구경했어.

一边喝咖啡一边看风景真舒服啊！
Yìbiān hē kāfēi yìbiān kàn fēngjǐng zhēn shūfu a!
커피를 마시면서 경치를 보니 정말 편안하구나!

喝 hē 마시다 | 咖啡 kāfēi 커피 | 看 kàn 보다 | 风景 fēngjǐng 경치, 풍경 | 真 zhēn 정말 | 舒服 shūfu 편안하다

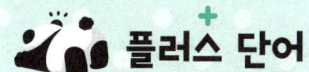 **플러스 단어**

음원 듣기

고득점 합격이 목표라면 플러스단어까지 학습해 보세요.

여행

观光 guānguāng
관광하다, 참관하다

休养地 xiūyǎngdì 휴양지

纪念品 jìniànpǐn 기념품

土特产 tǔtèchǎn 특산품

特产 tèchǎn 특산물

名胜古迹 míngshèng gǔjì
명승고적

逛街 guàngjiē
길거리를 거닐며 구경하다

繁华 fánhuá
(도시·거리가) 번화하다

美好 měihǎo
좋다, 훌륭하다, 아름답다

风景宜人 fēngjǐng yírén
풍경이 마음에 들다

新奇 xīnqí 신기하다

秀丽 xiùlì 수려하다

日出 rìchū 해가 뜨다

日落 rìluò 해가 지다

清新 qīngxīn
신선하다, 맑고 산뜻하다

新鲜美味 xīnxiān měiwèi
신선하고 맛있는 음식

优美 yōuměi 우아하고 아름답다

玩儿得开心 wánr de kāixīn
재미있게 놀다

广阔 guǎngkuò 넓다, 광활하다

开阔眼界 kāikuò yǎnjiè
견문을 넓히다

데일리 테스트

고생하셨어요! QR코드를 스캔해
데일리 테스트를 풀어 보며
오늘 학습을 마무리해 보세요.

문제 풀기

DAY 30

자연환경 지키기

HSK 3급, 4급 30일 합격 프로젝트

★ HSK 시험에 이렇게 나와요.
중국인들이 가장 사랑하는 동물은 당연히 '熊猫(판다)'일 것입니다. 그래서 신HSK 독해 지문에도 관련 설명이 종종등장합니다. 또한, 3급 듣기 문제에는 '狗(개)'와 '猫(고양이)'가 제일 많이 출제됩니다.

음원 듣기

太阳 타이양
阳光 양광
树 슈
动物 똥우
熊猫 시옹마오

암기 영상

太阳	阳光	树	动物	熊猫
tàiyáng	yángguāng	shù	dòngwù	xióngmāo
명 해, 태양	명 햇빛, 양광	명 나무, 수목	명 동물	명 판다

3급

太阳
tàiyáng

명 해, 태양

▶ 타이양(太阳)이 솟아오르자 바다가 온통 불그스름해졌다.

这几天一直阴天，今天终于出太阳了。
Zhè jǐ tiān yìzhí yīntiān, Jīntiān zhōngyú chū tàiyáng le.
요 며칠 계속 흐린 날씨였는데, 오늘 마침내 해가 나왔어.

一直 yìzhí 계속, 줄곧 | 阴天 yīntiān 흐린 날씨 | 今天 jīntiān 오늘 | 终于 zhōngyú 마침내 | 出 chū 나오다

4급

阳光
yángguāng

명 햇빛

▶ 호수는 양광(阳光)을 반사하며 반짝반짝 빛났다.

今天阳光真好，空气也不错。
Jīntiān yángguāng zhēn hǎo, kōngqì yě búcuò.
오늘 햇빛이 정말 좋고, 공기도 좋다.

真 zhēn 정말, 참으로 | 好 hǎo 좋다 | 空气 kōngqì 공기 | 不错 búcuò 좋다

4급

温度
wēndù

명 온도

▶ 온난화로 인해 지구의 원뚜(温度)가 점점 높아지고 있어.

今天的温度很高，我不想去公园。
Jīntiān de wēndù hěn gāo, wǒ bù xiǎng qù gōngyuán.
오늘 온도가 매우 높아. 나는 공원에 가고 싶지 않아.

高 gāo 높다 | 想 xiǎng ~하고 싶다 | 公园 gōngyuán 공원

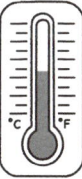

> **출제 포인트** 듣기, 독해 빈출 단어 **温度**
>
> 温度는 듣기나 독해 문제에 자주 출제되는 어휘로, 날씨와 관련된 문장에 많이 나온다. 같이 붙어 다니는 어휘를 알아 두면 많은 도움이 된다.
>
> 예 **温度高** 온도가 높다 / **温度低** 온도가 낮다 / **温度下降** 온도가 내려가다

3급

动物
dòngwù

명 동물

▶ 우리 아이가 똥우(动物)를 정말 좋아해서 주말마다 동물원에 가.

动物园里的动物都很可爱。
Dòngwùyuán li de dòngwù dōu hěn kě'ài.
동물원 안의 동물은 모두 매우 귀엽다.

动物园 dòngwùyuán 동물원 | 里 li 안, 속 | 都 dōu 모두, 다 | 可爱 kě'ài 귀엽다

자연환경 지키기

3급
马 mǎ
명 말

▶ 몽골의 넓은 초원 위에서 마(马)를 타 보고 싶어.

马和羊都喜欢吃草。
Mǎ hé yáng dōu xǐhuan chī cǎo.
말과 양 모두 풀 먹는 것을 좋아한다.

羊 yáng 양 | 喜欢 xǐhuan 좋아하다 | 吃 chī 먹다 | 草 cǎo 풀

3급
鸟 niǎo
명 새

▶ 하늘을 자유롭게 날아다니는 니아오(鸟)가 부러워.

这个公园里怎么没有小**鸟**啊?
Zhège gōngyuán li zěnme méiyǒu xiǎoniǎo a?
이 공원 안에는 왜 작은 새가 없는 거야?

公园 gōngyuán 공원 | 怎么 zěnme 왜, 어째서 | 没有 méiyǒu 없다, 가지고 있지 않다 | 小鸟 xiǎoniǎo 작은 새

3급
熊猫 xióngmāo
명 판다

▶ 중국을 대표하는 동물은 바로 시옹마오(熊猫)야.

大**熊猫**胖胖的,真可爱。
Dàxióngmāo pàngpàng de, zhēn kě'ài.
판다는 통통해서 정말 귀엽다.

胖 pàng (몸이) 뚱뚱하다 | 真 zhēn 정말, 참으로 | 可爱 kě'ài 귀엽다

참고 大熊猫 dàxióngmāo 판다

배경 지식 大熊猫(판다)

판다는 멸종 위기종으로 중국에서도 보호 동물로 지정되어 있는데, 중국인들은 판다를 중요 동물 중 하나로 여기며 아주 좋아한다. 판다는 한 자리에서 잘 움직이지 않는 동물이어서, 판다가 움직이는 모습을 보면 그날은 아주 운이 좋다고 할 정도이다. HSK에도 판다에 대한 문제가 종종 출제되니, 판다에 관련된 간단한 상식은 알아 두는 것이 좋다.

1급
狗 gǒu
명 개

▶ 우리 집 꺼우(狗)는 나와 산책하는 걸 가장 좋아해.

你看那只**狗**多可爱。
Nǐ kàn nà zhī gǒu duō kě'ài.
저 개가 얼마나 귀여운지 봐.

看 kàn 보다

3급
只
zhī
- 양 마리(날짐승이나 길짐승을 세는 단위)

▶ 할머니 댁에 가면 검은 강아지 한 즈(只)가 있어.

这里一共有多少只猫?
Zhèlǐ yígòng yǒu duōshao zhī māo?
이곳에는 모두 몇 마리의 고양이가 있나요?

这里 zhèlǐ 이곳, 여기 | **一共** yígòng 모두, 전부 | **多少** duōshao 몇

4급
尽管
jǐnguǎn
- 접 비록(설령) ~라 하더라도

▶ 진관(尽管) 비가 내려도 어미 새는 계속 먹이를 물어 나를 거야.

尽管那个公园我只去过一次，但是我对它印象很深。
Jǐnguǎn nàge gōngyuán wǒ zhǐ qùguo yí cì, dànshì wǒ duì tā yìnxiàng hěn shēn.
비록 그 공원은 내가 딱 한 번 가 보았지만, 나는 그 공원에 대한 인상이 매우 깊다.

公园 gōngyuán 공원 | **只** zhǐ 딱, 단지 | **过** guo ~한 적이 있다 | **次** cì 번, 차례 | **但是** dànshì 그러나, 그렇지만 | **对** duì ~에 대해 | **印象** yìnxiàng 인상 | **深** shēn 깊다

유의 **虽然** suīrán 비록 ~라 하더라도

4급
自然
zìrán
- 명 자연

▶ 인간은 쯔란(自然)의 섭리에 순응하며 살아야 합니다.

这个地方的自然风景很美丽。
Zhège dìfang de zìrán fēngjǐng hěn měilì.
이 지역의 자연 경치는 매우 아름답다.

地方 dìfang 지방 | **风景** fēngjǐng 경치, 풍경 | **美丽** měilì 아름답다

3급
环境
huánjìng
- 명 환경, 주위 상황

▶ 우리는 마땅히 환찡(环境)을 보존해야 할 의무가 있어.

我觉得这儿的环境很好，很安静。
Wǒ juéde zhèr de huánjìng hěn hǎo, hěn ānjìng.
나는 이곳의 환경이 매우 좋고, 매우 조용하다고 생각한다.

觉得 juéde ~라고 생각하다 | **这儿** zhèr 이곳, 여기 | **好** hǎo 좋다 | **安静** ānjìng 조용하다

4급
森林
sēnlín

명 삼림, 숲

▶ 지구의 허파라고 불리는 아마존 썬린(森林)을 보호해야 해.

很多森林大火都是由乱扔烟头引起的。
Hěn duō sēnlín dà huǒ dōu shì yóu luàn rēng yāntóu yǐnqǐ de.

매우 많은 산불들은 함부로 버린 담배꽁초 때문에 난 것이다.

大 dà 크다 | 火 huǒ 불 | 由 yóu ~로 인하여 | 乱 luàn 함부로 | 扔 rēng 버리다 | 烟头 yāntóu 담배꽁초 | 引起 yǐnqǐ (사건 등을) 일으키다

4급
保护
bǎohù

동 보호하다

▶ 우리는 마땅히 산림을 바오후(保护)해야 합니다.

保护环境应该从小事做起。
Bǎohù huánjìng yīnggāi cóng xiǎoshì zuò qǐ.

환경을 보호하는 것은 마땅히 사소한 일부터 시작해야 한다.

环境 huánjìng 환경 | 应该 yīnggāi (마땅히) ~해야 한다 | 从 cóng ~부터 | 小事 xiǎoshì 작은 일 | 做 zuò 하다 | 起 qǐ (동사 뒤에 쓰여) ~하기 시작하다

유의어 비교 保护 vs 爱护

保护 | (손상되지 않게) 보호하다
  예 保护环境 환경을 보호하다
    保护视力 시력을 보호하다

爱护 | (아끼고) 보호하다
  예 爱护孩子 아이를 아끼고 보호하다
    爱护公物 공공 기물을 아끼다

4급
污染
wūrǎn

명 오염
동 오염시키다

▶ 이미 우란(污染)된 자연을 복구하려면 오랜 시간이 필요해.

现在海洋污染越来越严重。
Xiànzài hǎiyáng wūrǎn yuèláiyuè yánzhòng.

현재 바다 오염이 갈수록 심각해지고 있다.

使用塑料袋会污染环境。
Shǐyòng sùliàodài huì wūrǎn huánjìng.

비닐봉지를 사용하는 것은 환경을 오염시킬 것이다.

现在 xiànzài 현재, 지금 | 海洋 hǎiyáng 바다 | 越来越 yuèláiyuè 갈수록 | 严重 yánzhòng 심각하다 | 使用 shǐyòng 사용하다 | 塑料袋 sùliàodài 비닐봉지 | 会 huì ~할 것이다

4급

表示
biǎoshì

동 표하다, 표시하다, 나타내다

▶ 개가 꼬리를 흔드는 것은 반가움을 비아오스(表示)하는 거야.

对于周末去动物园的计划，我表示同意。
Duìyú zhōumò qù dòngwùyuán de jìhuà, wǒ biǎoshì tóngyì.

주말에 동물원에 가는 계획에 대하여, 나는 동의를 표한다.

对于 duìyú ~에 대해 | 周末 zhōumò 주말 | 动物园 dòngwùyuán 동물원 | 计划 jìhuà 계획(하다) | 同意 tóngyì 동의(하다)

유의어 비교 表示 vs 表达

表示	(태도나 견해를) 표하다
예	表示同意 동의를 표하다
	表示感谢 감사를 표하다

表达	(생각, 감정을) 표현하다
예	表达想法 생각을 표현하다
	表达感情 감정을 표현하다

4급

地球
dìqiú

명 지구

▶ 달에서 바라본 띠치우(地球)의 모습은 푸른 별 모양이었다.

地球上已发现的鱼大概有两万六千多种。
Dìqiú shang yǐ fāxiàn de yú dàgài yǒu liǎng wàn liùqiān duō zhǒng.

지구에서 이미 발견된 물고기는 대략 2만 6천여 종이 있다.

上 shang ~에서 | 已 yǐ 이미, 벌써 | 发现 fāxiàn 발견하다 | 鱼 yú 물고기 | 大概 dàgài 대략 | 种 zhǒng 종, 종류

4급

海洋
hǎiyáng

명 해양, 바다

▶ 장보고는 드넓은 하이양(海洋)을 지키던 장군이었어.

这里有很多海洋动物，孩子们很喜欢。
Zhèlǐ yǒu hěn duō hǎiyáng dòngwù, háizimen hěn xǐhuan.

이곳에는 많은 해양 동물이 있어서, 아이들이 매우 좋아한다.

这里 zhèlǐ 이곳, 여기 | 动物 dòngwù 동물 | 孩子 háizi 어린이 | 喜欢 xǐhuan 좋아하다

3급

为了
wèile
개 ~하기 위하여

▶ 为了(~하기 위하여) + 出去玩儿(나가서 놀다) = 나가서 놀기 위해

为了出去玩儿，我们做好了准备。
Wèile chūqù wánr, wǒmen zuòhǎole zhǔnbèi.
나가서 놀기 위해, 우리는 준비를 다 했다.

出去 chūqù 나가다 | 玩(儿) wán(r) 놀다 | 做好 zuòhǎo (어떤 임무를) 잘 완성하다 | 准备 zhǔnbèi 준비(하다)

유의어 비교   为了 vs 为

为了	동작의 목적을 강조하며, 기본 패턴은 [为了 + 목적, 행위]이다. 예 为了学汉语，她去中国了。 중국어를 배우기 위해, 그녀는 중국으로 갔다.
为	동작의 대상을 강조하며, 동작의 원인을 나타내기도 한다. 예 为孩子担心 아이 때문에 걱정하다

3급

树
shù
명 나무, 수목

▶ 마당에 있는 슈(树)에서 어떤 열매가 열릴지 궁금하다.

一只老牛正在树下吃草。
Yì zhī lǎoniú zhèngzài shù xià chī cǎo.
늙은 소 한 마리가 나무 아래에서 풀을 뜯고 있다.

只 zhī 마리(주로 날짐승이나 길짐승을 세는 단위) | 老牛 lǎoniú 늙은 소 | 正 zhèng ~하고 있다 | 在 zài ~에서 | 下 xià 아래 | 吃 chī 먹다 | 草 cǎo 풀

4급

植物
zhíwù
명 식물

▶ 엄마의 취미는 화분에 즈우(植物)를 키우시는 거야.

森林里的植物越来越少，我很担心。
Sēnlín li de zhíwù yuèláiyuè shǎo, wǒ hěn dānxīn.
숲의 식물이 점점 줄어들어서 나는 매우 걱정된다.

森林 sēnlín 숲 | 越来越 yuèláiyuè 점점 | 少 shǎo 적다 | 担心 dānxīn 걱정하다

棵
kē

양 그루, 포기

▶우리 부모님은 내가 태어난 해에 나무 한 커(棵)를 같이 심으셨대.

秋天到了，这棵树的叶子都变红了。
Qiūtiān dào le, zhè kē shù de yèzi dōu biànhóng le.
가을이 왔다. 이 나무의 잎은 모두 빨갛게 변했다.

秋天 qiūtiān 가을 | 到 dào (어느 곳에) 이르다 | 树 shù 나무 | 都 dōu 모두, 다 | 变 biàn 변하다 | 红 hóng 빨갛다

伤心
shāngxīn

동 슬퍼하다, 상심하다

▶너무 상신(伤心)하지 마. 비가 그치면 반드시 해가 나오니까.

因为下雨不能出去，孩子们很伤心。
Yīnwèi xiàyǔ bù néng chūqù, háizimen hěn shāngxīn.
비가 와서 나갈 수 없어서, 아이들은 매우 슬퍼한다.

因为 yīnwèi 왜냐하면 | 下雨 xiàyǔ 비가 오다 | 能 néng ~할 수 있다 | 出去 chūqù 나가다 | 孩子 háizi 어린이

유의어 비교 伤心 vs 难过

- **伤心**: 운이 없거나 혹은 불행한 일을 맞닥뜨려서 상심하거나 슬퍼함을 뜻한다. 주로 회화에 많이 쓰이며, 보어로도 쓰일 수 있다.
  - 예 **哭得很伤心** 서럽게 울다
- **难过**: 심정이 좋지 않거나 편하지 않음을 가리키며, 생활이 쉽지 않음을 말할 때도 쓸 수 있다. 또한 다른 사람의 일 혹은 처지를 슬퍼할 때도 쓰인다.
  - 예 **这件事一直让她很难过。**
    이 일은 줄곧 그녀를 괴롭게 했다.

感觉
gǎnjué

명 느낌, 감각
동 느끼다, 생각하다

▶동물의 간쥐에(感觉)는 사람보다 더 예민해.

在江边散步的感觉很好。
Zài jiāngbiān sànbù de gǎnjué hěn hǎo.
강가에서 산책하는 느낌이 매우 좋다.

我感觉到了自然的美好。
Wǒ gǎnjué dào le zìrán de měihǎo.
나는 자연의 아름다움을 느꼈다.

在 zài ~에서 | 江边 jiāngbiān 강변 | 散步 sànbù 산책하다 | 好 hǎo 좋다 | 自然 zìrán 자연 | 美好 měihǎo 아름답다

자연환경 지키기

4급

建议
jiànyì

동 (자기 의견을) 제안하다, 제기하다, 건의하다

▶ 우리 아파트에 화단을 가꾸자고 찌엔이(建议)했어.

王老师建议同学们一起去爬山。
Wáng lǎoshī jiànyì tóngxuémen yìqǐ qù páshān.
왕 선생님은 학생들에게 함께 등산하러 갈 것을 제안했다.

老师 lǎoshī 선생님 | 同学 tóngxué 학생 | 一起 yìqǐ 함께, 같이 | 爬山 páshān 등산하다

4급

世纪
shìjì

명 세기

▶ 이 동굴은 지난 몇 스지(世纪) 동안이나 발견되지 않았어.

从上个世纪末开始，这条街道就很有名了。
Cóng shàng ge shìjì mò kāishǐ, zhè tiáo jiēdào jiù hěn yǒumíng le.
지난 세기 말부터 시작해서, 이 거리는 (바로) 매우 유명해졌다.

从 cóng ~부터 | 上 shàng 먼저의 | 末 mò 말, 끝머리 | 开始 kāishǐ 시작하다 | 条 tiáo 갈래, 줄기(길과 같이 가늘고 긴 것을 세는 단위) | 街道 jiēdào 거리 | 有名 yǒumíng 유명하다

4급

儿童
értóng

명 아동, 어린이

▶ 얼통(儿童)들의 순수한 모습을 보면 절로 웃음이 나곤 해.

儿童可免费参观植物园。
Értóng kě miǎnfèi cānguān zhíwùyuán.
어린이는 무료로 식물원을 참관할 수 있다.

可 kě ~할 수 있다 | 免费 miǎnfèi 무료로 하다 | 参观 cānguān 참관하다 | 植物园 zhíwùyuán 식물원

유의 孩子 háizi 아이, 아동

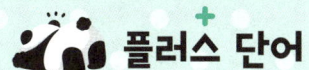 **플러스 단어**

음원 듣기

고득점 합격이 목표라면 플러스단어까지 학습해 보세요.

자연환경

植树 zhíshù 나무를 심다	净化 jìnghuà 정화하다
紫外线 zǐwàixiàn 자외선	沙漠 shāmò 사막
臭氧层 chòuyǎngcéng 오존층	绿化 lǜhuà 녹화하다
自然灾害 zìrán zāihài 자연재해	循环 xúnhuán 순환하다
洪水 hóngshuǐ 홍수	全球变暖 quánqiú biànnuǎn 지구 온난화
地震 dìzhèn 지진	濒临灭绝 bīnlín mièjué 멸종 위기에 처하다
山火 shānhuǒ 산불	生态平衡 shēngtài pínghéng 생태계의 균형
资源 zīyuán 자원	
能源 néngyuán 에너지	低碳生活 dītàn shēnghuó 저탄소(친환경적) 생활
节能 jiénéng 에너지를 절약하다 (节省能源의 줄임말)	雾霾 wùmái 스모그
	沙尘暴 shāchénbào 황사 현상

데일리 테스트

고생하셨어요! QR코드를 스캔해 데일리 테스트를 풀어 보며 오늘 학습을 마무리해 보세요.

문제 풀기

자연환경 지키기

🔍 **단어 FAQ**

HSK 빈출 접속사 구문

无论A，都/也B

접속사 '无论'에 대해 알려줘.

접속사 '无论'은 조건 관계 접속사로 '~을 막론하고'라는 뜻을 가졌어요.

'无论'과 함께 오는 짝꿍 어휘는 뭐야?

접속사 '无论'은 '都' 또는 '也'와 함께 써서 '无论A 都/也B'라고 표현해요. A 자리에 평서문은 쓰일 수 없고, 의문 형식(선택의문문/의문사의문문/정반의문문)이 오며, B 자리에는 변하지 않은 결과가 와요.

'无论' 대신 바꿔서 쓸 수 있는 어휘도 있어?

네. 접속사 '无论'은 '不论' '不管'과 바꿔서 쓸 수 있으며, HSK 4급에서는 '无论'과 '不管'이 많이 쓰여요.

HSK 1~4급 시험 대비용으로 정리해 줘.

물론이죠.
간단히 표로 정리하면,

	无论 A 都 B wúlùn A dōu B
의미	A를 막론하고, 모두 B하다
관계	조건 관계
용법	A: 의문 형식 (선택의문문/의문사의문문/정반의문문), B: 변하지 않는 결과

HSK 4급 빈출 문장으로 예시를 들자면,

无论发生什么事，我们都要坚持下去。
Wúlùn fāshēng shénme shì, wǒmen dōu yào jiānchí xiàqù.
무슨 일이 생기든 우리는 끝까지 버텨야 해.

초밀착 순간 암기 코칭
HSK 1~4급 단어
한권으로 끝내기

부록

◆ 데일리 테스트 정답
◆ 보충 단어
◆ HSK 3급, 4급 필수 짝꿍 표현

데일리 테스트 정답

DAY 01 p.19
1 (1) ✓ (2) ✗ (3) ✓
2 (1) 咱们 (2) 爸爸 (3) 女儿
  (4) 大家 (5) 姐姐

DAY 02 p.29
1 (1) ✓ (2) ✗ (3) ✗
2 (1) 醒 (2) 穿 (3) 适合
  (4) 手机 (5) 袜子

DAY 03 p.37
1 (1) ✗ (2) ✓ (3) ✓
2 (1) 明天 (2) 周末 (3) 时候
  (4) 星期 (5) 小时

DAY 04 p.47
1 (1) ✗ (2) ✓ (3) ✗
2 (1) 骑 (2) 站 (3) 出发
  (4) 复杂 (5) 认为

DAY 05 p.55
1 (1) ✗ (2) ✓ (3) ✓
2 (1) 从 (2) 离 (3) 向
  (4) 附近 (5) 周围

DAY 06 p.67
1 (1) ✓ (2) ✓ (3) ✗
2 (1) 喝 (2) 服务员 (3) 好吃
  (4) 餐厅 (5) 免费

DAY 07 p.77
1 (1) ✗ (2) ✓ (3) ✓
2 (1) 迟到 (2) 感情 (3) 热闹
  (4) 怀疑 (5) 难过

DAY 08 p.87
1 (1) ✓ (2) ✗ (3) ✓
2 (1) 售货员 (2) 西红柿 (3) 新鲜
  (4) 需要 (5) 质量

DAY 09 p.99
1 (1) ✓ (2) ✓ (3) ✗
2 (1) 比较 (2) 正好 (3) 花
  (4) 贵 (5) 便宜

DAY 10 p.109
1 (1) ✓ (2) ✗ (3) ✓
2 (1) 关 (2) 干净 (3) 收拾
  (4) 养成 (5) 整理

DAY 11 p.121

1 (1) ⓔ (2) ⓓ (3) ⓒ
  (4) ⓐ (5) ⓑ
2 (1) ⓑ (2) ⓐ (3) ⓔ
  (4) ⓒ (5) ⓓ

DAY 12 p.133

1 (1) ⓔ (2) ⓓ (3) ⓑ
  (4) ⓒ (5) ⓐ
2 (1) ⓓ (2) ⓒ (3) ⓑ
  (4) ⓔ (5) ⓐ

DAY 13 p.143

1 (1) ⓔ (2) ⓓ (3) ⓐ
  (4) ⓑ (5) ⓒ
2 (1) ⓓ (2) ⓔ (3) ⓐ
  (4) ⓑ (5) ⓒ

DAY 14 p.155

1 (1) ⓔ (2) ⓐ (3) ⓑ
  (4) ⓒ (5) ⓓ
2 (1) ⓒ (2) ⓔ (3) ⓓ
  (4) ⓑ (5) ⓐ

DAY 15 p.167

1 (1) ⓒ (2) ⓔ (3) ⓐ
  (4) ⓑ (5) ⓓ
2 (1) ⓒ (2) ⓓ (3) ⓐ
  (4) ⓔ (5) ⓑ

DAY 16 p.181

1 (1) ⓑ (2) ⓔ (3) ⓐ
  (4) ⓒ (5) ⓓ
2 (1) ⓐ (2) ⓔ (3) ⓒ
  (4) ⓑ (5) ⓓ

DAY 17 p.191

1 (1) ⓒ (2) ⓓ (3) ⓐ
  (4) ⓔ (5) ⓑ
2 (1) ⓒ (2) ⓐ (3) ⓓ
  (4) ⓔ (5) ⓑ

DAY 18 p.203

1 (1) ⓓ (2) ⓒ (3) ⓐ
  (4) ⓔ (5) ⓓ
2 (1) ⓒ (2) ⓔ (3) ⓐ
  (4) ⓑ (5) ⓓ

DAY 19 p.217

1 (1) ⓓ (2) ⓔ (3) ⓐ
  (4) ⓑ (5) ⓒ
2 (1) ⓔ (2) ⓐ (3) ⓓ
  (4) ⓒ (5) ⓑ

DAY 20 p.231

1 (1) ⓑ (2) ⓔ (3) ⓐ
  (4) ⓒ (5) ⓓ
2 (1) ⓐ (2) ⓓ (3) ⓔ
  (4) ⓒ (5) ⓑ

DAY 21 p.243

1 (1) 要求 (2) 超过 (3) 保证
(4) 经济 (5) 简单

2 (1) 我对自己的判断很有信心。
(2) 你应该了解公司的规定。
(3) 公司给了我一张信用卡。
(4) 你不是刚把工资取出来吗?
(5) 我的主要工作是整理材料。

DAY 22 p.255

1 (1) 来得及 (2) 难道 (3) 提前
(4) 大约 (5) 偶尔

2 (1) 老板偶尔不来开会。
(2) 他们不得不改变开会地点。
(3) 他们把今天的会议时间推迟了。
(4) 你得准时赶到会场。
(5) 我刚才接到了公司的电话。

DAY 23 p.265

1 (1) 印象 (2) 弹钢琴 (3) 许多
(4) 上网 (5) 危险

2 (1) 你有什么爱好?
(2) 妹妹对学外语很感兴趣。
(3) 你喜欢这种音乐节目吗?
(4) 互联网使我们的生活变得更方便。
(5) 我爱看游戏方面的杂志。

DAY 24 p.277

1 (1) 爬山 (2) 减肥 (3) 散步
(4) 轻松 (5) 输

2 (1) 这个比赛进行得很顺利。
(2) 我参加了学校的爬山活动。
(3) 我们每天早上去游泳吧。
(4) 这种运动的减肥效果很好。
(5) 我有每天晚上散步的习惯。

DAY 25 p.287

1 (1) 节目 (2) 广播 (3) 京剧
(4) 艺术 (5) 千万

2 (1) 今天的观众非常热情。
(2) 这个节目当时非常流行。
(3) 网上的信息特别丰富。
(4) 我其实对新闻没兴趣。
(5) 这个巧克力的广告太浪漫了!

DAY 26 p.299

1 (1) 研究 (2) 技术 (3) 发展
(4) 禁止 (5) 调查

2 (1) 这件事与社会问题有关。
(2) 空气污染影响了人的健康。
(3) 最近浪费水的现象很严重。
(4) 我们必须按照法律规定做事。
(5) 近年城市的变化很大。

DAY 27   p.307

1. (1) 流行 (2) 漂亮 (3) 出现
   (4) 只好 (5) 打扮
2. (1) 我买了一件新衣服。
   (2) 这双皮鞋穿着挺暖和的。
   (3) 你不要忘记换鞋。
   (4) 弟弟把裤子弄脏了。
   (5) 我的哥哥个子很矮。

DAY 28   p.319

1. (1) 护照 (2) 长城 (3) 导游
   (4) 降落 (5) 乘坐
2. (1) 我们打算坐飞机去北京。
   (2) 请问火车站怎么走?
   (3) 今天的火车票还有吗?
   (4) 飞机的起飞时间被推迟了。
   (5) 你能送我去机场吗?

DAY 29   p.329

1. (1) 有名 (2) 压力 (3) 凉快
   (4) 吸引 (5) 提供
2. (1) 昨天北京的天气怎么样?
   (2) 青岛的气候和首尔差不多。
   (3) 这里的空气污染十分严重。
   (4) 我感觉今年冬天比去年暖和。
   (5) 我从来没爬过长城。

DAY 30   p.339

1. (1) 熊猫 (2) 自然 (3) 伤心
   (4) 建议 (5) 为了
2. (1) 保护环境应该从小事做起。
   (2) 现在海洋污染越来越严重。
   (3) 请大家按照顺序离开。
   (4) 这棵树的叶子都掉光了。
   (5) 动物园里的动物都很可爱。

보충 단어

HSK 1~4급 필수어휘 중 30일 커리큘럼 표제어로 다루지 않은 어휘들이에요.
QR코드를 스캔해 웹페이지에서 음원을 듣고 추가 공개된 예문도 확인하세요.

대사, 양사, 수사

1급	我	wǒ	대 나
1급	我们	wǒmen	대 우리
1급	你	nǐ	대 당신, 너
2급	您	nín	대 당신, 귀하 [你의 존칭어]
1급	他	tā	대 그
1급	她	tā	대 그녀
2급	它	tā	대 그것, 저것 [사람 이외의 것을 나타냄]
1급	这	zhè	대 이, 이것
1급	那	nà	대 그, 그것, 저, 저것 접 그러면, 그렇다면
1급	哪	nǎ	대 어느, 어떤
1급	几	jǐ	대 수 몇 [10 이하의 수를 물을 때 씀]
4급	各	gè	대 각, 여러
1급	什么	shénme	대 무슨, 무엇, 어떤
1급	怎么	zěnme	대 어떻게, 어째서, 왜
3급	其他	qítā	대 다른 사물(사람), 기타
4급	其次	qícì	대 다음, 그 다음
4급	其中	qízhōng	대 그 중에, 그 안에
4급	一切	yíqiè	대 일체, 전부, 모든
4급	另外	lìngwài	대 다른 사람이나 사물
1급	一	yī	수 1, 하나
1급	二	èr	수 2, 둘
1급	三	sān	수 3, 셋
1급	四	sì	수 4, 넷
1급	五	wǔ	수 5, 다섯
1급	六	liù	수 6, 여섯

1급	七	qī	수 7, 일곱
1급	八	bā	수 8, 여덟
1급	九	jiǔ	수 9, 아홉
1급	十	shí	수 10, 열
2급	百	bǎi	수 100, 백
2급	千	qiān	수 1000, 천
3급	万	wàn	수 10000, 만
1급	个	gè/ge	양 개, 명
2급	件	jiàn	양 벌, 건(옷·일을 세는 양사)
4급	秒	miǎo	양 초
1급	块	kuài	양 위안 [중국의 화폐 단위]
3급	元	yuán	양 위안 [중국의 화폐 단위]
4급	毛	máo	양 마오 [중국의 화폐 단위]
3급	角	jiǎo	양 지아오 [중국의 화폐 단위] 명 털
4급	倍	bèi	양 배, 배수, 곱절
2급	次	cì	양 번, 차례, 회
3급	辆	liàng	양 대, 량 [차량을 세는 단위]
3급	碗	wǎn	명 그릇, 사발 양 그릇, 공기
3급	层	céng	양 층
1급	本	běn	양 권 [책을 세는 양사]
3급	段	duàn	양 (한)동안, 얼마간, 단락, 토막
4급	座	zuò	양 동, 채, 좌 [건물을 세는 단위]
2급	一下	yíxià	수량 동사 뒤에 쓰여 '좀 ~하다'의 뜻을 나타냄
1급	一点儿	yìdiǎnr	수량 약간, 조금

명사

| 1급 | 上午 | shàngwǔ | 명 오전 |
| 1급 | 中午 | zhōngwǔ | 명 정오, 점심 |

1급	下午	xiàwǔ	명 오후
1급	分钟	fēnzhōng	명 분 [시간을 셀 때 쓰임]
1급	号	hào	명 일 [날짜를 가리킴]
2급	日	rì	명 일, 날
4급	礼拜天	lǐbàitiān	명 일요일
4급	方向	fāngxiàng	명 방향
3급	东	dōng	명 동, 동쪽
3급	西	xī	명 서, 서쪽
3급	南	nán	명 남, 남쪽
3급	北方	běifāng	명 북쪽, 북방
2급	右边	yòubian	명 오른쪽, 우측
2급	左边	zuǒbian	명 왼쪽, 왼편
2급	旁边	pángbiān	명 옆, 곁, 근처
1급	前面	qiánmiàn	명 앞, 앞쪽
1급	后面	hòumiàn	명 뒤쪽, 뒤, 뒷면
3급	街道	jiēdào	명 거리, 대로
1급	里	li / lǐ	명 속, 안
4급	内	nèi	명 안, 속, 내부
2급	外	wài	명 밖, 바깥, 겉, ~ 이외
4급	底	dǐ	명 밑, 바닥
2급	左右	zuǒyòu	명 안팎, 가량 명 좌우
3급	中间	zhōngjiān	명 중간, 한가운데
1급	上	shang	명 ~ 위(에), ~에
		shàng	형 먼저의, 앞의 동 가다, (어떤 일을) 하다
3급	春	chūn	명 봄
3급	夏	xià	명 여름
3급	秋	qiū	명 가을
3급	冬	dōng	명 겨울

급	단어	병음	뜻
2급	男	nán	명 남자, 사내, 남성 형 남자의
2급	女	nǚ	명 여자, 여성 형 여자의
4급	性别	xìngbié	명 성별
3급	衬衫	chènshān	명 셔츠, 와이셔츠, 블라우스
3급	裙子	qúnzi	명 치마, 스커트
1급	小姐	xiǎojiě	명 아가씨, 양, 미스 [미혼 여성을 부르는 호칭]
1급	水	shuǐ	명 물
1급	杯子	bēizi	명 컵, 잔
2급	咖啡	kāfēi	명 커피
3급	筷子	kuàizi	명 젓가락
4급	勺子	sháozi	명 숟가락, 국자
4급	友谊	yǒuyì	명 우정, 우의
2급	西瓜	xīguā	명 수박
3급	香蕉	xiāngjiāo	명 바나나
1급	苹果	píngguǒ	명 사과
4급	巧克力	qiǎokèlì	명 초콜릿
2급	牛奶	niúnǎi	명 우유
3급	啤酒	píjiǔ	명 맥주
3급	灯	dēng	명 등, 등롱, 램프
4급	刀	dāo	명 칼
3급	伞	sǎn	명 우산
4급	牙膏	yágāo	명 치약
2급	门	mén	명 문, (출)입구, 현관
4급	厕所	cèsuǒ	명 화장실, 변소
1급	桌子	zhuōzi	명 책상, 테이블
4급	大夫	dàifu	명 의사
3급	鼻子	bízi	명 코
3급	耳朵	ěrduo	명 귀

급	단어	병음	뜻
1급	家	jiā	몡 집, 가정 양 집·상점·회사 등을 세는 단위
3급	口	kǒu	몡 입 양 명(식구를 세는 단위)
4급	入口	rùkǒu	몡 입구
3급	脚	jiǎo	몡 발
2급	题	tí	몡 문제, 제목
3급	班	bān	몡 조, 그룹, 반
1급	字	zì	몡 글자, 문자
3급	句子	jùzi	몡 문장
4급	文章	wénzhāng	몡 글, 문장
4급	语言	yǔyán	몡 언어, 말
1급	椅子	yǐzi	몡 의자
2급	铅笔	qiānbǐ	몡 연필
4급	词语	cíyǔ	몡 어휘, 글자
4급	博士	bóshì	몡 박사 (학위)
3급	笔记本	bǐjìběn	몡 노트, 수첩 몡 노트북 컴퓨터
4급	生意	shēngyi	몡 장사, 영업, 사업
3급	数学	shùxué	몡 수학
4급	聚会	jùhuì	몡 모임, 회합, 집회 동 모이다, 집합하다
4급	国际	guójì	몡 국제
4급	号码	hàomǎ	몡 번호, 숫자
4급	顺序	shùnxù	몡 순서, 차례, 순번, 순차
3급	年级	niánjí	몡 학년
4급	将来	jiānglái	몡 미래, 장래
4급	耐心	nàixīn	몡 인내심 형 인내심이 강하다, 참을성이 있다
3급	爱好	àihào	몡 취미 동 ~하기를 즐기다
4급	光	guāng	몡 빛, 광선 형 아무것도 없이 텅 비다 [보어로 쓰임]
2급	报纸	bàozhǐ	몡 신문

2급	意思	yìsi	명 의미, 뜻
3급	声音	shēngyīn	명 목소리, 소리
3급	船	chuán	명 배, 선박
4급	首都	shǒudū	명 수도
2급	雪	xuě	명 눈
3급	草	cǎo	명 풀
4급	老虎	lǎohǔ	명 호랑이
1급	猫	māo	명 고양이
3급	月亮	yuèliang	명 달
4급	云	yún	명 구름
4급	叶子	yèzi	명 잎, 잎사귀
4급	桥	qiáo	명 다리, 교량
3급	嘴	zuǐ	명 입의 속칭
4급	暂时	zànshí	명 잠시, 잠깐, 일시
3급	一会儿	yíhuìr	명 잠시, 짧은 시간, 잠깐 동안
4급	普通话	pǔtōnghuà	명 현대 중국 표준어
1급	汉语	Hànyǔ	고유 중국어, 한어
4급	亚洲	Yàzhōu	고유 아시아주
1급	北京	Běijīng	고유 베이징
3급	中文	Zhōngwén	고유 중문, 중국의 언어와 문자

동사

1급	有	yǒu	동 있다
1급	没有	méiyǒu	동 없다 부 ~ 않다 [과거의 경험, 행위, 사실 따위를 부정함]
4급	无	wú	동 없다
2급	到	dào	동 도착하다, 도달하다 [동사 뒤에 보어로 쓰여 동작이 목적에 도달했거나 결과가 있음을 나타냄]
2급	进	jìn	동 (밖에서 안으로) 들다, 나아가다, 전진하다
2급	出	chū	동 나가다, 나오다 동 생기다

보충 단어

3급	过	guò	동 건너다, 가다, (지점이나 시점을) 지나다
3급	过去	guòqù	동 지나가다, 지나다 명 과거, 예전
3급	起来	qǐlái	동 (잠자리에서) 일어나다
		qǐlai	동 동사 뒤에 쓰여, 어림 짐작하거나 어떤 일에 대한 견해를 나타냄
4급	行	xíng	동 ~해도 좋다, 좋다
4급	赶	gǎn	동 (시간이 정해진 장소에) 가다, 따라 가다
4급	转	zhuàn	동 돌다, 회전하다
		zhuǎn	동 (방향·위치를) 꺾다, 바꾸다
4급	尝	cháng	동 맛보다, 시험 삼아 먹어 보다, 시험 삼아 해 보다
4급	剩	shèng	동 남다, 남기다
2급	给	gěi	동 주다 개 ~에게
4급	响	xiǎng	동 소리가 나다, 울리다
4급	敲	qiāo	동 두드리다, 치다, 때리다
4급	倒	dào	동 버리다
		dǎo	동 넘어지다, 자빠지다
3급	接	jiē	동 받다
4급	推	tuī	동 밀다
4급	拉	lā	동 끌다, 당기다
4급	掉	diào	동 떨어지다, 떨어뜨리다, 빠뜨리다
4급	梦	mèng	동 꿈을 꾸다 명 꿈
4급	干	gàn	동 일을 하다, 담당하다, 종사하다
4급	存	cún	동 저금하다, 맡기다, 보관하다
2급	懂	dǒng	동 알다, 이해하다
3급	讲	jiǎng	동 말하다, 이야기하다
4급	提	tí	동 언급하다
4급	收	shōu	동 받다, 접수하다, 받아들이다
4급	照	zhào	동 (사진·영화를) 찍다
4급	敢	gǎn	동 감히 ~하다, 자신 있게 ~하다, 과감하게 ~하다

급수	한자	병음	뜻
4급	够	gòu	동 충분하다, (필요한 수량·기준 등을) 만족시키다
4급	指	zhǐ	동 (손가락 등으로) 가리키다, 지시하다
4급	省	shěng	동 아끼다, 절약하다 명 성(직할시)
4급	节	jié	동 절약하다, 아껴 쓰다 명 기념일, 축제
4급	弄	nòng	동 하다, 행하다, 만들다, (손으로) 가지고 놀다
4급	干杯	gānbēi	동 건배하다, 잔을 비우다
4급	估计	gūjì	동 추측하다, 예측하다
4급	同情	tóngqíng	동 동정하다, 찬성하다, 공감하다
4급	允许	yǔnxǔ	동 허락하다, 허가하다
4급	占线	zhànxiàn	동 통화 중이다, 사용 중이다
4급	对话	duìhuà	동 대화하다 명 대화
4급	打扰	dǎrǎo	동 방해하다, 폐를 끼치다
3급	刮风	guāfēng	동 바람이 불다
4급	例如	lìrú	동 예를 들면, 예를 들어

형용사

급수	한자	병음	뜻
2급	黑	hēi	형 검다, 캄캄하다, 어둡다
3급	蓝	lán	형 남색의, 남빛의
2급	白	bái	형 희다, 하얗다 부 헛되이
2급	晴	qíng	형 맑다, 개다
3급	绿	lǜ	형 푸르다
1급	少	shǎo	형 적다
3급	老	lǎo	형 늙다 형 오래되다
3급	久	jiǔ	형 오래다, 시간이 길다
4급	低	dī	형 (높이, 등급이) 낮다
2급	错	cuò	형 잘못하다, 틀리다
4급	厚	hòu	형 두껍다, 두텁다
4급	火	huǒ	형 인기 있다 명 불, 화염

4급	富	fù	형 부유하다, 많다, 풍부하다, 넉넉하다
4급	穷	qióng	형 빈곤하다, 가난하다
3급	矮	ǎi	형 (키가) 작다
3급	差	chà	형 나쁘다, 표준에 못 미치다 동 부족하다, 모자라다
4급	假	jiǎ	형 가짜의, 거짓의, 위조의
2급	阴	yīn	형 흐리다
4급	懒	lǎn	형 게으르다, 나태하다
4급	笨	bèn	형 어리석다, 멍청하다
3급	渴	kě	형 목마르다, 갈증 나다
4급	苦	kǔ	형 (맛이) 쓰다
4급	所有	suǒyǒu	형 모든, 전부의
4급	原来	yuánlái	형 원래의 부 원래, 본래 부 알고 보니
4급	得意	déyì	형 대단히 만족하다, 득의하다
4급	可怜	kělián	형 불쌍하다, 가련하다
4급	诚实	chéngshí	형 성실하다, 진실하다, 참되다
4급	勇敢	yǒnggǎn	형 용감하다
4급	友好	yǒuhǎo	형 우호적이다
4급	准确	zhǔnquè	형 정확하다, 확실하다
4급	实际	shíjì	형 실제적이다, 구체적이다
4급	全部	quánbù	형 전부의, 전체의 명 전부, 전체, 모두
3급	一样	yíyàng	형 같다, 동일하다

부사, 조사, 개사, 접속사

1급	很	hěn	부 매우, 아주
1급	不	bù	부 ~하지 않다, ~ 아니다
1급	太	tài	부 너무
3급	极	jí	부 매우, 아주
2급	就	jiù	부 바로 [사실을 강조함을 나타냄] / 바로, 곧

급수	단어	병음	뜻
1급	都	dōu	🖤 모두, 다, ~조차도 🖤 이미, 벌써
2급	也	yě	🖤 ~도, 역시
4급	却	què	🖤 오히려, 도리어
3급	先	xiān	🖤 먼저, 우선
3급	更	gèng	🖤 더, 더욱, 훨씬
3급	越	yuè	🖤 점점 ~하다, ~할수록 ~하다
2급	非常	fēicháng	🖤 매우, 대단히
3급	总是	zǒngshì	🖤 언제나, 늘, 줄곧
4급	到底	dàodǐ	🖤 도대체 🖤 끝까지 ~하다
4급	首先	shǒuxiān	🖤 맨 먼저, 가장 먼저
4급	究竟	jiūjìng	🖤 도대체, 대관절
4급	甚至	shènzhì	🖤 심지어, ~까지도, ~조차도
4급	至少	zhìshǎo	🖤 적어도, 최소한
4급	好像	hǎoxiàng	🖤 마치 ~인 것 같다, 마치 ~과 같다(비슷하다)
4급	恐怕	kǒngpà	🖤 아마 ~일 것이다 [추측, 짐작]
4급	也许	yěxǔ	🖤 아마도, 어쩌면
4급	大概	dàgài	🖤 대략, 대개, 아마도
4급	确实	quèshí	🖤 확실히, 틀림없이
4급	最好	zuìhǎo	🖤 ~하는 것이 가장 좋다
4급	永远	yǒngyuǎn	🖤 영원히, 언제까지나
3급	一共	yígòng	🖤 모두, 전부, 합계
4급	故意	gùyì	🖤 고의로, 일부러 🖤 고의
3급	其实	qíshí	🖤 사실, 실은
3급	还是	háishi	🖤 아직도, 여전히
4급	本来	běnlái	🖤 본래, 원래
4급	是否	shìfǒu	🖤 ~인지 아닌지
3급	当然	dāngrán	🖤 당연히, 물론
4급	竟然	jìngrán	🖤 뜻밖에도, 의외로, 상상 외로, 놀랍게도

급수	단어	병음	뜻
4급	仍然	réngrán	🔹 여전히, 변함없이, 아직도
3급	多么	duōme	🔹 얼마나 [감탄문에서 정도가 심함을 나타냄]
1급	的	de	🔹 ~의 (것), ~한 (것)
1급	吗	ma	🔹 ~니?, ~입니까? [문장 끝에 쓰여 의문의 어기를 나타냄]
2급	吧	ba	🔹 ~하자 [상의·제의·청유·기대·명령 등의 어기를 나타냄]
			🔹 ~지? [가늠·추측의 어기를 나타냄]
2급	过	guo	🔹 ~한 적이 있다
3급	地	de	🔹 관형어 단어나 구 뒤에 쓰여 부사어로 만들어 줌
2급	着	zhe	🔹 ~하고 있다, ~해 있다 [동작이나 상태의 지속을 나타냄]
1급	了	le	🔹 ~했다 [술어 뒤에 쓰여 동작 또는 변화가 이미 완료되었음을 나타냄]
4급	之	zhī	🔹 ~의
4급	等	děng	🔹 등, 따위
3급	啊	a	🔹 문장 끝에 쓰여 의문·감탄·찬탄을 나타냄
4급	呀	ya	🔹 놀람이나 경이로움 또는 의문 등을 나타냄
1급	呢	ne	🔹 의문문 끝에 쓰여 강조를 나타냄
1급	和	hé	🔹 ~와, ~과 🔹 ~와, ~과
3급	跟	gēn	🔹 ~와, ~에게 🔹 ~와, ~과
2급	往	wǎng	🔹 ~ 쪽으로, ~을 향해
4급	由	yóu	🔹 ~가, ~이, ~으로
3급	除了	chúle	🔹 ~을 제외하고(는), ~ 외에 또
3급	关于	guānyú	🔹 ~에 관해서(관하여)
4급	以	yǐ	🔹 ~(으)로(써), ~을 가지고
1급	能	néng	🔹 ~할 수 있다
1급	会	huì	🔹 ~할 수 있다 🔹 ~할 것이다
4급	得	děi	🔹 ~해야 한다
		dé	🔹 (병을) 얻다 / 얻다, 획득하다
2급	可以	kěyǐ	🔹 ~할 수 있다, ~해도 된다 🔹 좋다, 괜찮다

4급	而	ér	접 목적 또는 원인 등을 나타내는 성분을 연결시킴 ~(하)고(도), 그리고
4급	与	yǔ	접 ~와, ~과 개 ~와, ~과
4급	不过	búguò	접 그러나, 그런데 [역접, 전환을 나타냄]
4급	要是	yàoshi	접 만약, 만약 ~이라면
3급	只有	zhǐyǒu	접 ~해야만 ~이다
4급	由于	yóuyú	접 ~로 인하여, ~ 때문에
4급	相反	xiāngfǎn	접 반대로, 거꾸로 동 반대되다, 상반되다
3급	或者	huòzhě	접 ~이든가 아니면 ~이다 [선택 관계]

HSK 3급, 4급 필수 짝꿍 표현

★ 3급 시험에 꼭 나오는 짝꿍 표현

음원 듣기

穿衣服　chuān yīfu　옷을 입다
穿袜子　chuān wàzi　양말을 신다
戴帽子　dài màozi　모자를 쓰다
脱衣服　tuō yīfu　옷을 벗다
一双鞋　yì shuāng xié　신발 한 켤레
一双筷子　yì shuāng kuàizi　젓가락 한 쌍
点菜　diǎncài　음식을 주문하다
开窗户　kāi chuānghu　창문을 열다
开公司　kāi gōngsī　회사를 개업하다
开车　kāichē　운전하다
坐出租车　zuò chūzūchē　택시를 타다
坐地铁　zuò dìtiě　지하철을 타다
骑马　qí mǎ　말을 타다
骑自行车　qí zìxíngchē　자전거를 타다
现在出发　xiànzài chūfā　지금 출발하다
无法选择　wúfǎ xuǎnzé　선택할 수 없다
看电影　kàn diànyǐng　영화를 보다
发短信　fā duǎnxìn　문자 메시지를 보내다
交作业　jiāo zuòyè　숙제를 제출하다
做饭　zuòfàn　밥을 하다
多少钱　duōshao qián　얼마예요?
一块手表　yí kuài shǒubiǎo　손목시계 한 개
有点儿贵　yǒudiǎnr guì　조금 비싸다
找东西　zhǎo dōngxi　물건을 찾다
找工作　zhǎo gōngzuò　일자리를 찾다

找人　zhǎo rén　사람을 찾다

周末快乐　zhōumò kuàilè　즐거운 주말 보내세요

给……打电话　gěi …… dǎ diànhuà　~에게 전화를 걸다

从……到……　cóng …… dào ……　~에서 ~까지

从……出发　cóng …… chūfā　~에서 출발하다

和(/跟)……见面　hé (/gēn) …… jiànmiàn　~를 만나다

和(/跟)……结婚　hé (/gēn) …… jiéhūn　~와 결혼하다

需要帮忙　xūyào bāngmáng　도움을 필요로 하다

休息一会儿　xiūxi yíhuìr　잠시 쉬다

修理电脑　xiūlǐ diànnǎo　컴퓨터를 수리하다

个子矮　gèzi ǎi　키가 작다

个子高　gèzi gāo　키가 크다

检查身体　jiǎnchá shēntǐ　신체검사를 하다

身体健康　shēntǐ jiànkāng　몸이 건강하다

讲故事　jiǎng gùshi　(옛날) 이야기를 하다

好朋友　hǎo péngyou　좋은 친구

交朋友　jiāo péngyou　친구를 사귀다

参加考试　cānjiā kǎoshì　시험에 참가하다

参加会议　cānjiā huìyì　회의에 참석하다

遇到问题　yùdào wèntí　문제에 부딪히다

解决问题　jiějué wèntí　문제를 해결하다

回答问题　huídá wèntí　문제에 대답하다

学习汉语　xuéxí Hànyǔ　중국어를 배우다

向……学习　xiàng …… xuéxí　~에게 배우다

考试成绩　kǎoshì chéngjì　시험 성적

水平高　shuǐpíng gāo　수준이 높다

提高水平	tígāo shuǐpíng	수준을 높이다
提高成绩	tígāo chéngjì	성적을 올리다
完成作业	wánchéng zuòyè	숙제를 마치다
写得漂亮	xiě de piàoliang	예쁘게 쓰다
照顾孩子	zhàogù háizi	아이를 돌보다
像……一样	xiàng …… yíyàng	~와 같다
对……满意	duì …… mǎnyì	~에 대해 만족하다
对……热情	duì …… rèqíng	~에게 친절하다
欢迎光临	huānyíng guānglín	어서 오세요
收到电子邮件	shōudào diànzǐ yóujiàn	이메일을 받다
有机会	yǒu jīhuì	기회가 있다
重要的事情	zhòngyào de shìqing	중요한 일
工作经历	gōngzuò jīnglì	업무 경험
接电话	jiē diànhuà	전화를 받다
听音乐	tīng yīnyuè	음악을 듣다
开电脑	kāi diànnǎo	컴퓨터를 켜다
玩儿电脑	wánr diànnǎo	컴퓨터를 하다
看电视	kàn diànshì	TV를 보다
看新闻	kàn xīnwén	뉴스를 보다
画画儿	huà huàr	그림을 그리다
玩儿游戏	wánr yóuxì	게임을 하다
电脑游戏	diànnǎo yóuxì	컴퓨터 게임
刷信用卡	shuā xìnyòngkǎ	신용카드를 긁다
拿东西	ná dōngxi	물건을 들다
严格要求	yángé yāoqiú	엄격하게 요구하다
主要问题	zhǔyào wèntí	주요 문제

跟······一起跳舞　gēn ······ yìqǐ tiàowǔ　~와 함께 춤을 추다
上网买东西　shàngwǎng mǎi dōngxi　인터넷으로 물건을 사다
去······旅行　qù ······ lǚxíng　~로 여행 가다
爱好跑步　àihào pǎobù　달리는 것을 즐기다
爱好音乐　àihào yīnyuè　음악을 좋아하다
参加比赛　cānjiā bǐsài　경기에 참가하다
一起爬山　yìqǐ páshān　함께 등산하다
好习惯　hǎo xíguàn　좋은 습관
坏习惯　huài xíguàn　나쁜 습관
重要新闻　zhòngyào xīnwén　중요한 뉴스
电视节目　diànshì jiémù　TV 프로그램
历史故事　lìshǐ gùshi　역사 이야기
对······感兴趣　duì ······ gǎn xìngqù　~에 관심이 있다
对······有影响　duì ······ yǒu yǐngxiǎng　~에 대해 영향이 있다
影响大　yǐngxiǎng dà　영향이 크다
受到影响　shòudào yǐngxiǎng　영향을 받다
明白意思　míngbai yìsi　뜻을 이해하다
飞机起飞　fēijī qǐfēi　비행기가 이륙하다
马上起飞　mǎshàng qǐfēi　바로 이륙하다

★ 4급 시험에 꼭 나오는 짝꿍 표현

醒过来　xǐng guòlai　잠에서 깨다
擦汗　cā hàn　땀을 닦다
戴眼镜　dài yǎnjìng　안경을 쓰다
推迟时间　tuīchí shíjiān　시간을 뒤로 미루다

注意安全　zhùyì ānquán　안전에 주의하다
交通发达　jiāotōng fādá　교통이 발달하다
交通安全　jiāotōng ānquán　교통 안전
堵车堵得很厉害　dǔchē dǔ de hěn lìhài　교통 체증이 심하다
速度快　sùdù kuài　속도가 빠르다
速度慢　sùdù màn　속도가 느리다
发生问题　fāshēng wèntí　문제가 발생하다
从……开始　cóng …… kāishǐ　~부터 시작하다
从……来看　cóng …… lái kàn　~으로 보면
对……说　duì …… shuō　~에게 말하다
对……表示感谢　duì …… biǎoshì gǎnxiè　~에 대해 감사를 표하다
向……道歉　xiàng …… dàoqiàn　~에게 사과하다
A离B很远　A lí B hěn yuǎn　A는 B로부터 멀다
A离B很近　A lí B hěn jìn　A는 B로부터 가깝다
欢迎客人　huānyíng kèrén　손님을 환영하다
等一会儿　děng yíhuìr　잠깐만요
表达感情　biǎodá gǎnqíng　감정을 표현하다
感情深　gǎnqíng shēn　감정이 깊다
跟……约会　gēn …… yuēhuì　~와 약속하다
给……添麻烦　gěi …… tiān máfan　~에게 폐를 끼치다
热闹的环境　rènao de huánjìng　번화한 환경
生日礼物　shēngrì lǐwù　생일 선물
产生怀疑　chǎnshēng huáiyí　의심이 생기다
产生误会　chǎnshēng wùhuì　오해가 생기다
电视购物　diànshì gòuwù　TV 홈쇼핑
把A换成B　bǎ A huànchéng B　A를 B로 바꾸다

产品质量　chǎnpǐn zhìliàng　제품의 품질
收拾东西　shōushi dōngxi　물건을 정리하다
提出问题　tíchū wèntí　문제를 제기하다
提出意见　tíchū yìjiàn　의견을 제기하다
适应环境　shìyìng huánjìng　환경에 적응하다
和……商量　hé …… shāngliang　～와 상의하다
由……负责　yóu …… fùzé　～가 책임을 지다
负责任　fù zérèn　책임을 지다
成为习惯　chéngwéi xíguàn　습관이 되다
发生事情　fāshēng shìqing　일이 발생하다
接受任务　jiēshòu rènwu　임무를 수락하다
接受意见　jiēshòu yìjiàn　의견을 받아들이다
按照规定　ànzhào guīdìng　규정에 따라서
尊重他人　zūnzhòng tārén　타인을 존중하다
跟(和/与/向/对)……打招呼　gēn (hé/yǔ/xiàng/duì) …… dǎ zhāohu　～와 인사하다
符合条件　fúhé tiáojiàn　조건에 부합하다
符合要求　fúhé yāoqiú　요구에 부합하다
进行讨论　jìnxíng tǎolùn　토론을 진행하다
遇到困难　yùdào kùnnan　어려움에 맞닥뜨리다
租房子　zū fángzi　집을 세내다
互相了解　hùxiāng liǎojiě　서로 이해하다
对……熟悉　duì …… shúxī　～에 대해 익숙하다
对……失望　duì …… shīwàng　～에 대해 실망하다
在……生活　zài …… shēnghuó　～에서 생활하다
锻炼身体　duànliàn shēntǐ　몸을 단련하다
病情严重　bìngqíng yánzhòng　증상이 심하다

起作用　qǐ zuòyòng　역할을 하다

通过考试　tōngguò kǎoshì　시험을 통과하다

把A翻译成B　bǎ A fānyì chéng B　A를 B로 번역(통역)하다

毕业于……　bìyè yú ……　~를 졸업하다

做生意　zuò shēngyi　장사를 하다

内容丰富　nèiróng fēngfù　내용이 풍부하다

感到愉快　gǎndào yúkuài　유쾌한 기분을 느끼다

表示同意　biǎoshì tóngyì　동의를 표하다

表示反对　biǎoshì fǎnduì　반대를 표하다

温度高　wēndù gāo　온도가 높다

擦汗　cā hàn　땀을 닦다

保护环境　bǎohù huánjìng　환경을 보호하다

环境污染　huánjìng wūrǎn　환경 오염

引起注意　yǐnqǐ zhùyì　주의를 끌다

吸引注意力　xīyǐn zhùyìlì　주의를 끌다

吸引客人　xīyǐn kèrén　손님을 매료시키다

提供服务　tígōng fúwù　서비스를 제공하다

风景美丽　fēngjǐng měilì　풍경이 아름답다

受到压力　shòudào yālì　스트레스를 받다

办签证　bàn qiānzhèng　비자를 처리하다

出现问题　chūxiàn wèntí　문제가 생기다

出现矛盾　chūxiàn máodùn　갈등이 생기다

随着……发展　suízhe …… fāzhǎn　~ 발전에 따라

按照规定　ànzhào guīdìng　규정에 근거하여

浪费时间　làngfèi shíjiān　시간을 낭비하다

节约时间　jiéyuē shíjiān　시간을 절약하다

丰富的经验　fēngfù de jīngyàn　풍부한 경험

举办婚礼　jǔbàn hūnlǐ　결혼식을 거행하다

讲笑话　jiǎng xiàohua　웃기는 이야기를 하다

听到消息　tīngdào xiāoxi　소식을 듣다

受到表扬　shòudào biǎoyáng　칭찬을 받다

进行调查　jìnxíng diàochá　조사를 하다

效果好　xiàoguǒ hǎo　효과가 좋다

缺少自信　quēshǎo zìxìn　자신감이 부족하다

优惠活动　yōuhuì huódòng　할인 이벤트

邀请朋友　yāoqǐng péngyou　친구를 초대하다

和……散步　hé …… sànbù　~와 산책하다

好印象　hǎo yìnxiàng　좋은 인상

排队买票　páiduì mǎi piào　줄을 서서 표를 사다

首先A其次B　shǒuxiān A qícì B　먼저 A하고 그 다음에 B하다

MP3 파일 다운로드 및
실시간 재생 서비스

부가자료 3종
PDF 다운로드

초밀착 순간 암기 코칭
HSK 1~4급 단어 한권으로 끝내기

지은이 남미숙
펴낸이 정규도
펴낸곳 (주)다락원

초판 1쇄 발행 2025년 7월 21일

기획·편집 박소정, 이상윤
디자인 구수정
조판 최영란
일러스트 서수영
녹음 郭洋, 朴龙君, 권영지

다락원 경기도 파주시 문발로 211
전화 (02)736-2031 (내선 250~252 / 내선 430, 437)
팩스 (02)732-2037
출판등록 1977년 9월 16일 제406-2008-000007호

Copyright ⓒ 2025, 남미숙

저자 및 출판사의 허락 없이 이 책의 일부 또는 전부를 무단 복제·전재·발췌할 수 없습니다. 구입 후 철회는 회사 내규에 부합하는 경우에 가능하므로 구입처에 문의하시기 바랍니다. 분실·파손 등에 따른 소비자 피해에 대해서는 공정거래위원회에서 고시한 소비자 분쟁 해결 기준에 따라 보상 가능합니다. 잘못된 책은 바꿔 드립니다.

ISBN 978-89-277-2344-8 14720
978-89-277-2343-1 (set)

www.darakwon.co.kr
다락원 홈페이지를 방문하시면 상세한 출판 정보와 함께 동영상 강좌, MP3 자료 등 다양한 어학 정보를 얻으실 수 있습니다.